Frettchen für Dummies - Schummelseite

Telefonnummern für den Notfall:

Die Nummer Ihres Tierarztes:

_____

Notfallnummer und evtl. Handy-Nummer

_____

Die Nummer einer Tierklinik, die rund um die Uhr in Bereitschaft ist und sich mit Frettchen auskennt.

_____

Eigenschaften eines gesunden Frettchens

Wenn Sie sich ein Frettchen aussuchen, sollten Sie auf folgende Merkmale achten:

- ✔ Das Fell ist weich und glänzend, kahle Stellen sind nicht zu sehen.
- ✔ Die Augen sind wach und klar.
- ✔ Augen, Ohren und Nase sind frei von Ausfluss.
- ✔ Bauch und Hinterteil des Frettchens sind sauber, keine Anzeichen von Blähungen oder Durchfall.
- ✔ Das Frettchen ist neugierig, wenn Sie sich nähern, es springt herum und will spielen. Es duckt sich nicht und rennt auch nicht weg, um sich zu verstecken.

Informationen, die Sie einem Frettchensitter hinterlassen sollten

In dieser Liste finden Sie die wichtigsten Dinge, die Sie einem Frettchensitter hinterlassen sollten, der auf Ihre Tiere aufpasst, während Sie unterwegs sind. Mehr zum Thema Reisen mit oder ohne Tiere finden Sie in Kapitel 12.

- ✔ Eine Telefonnummer, unter der Sie zu erreichen sind, außerdem eine Adresse oder ein Kontakt, wo Sie unterkommen.
- ✔ Eine Notfalltelefonnummer (oder zwei) von jemandem in der Nähe, zum Beispiel eines Freundes oder Bekannten.
- ✔ Telefonnummer und Adresse Ihres Tierarztes.
- ✔ Telefonnummer und Adresse einer Notfalltierklinik.
- ✔ Medikamente und Anwendungsbeschreibungen für den Notfall.
- ✔ Eine schriftliche Beschreibung jedes Frettchens und dessen Charakters (verwenden Sie auch Fotos, damit die Beschreibungen möglichst hilfreich sind).
- ✔ Eine Liste von Dingen, die der Frettchensitter unbedingt tun bzw. lassen sollte.
- ✔ Ein entsprechender Nahrungsvorrat.
- ✔ Schriftliche Futteranweisungen.
- ✔ Anweisungen, wie die Frettchen zu reinigen sind, wie man das Spiel überwachen sollte und welche Anzeichen für Krankheiten oder Verletzungen beachtet werden müssen.

Frettchen für Dummies – Schummelseite

Checkliste für den Erste-Hilfe-Koffer

Anhand dieser praktischen Checkliste können Sie leicht überprüfen, ob Ihr Erste-Hilfe-Koffer alle Dinge enthält, die für den Notfall wichtig sind. Weitere Informationen dazu finden Sie in Kapitel 13.

Schriftliche Gesundheitspapiere:

- ___ Allgemeine Krankenakte mit einem entsprechenden Identifikationsfoto des Frettchens
- ___ Impfpass
- ___ Eine Liste mit verschriebenen Medikamenten, die Ihr Frettchen gerade einnimmt
- ___ Gewichtskarte

Nahrungsmittel:

- ___ Gläser mit Fleisch-Babynahrung – Huhn oder Lamm
- ___ Nutri-Cal oder Calo-Pet
- ___ Elektrolytpulver
- ___ Krankheitsfutter je nach Krankheit
- ___ Raps- oder Olivenöl

Reinigungsmittel:

- ___ Wasserstoffperoxyd
- ___ Betaisodona
- ___ Ohrenreiniger
- ___ Augenspülung

Verbandmaterial und Ähnliches:

- ___ Mull-Kompressen
- ___ Mullbinden
- ___ Waschlappen
- ___ Heftpflaster (am besten Gewebe-Tape)

Weitere Gesundheitshilfsmittel:

- ___ Blut stillendes Puder oder Bienenwachs
- ___ Antibiotische Salbe
- ___ Heilnahrung in Breiform oder Babygläschen
- ___ Vaseline
- ___ Kaopectate oder Pepto Bismol
- ___ Topic-Spray zur Wundbehandlung
- ___ Ferretone
- ___ Feline-Konzentration zum Päppeln
- ___ Bevitasel oder Biosel zur Verbesserung des Vitaminhaushalts. Ferretvitasol am besten in Babynahrung oder Katzenmilch.
- ___ Vibramycin und Buscopan: Bei Erkältungen nur nach Anweisungen des Arztes.

Verschiedenes:

- ___ Heizkissen, Wärmflasche
- ___ Chemisches Wärmekissen
- ___ Einen kleinen Plastikzerstäuber, um Reinigungslösung wie Betadine zu versprühen
- ___ Pinzette
- ___ Wattebälle und Wattestäbchen
- ___ Kühlpaket
- ___ Gummi- oder Latexhandschuhe
- ___ Schere
- ___ Leuchtstift oder kleine Taschenlampe
- ___ Rektalthermometer
- ___ Zungenspatel
- ___ Babyreinigungstücher

Frettchen für Dummies

Kim Schilling

Frettchen für Dummies

Übersetzung aus dem Amerikanischen
von Claudia Koch und Kathleen Aermes

WILEY-VCH Verlag GmbH & Co. KGaA

Bibliografische Information der Deutschen Nationalbibliothek
Die Deutsche Nationalbibliothek verzeichnet diese Publikation
in der Deutschen Nationalbibliografie; detaillierte bibliografische
Daten sind im Internet über http://dnb.d-nb.de abrufbar.

2. Auflage 2009

© 2009 WILEY-VCH Verlag GmbH & Co. KGaA, Weinheim

Original English language edition Copyright © 2000 by Wiley Publishing, Inc., Indianapolis, Indiana.
All rights reserved including the right of reproduction in whole or in part in any form. This translation
published by arrangement with John Wiley and Sons, Inc.

Copyright der englischsprachigen Originalausgabe © 2000 von Wiley Publishing, Inc., Indianapolis, Indiana.
Alle Rechte vorbehalten inklusive des Rechtes auf Reproduktion im Ganzen oder in Teilen und in jeglicher
Form. Diese Übersetzung wird mit Genehmigung von John Wiley and Sons, Inc. publiziert.

The For Dummies trade dress and trademarks or registered trademarks of Wiley Publishing, Inc. in the
United States and other countries. Used by permission.

»Für Dummies« sind Marken oder eingetragene Marken von Wiley Publishing, Inc. in den USA und in
anderen Ländern. Benutzt mit Genehmigung

Das vorliegende Werk wurde sorgfältig erarbeitet. Dennoch übernehmen Autoren und Verlag für die Richtigkeit von Angaben, Hinweisen und Ratschlägen sowie für eventuelle Druckfehler keine Haftung.

Printed in Germany

Gedruckt auf säurefreiem Papier

Satz Conrad und Lieselotte Neumann, München
Druck und Bindung M.P. Media-Print Informationstechnologie, Paderborn

ISBN 978-3-527-70156-8

Cartoons im Überblick
von Rich Tennant

»Wie Sie sehen können, hat diese Züchtung eine gut ausgeprägte Maske, obwohl die großen schlabberigen Schuhe dann doch unsere Idee waren.«

Seite 29

»Hey, das ist Rekord! Liebling, ich habe soeben das Frettchen mit 45 km/h gestoppt, als es durch unser Wohnzimmer gerannt ist.«

Seite 55

»So muss ihre Nahrung sein: hoch in Protein, hoch in Nährstoffen ... und hoch im Schrank versteckt.«

Seite 125

»Lass mich raten: Der Tierarzt hat festgestellt, dass die Frettchenflöhe Bohnenkaffee sehr ähnlich sind ...«

Seite 187

»Maria, komm streichele doch du mal das Frettchen. Und Mark - du solltest es besser bleiben lassen, bis wir seine Bissigkeit im Griff haben.«

Seite 269

»Wir versuchen herauszufinden, ob bei der Paarung der beiden ein neugieriges Faultier oder ein Frettchen, das leicht einzufangen ist, herauskommt.«

Seite 303

»Gib es auf! Du bringst das Tier niemals dazu, sich wie ein Kragen um deinen Hals zu legen.«

Seite 335

»Was ich wirklich nicht verstehe - wie konntest du nur das Kostüm anziehen, ohne zu merken, dass das Frettchen noch drin war?«

Seite 347

Fax: 001-978-546-7747
Internet: www.the5thwave.com
E-Mail: richtennant@the5thwave.com

Inhaltsverzeichnis

Über die Autorin	*21*
Über die Übersetzerinnen	*22*
Über die Fachkorrektorin	*22*
Einführung	*23*
Über dieses Buch	23
Regeln für dieses Buch	24
Voraussetzungen	24
So funktioniert dieses Buch	25
Teil I: Ist ein Frettchen das geeignete Haustier für Sie?	25
Teil II: Die richtigen Frettchen finden und ihre Ankunft in Ihrem Zuhause vorbereiten	25
Teil III: Grundlegendes zur Haltung und Fütterung	26
Teil IV: Gesundheit und Behandlungen	26
Teil V: Die Psychologie und Soziologie der Frettchen	26
Teil VI: Wenn Sie über Zucht nachdenken	26
Teil VII: Frettchen: Vergangenheit und Zukunft	26
Teil VIII: Der Top-Ten-Teil	27
Symbole, die in diesem Buch benutzt werden	27
Wie es weitergeht	28

Teil I
Ist ein Frettchen das geeignete Haustier für Sie?   *29*

Kapitel 1
Was Sie über Frettchen wissen sollten   *31*

Erste Frage: Was ist ein Frettchen?	31
Physische Daten	34
Die Lebenserwartung eines Frettchens	34
In dieser Ecke beträgt das Gewicht ...	35
Wann wollen Frettchen spielen?	35
Über Krallen und Zähne	36
Der Sinn der Sinneswahrnehmung	37
Alles über Farben und Muster	38
Riech' das mal!	41

Kapitel 2
Ist ein Frettchen das Richtige für Sie? 43

    Der Zeitaspekt 43
    Der Geruch 45
    Finanzielle Aspekte 45
    Wie viel Platz brauchen diese Tiere? 46
    Die Herausforderung, Ihr Zuhause frettchensicher zu gestalten 47
    Frettchen und Kinder 48
    Rechtliche Aspekte 49

Kapitel 3
Frettchen und das Gesetz 51

    Wild- oder Haustier? 51
    Einen Pass? Für ein Frettchen? 52
    Die unbegründete Angst vor Tollwut 53
    Verantwortung 53

Teil II
Das richtige Frettchen finden und seine Ankunft in Ihrem Zuhause vorbereiten 55

Kapitel 4
Das ideale Frettchen 57

    Die Grundlagen 57
    Neu oder gebraucht? 58
        Welpen 59
        Ältere Frettchen 60
    Mädchen oder Junge? 61
    Kastrierte vs. nicht kastrierte Frettchen 62
        Jungs bleiben Jungs 62
        Mädchen bleiben Mädchen 63
    Wie viele dürfen es denn sein? 63

Kapitel 5
Auf der Suche nach einem neuen Frettchen 67

    Zooläden 67
    Private Züchter 69
    Tierheime, Frettchenhilfe und Frettchenorganisationen 70

Anzeigen	72
Das missratene Wiesel: Streunende Frettchen	72

Kapitel 6
Richten Sie Ihren Frettchen ein Zuhause ein — 75

Den Käfig einrichten	75
Die Größe	76
Die Gestaltung	77
Der richtige Platz für den Käfig	79
Machen Sie das Bett	81
Decken Sie den Tisch	82
Der Fressnapf	82
Wassernapf und Wasserflasche	85
Richten Sie das Badezimmer ein	87
Die passende Toilette	87
Die perfekte Einstreu	88
Zubehör und andere Dinge	90
Zum Einkuscheln	90
Spielzeug in Hülle und Fülle	91
Leinen und Geschirre	92
Transportboxen	94

Kapitel 7
Bevor Ihr Frettchen zu Ihnen nach Hause kommt — 97

Machen Sie Ihr Zuhause frettchensicher	97
Die Waschküche	98
Die Küche	99
Fußboden- und Sockelleisten	99
Fenster und Türen	100
Öffnungen in Fußböden und Lüftungsschächte	103
Pflanzen	103
Höhen	103
Stromkabel	104
Liege-, Schaukelstühle und Klappsofas	104
Kaminöfen	104
Matratzen, Sofas und Stühle	104
Toiletten, Badewannen und Wassereimer	105
Schränke	106
Mülleimer	106
Ändern Sie Ihre Gewohnheiten	107
Einen Tierarzt finden	108

Kapitel 8
Stellen Sie Ihrem Frettchen seine neue Familie vor — 109

- Frettchen als soziale Tiere — 109
- Sie und Ihr neues Frettchen: eine wunderbare Freundschaft — 110
  - Sanft festhalten, bitte — 110
  - Damit das Frettchen sich einleben kann — 112
- Frettchen trifft Frettchen — 112
  - Ein Zusammentreffen auf neutralem Boden — 114
  - Sich gegenseitig beschnuppern — 114
- Wenn Ihr Frettchen Katzen und Hunde kennen lernt — 115
  - Miez, Miez — 115
  - Niedlicher Welpe — 117
  - Andere Kleintiere — 119
- Lassen Sie die Kinder herein — 119
  - Bereiten Sie Ihr Kind auf das Frettchen vor — 120
  - Das Kennenlernen — 120
- Gefährliche Fremde — 121

Teil III
Grundlegendes zur Haltung und Fütterung — 125

Kapitel 9
Frettchenbäuche füllen — 127

- Wasser, so weit das Auge reicht — 127
- Herkömmliche Ernährung — 128
  - Nass oder trocken? — 130
  - Futterplan — 130
  - Wann Sie es richtig gemacht haben — 131
  - Die Ernährung umstellen — 131
- Natürliche Ernährung — 132
  - Knochen — 134
  - Fleisch — 135
  - Die Ernährung natürlich umstellen — 136
- Ergänzungsfuttermittel — 138
  - Fettsäuren — 139
  - Kalorienbomben — 139
- Zeit für Leckerlis! — 140
  - Was gut ist — 140
  - Was nicht so gut ist — 141

Kapitel 10
Freizeit — 143

- Spielen Sie Frettchen — 143
- Einem alten Frettchen neue Tricks beibringen — 145
  - Männchen machen und betteln — 145
  - Scooter, ich glaube, Frauchen ruft — 146
  - Durch Reifen springen — 147
  - Roller dich herum, Beethoven — 148
  - Mama, ich glaube, das Frettchen ist tot — 149
  - Nach Leckerlis tauchen — 150
- Eine echte Bereicherung — 151
- Medaillen mit nach Hause bringen — 153
  - Wettkämpfe — 154
  - Frettchenschauen — 155

Kapitel 11
Zeit zum Saubermachen — 157

- Den Käfig reinigen — 157
  - Machen Sie den Abwasch — 157
  - Machen Sie das Bett — 159
  - Das Klo putzen — 160
  - Das Haus abreißen — 161
  - Das Spielzeug vom Dreck befreien — 161
- Das Frettchen baden — 162
  - Wie oft soll es baden? — 162
  - Das richtige Shampoo — 163
  - Der richtige Ort zum Baden — 164
  - Zur Tat schreiten — 164
  - Eine Alternative zum Baden — 167
- Die Ohren reinigen — 168
- Maniküre — 171
- Gebisspflege — 174
  - Zahnkontrolle — 174
  - Zähneputzen — 176
- Holen Sie die Haarbürste aus dem Schrank — 177

Kapitel 12
Ein Frettchen auf Reisen (oder auch nicht) — 179

- Ein Frettchen auf Reisen — 179
  - Vorabcheck — 180
  - Packen Sie das Nötigste zusammen — 180

Unterwegs	181
Über die Grenzen hinaus	182
Geben Sie Ihr Frettchen in gute Hände	183
Der perfekte Frettchensitter	184
Frettchen in Pflege geben	185

Teil IV
Gesundheit, Fürsorge und Behandlung — 187

Kapitel 13
Tierarzt und Erste-Hilfe-Koffer: Die Grundlagen — 189

Den Tierarzt finden	189
Fragen Sie	190
Besuchen Sie ihn	191
Impfungen und Untersuchungen: Was Sie erwarten können	192
Welpen	192
Heranwachsende und Erwachsene	193
Allergische Reaktionen erkennen	194
Ein Erste-Hilfe-Set für Ihr Frettchen	195

Kapitel 14
Erste Hilfe bei Frettchen — 199

Darüber müssen Sie sich (normalerweise) keine Sorgen machen	199
Zittern	199
Juckreiz und Kratzen	200
Gähnen	200
Exzessives Schlafen	200
Niesen, Schluckauf und Husten	201
Urin trinken	202
Verhalten bei Notfällen	203
Blutungen	203
Hitzschlag	204
Frakturen oder Verletzungen der Wirbelsäule	205
Erbrechen	206
Durchfall	206
Austrocknung	207
Vergiftungen	207
Tierbisse	208
Elektrischer Schlag	208
Verbrennungen	208

Augenverletzungen	209
Krämpfe	209
Schock	210
Das kranke oder entkräftete Frettchen füttern	211
Das Rezept	211
Die Methode	211
Hilfe beim Klogang	212

Kapitel 15
Wenn Ihnen Parasiten das Leben schwer machen — 213

Da sticht was in der Nacht	213
Flöhe bekämpfen	213
Ärger mit Zecken	219
Ohrmilben	219
Krätze (Skabies)	220
Ringwurm	221
Die internen Schrecklichkeiten	221
Darmwürmer	221
Giardia	222
Kokzidien	223
Infektion mit Helikobakter mustelae	223
Herzwurm	224
Toxoplasmose	225

Kapitel 16
Viren, Läuse und andere Frettchenprobleme — 227

Staupe	227
Kardiomyopathie (Herzmuskelschwäche)	228
Symptome	229
Was Sie für Ihr Frettchen tun können	230
Die gemeine Erkältung	230
Zahnschäden	232
Fehlerhafte Zähne	232
Die gefürchtete Zahnerkrankung	233
ECE – Epizootic catarrhal Enteritis	234
Symptome	235
Behandlung von ECE	236
Milzvergrößerung	237
Augenprobleme	238
Grauer Star	239
Winzige Augäpfel (Mikrophtalmie)	240
Haarbälle	241

Darm- und Magenverschlüsse 242
　　Symptome eines Verschlusses 242
　　Diagnose und Behandlung 243
Tollwut 243
Geschwüre (Magen und Darm) 245
Probleme mit den Harnwegen 247
　　Blasen- oder Harnwegsentzündungen 247
　　Prostataprobleme 248
　　Steine und Blockierungen 248

Kapitel 17
Krebs und andere Geschwülste — 249

Nebennierenerkrankung 249
　　Die Diagnose stellen 251
　　Die Krankheit behandeln 253
Chordome 255
Insulinom 256
　　Die Diagnose stellen 257
　　Die Krankheit behandeln 257
Lymphosarkom 258
　　Die Diagnose stellen 259
　　Die Krankheit behandeln 260
Hauttumore 260
　　Mastzellentumore 260
　　Basalzellentumore 261
　　Talgzellentumore 261

Kapitel 18
Abschied nehmen — 263

Abschied 263
Vom Tod lernen 264
Nach dem Tod 265
　　Einäscherung 265
　　Beisetzung im Garten 265
　　Tierfriedhof 266
　　Beim Tierarzt 266
　　… damit es anderen nützt 266
Trauerarbeit 266
　　Sie sind nicht allein 267
　　Stellen Sie sich Ihren Gefühlen 267
　　Lassen Sie sich Zeit 267
　　Helfen Sie anderen bei der Trauer 267

Teil V
Psychologie und Soziologie für Frettchen — 269

Kapitel 19
Ihr Frettchen verstehen — 271

- Häh? Frettchensprache — 271
  - Gockern — 271
  - Kreischen — 272
  - Bellen — 272
  - Fauchen — 272
- Tanzen — 273
  - Freudentanz — 273
  - Kriegstanz — 273
- Mehr als tanzen — 275
  - Schwanz sträuben — 275
  - Die Alligator-Rolle — 275
  - Die Schatzsuche — 276
  - Die Jagd ist eröffnet — 277
  - Ringkämpfe — 277
  - Auflauern — 277
  - Schwanzwedeln — 278
- Andere Verhaltensweisen — 278
  - Frettchenfixierung — 278
  - Ein Verbrecher in Ihrem Haus? — 279
  - Graben bis nach Australien — 279
  - Die Schieber sind da — 280

Kapitel 20
Grundausbildung - das Einmaleins — 281

- NEIN zum Beißen — 281
- Zur Toilette hier entlang — 283
- Spazierengehen — 285
  - Ans Geschirr gewöhnen — 286
  - Grundregeln für draußen — 286

Kapitel 21
Umgang mit verhaltensgestörten Frettchen — 289

- Dracula im Frettchenfell — 289
  - Zunehmender Schmerz — 290
  - Mir hat keiner verboten zu beißen — 291

Das tut mir weh, Mensch!	291
Der Mann im Frettchen	292
Veränderungen	292
Das hat doch bisher immer funktioniert	292
Zurückschlagen	293
Andere Gründe für das Beißen	293
Das Biest zähmen	293
Der richtige Griff	294
Biss lösen	296
Zähmen	298
Cool bleiben	300
Probleme mit dem Klo	300

Teil VI
Wenn Sie über Zucht nachdenken 303

Kapitel 22
Sollten Sie mit Ihrem Frettchen züchten? 305

Voraussetzungen für eine verantwortungsbewusste Zucht	305
Der Kostenfaktor	306
Die emotionale Seite	306
Der Zeitaspekt	307
Was Sie noch nicht wissen	308
Züchten Sie Frettchen für das Tierheim?	309

Kapitel 23
Wahre Liebe 311

Die Feinabstimmung der Organe	311
Das Männchen	312
Das Weibchen	312
Die Zusammenführung	313
Die Schwangerschaft	314
Was ist, wenn die Fähe nicht befruchtet wird?	315

Kapitel 24
Die Ankunft der Welpen vorbereiten 317

Kümmern Sie sich um die werdende Mutter	318
Seltsames Verlangen?	318
Die Entbindungsstation	319

Der Kreißsaal ... 320
    Die herkömmliche Geburt ... 320
    Eine schwierige Geburt ... 321
Probleme ... 323
    Die Rabenmutter ... 323
    Frettchenmutter im Krankenstand ... 324
Leihmütter ... 324
Handaufzucht ... 325

Kapitel 25
Die ersten Lebensjahre   327

Frettchenkindheit: Geburt bis drei Wochen ... 327
Kleinkindalter: drei bis sechs Wochen ... 329
Der schreckliche zweite Monat: sechs bis zehn Wochen ... 331
Reifephase: zehn bis 15 Wochen ... 331
Die Pubertät ... 332

Teil VII
Frettchen: Vergangenheit und Zukunft   335

Kapitel 26
Frettchen – Historie und Jagd   337

Frettchen – ihr Platz in der Geschichte ... 337
Frettchen als Gabe für die Bedürfnisse des Mannes ... 338
Frettchenjagd ... 339
Frettchen werden immer beliebter ... 340

Kapitel 27
Das Schwarzfußfrettchen   341

Hintergrundinformationen ... 341
Sind Schwarzfußfrettchen so anders? ... 342
Das Revier eines Schwarzfußfrettchens ... 342
Intoleranz ... 343
Ums Überleben kämpfen ... 343
Ein Rettungsplan für das Schwarzfußfrettchen ... 344
Was Sie tun können ... 345

Teil VIII
Der Top-Ten-Teil **347**

Kapitel 28
(Fast) Zehn verbreitete Mythen und Missverständnisse **349**

    Frettchen sind Nagetiere   349
    Frettchen sind wilde, gefährliche Tiere   349
    Verwilderte Frettchen kommen an die Macht   350
    Frettchen sind böse Beißer   350
    Frettchen bergen ein großes Tollwut-Risiko   350
    Der Gestank geht nie vorbei   351

Kapitel 29
(Fast) Zehn Rezepte, die Ihr Frettchen lieben wird **353**

    Bobs Hühnersuppe   353
    Bobs Hühner-Frettasee   354
    Fosters Thunfisch-Shake   355
    Bears Jerky   355
    Stellas Supersuppe   356
    Tuis Chewie   356
    Raubtiereintopf   357

Anhang
Weitere Informationsquellen **359**

    Bücher und Zeitschriften   359
        Bücher   359
        Zeitschriften   360
    Frettchen im Internet   360
        Frettchenzubehör und Futter   361
        Tierarztempfehlungen   362

Stichwortverzeichnis **363**

Über die Autorin

Kim Schilling wurde als kleines Kind von einer Familie aus Chicago adoptiert und zog nach Illinois, wo sie seitdem förmlich fest gewachsen zu sein scheint. Sie hatte schon immer eine bessere Beziehung zu Tieren als zu Menschen. Bereits als Mädchen und während ihrer Pubertät hat sie sich um kranke, herumstreunende, exotische und wilde Tiere gekümmert, die ihr über den Weg gelaufen sind (entweder durch einen Unfall oder mit Absicht), ob diese es mochten oder nicht. Sie formulierte ihre Lebensaufgabe bereits sehr früh klar und deutlich: Sie wollte schon Tierärztin werden, bevor sie das Wort überhaupt aussprechen konnte. Um sich auf die medizinischen Begriffe vorzubereiten, die in der Veterinärausbildung auf sie zukommen würden, hat sie bereits in der Highschool vier Jahre Latein gebüffelt. Obwohl sie die Qualifikationen und den Ehrgeiz besaß, hat sie die tierärztliche Hochschule niemals besucht. Sie schlug stattdessen einen anderen Weg ein: Tieren helfen und sie schützen. 1989 begann sie, sich unterschiedlichster Tiere anzunehmen. Dabei handelte es sich hauptsächlich um exotische und schwierige Tiere, die misshandelt, vernachlässigt oder ausgesetzt worden waren. In dieser Zeit begeisterte sie sich auch für Frettchen, die mit ihrer pfiffigen Art immer für einen Streich aufgelegt sind. Diese liebenswerten Kreaturen eroberten ziemlich schnell ihr Leben, ihr Herz und ihr Zuhause.

1993 »adoptierte« sie dann auch ihren Ehemann David, der sich genauso liebevoll aufopfern kann und das Engagement seiner Frau unterstützt. Im selben Jahr gründete sie die Organisation *Animals for Awareness*, eine Organisation, die sich um unerwünschte, misshandelte, konfiszierte und ausgesetzte, exotische sowie einheimische Raubtiere kümmert und für artgerechte Unterkünfte sorgt. Kim Schilling geht mit ihren Tieren regelmäßig auf die Straße, um mit ihrer Organisation so viele Menschen wie möglich zu erreichen. Das Hauptziel ist es, für verantwortungsbewusste Tierpatenschaften zu werben und die Leute davon abzubringen, exotische, gefährliche und wilde Tiere bei sich Zuhause aufzunehmen. Die Zukunft von *Animals of Awareness* sieht sehr vielversprechend aus. Seit 1999 besitzt sie den Status einer gemeinnützigen Organisation. Seitdem sucht man auch nach einem perfekten Stück Land, um ein traumhaftes Tierasyl aufzubauen, in dem jedes Tier seinen eigenen großen Raum mit viel Spielzeug und vielen Hängematten bekommt.

Wie Kim Schilling gern zugibt, sind Frettchen ihre Lieblingsmitbewohner. Als sie mit dem Schreiben dieses Buches begann, besaß sie selbst 23 Frettchen. Als sie das Buch dann zu Ende brachte, waren es schon über 30 Tiere.

Über die Übersetzerinnen

Kathleen Aermes hat ihr Studium der Angewandten Medienwissenschaften abgeschlossen und bereits an mehreren Übersetzungen mitgearbeitet. Als passionierte Haustierhalterin konnte sie mehr als nur eine Übersetzung beisteuern.

Claudia Koch übersetzt seit einigen Jahren Bücher aus der Dummies-Reihe. Dieses Dummies-Buch weckte ihr besonderes Interesse, denn endlich einmal ging es nicht um Softwarefehler und Computerabstürze.

Über die Fachkorrektorin

Heike Fischer ist seit ihrer Kindheit eine totale Tiernarrin. Als Kind verbrachte sie ihre Freizeit bereits in einem kleinen Tierpark in Hürth (bei Köln). Dort hatte sie ersten Kontakt zu Mardern und vielen anderen exotischen und heimischen Tierarten. In ihrer Jugend trat sie einem Tierschutzverein bei. Ihre Liebe zu den Mardern entdecke sie durch einen Tierschutz-Notfall wieder und seitdem sind die kleinen »Pelztiger« nicht mehr aus ihrem Leben wegzudenken. Da sie immer wieder erlebte, dass Frettchen meist unter falschen Vorstellungen ver- und gekauft wurden und es in Deutschland viel zu wenig spezialisierte Tier-Organisationen gab (dies gilt auch heute noch), gründete sie mit ihrem Mann die private Organisation *Frettchenhilfe*, die nun bereits über 11 Jahre besteht. Auf der Internetseite www.frettchenhilfe.de sind zahlreiche Informationen und Hilfestellungen zu finden, denn Aufklärung ist die beste Maßnahme, um Tierelend zu verhindern.

Einführung

Viele Leute bestätigen mir immer wieder, dass wahre Tierliebe genetisch bedingt ist. Ich glaube, da ist etwas Wahres dran. Vielleicht erregen einige Tiere unsere Gefühle stärker als andere. Ich glaube, in meinem Fall treffen beide Aussagen zu. Weil der Ausdruck »genetisch« jedoch eher mit Wissenschaftlern in sterilen Laboren und mit weißen Kitteln in Zusammenhang gebracht wird, bezeichne ich das Ganze lieber als Segen. Ich wusste, dass ich von etwas Magischem, Faszinierendem gefesselt wurde, als ich zum ersten Mal ein Frettchen erblickte. Jedes meiner Frettchen bereitete mir über die Jahre viel Freude und Spaß. Alle, egal ob jung oder alt, können mich mit ihrem angeborenen Koboldverhalten immer wieder zum Lachen bringen. Jedes Tier ist einzigartig. Sie versetzen mich mit ihrem intelligenten und sozialen Verhalten immer wieder in Erstaunen.

Frettchen sind lustig und verschmitzt. Sie sind listige, schlaue Räuber. Sie können Ihr Herz nicht nur stehlen, sondern auch brechen. Es gibt sie in allen erdenklichen Farben und Fellmustern. Frettchen passen in die kleinsten Ritzen und Löcher, sowohl in Ihrem Zuhause als auch in Ihrer Seele. Mindestens einmal am Tag erleiden Sie durch diese Tiere einen unkontrollierbaren Lachanfall, sie nutzen einfach jede Gelegenheit. Und wenn die Frettchen Sie genug mit ihrem lustigen Gesicht erstaunt haben, gibt es nichts Schöneres für die Tiere, als sich in einer warmen Ecke zusammenzurollen und den Rest des Tages zu verschlafen.

Das klingt doch nach dem perfekten Haustier, oder? Nicht unbedingt. Als Tierschützer lautet mein Motto immer, »Nicht alle Tiere sind als Haustiere geeignet und nicht alle Menschen eigenen sich als Herrchen oder Frauchen für ein Haustier.« Alle Haushalte, Menschen und Lebensstile sind verschieden. Und zu all dem Spaß, den diese Tiere mit sich bringen, können Frettchen manchmal auch wirklich anstrengend und nervtötend sein.

Das ist der Grund, warum ich dieses Buch über diese faszinierenden Tiere geschrieben habe. Für die Leser unter Ihnen, die bis dato noch kein Frettchen besitzen, ist dieses Buch hilfreich, um herauszufinden, ob so ein Frettchen das geeignete Haustier ist. Und denjenigen, die bereits ein Frettchen als Haustier halten, hilft dieses Buch, ihm die bestmögliche Fürsorge zukommen zu lassen. Obendrein bietet es praktische Hilfen und medizinische Informationen. Dabei ist alles auf das Wesentliche reduziert – Sie erfahren nur, was Sie wirklich wissen müssen. Es wird und soll keinen Tierarzt ersetzen.

Über dieses Buch

Es gibt eine Menge, was Sie über die Haltung von Frettchen wissen sollten – außerdem übernehmen Sie mit einem solchen Tier viel Verantwortung. Die Haltung eines Haustieres sollten Sie niemals auf die leichte Schulter nehmen. Sie gehen eine lebenslange Verbindung ein, wenn Sie sich für ein Haustier entscheiden. Dieses Buch soll Ihnen helfen, einen besseren Einblick darin zu bekommen, welche Vorkehrungen getroffen werden müssen, um dann die richtige Entscheidung treffen zu können. Wenn Sie bereits Frettchen besitzen, liefert Ihnen dieses Buch sämtliche Informationen, die Sie benötigen, um Ihr Frettchen glücklich und gesund zu erhalten.

Dieses Buch ist nicht dazu gedacht, es von vorn bis hinten komplett durchzulesen (natürlich können Sie das tun, wenn Sie wollen). Stattdessen sollen Sie dieses Buch eher als Referenz verwenden. Wenn Sie Informationen zu einem bestimmten Thema suchen, blättern Sie direkt zu dem Kapitel, das sich damit beschäftigt.

Jedes Kapitel ist in einzelne Abschnitte eingeteilt, und jeder Abschnitt enthält verschiedene Informationen über Frettchen – Informationen wie diese:

- Ist ein Frettchen das geeignete Haustier für Sie?
- Ein gesundes Frettchen auswählen
- Machen Sie Ihr Zuhause frettchensicher
- Den Käfig Ihres Frettchens einrichten
- Welche medizinischen Versorgungen sind notwendig?

Regeln für dieses Buch

Mit *Frettchen für Dummies* können Sie Informationen einfach finden und auch nutzen. Um Ihnen den Umgang mit den Informationen zu erleichtern, habe ich einige spezielle Regeln verwendet:

- Neue Begriffe oder Wörter, die betont werden sollen, werden *kursiv* gedruckt.
- Die Aktionen einzelner Schritte sind durch **Fettdruck** gekennzeichnet.
- Web- und E-Mail-Adressen werden ebenfalls gesondert gekennzeichnet.

Voraussetzungen

Beim Schreiben dieses Buches nahm ich Folgendes an:

- Sie gehören zu den Menschen mit einem nörgelnden Kind oder einem nörgelnden Ehepartner oder beidem, das oder der Ihnen täglich mit dem Wunsch nach einem eigenen Haustier in den Ohren liegt. Oder Sie haben selbst den Wunsch nach eigenen Frettchen und wollen sich *vor* der Anschaffung vergewissern, dass es sich dabei um die richtigen Haustiere für Sie handelt.
- Vielleicht gehören Sie auch schon zu den glücklichen Menschen, die bereits zwei Frettchen oder sogar noch mehr dieser Tiere besitzen, und wollen nun wissen, welche Pflege Sie diesen Tieren zukommen lassen müssen.

✔ Vielleicht sind Sie auch ein freiwilliger Mitarbeiter oder Angestellter in einem Tierheim, einer Tierklinik oder einer Zoohandlung, wo Sie sich um die Frettchen kümmern sollen und worüber Sie nun einiges in Erfahrung bringen möchten.

✔ Möglicherweise gehören Sie auch in die Kategorie der erfahrenen Frettchenbesitzer und haben festgestellt, dass *Frettchen für Dummies* Themen aufgreift, die in anderen Büchern über Frettchen nicht so ausführlich zu finden sind, beispielsweise Informationen zum Verhalten, zur Ernährung und zum Thema Tod.

✔ Sie könnten auch Tierarzt sein und so viele Informationen über Frettchen wie möglich erhalten wollen, inklusive grundlegenden Informationen zur Geschichte.

Aus welchem Grund auch immer Sie sich für dieses Buch entschieden haben, lehnen Sie sich zurück, und lassen Sie sich von dem spannenden Inhalt überraschen.

So funktioniert dieses Buch

Damit Sie auch immer die richtigen Informationen finden, besteht dieses Buch aus insgesamt acht Teilen. Jeder beinhaltet verschiedene Kapitel, die sich auf den entsprechenden Teil beziehen.

Teil I: Ist ein Frettchen das geeignete Haustier für Sie?

Das ist für Leute, die sich noch in der »Überlegungsphase« befinden, der wohl wichtigste Teil des Buches. Frettchen sind nicht zu vergleichen mit Katzen. Es handelt sich bei diesen Tieren auch nicht um Hunde. Außerdem eignen sich diese Tiere nicht für Jedermann! In diesem Teil des Buches erfahren Sie, was Sie von Frettchen erwarten können und was andererseits die Frettchen von Ihnen erwarten (und benötigen). Für diejenigen unter Ihnen, die sich bereits sicher sind und Frettchen anschaffen wollen, oder die, die sich noch etwas unsicher sind, ist dieser Teil unbedingt zu empfehlen, um sich über die Haltung von Frettchen umfassend zu informieren.

Teil II: Die richtigen Frettchen finden und ihre Ankunft in Ihrem Zuhause vorbereiten

So viele Frettchen und nur so wenig Zeit! In diesem Teil des Buches finden Sie ausführliche Informationen darüber, worauf Sie bei Frettchen achten sollten und wie Sie die passenden Frettchen finden. Sollten es junge oder alte Frettchen sein? Ein Pärchen oder ein Trio? Aus dem Tierheim, vom Züchter oder aus dem Zoohandel? Wenn Sie sich für ein Frettchen entschieden haben, gibt es einige wichtige Dinge, die Sie zu Hause vorbereiten müssen, beispielsweise das Einrichten des Käfigs und der Kauf des richtigen Zubehörs. In diesem Teil finden Sie außerdem hilfreiche Tipps, wie Sie mit Ihrem neuen Frettchen kommunizieren können und wie Sie es mit den anderen Familienmitgliedern bekannt machen.

Teil III: Grundlegendes zur Haltung und Fütterung

Noch mehr Entscheidungen – welches Futter und welche Behandlungen sind für Ihre Frettchen am besten? Wie verhindere ich, dass sich meine Frettchen langweilen? In diesem Teil bekommen Sie eine Vorstellung davon, wie Sie mit ein wenig Kreativität Abwechslung in den Speiseplan und den Spielplatz Ihres Tieres bringen. Doch Frettchen bringen nicht immer nur Freude. Sie werden außerdem erfahren, wie und wann Sie Ihre Frettchen und dessen Käfig reinigen. Zusätzlich gebe ich Ihnen einige Hinweise und Richtlinien dazu, ob und wie Sie mit Ihren Frettchen verreisen können.

Teil IV: Gesundheit und Behandlungen

Vom unbedingt erforderlichen Erste-Hilfe-Koffer, über die Erste Hilfe bis hin zu ernsteren Fragen der Gesundheit – dieses Kapitel beschäftigt sich mit all diesen Fragen und auch damit, wie Sie von Ihren geliebten Frettchen Abschied nehmen. Zudem hilft Ihnen dieser Teil, den richtigen Tierarzt für Ihre Frettchen zu finden. Sie bekommen einen Überblick über Krankheiten, damit Sie auch wissen, wann es Zeit ist, zu einem Tierarzt zu gehen.

Teil V: Die Psychologie und Soziologie der Frettchen

Sie denken, Ihre Frettchen sind etwas verrückt? Was sagen Ihre Frettchen? Und was bedeutet es, wenn sie sich in alle Richtungen gleichzeitig bewegen? In diesem Teil erfahren Sie etwas über die Kommunikation und das Verhalten der Frettchen. Wenn Sie darüber ein bisschen mehr wissen, hilft Ihnen das beim Training, beispielsweise dem Anti-Beißtraining, beim Training mit Mülltonnen und beim Umgang mit Leine und Geschirr. Ebenso wichtig sind die schrittweisen Anleitungen zum Umgang mit verhaltensgestörten Frettchen, wenn das Tier beispielsweise aggressiv ist oder beißt.

Teil VI: Wenn Sie über Zucht nachdenken

In diesem Teil bekommen Sie eine kleine Einführung in die Fortpflanzung und Entwicklung der Tiere, von der Zucht, über die Geburt bis hin zur Vorbereitung der Jungen auf ihr neues Zuhause. Dieser Abschnitt befasst sich mit medizinischen Aspekten der Zucht und verdeutlicht, was von Ihnen als verantwortungsvollem Züchter erwartet wird. Am wichtigsten ist jedoch die Tatsache, dass Sie mit Hilfe dieses Kapitels einen Überblick über das gesamte Thema bekommen. Warum eigentlich züchten? Welche Probleme sind mit der Zucht verbunden? Ist die Zucht sinnvoll oder füllen Sie damit nur weitere Tierheime?

Teil VII: Frettchen: Vergangenheit und Zukunft

Wo kommt unser domestiziertes Frettchen eigentlich her und wann kam es zu uns? In diesem Teil des Buches geht es um die Geschichte des Frettchens, historisch gesehen und theoretisch.

Ein Abschnitt beschäftigt sich außerdem mit dem gefährdeten Schwarzfußfrettchen. Wie stark ist dieses mit unserem domestizierten Frettchen verwandt? Warum gehört das Schwarzfußfrettchen zu den weltweit am meisten gefährdeten Tieren? Sie bekommen sehr aufschlussreiche Informationen über die Einmischung des Menschen in die Domestizierung der Frettchen und über den Untergang des Schwarzfußfrettchens.

Teil VIII: Der Top-Ten-Teil

Einige der besten Informationen habe ich für den Schluss aufgehoben! Haben Sie schon einmal über eine alternative Ernährung nachgedacht? Lesen Sie einige interessante Rezepte, die Sie auch zu Hause ausprobieren können. Außerdem weiß man nie genug über Frettchen, deshalb habe ich im Anhang Bücher, Magazine, Webseiten und vieles mehr aufgelistet, damit Sie auch immer die aktuellsten Informationen über Frettchen zur Hand haben.

Symbole, die in diesem Buch benutzt werden

Um Ihnen bei der Navigation durch all diese wunderbaren Informationen behilflich zu sein, habe ich einige Symbole verwendet, die auf nützliche Tipps, lustige Anekdoten und andere Dinge hinweisen, die Sie sich merken sollten.

Dieses Symbol weist Sie auf kleine Leckerbissen hin, die Ihnen das Leben als Frettchenbesitzer erleichtern. Viele von diesen Tipps stammen von Leuten (inklusive mir), die einige Dinge auf die harte Tour lernen mussten.

Hinter diesem Symbol verbergen sich interessante und manchmal technische Fakten über Frettchen. Auf einige diese Fakten bin ich erst bei der Recherche für dieses Buch gestoßen.

Achten Sie unbedingt auf die Informationen, die sich hinter diesem Symbol verbergen. Wenn Sie diese Warnhinweise beachten, können Sie das Leben Ihres Frettchens retten oder es vor Krankheiten schützen – und sich selbst auch vor enormen Tierarztrechnungen.

Hinter diesem Symbol verbergen sich Informationen, die Sie sich unbedingt merken sollten. Speichern Sie diese deshalb in einem leicht zugänglichen Bereich Ihres Gehirns.

Hinter diesem Symbol verbergen sich Zusatzinformationen, Tipps und Tricks von der Frettchenhilfe.

Mithilfe dieses Icons werden Begriffe hervorgehoben, die möglicherweise neu für Sie sind, die Sie als Frettchenbesitzer jedoch unbedingt kennen sollten.

Wie es weitergeht

Wenn Sie überlegen, ob Sie sich Frettchen anschaffen sollen, oder wenn Sie Ihre Frettchen gesund und munter erhalten wollen, lesen Sie das Buch von Anfang an, beginnen Sie mit den Teilen I und II. Wenn Sie bereits Frettchen besitzen, können Sie sich mit einem Thema Ihrer Wahl eingehender beschäftigen und von Thema zu Thema springen.

Das Entscheidende? Haben Sie Spaß mit diesem Buch und denken Sie immer daran: Jeder Tag bringt neue Erkenntnisse über Frettchen. Die besten Lehrer sind die Frettchen selbst. Scheuen Sie sich nicht davor, einen Experten um Rat zu fragen, es ist die Zeit wirklich wert, denn so wird das Leben mit einem Frettchen zu einem erfreulichen Erlebnis. Außerdem können wir nur etwas lernen, wenn wir auch Fragen stellen. Und Sie werden gerade am Anfang viele Fragen haben, denn Frettchen »ticken« etwas anders!

Teil I

Ist ein Frettchen das geeignete Haustier für Sie?

The 5th Wave   By Rich Tennant

»Wie Sie sehen können, hat diese Züchtung eine gut ausgeprägte Maske, obwohl die großen schlabberigen Schuhe dann doch unsere Idee waren.«

In diesem Teil ...

In jedem Tier steckt eine kleine Bestie, an die man sich erst einmal gewöhnen muss. Aber bei Menschen ist das ja nicht anders. Jetzt, da Sie dieses Buch hier lesen, gehe ich davon aus, dass Sie darüber nachdenken, Ihre Familie zu vergrößern und zwei Frettchen anzuschaffen. Es scheint, als würde die Welt mit Hunden und Katzen nur so bombardiert. Im Zuge dessen haben Sie sich vielleicht für ein etwas exotischeres Haustier entschieden. Was ist an Frettchen so verkehrt? Eigentlich überhaupt nichts. Frettchen könnten das perfekte Haustier für Sie sein. Oder vielleicht auch nicht. Es gibt keine hundertprozentige Antwort auf die Frage, ob wir nicht alle gut miteinander auskommen können. Da geht es den Tieren genauso wie uns Menschen. Bevor Sie sich ein Haustier zulegen, sollten Sie immer genau wissen, worauf Sie sich einlassen. Dieser Teil des Buches soll Ihnen genau dabei helfen.

Was Sie über Frettchen wissen sollten

In diesem Kapitel

- Was ist überhaupt ein Frettchen und mit welchen anderen Tieren ist es verwandt?
- Grundlegende Infos über Frettchen: Farben, Krallen, Gewicht usw.
- Die Wahrheit über den Geruch

Für das ungeschulte Auge sieht so ein Frettchen ein bisschen aus wie ein Iltis. Achten Sie jedoch einmal auf die Körperbewegungen eines Frettchens: Es bewegt sich eher wie eine Katze und nicht so sehr wie ein Iltis. Manchmal halten sie uns auch ein wenig zum Narren und ähneln dann eher einem Hund. Frettchen sind einigen Tieren ähnlich, die wir aus unseren Hinterhöfen kennen, oder erinnern uns an kuriose Kriechtiere, die wir hin und wieder in nachmittäglichen Natursendungen im Fernsehen zu sehen bekommen. Und manchmal können Sie auch Zeuge sein, wenn einige Leute vor einem Käfig voller Frettchen stehen und rufen: »Oh mein Gott, was um alles in der Welt ist das, bittschön?«

Es handelt sich natürlich um Frettchen. Und weil diese Tiere solch farbenfrohe Kreaturen sind, ist es kein Wunder, dass sie uns an alle möglichen anderen Tiere erinnern. Dieses Kapitel beschäftigt sich mit der riesigen Familie der Marderartigen, seinen nahen und entfernten Verwandten und seiner interessanten Vergangenheit. (Für die Technikfreaks unter Ihnen habe ich einige lateinische Begriffe in dieses Kapitel eingebunden, mit denen sich vielleicht sogar einige Profis verwirren lassen.)

Erste Frage: Was ist ein Frettchen?

Auch wenn Frettchen mit ihren langen Schnauzen und den langen Barthaaren (siehe Abbildung 1.1) ein bisschen aussehen wie ein Nagetier, handelt es sich bei ihnen nicht um Nagetiere. Frettchen gehören zur Ordnung der Raubtiere *(Carnivora)*, das heißt, sie sind Fleischfresser. Diese Ordnung umfasst eine riesige Gruppe von Tieren, vom herkömmlichen Hund bis hin zum mächtigen afrikanischen Löwen. Frettchen gehören weiterhin zur Gattung der Erd- und Stinkmarder *(Mustela)*, zu der auch Dachse, Wölfe, Marder, Seeotter und Stinktiere gehören. Zu dieser Gattung gehören domestizierte Frettchen und marderartige Tiere wie Wiesel, Iltisse, Schwarzfußfrettchen und Nerze.

Abbildung 1.1: Auch wenn sie so aussehen, Frettchen sind keine Nagetiere.

Würde sich der richtige Vater bitte einmal zu erkennen geben?

Um das Frettchen ranken sich eine ganze Menge Mythen und Kontroversen. Der Kernpunkt ist der, dass alle Marderartigen ziemlich eng miteinander verwandt sind. Mit dem Iltis können Frettchen unbegrenzt gekreuzt werden. Das heißt, sie können untereinander lebensfähige Nachkommen erzeugen. Niemand weiß jedoch zu 100 Prozent genau, in welcher Verwandtschaftsbeziehung die Frettchen zu den restlichen Iltissen stehen. Es existieren verschiedene Theorien, die gebräuchlichste und am weitesten verbreitete Theorie besagt jedoch, dass der Europäische Iltis *(Mustela putorius)* Frettchen in seiner Ahnengalerie aufweisen kann. Es wurden einige archäologische Hinweise für diese Theorie gefunden, die genetisch gesehen beweisen, dass der Europäische Iltis und das moderne Frettchen praktisch Zwillinge sind. Es ist möglich, dass unser domestiziertes Frettchen eine Kreuzung aus beidem ist. Die Gene des domestizierten Frettchens entsprechen eher denen eines Iltisses (eines Europäischen Iltisses). Einige seiner Großeltern existieren vielleicht schon gar nicht mehr. Aber auch ein scheinbar unbedeutender genetischer Unterschied kann festlegen, ob es sich beispielsweise um ein Pferd oder ein Zebra bzw. um einen Hund oder einen Kojoten handelt.

1 ➤ Was Sie über Frettchen wissen sollten

Genetische Unterschiede, auch wenn sie noch so gering sind, können sehr bedeutend sein. Die Untersuchungen und Studien dauern deshalb weiter an. Forscher untersuchen unser domestiziertes Frettchen und andere potenzielle Vorfahren. Es ist allerdings möglich, dass wir die Antwort auf diese Frage nie erfahren werden. Wir sollten auf jeden Fall wissen, dass es sich bei einem Frettchen um eine einzigartige kleine Kreatur aus der Familie der Marder handelt – eher liebevoll als bösartig gemeint –, das sehr schnell Ihr Herz erobern kann.

Das Wort *Frettchen* ist vom lateinischen Wort *furonem* abgeleitet, was so viel bedeutet wie »Dieb«. Viele Frettchenbesitzer machen relativ schnell die Erfahrung, wie diebisch die neuen Familienmitglieder eigentlich sind. So süß diese liebenswerte Charaktereigenschaft manchmal auch sein kann, aber es hat mich einmal mehr als einen Tag gekostet, bis ich den Inhalt meiner Geldbörse wiedergefunden hatte, die ich dummerweise offen liegen gelassen hatte.

Vorsicht: Frettchen interessieren sich besonders für Weichgummiteile. Weiche Kabelummantelungen, Knöpfe von Spielekonsolen und Fernbedienungen wecken ganz besonders ihr Interesse.

Frettchenlatein

Der aktuelle wissenschaftliche Name eines Frettchens lautet *Mustela putorius furo*, weil die Wissenschaftler glauben, dass es eine Beziehung zwischen dem domestizierten Frettchen und dem Iltis gibt. Daran wird jetzt jedoch gezweifelt, besonders aufgrund einiger DNA-Spuren, die im Zuge von Vaterschaftstests durchgeführt wurden. Wissenschaftler, die sich mit der Abstammung und der DNA beschäftigen, hauptsächlich Europäer, geben den Frettchen lieber die Bezeichnung *Mustela furo* (die ich im Übrigen auch bevorzuge). Es ist möglich, dass der wissenschaftliche Name unseres domestizierten Frettchens in naher Zukunft geändert wird.

Für diejenigen unter Ihnen, die dem Lateinischen nicht so mächtig sind, *mustela* heißt so viel wie Marder oder »Mauskiller«. *Putorius* stammt vom lateinischen Wort *putoris* ab und bedeutet »Gestank«, »Geruch«. *Furo* ist abgeleitet vom lateinischen Word *furis* und bedeutet »Dieb«. Das *Frettchen* an sich ist aus dem lateinischen Wort *furonem* hervorgegangen, was ebenfalls »Dieb« bedeutet. Wenn Sie alle Wörter aneinander reihen, erhalten Sie einen »stinkenden, Mäuse tötenden Dieb«. Das Frettchen im ursprünglichen Sinn machte seinem Namen noch alle Ehre, heute ist so ein Frettchen jedoch eher ein kleines Wollknäuel.

Die Ähnlichkeit zwischen einem Stinktier, einem Wolf und einem Frettchen zu erkennen, ist nicht gerade einfach. Doch alle Mitglieder dieser Tierfamilie besitzen Duftdrüsen an beiden Seiten des Anus. Frettchen, bei denen diese Drüsen nicht entfernt wurden, sind in der Lage, bei Bedrohung oder Überstimulation deutliche moschusartige Düfte abzugeben, die sich jedoch schnell zerstreuen und mit Seife und Wasser weggewaschen werden können. Von seinem entfernten Verwandten, dem Stinktier, wissen wir, dass es wirklich ganz übel stinken kann und dieser Geruch auch nicht so leicht wieder zu entfernen ist.

In Deutschland ist das Entfernen der Analdrüse aus tierschutzrechtlichen Gründen verboten!

> ### Das Spiel mit dem Namen
> Was ist lang, haarig und in der Lage, sich in unterschiedliche Richtungen gleichzeitig zu bewegen? Sie haben es erraten. Wir Frettchenverrückten bezeichnen sie liebevoll als Fellknäuel, Teppichfusseln, Fusselnasen oder auch nur als Fretts. Für die eher technisch veranlagte Gemeinschaft sei gesagt, dass es sich bei männlichen Frettchen um *Rüden* handelt. Weibliche Frettchen werden als *Fähe* bezeichnet. Jungtiere werden bis zu einem Alter von sechs Monaten einfach als Welpen oder zusammengefasst als Wurf bezeichnet. Eine ganze Gruppe von Frettchen beschert Ihnen natürlich eine ganze Menge Spaß.

Physische Daten

Wenn ich von der Physis spreche, meine ich alle allgemeinen Daten, die sich auf die physischen Merkmale eines Frettchens beziehen, von den Pfoten über die Krallen bis hin zu seinen außergewöhnlichen Sinnesempfindungen. Aber ich schließe in meine Ausführungen auch andere Kleinigkeiten ein, die Sie unbedingt wissen sollten, beispielsweise Farbkombinationen und die Lebenserwartung, damit Sie auch wissen, wie lange Sie sich um ein Frettchen kümmern müssen.

Die Lebenserwartung eines Frettchens

Die durchschnittliche Lebenserwartung eines gut versorgten Frettchens liegt bei acht bis zehn Jahren, wobei der heutige Durchschnitt eher bei acht Jahren liegt, unvorhergesehene Unfälle mal ausgenommen. Ich habe aber auch schon von Tieren gehört, die wesentlich älter geworden sind, so zwischen elf und zwölf Jahren. Mit etwa einem Jahr sind Frettchen vollständig ausgewachsen. Mit vier oder fünf Jahren sind Frettchen alt. In diesem Alter beginnen sie langsam an Gewicht zu verlieren und werden immer wieder durch Krankheiten geschwächt.

So herzzerreißend es auch ist, aber Frettchen leiden nicht selten an den unterschiedlichsten Krankheiten und an Krebs. Dabei sind sie aber weder genetisch noch medizinisch vorbelastet. Wie bei den meisten Haustieren, bei denen die Lebenserwartung im Vergleich zum Menschen relativ gering ist, leben Frettchen ihr gesamtes Leben kompakt in sieben oder acht kurzen

Jahren. Der Durchschnittsmensch hat 65 bis 70 Jahre Zeit, um das zu erleben, wofür einem Frettchen nur sieben bis acht Jahre bleiben. Mein ältestes Frettchen, Scooter, war zwölf, als ich beschloss, es zu erlösen. Es hatte die letzten vier Jahre mit den unterschiedlichsten Medikamenten (fürs Herz, die Lymphdrüsen und mit Insulin) gelebt. Ein Frettchen ist ein erstaunlicher Kämpfer mit einem enormen Lebenswillen.

In dieser Ecke beträgt das Gewicht ...

Die Größe eines Frettchens macht es zum idealen Haustier sowohl für Mieter einer Wohnung als auch für Hausbesitzer. Und auch bei Frettchen ist es wie bei vielen anderen Tieren so, dass das Männchen ungefähr doppelt so groß ist wie das Weibchen. Das wird auch als *Geschlechtsunterschied* bezeichnet. Sie erkennen den Gewichtsunterschied am Kopf und am Körper, ein Männchen ist breiter und sieht weniger aus wie ein Nagetier.

Ein typisches weibliches Frettchen wiegt zwischen 450 g und 1,2 kg – und das ist dann ein wirklich großes Weibchen. Kastrierte Männchen wiegen in der Regel zwischen 0,7 und 2,2 kg, nicht kastrierte Tiere sind mit 1,8 bis 2,5 kg deutlich schwerer. Ohne Schwanz sind die Weibchen zwischen 33 und 35,5 cm lang, Männchen messen zwischen 38 und 40,6 cm. Der Schwanz der Tiere ist zusätzlich noch einmal rund 7,6 bis 10 cm lang.

Frettchen sind ein bisschen wie wir Menschen, denn auch sie nehmen im Winter etwas zu. Manchmal sind es bis zu 40 Prozent ihres aktuellen Gewichts, was sie zunehmen, im Frühjahr dann aber wieder verlieren. Das trifft aber nicht auf alle Tiere zu, es gibt immer welche, die eher dünn sind, und welche, die das ganze Jahr über gut genährt aussehen. Könnte das etwas mit der Gesundheit oder dem Training zu tun haben? Versuchen Sie, es herauszufinden. (In den Teilen III und IV dieses Buches finden Sie einige Informationen zum Thema Training und Gesundheit.)

Viele Frettchenbesitzer erschrecken jedes Frühjahr aufs Neue, denn ihre Frettchen wirken dünner und sie bekommen Angst, dass ihre Lieblinge krank sind. Aber erstens geht die Gewichtsabnahme langsam vonstatten und zweitens fällt das dicke Winterfell aus, was die Frettchen zusätzlich wie gerupfte Hühner aussehen lässt. Die Gewichtsabnahme ist also normal – genauso wie die Gewichtszunahme im Herbst.

Wann wollen Frettchen spielen?

Wenn Sie es in Ruhe lassen, schläft ein gesundes Frettchen 12 bis 15 Stunden am Tag. Sind sie nun nachtaktive oder tagaktive Tiere? Weder noch. Ich denke, man sollte diese Tiere in eine eigene Kategorie einordnen. Wie wäre es mit frettchenaktiv? Die meisten Marder sind dämmerungsaktive Tiere, wobei deren Schlafgewohnheit auch ein wenig vom Lebensraum abhängt und dem Futter, das ihnen zur Verfügung steht. Frettchen sind eher dämmerungsaktiv, was bedeutet, dass sie in der Regel bei Sonnenauf- und Sonnenuntergang aktiv werden, ähnlich wie es bei Rotwild auch der Fall ist. Wenn Sie es noch nicht bemerkt haben, kann ich Ihnen sagen, dass sich Frettchen sehr schnell an den Lebensrhythmus ihres Herrchens oder Frauchens anpassen. Wie Marder passen sie sich an die entsprechende Umgebung an, so sind sie mal tag-, mal nacht- und mal dämmerungsaktiv. Das liegt dann ganz bei Ihnen!

Sie sehen so engelsgleich aus, wenn sie zusammengerollt und übereinander gestapelt herumliegen. Wenn sie dösen, auch faul und absolut unschuldig, die Beine sind nach allen Seiten herausgestreckt oder unter dem Bauch zusammengezogen. Diesen Anblick sollten Sie genießen. Lassen Sie sich jedoch nicht von ihren kurzen, untersetzten Beinen täuschen, denn die sind sehr stark und kraftvoll und in der Lage, den gesamten Körper aufzurichten, damit das Frettchen sehen kann, was Sie in Ihrer Hand verbergen. Mit diesen Beinen kann ein Frettchen mühelos über Fußböden, Schränke und Tische laufen. Frettchen können auch Tango tanzen und rückwärts laufen, wenn sie hinter einem Plastikball hinterherjagen. Und das alles passiert gleich in den ersten Minuten, direkt nach dem Aufwachen. Die Beine eines Frettchens sind echt erstaunlich. Ein Frettchen wäre nichts ohne seine Beine.

Beobachten Sie die Schlafposition Ihres Frettchens, es ist unglaublich, was ein Frettchen als bequem empfindet!

Über Krallen und Zähne

An jeder Pfote finden Sie fünf Krallen, die nicht eingezogen werden können und mit denen ein Frettchen gräbt und greift (siehe Abbildung 1.2). Die Krallen müssen dem Frettchen erhalten bleiben, kommen Sie also nicht auf die Idee, diese zu entfernen. Regelmäßiges Kürzen kann den Krallen allerdings nicht schaden.

Das Entfernen der Krallen ist bei einem Frettchen strengstens verboten, da es für die Tiere sehr schmerzhaft ist und mehr Nachteile als Vorteile bringt. Frettchen brauchen ihre Krallen zum Graben, Klettern, Laufen und Spielen. Außerdem verleihen die Krallenansätze dem Fuß zusätzlichen Halt, um das Körpergewicht des Frettchens tragen zu können. Wenn Sie die Krallen entfernen, beschwören Sie Fußprobleme herauf und/oder Schmerzen, die das Tier beim Laufen verspürt. Wenn Sie zu faul zum Krallenschneiden sind, sollten Sie sich lieber kein Frettchen anschaffen.

Das Krallenschneiden will geübt sein, denn in den Krallen befinden sich Blutgefäße, die auf gar keinen Fall verletzt werden dürfen. Lassen Sie sich das Krallenschneiden vom Tierarzt oder einem geübten Frettchenhalter zeigen. Schlecker-Paste zum Ablenken erleichtert vieles.

Wie alle anderen Raubtiere hat auch ein Frettchen riesige Eckzähne, die sehr furchterregend sein können, weil sie manchmal über die Lippe heraushängen und sichtbar sind. Auch wenn alles, was einen Mund oder eine Schnauze hat, früher oder später zubeißen kann, sind beißende Frettchen eher die Ausnahme als die Regel. Die meisten Frettchen zeigen ihre Eckzähne nur

Artgenossen oder beim Fressen, was von Zeit zu Zeit vorkommen sollte. Manchmal passiert es, dass ein Frettchen aus Angst oder im Spiel leicht zukneift.

Abbildung 1.2: Frettchen benötigen ihre Krallen für alles – zum Klettern, zum Laufen und auch einfach nur zum Rumhängen.

Der Sinn der Sinneswahrnehmung

Die Sinne eines Frettchens sind unterschiedlich ausgeprägt. Wie bei Menschenkindern ist auch ihre Sehkraft eher schlecht, die Fähigkeit, Farben zu erkennen, ist begrenzt. Frettchen können einige Rot- und einige Blautöne erkennen. Machen Sie jetzt aber keinen Fehler, denn: Auch die eingeschränktesten Frettchen finden alles, was sie nicht finden sollen (und seine kleinen, untersetzten Beine helfen ihnen dabei, schnell wieder im Versteck zu verschwinden).

Sein Geruchssinn ist deutlich besser ausgeprägt als der von uns Menschen, die kleinen Barthaare reagieren empfindlich auf Berührungen. Alle Frettchen sind Langfinger: Wenn sie etwas finden, gehört es ihnen. Wenn sie etwas wollen, kriegen sie es. Wenn sie denken, es gehört ihnen, dann gehört es auch ihnen. Ich glaube, Sie haben jetzt eine ungefähre Vorstellung, was ich meine.

Das Gehör eines Frettchens ist sehr außergewöhnlich. Wenn Sie am anderen Ende der Wohnung oder des Hauses eine Tüte Leckerchen öffnen, können Sie davon ausgehen, dass Ihr

Frettchen das gehört hat und sofort angerannt kommt. Denken Sie also daran, zu flüstern, wenn Sie über heikle Themen, beispielsweise Kastration oder Urlaub, sprechen.

Habe ich schon erwähnt, dass Frettchen noch einen weiteren Sinn haben? Es scheint, als könnten diese Tiere uns Menschen verstehen. Gruselig.

Alles über Farben und Muster

Diese langen, schlanken Schönheiten gibt es in den unterschiedlichsten Farben, vom leicht zu erkennenden Albino mit seinem weißen Pelz und roten Augen bis hin zu Frettchen mit weißem Pelz und dunklen Augen oder ganz dunklen Iltisfrettchen (natürlich gibt es dazwischen noch die unterschiedlichsten Abstufungen). Es tauchen auch immer mehr Bezeichnungen auf, die sich auf die Farbe und Muster der Tiere beziehen, um die allgemeine Öffentlichkeit noch mehr zu verwirren. Viele grundlegende Farben und Muster werden im Folgenden beschrieben.

Farben

Experten streiten sich immer wieder über die Richtigkeit der Namen der einzelnen Schattierungen. Sie werden feststellen, dass eine Gruppe einer bestimmten Schattierung den einen Namen gibt und eine andere Gruppe für die gleiche Schattierung eine andere Bezeichnung hat. Egal, wie viele Namen sich die Experten auch ausdenken, es gibt immer wieder Frettchen, die heller oder dunkler als die definierte Farbe sind. Es scheint also, als wären die Farbbezeichnungen niemals vollständig. Jedes Frettchen besitzt seine eigene Farbe und diese Farbe wird als Muster bezeichnet. Beachten Sie, dass es Farben und Muster gibt, die von Jahreszeit zu Jahreszeit variieren. Solange Sie sich nicht für ein neonfarbenes Frettchen entschieden haben, trifft auf Ihr Tier immer eine der einfachen Farbkategorien zu, bei denen sich die meisten Experten einig sind.

Frettchen werden im Winter meist heller, auch ihre *Maske* (die Gesichtszeichnung) verändert sich. Lassen Sie sich überraschen.

✔ **Iltisfrettchen:** Das ist die wohl am weitesten verbreitete Farbe. Hier ist das Deckhaar dunkel, es variiert zwischen einem ganz dunklen Braun und Schwarz und ist ziemlich dicht. Das darunter liegende Fell (die *Unterwolle*) im Nacken, auf dem Rücken und dem Bauch ist cremefarben und scheint leicht durch das Deckhaar durch. Die Beine und der Schwanz haben die Farbe des Deckhaars, nur dass hier keine anderen Haare mehr darunter liegen und durchscheinen. Solch ein Frettchen hat dunkelbraune oder schwarze Augen, womit es ein wenig wie ein Waschbär aussieht. Die Nase ist rosa, unregelmäßig braun oder manchmal ganz schwarz. Man unterscheidet hier nur in Iltis dunkel oder Iltis hell.

Wenn Ihr Liebling weiße Füße und einen weißen Brustfleck hat, dann handelt es sich um ein Harlekin-Frettchen. Wenn sich die Maske des Frettchens über den gesamten Kopf ausbreitet, dann spricht man von einem »hooded sable (Kapuzen-Frettchen)«. Besitzt das Tier eine weiße Blesse, dann handelt es sich um ein »sable blaze« und so weiter.

Als *Deckhaare* oder *Grannenhaare* bezeichnet man ganz einfach die festeren und längeren Haare eines Fellkleides, die die kurzen, weichen Haare überdecken. Das Deckhaar bestimmt die Färbung des Tieres. Die *Unterwolle* dient der Isolation und zur Erhaltung der Körpertemperatur. Sie stellt eine kälteundurchlässige Barriere dar.

✔ **Silver/Silber:** Es gibt unterschiedliche Typen silbergefärbter Muster. Die dunkleren unter ihnen werden leicht mit einem herkömmlichen Iltisfrettchen verwechselt, wobei das Fell eher grau ist. Es gibt auch andere Variationen, bei denen das Fellkleid sehr hell und nur der Schwanz mit silbergrauen Haaren bestückt ist. Oftmals ist das Fell am Kopf, im Sattelbereich und an den Beinen grau. Solch ein Frettchen kann aber auch einfach weiß sein und nur ein paar silberne Haare am Schwanz haben. Die silberne Färbung kann stark oder schwach ausgeprägt sein. Die Augen sind dunkelbraun oder schwarz, die Nase rosa, gefleckt oder ebenfalls schwarz. Tiere dieses Farbschlags haben keine vollständig ausgeprägte Maske, sondern nur einige silberne Flecken rund um die Augen.

✔ **Schwarze Frettchen:** Frettchen dieser Kategorie sind so dunkel, dass sie von der Nasen- bis zur Schwanzspitze schwarz aussehen. Die Unterwolle ist weiß oder cremefarben und scheint teilweise durch das dunkle Deckhaar hindurch. Diese Frettchen sollten eine Maske besitzen, die sich nicht nur über die Ohren, sondern bis runter zur Nase ausbreitet. Solche Masken sind am beliebtesten, zudem sollten rund 50 Prozent der Nase ebenfalls schwarz sein.

✔ **Albino:** Die Farbe ist bei jedem Tier ganz leicht zu erkennen, denn hier fehlen der Haut und den Augen gewisse Pigmente. Albinofrettchen können altweiß bis schneeweiß sein. Die Augen eines solchen Tieres sind hell- bis mittelrot oder rosa, die Nase ist rosa.

✔ **Dark-eyed-white (DEW):** Sie ähneln mit ihrem weißen Fell und den rosa Nasen den Albinos – mit Ausnahme der Augenfarbe, denn die variiert bei diesen Tieren zwischen Burgund, Braun und Schwarz. Viele dieser Tiere gehören eigentlich in die Kategorie Silver, nur dass sie die meisten oder fast alle silbernen Markierungen verloren haben. Auf dem Rücken können möglicherweise noch ein paar dunkle Haare auftreten. Diese Frettchen sind jedoch besonders oft taub!

Das *Waardensburg Syndrom* ist typisch für Frettchen, dabei ist die Weißfärbung des Fells am Kopf mit Gehörlosigkeit verbunden (diese ähnelt der Gehörlosigkeit, die auch bei blauäugigen, weißen Katzen auftritt). Aber nicht nur Dark-eyed-white-Frettchen leiden häufig unter diesem Gendefekt, sondern auch andere Muster (lesen Sie dazu auch den nächsten Abschnitt). Dennoch tritt die Gehörlosigkeit nicht bei allen Tieren auf. Ich kenne einige Panda- oder Harlekin-Frettchen, die von Gehörlosigkeit nichts gehört haben. Trotzdem ist dieser Gendefekt sehr häufig. **Anmerkung:** Taube Frettchen sind ausgezeichnete Haustiere, wenn Sie ein besonderes Augenmerk auf sie legen, ein extra Training absolvieren, und wenn Sie darauf achten, das Frettchen nicht zu erschrecken.

Wir sollten Frettchen jedoch nicht wegen ihrer Farben lieben, sondern weil sie das sind, was sie sind: Frettchen!

✔ **Zimt:** Die Experten sind sich ziemlich uneinig darüber, ob die richtig roten Zimt-Frettchen immer noch existieren. Viele Leute verwechseln die Farben Siam und Zimt miteinander. Das Fell eines zimtfarbenen Frettchens zeichnet sich durch wunderschöne rotbraune Schattierungen unterschiedlicher Intensität aus, kann aber auch von absolut Hellblond über Blond bis hin zu Straßenköterblond reichen. Die Beine und der Schwanz sind ein wenig dunkler, während die Maske etwas heller ist als der Rest des Fells. Bei einem Frettchen dieser Farbgattung ist die Maske nicht immer sehr deutlich ausgeprägt, besonders dann nicht, wenn das Tier an sich schon sehr hell ist. Die Nase sollte rosa sein, die Augen schwarz, braun oder rubinrot.

✔ **Chocolate:** Das Fell eines solchen Frettchens ist eine weitere Variation der Farbgattung der Iltisfrettchen, nur dass es sich hier um ein einzigartiges Schokoladenbraun handelt, ohne jegliche rote Schattierungen. Diese Frettchen sollten eine deutliche Maske aufweisen (wie in Abbildung 1.3 zu sehen). Hellere Farben können mit Milchschokolade oder dem Pulver verglichen werden, das Sie vielleicht für Ihren Cappuccino verwenden, es kann sich aber auch um sehr dunkle Schokolade handeln. Die Unterwolle ist cremefarben oder gelblich, die Augen sind eigentlich immer schwarz. Die Nase kann rosa, gefleckt oder gar braun sein.

Abbildung 1.3: Bernie ist ein handzahmes schokoladenbraunes Kapuzenfrettchen.

Es gibt aber auch noch viele andere Farbschattierungen, die mein Herz höher schlagen lassen. Lassen Sie sich jedoch nicht zu sehr von Fellfarben und Mustern beeinflussen. Einige Frettchen (Albinos und DEWs mal ausgenommen) können die Farbe ihres Fells entsprechend der Jahreszeiten ändern, wenn auch nur ganz leicht. Manche Frettchen werden auch mit zunehmendem Alter immer heller. Auch die Dichte des Fells ist von der Jahreszeit abhängig, aber auch vom Alter und dem Gesundheitszustand.

> Frettchen gibt es in vier verschiedenen Farben: Iltisfrettchen (inklusive dem schwarzen Frettchen und dem Chocolate), DEW, Albino und Silver. Alle Frettchen, egal welche verrückte Bezeichnung man sich ausgedacht hat, gehören in eine dieser vier Kategorien.

Muster

Es gibt unterschiedliche Mustervariationen bei Frettchen: Harlekin, Hauben, Salz und Pfeffer, Blesse und Dachs. Frettchen der ersten Kategorie sehen aus, als hätte man ihre Pfoten in weiße Farbe getaucht. Diese Frettchen haben außerdem einen weißen Brustlatz/Kehlfleck und weiße Schenkelflecken. Kapuzen- oder Haubenfrettchen haben eine Gesichtsmaske, die Maske verläuft über das gesamte Gesicht und kann sich bis auf den gesamten Rücken ausbreiten. Mit der dritten Kategorie werden Frettchen beschrieben, bei denen das Deckhaar an sich dunkel, aber mit weißen Haaren versetzt ist. Blesse (oder auch Blaze) haben eine Zeichnung wie die Blesse beim Pferd, manchmal stärker, manchmal schwächer ausgeprägt. Ähnlich verhält es sich bei der letzten Kategorie, die Zeichnung erinnert an die eines Dachses.

Wenn man die Muster betrachtet, werden allerdings die Beine und der Schwanz außen vor gelassen, es wird auch nicht beschrieben, wie sich beispielsweise die Maske zur restlichen Körperfarbe verhält.

Riech' das mal!

Alle Frettchen sind standardmäßig mit einem wirklich adretten Duftmechanismus ausgestattet. Dieser Mechanismus ist allerdings nicht mit dem des Menschen zu vergleichen, der häufig durch schlechtes Essen oder den Wunsch ausgelöst wird, andere zu beleidigen. Direkt im After des Frettchens sitzt auf beiden Seiten eine Analdrüse, die mit einer übel riechenden Flüssigkeit gefüllt ist. Alle Raubtiere besitzen solche Drüsen, auch unser geliebter Hund. Wenn das Tier aufgeregt, überstimuliert, ängstlich oder gereizt ist, gibt es völlig ziellos seine Geheimwaffe ab. Im Gegensatz zum Geruch eines Stinktiers ist der eines Frettchens, auch wenn er für den Moment sehr unangenehm ist, nur vorübergehend zu spüren und verfliegt ganz schnell wieder.

Ist ein Frettchen das Richtige für Sie?

In diesem Kapitel

▷ Wissen, was es bedeutet, Frettchen zu besitzen: Zeitaufwand, finanzielle und nervliche Belastung

▷ Entscheiden, ob Sie ein gutes Herrchen bzw. Frauchen abgeben

Bevor Sie losziehen und sich neue Familienmitglieder zulegen, müssen Sie sich zunächst klar sein, was es bedeutet, Frettchen zu besitzen. Wie können Sie außerdem ein gutes Herrchen oder Frauchen sein, wenn Sie überhaupt nicht wissen, was alles notwendig ist? Werfen Sie einen ehrlichen Blick auf diese Anforderungen, die letztendlich entscheiden, ob Sie mit den neuen Familienmitgliedern glücklich zusammenleben oder ob Sie sich eine lästige, unwillkommene Pflicht auferlegen.

Dieses Kapitel beschäftigt sich mit allen wichtigen Aspekten, die Sie in Betracht ziehen sollten, wenn Sie die lebenslange Patenschaft für Frettchen oder auch für irgendein anderes Tier übernehmen wollen. Frettchen riechen, wenn sie nicht kastriert sind sehr intensiv. Und wir sprechen hier nicht von Hamstern. Frettchen brauchen tägliches Training und Aufmerksamkeit außerhalb des Käfigs. Außerdem benötigen diese Tiere ihr ganzes Leben lang eine umfangreiche medizinische Versorgung. Sie müssen aus Ihrem gewohnten Lebensstil ausbrechen und Ihr Zuhause neu gestalten, damit es auch wirklich frettchensicher ist, sonst gestalten es die Frettchen um.

Wenn Sie sich dieses Kapitel aufmerksam durchlesen und dann denken, dass Sie mit Frettchen umgehen können, sind Sie bereit für den nächsten Teil. Viel Glück!

Ihnen ist wahrscheinlich schon aufgefallen, dass hier meistens von mehreren Frettchen die Rede ist. Das ist kein Zufall! Der Grund dafür ist, dass Frettchen sich nicht für die Einzelhaltung eignen, da sie sonst leicht verkümmern. Frettchen sollten mindestens zu zweit gehalten werden.

Der Zeitaspekt

Ob Frettchen die geeigneten Haustiere für Sie sind, hängt von Ihrem Lebensstil ab. Frettchen sind interaktive Tiere. Wenn Sie nach einem Haustier Ausschau halten, das den ganzen Tag in seinem Käfig sitzt und das Sie nur hin und wieder anschauen müssen, dann ist ein Frettchen definitiv nichts für Sie. Frettchen sind sehr neugierige Wesen, die dem Menschen gefallen wollen. Na gut, eigentlich wollen sie sich nur selbst eine Freude machen, aber sie ziehen uns Menschen da mit rein.

Um glücklich zu sein, benötigen Frettchen viel Aufmerksamkeit und Bewegung (siehe Abbildung 2.1). Mindestens zwei bis drei Stunden pro Tag sollten die Tiere in einer sicheren, abwechslungsreichen Umgebung spielen können. Es macht unheimlichen Spaß, es sich mit den Kobolden auf dem Fußboden bequem zu machen und das Frettchen im Menschen rauszulassen. (In Kapitel 10 finden Sie weitere Informationen, wie Sie das Leben ihrer Frettchens abwechslungsreich gestalten können.)

Gerade wenn Sie Ihren Frettchen aus irgendeinem Grund nicht die entsprechende Aufmerksamkeit und das richtige Training bieten können, Sie aber alle anderen Anforderungen erfüllen, sollten Sie sich gleich zwei Frettchen zulegen. Frettchen leben, um zu spielen, und spielen, um zu leben. Wenn Sie nicht ausreichend Zeit haben, besorgen Sie Ihrem Liebling einen Spielgefährten. Außerdem ist ein Frettchen sehr amüsant, aber zwei (oder gar noch mehr) sorgen geradezu für Lachanfälle.

Frettchen sind hoch intelligente Tiere, die viel Aufmerksamkeit benötigen. In Bezug auf den Umgang mit ihrem Besitzer sind diese Tiere, wenn Sie sie glücklich und gesund erhalten wollen, sehr pflegebedürftig. Sie müssen täglich mindestens zwei bis drei Stunden mit dem Tier in einer sicheren und anregenden Umgebung spielen. Wenn Sie diese Zeit nicht haben, oder sich nicht nehmen wollen, dann legen Sie sich lieber Fische zu.

Abbildung 2.1: Frettchen wie Buster benötigen ausreichend Zeit zum Spielen außerhalb ihres Käfigs.

Der Geruch

Dieses Thema werde ich innerhalb des Buches immer wieder ansprechen, weil es viele Menschen gibt, die ihre Frettchen aufgrund des Geruchs wieder abgeben. Meistens ist jedoch menschliches Versagen daran schuld. Die Menschen wissen einfach nicht, wie man dafür sorgt, dass ein Frettchen frisch riecht.

Das regelmäßige Wechseln der Einstreu im Klo und Säubern des Schlafplatzes ist die beste Methode, um den Geruch unter Kontrolle zu bekommen. Wenn Sie ein Frettchen zu oft baden, nimmt der Geruch zu, weil Sie dadurch die natürlichen Hautfette entfernen und so noch mehr Talg produziert wird, um diese wieder zu ersetzen.

Wenn Sie zu den Leuten gehören, die Moschusduft nicht ausstehen können, Sie aber unbedingt ein Frettchen als Haustier haben wollen, achten Sie darauf, dass es kein unkastriertes Männchen ist.

Frettchen sondern allerdings immer einen gewissen Geruch ab. Auch die bestumsorgten Tiere haben einen leicht moschusartigen Duft. Der Geruch ist eigentlich nicht schlimmer als der eines Hundes, aber die Toleranzgrenzen der Menschen für Düfte sind sehr unterschiedlich. Wenn Sie ein Frettchen zu selten waschen oder seinen Käfig nicht häufig genug reinigen, wird der Geruch logischerweise strenger. Aber das wird bei Ihnen doch sicher nicht der Fall sein?!

Schlaftücher, Hängematten, Kuschelhöhlen und -körbchen aus Mischgeweben müssen häufiger gewaschen und gewechselt werden als die aus Naturfasern. Reinigen Sie auch regelmäßig den Toilettenvorleger und die Teppiche in der Wohnung. Etwa ein Mal in der Woche ist eben »Frettchenwäsche« angesagt.

Finanzielle Aspekte

Frettchen können sehr teure Tiere sein. Wenn Sie ein Frettchenbaby in einer Zoohandlung kaufen, es aus einem Tierheim holen oder es sich von Ihrem Nachbarn vor die Tür stellen lassen, müssen Sie immer daran denken, dass das nicht nur eine Frage der Emotionen, sondern auch des Geldes ist.

Grundlegende Ausgaben beinhalten Dinge wie den Käfig, entsprechendes Zubehör, Spielzeug und Leckereien. Frettchen benötigen qualitativ hochwertiges Futter oder spezielles Frettchenfutter, das teurer ist als qualitativ minderwertige Nahrungsmittel. Je mehr Frettchen Sie haben, desto mehr Futter benötigen Sie. Sind Sie bereit, mehr Geld für hochwertiges Futter auszugeben und Ihre Frettchen damit so gesund wie möglich zu erhalten?

Vergessen Sie auch die regelmäßigen Besuche beim Tierarzt nicht. Neben den Routineuntersuchungen benötigt Ihr Frettchen auch eine jährliche Fünffachimpfung gegen Tollwut, Staupe, Leptospirose und Parvovirose. Wenn Sie zu den Leuten gehören, die ihr Geld sparen und mit ihren Tieren nicht regelmäßig zum Tierarzt gehen, weil das Tier ja eh nie mit anderen kranken Tieren in Kontakt kommt, sollten Sie über diese Einstellung noch einmal nachdenken. Das Unvermeidliche kann und wird auch passieren. Herzwürmer werden durch Mücken übertragen. Auch Sie selbst können Krankheitserreger auf Ihren Sachen oder unter den Schuhen mit nach Hause bringen. Lassen Sie das Tier nicht des Geldes wegen leiden.

Wenn Ihr Frettchen älter wird, erhöht sich auch die Wahrscheinlichkeit, dass das Tier doch einmal krank wird. In der Regel bedeutet das, dass Sie den Tierarzt regelmäßiger aufsuchen und spezielle Tests durchführen lassen müssen, auch sind dann häufig Medikamente notwendig. Denken Sie daran, dass Sie es jedem Haustier schuldig sind, es medizinisch immer gut zu versorgen. Ein Tier sollte nie darunter leiden müssen, dass Sie nicht zum Tierarzt gehen oder die Kosten der Behandlung nicht tragen wollen.

Wenn Sie in ein Frettchen investieren, werden Sie immateriell auch dafür belohnt, Sie müssen jedoch gewillt sein, wenn nötig die entsprechenden Kosten zu tragen. Und diese können sich durchaus summieren. Denken Sie darüber nach, eine Art Sparbüchse für Ihr Tier einzurichten, und legen Sie immer ein paar Euro für den Notfall zur Seite. So können Sie die meisten Notfälle überstehen, ohne dass Ihr Tier in irgendeiner Weise leiden muss.

Sie sollten ein Frettchen als eine Art Investition betrachten, jedoch eher emotional gesehen. Frettchen geben bis zu 150 Prozent an die Person zurück, die sich liebevoll um sie kümmert und sich ausreichend Zeit nimmt. Diese Tiere verdienen die bestmögliche Fürsorge. Sie sollten sich dieser Sache verpflichten, wenn Sie sich ein Frettchen als Haustier anschaffen wollen.

Wie viel Platz brauchen diese Tiere?

Kein Tier sollte mit nach Hause gebracht werden, bevor sein Käfig nicht vollständig und angemessen eingerichtet ist. Frettchen eignen sich sowohl für ein Haus als auch für die Mietwohnung, der Käfig sollte geräumig und angemessen ausgestattet sein (siehe Abbildung 2.2).

Wenn der einzige verfügbare Platz in Ihrer Wohnung die Wand ist, an der sich im Moment noch die größte Bierdosensammlung der Welt befindet, dann sollten Sie sich überlegen, sich von dieser zu trennen. Auch wenn Sie sowohl die Bierdosen als auch das Frettchen unterbringen könnten, wäre es dennoch eine gute Idee. Der unvermeidliche Lärm, der entsteht, wenn die Bierdosen in sich zusammenfallen, ist für die Ohren des Frettchens nicht gut. Außerdem würde der kleine Dieb die eine oder andere Dose in sein Geheimversteck ziehen.

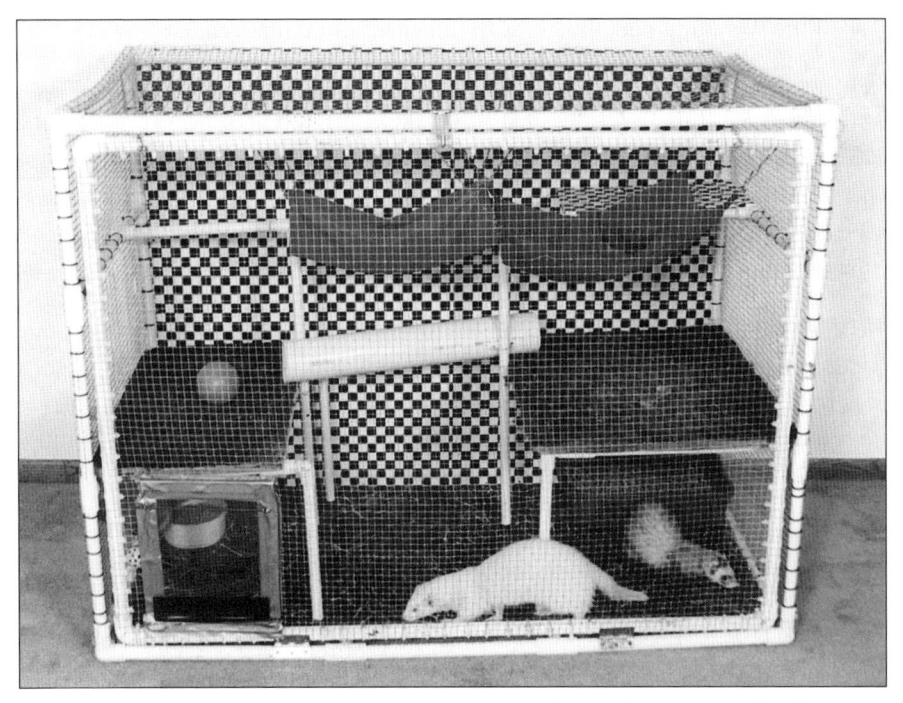

Abbildung 2.2: Großzügige Käfige sind nötig und können schon mal einiges an Platz beanspruchen.

Die Herausforderung, Ihr Zuhause frettchensicher zu gestalten

Frettchen kriechen in alles hinein, was ihnen in den Weg kommt. Frettchen sind Unruhestifter. Sie durchwühlen Pflanzen und terrorisieren Katzen und Hunde. Wenn es irgendetwas gibt, mit dem man sich messen kann, dann wird sich ein Frettchen damit messen.

Ich vergleiche diesen lebhaften Spieltrieb immer mit einem Kleinkind, das zwei Tassen Espresso getrunken hat. Sie müssen Ihr Heim also frettchensicher machen, zumindest die Bereiche, zu denen das Tier Zugang hat. Es sollte nicht schwer sein, Ihre Pflanzen an einen anderen Platz zu stellen und Ritzen und Spalten unter Ihren Schränken zu verschließen.

Ein Frettchen ist darauf spezialisiert, Ihre Vorsichtsmaßnahmen zu überprüfen und auszutesten. Sie werden schnell feststellen, dass das Sichern immer wieder Zeit in Anspruch nimmt und niemals vollständig abgeschlossen ist. Ihr Frettchen wird immer wieder undichte Stellen aufspüren.

Eine Wohnung oder ein Haus frettchensicher zu machen, ist eine echte Herausforderung. Dieser Prozess ist niemals abgeschlossen. Wenn Sie sich bereits fragen, ob etwas sicher ist oder nicht, dann ist es mit Sicherheit unsicher, ansonsten müssten Sie nicht erst darüber nachdenken. Rechnen Sie immer mit dem Unmöglichsten. Bereiten Sie sich auf das Schlimmste vor. Hoffen Sie das Beste. Was dann wirklich passiert, liegt meistens irgendwo dazwischen. Hinweise, wie Sie Ihr Zuhause wirklich sicher machen, finden Sie weiter hinten in diesem Buch in Kapitel 7.

Erfahrung garantiert keine Sicherheit

Ich erinnere mich daran, wie ich an einem Sommertag auf meiner Veranda saß und ein Frettchen direkt auf mich zugelaufen kam. Mein erster Gedanke: »Wow, das Tier sieht meinem Tank ziemlich ähnlich.« Ich dachte schon, ich hätte ein neues Familienmitglied, falls niemand etwas dagegen hätte. Kurz darauf kam ein weiteres Frettchen angelaufen, das aussah wie meine kleine Jasmin. Ein Anflug von Panik überkam mich. Ich rannte ins Haus, um herauszufinden, welcher meiner Hunde die Tür zur Waschküche geöffnet hat, um ans Hundefutter zu gelangen. Zwei meiner geliebten Frettchen haben die Gelegenheit genutzt, um durch ein Loch im Abluftrohr des Trockners zu kriechen, durch das sie schließlich hinaus in die große weite Welt konnten. Glücklicherweise sind ihnen die anderen acht Tiere nicht gefolgt. Ich wusste, dass es dieses Loch gibt, dachte aber, ich hätte später Zeit, es zu verschließen. Das war, bevor ich mir der Gefahren bewusst wurde, die in einem Haus auf ein Frettchen lauern, das Unruhe stiften will. Erwarten Sie immer das Unmögliche und seien Sie gut darauf vorbereitet.

Frettchen und Kinder

Frettchen sind geeignete Haustiere für eine allein lebende Person oder eine ganze Familie. Ich möchte nicht alle kleinen Kinder in eine Schublade stecken, indem ich sage, dass dieses oder jenes Tier sich nicht so gut mit Kindern versteht. Normalerweise ist das auch eher andersherum. Die meisten Kinder eignen sich nicht so gut für einige Arten von Haustieren. Es gibt natürlich aber auch da Ausnahmen. Schon bevor ich zehn Jahre alt war, habe ich mich bereits um viele Haustiere gekümmert. Es hat mir immer viel Spaß gemacht und ich war stets sehr fürsorglich. Ich hatte nichts dagegen, gekratzt oder gebissen zu werden. Es machte mir auch nichts aus, den Käfig zu reinigen. Ich glaube, ich war eine kleine Ausnahme im Vergleich zu anderen Kindern.

Frettchen können beim Spielen schon mal ein bisschen wilder werden und dabei kneifen oder zwicken. Die meisten Kinder können und werden dafür sorgen, dass Ihr Frettchen regelrecht »abdreht«. Lassen Sie sich von Ihrem Kind nicht davon täuschen, dass es die volle Verantwortung für ein neues Haustier übernehmen will. Werfen Sie zunächst immer einen Blick auf Ihre Familie, bevor Sie ein Frettchen mit nach Hause bringen. Gehen Sie davon aus, dass Sie die Hauptbezugsperson sind.

Rechtliche Aspekte

Beachten Sie auch die rechtlichen Aspekte, die beim Besitz eines Frettchens eine Rolle spielen. Wenn Sie sich mit den Aspekten dieses Kapitels (Zeit, Geld, Anpassungen und Geruch) ausreichend beschäftigt haben, sollten Sie noch versuchen herauszufinden, ob Frettchen dort, wo Sie leben, auch erlaubt sind. Welche Genehmigungen benötigen Sie möglicherweise?

Es bricht einem schier das Herz, wenn Sie Ihr Frettchen aufgrund rechtlicher Auflagen wieder verlieren, nachdem Sie so viel Zeit und Liebe in dieses Tier investiert haben. Mir ist so etwas glücklicherweise noch nicht passiert, aber ich weine immer bittere Tränen, wenn ich lese, dass irgendjemand sein geliebtes Haustier aus diesem Grund weggeben muss.

Frettchen gelten laut deutscher Rechtsprechung als Käfig- bzw. Kleintiere, sind somit erlaubt und können Mietern nicht untersagt werden. Ihre Frettchen sollten dennoch im Mietvertrag aufgeführt sein (denn jeder Vermieter kann seine Meinung ändern). Lassen Sie sich für Ihre Frettchen eine schriftliche Haltungsgenehmigung vom Vermieter geben. Vorbeugen ist besser als abgeben. Außerdem könnte Ihr Vermieter sonst wirklich unangenehm werden, falls ihm die Frettchen untergemogelt wurden. Wenn Sie keine Katzenstreu in die Toilette oder gärende Futterdosen in den Müll werfen und immer schön reinlich sind, dürfte auch nichts schief gehen.

Einige Definitionen

Hier finden Sie einige Definitionen, mit denen nur Frettchenbesitzer wirklich etwas anfangen können.

- ✔ **Stinkbombe:** Der Vorgang, bei dem ein Frettchen seine Analdrüsen entleert.
- ✔ **Verstecken und wegtragen:** Das Wegtragen von Spielzeug in ein Versteck.
- ✔ **Verstecken:** Spielzeug von einem Versteck in ein anderes transportieren.
- ✔ **Niedlich:** Alles, was ein Frettchen macht und einen Hund in Schwierigkeiten bringen würde.
- ✔ **Scheidung:** Von einem Frettchen Abschied nehmen müssen.
- ✔ **Sommersprossengesicht:** Ein Frettchen mit einer gepunkteten oder unvollständigen Maske.
- ✔ **Hoch, trocken und sicher:** Das Ziel eines Frettchens, wenn es beim Baden Ihre Arme heraufklettert. Meist ist man nasser als das zu badende Frettchen.
- ✔ **Haussklave:** Jemand, der auf Frettchen aufpasst und in derselben Behausung wohnt wie die Tiere.

- ✔ **Bewegung:** Das Herumtanzen und Hineinspringen in Sachen, dann damit umfallen und dumm aus der Wäsche gucken.

- ✔ **Nein:** Ein Wort, das für Frettchen keine Bedeutung hat, aber eigentlich eine haben sollte.

- ✔ **Rüber und raus:** Das macht ein Frettchen, wenn es auf eine unangemessene Barriere trifft.

- ✔ **Sich die Wurzeln von unten betrachten:** Das passiert, wenn ein Frettchen auf eine lebende Pflanze trifft.

- ✔ **Standbild:** Die Fähigkeit, mit der sich ein Frettchen von einer Sekunde auf die nächste bewegungslos stellt und für mehrere Sekunden in dieser Position verharrt, bevor es dann wieder hyperaktiv wird.

- ✔ **Gestempelt:** Wenn ein Frettchen einen Nasenabdruck auf Ihren Fensterscheiben hinterlässt.

- ✔ **Tränenausbruch:** Das passiert mit Ihrer Nase, wenn Sie sich bewegen, während ein Frettchen mit den Zähnen daran hängt.

- ✔ **Steine werfen:** 1) Ein Frettchen, das gerade den Mülleimer entleert. 2) Ein Frettchen, das soeben die Steine aus den frettchensicheren Pflanzen entfernt.

- ✔ **Socken festhalten:** Wenn ein Frettchen versucht, Sie an den Füßen unter das Sofa zu ziehen.

- ✔ **Missratenes Wiesel:** Ein verloren gegangenes Frettchen.

(Vielen Dank an Bob Church für seine Mitarbeit!)

Frettchen und das Gesetz

In diesem Kapitel

▸ Wild- oder Haustier?
▸ Heimtierpass
▸ Angst vor Tollwut?
▸ Verantwortung

Sie als Frettchenliebhaber fühlen sich sicher stark zu diesen kleinen Tieren hingezogen, die schon Millionen Herzen erweicht haben. Sie müssen jedoch in Betracht ziehen, dass Frettchen nicht von allen und überall gern gesehen sind. Um mit Ihren Frettchen ein glückliches und unbeschwertes Leben zu führen, sollten Sie sich dessen bewusst sein und auch die Regeln kennen, an die Sie und andere sich halten müssen.

In diesem Kapitel soll es um dieses Problem gehen. Sie sollten herausfinden, ob Sie in Ihrer Wohnung oder Ihrem Zimmer Frettchen halten dürfen, **bevor** Sie sich welche anschaffen. Dabei betrachte ich dieses Kapitel nicht als Kampfansage an alle Frettchenliebhaber, auch nicht an die, die Frettchen nicht so mögen. Ein gutes Miteinander ist das Ziel, damit es allen gut geht.

Wild- oder Haustier?

Seit es Menschen gibt, die mit Frettchen zusammenleben – und das ist nicht erst seit gestern so –, gibt es die Diskussion, ob Frettchen Haustiere oder Wildtiere sind. Die einen halten es für ein exotisches Tier, andere sagen, es ist zwar domestiziert, trotzdem noch immer sehr gefährlich.

Engagierte Frettchenfreunde versuchen seit langem, mit Vorurteilen und Unwahrheiten aufzuräumen und über Frettchen und deren Lebensweise aufzuklären. Sie fragen sich vielleicht, warum so ein kleines pelziges Tierchen so viel Aufruhr erregen kann. Vieles liegt sicher in den Halbwahrheiten und Mythen begründet, die ich in Kapitel 28 aufgeschrieben habe. Die meisten Menschen haben selbst keine Erfahrungen mit Frettchen und lassen sich von dem leiten, was sie in der Öffentlichkeit über Frettchen hören, und diese Storys sind nun mal sehr widersprüchlich.

Die größte Fehleinschätzung ist in meinen Augen wohl, dass Frettchen wilde und nicht domestizierte Tiere sind, die sich kaum von Stinktieren und Waschbären unterscheiden. Frettchen können ohne den Menschen nicht leben. Wie also sollte man sie als wilde Tiere einteilen?

In Europa gelten Frettchen als Haustiere, und jeder Mensch hat das Recht, Kleintiere artgerecht zu halten. Soweit zur rechtlichen Seite. Um eines harmonischen Zusammenlebens willen würde ich jedoch empfehlen, sich vor der Anschaffung eines oder mehrerer Haustiere mit dem Vermieter bzw. mit eventuellen Mitbewohnern (zum Beispiel in einer Wohngemeinschaft) zu einigen. Mit etwas gegenseitigem Verständnis ist sicher vieles möglich und regelbar, aber der Ton macht hier vor allem die Musik.

Wenn Sie in Ihrem eigenen Haus auf Ihrem eigenen Grundstück leben, können Sie Haustiere halten, so viele Sie wollen. Denken Sie aber auch hier an Ihre Nachbarn – aber Frettchen krähen ja nicht.

Einen Pass? Für ein Frettchen?

Natürlich benötigen Sie für Ihre Frettchen keinen Personalausweis mit Lichtbild. Dennoch gibt es in der EU eine neue Regelung, nach der jedes Haustier, das auf Reisen mitgenommen werden soll, über einen so genannten *Heimtierpass* verfügen muss. Dazu muss das Tier eindeutig gekennzeichnet sein (Mikrochip oder Tätowierung), denn der Pass enthält unter anderem auch Angaben über die Gesundheit des Tieres und den Impfstatus.

Nicht nur Katzen und Hunde brauchen den neuen EU-Heimtierpass, wenn sie in EU-Länder verreisen, auch unsere Frettchen brauchen so etwas! Der Vorteil davon ist, dass es dadurch ein einheitliches Regelwerk in allen EU-Staaten und nicht mehr unterschiedliche Einreise- bzw. Quarantänebestimmungen gibt.

Die neuen EU-Heimtierausweise werden von jedem Tierarzt ausgestellt, der eine behördliche Genehmigung dazu besitzt, und sind ab dem 1. Oktober 2004 Pflicht. Die Kosten mit Impfung, wenn nicht bereits vorhanden, betragen ca. 40,– €, ansonsten müssen Sie mit ca. 15,– € rechnen. Die Implantierung eines Mikrochips ist vorgeschrieben und wird extra berechnet.

Für Irland, Schweden, Großbritannien und Malta gibt es bis 2009 noch eine Sonderregelung: Neben der Tollwutimpfung muss zusätzlich eine Antikörper-Behandlung nachgewiesen werden und eventuell auch eine Behandlung gegen Zecken und diverse Wurmarten.

Fragen Sie Ihren Tierarzt oder schauen Sie im Internet unter

http://bundestieraerztekammer.de/fachliches/tierseuchen/eu-heimtierpass/eupasspdf2107.htm

nach.

Dieser Heimtierausweis ist nur für Tiere notwendig, die mit Ihnen ins Ausland in die Ferien fahren sollen. Wenn Sie also alle Ihre zwanzig Lieblingsfrettchen mitnehmen wollen, wird das ganz schön aufwändig.

Die unbegründete Angst vor Tollwut

Bisher wurde noch kein Fall bekannt, in dem ein Frettchen Tollwut auf einen Menschen übertragen hat, überhaupt sind nur sehr wenige Fälle von Tollwut bei Frettchen aufgetreten. Zwar sind auch die Fälle bei Hunden und Katzen sehr selten, aber bei diesen Tieren ist eine Ansteckung mit Tollwut wahrscheinlicher als bei Frettchen.

- ✔ Frettchen haben wenig Gelegenheit, mit einem mit Tollwut infizierten Tier in Kontakt zu kommen.
- ✔ Infizierte Frettchen entwickeln meist *stille Tollwut* und sterben schnell nach der Infektion. (Siehe dazu auch Kapitel 16.)
- ✔ Derzeit wird noch erforscht, ob Frettchen das Virus überhaupt in ihrem Speichel an andere übertragen können.

Für Frettchen steht ein anerkannter Tollwut-Impfstoff zur Verfügung, und Sie als verantwortungsvoller Tierhalter sollten Ihre Frettchen regelmäßig impfen lassen. Die Impfung wird auch in den Heimtierpass und in den Impfpass eingetragen.

Verantwortung

Als Haustierbesitzer und Frettchennarr wissen Sie, wie viel Spaß Ihnen Ihre kleinen Freunde täglich bringen. Bei all dieser Freude dürfen Sie jedoch nicht vergessen, dass Sie auch Verantwortung übernehmen, wenn Sie sich ein Haustier anschaffen.

Zum einen tragen Sie die Verantwortung für die bei Ihnen lebenden Tiere. Diese vertrauen Ihnen, sie sind mit ihrem Leben und ihrer Gesundheit von Ihrer Pflege, Sorgfalt und Fürsorge abhängig. Deshalb steht es außer Frage, dass Sie Tiere in Ihrem Haushalt artgerecht und verantwortungsbewusst halten.

Auch Ihre Tiere haben ein Recht auf artgerechte Haltung und Pflege, das im Tierschutzgesetz verankert ist.

Doch für Tiere, die unter Ihrer Obhut stehen, haben Sie auch anderen Leuten gegenüber die Verantwortung. Achten Sie darauf, dass Ihre Tiere keinen anderen Menschen oder Tieren Schaden zufügen. Meist ist das nicht der Fehler des Tieres, die Fehler macht fast immer der Mensch. Eben deshalb.

Teil II

Das richtige Frettchen finden und seine Ankunft in Ihrem Zuhause vorbereiten

»Hey, das ist Rekord! Liebling, ich habe soeben das Frettchen mit 45 km/h gestoppt, als es durch unser Wohnzimmer gerannt ist.«

In diesem Teil ...

Jetzt können Sie ernsthafter an das Zusammenleben mit einem Frettchen herangehen. Vielleicht wissen Sie aber noch nicht so richtig, wo Sie anfangen sollen. Woran erkennen Sie, dass das Frettchen, das Sie sich ausgesucht haben, gesund ist? Wie sieht es aus mit Käfigen und entsprechendem Zubehör? Was ist eigentlich das richtige Zubehör? Was sollte auf einer Einkaufsliste auf keinen Fall fehlen, was ist überflüssig? Ich werde Ihnen bei all diesen Fragen zur Seite stehen – ich verrate Ihnen alles, was Sie wissen müssen, um das richtige Frettchen zu finden und sein neues Zuhause angemessen einzurichten. In diesem Teil des Buches erfahren Sie außerdem, was Sie in Ihrem Haus alles beachten müssen: Ihr Haus oder Ihre Wohnung frettchensicher zu gestalten, den richtigen Tierarzt zu finden und das Tier schließlich mit seiner neuen Familie bekannt zu machen. Kurz gesagt, beschäftigt sich dieser Teil mit der Anschaffung Ihres Frettchens und damit, dessen Ankunft in Ihrem Heim entsprechend vorzubereiten.

Das ideale Frettchen

In diesem Kapitel

▸ Ein Frettchen richtig begutachten

▸ Die Entscheidung zwischen einem Frettchenbaby und einem älteren Tier

▸ Weibchen oder Männchen

▸ Wie viele Frettchen sind am besten?

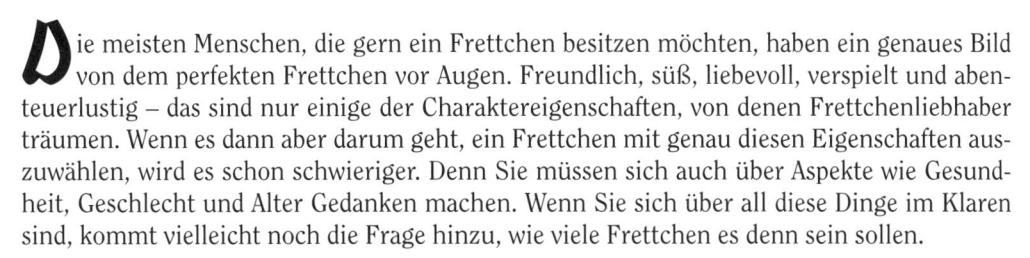

Die meisten Menschen, die gern ein Frettchen besitzen möchten, haben ein genaues Bild von dem perfekten Frettchen vor Augen. Freundlich, süß, liebevoll, verspielt und abenteuerlustig – das sind nur einige der Charaktereigenschaften, von denen Frettchenliebhaber träumen. Wenn es dann aber darum geht, ein Frettchen mit genau diesen Eigenschaften auszuwählen, wird es schon schwieriger. Denn Sie müssen sich auch über Aspekte wie Gesundheit, Geschlecht und Alter Gedanken machen. Wenn Sie sich über all diese Dinge im Klaren sind, kommt vielleicht noch die Frage hinzu, wie viele Frettchen es denn sein sollen.

Dieses Kapitel beschäftigt sich damit, das richtige Frettchen für Sie zu finden (in Kapitel 5 erfahren Sie dann, woher Sie Ihre Tiere am besten bekommen und wie Sie entscheiden, welches am besten ist). Hier können Sie herausfinden, wie ein Frettchen im Normal- und Idealfall sein und welche Eigenschaften es nicht haben sollte. Einige Abschnitte befassen sich mit den Unterschieden in Geschlecht und Alter. Sie werden erstaunt sein, was Sie in diesem Kapitel alles erfahren können. Die Farbe sollte einer der letzten Entscheidungsgründe sein, auch aus dem Grund, weil sich die Farbe und das Muster des Tieres über die Zeit ein wenig verändern können.

Frettchen passen sich an einen neuen Menschen und an neue Umgebungen sehr schnell an. Alles, was es im Normalfall benötigt, ist ein bisschen Zeit und Geduld, ganz viel Liebe und eine Tüte Leckerchen oder Caloper-Paste.

Die Grundlagen

Solange Sie sich mit der Pflege eines Frettchens noch nicht so gut auskennen, ist es wichtig, dass Sie ein gesundes Tier mit einem freundlichen Wesen auswählen. Hier sind ein paar weitere Aspekte, die Sie im Hinterkopf behalten sollten:

✔ Das Fell sollte weich und glänzend sein. Das Fell sollte keine kahlen Stellen aufweisen.

✔ Die Augen sollten klar sein und glänzen. Es sollte keinerlei Ausfluss aus den Augen, den Ohren oder der Nase zu erkennen sein.

- ✔ Bauch und Hinterteil des Frettchens sollten sauber sein und gesund aussehen. Achten Sie auf Anzeichen von Durchfall oder einer Blasenschwäche. Beides könnten Anzeichen für Parasiten oder Krankheiten sein.

    Kaufen Sie ein Frettchen nicht aus Mitleid. Möglicherweise sehen Sie in einem Zooladen ein kleines kränkliches Frettchen und denken, dass Sie es nicht dort lassen dürfen. Lassen Sie es dort und helfen Sie dem Tier lieber, indem Sie im Tierheim oder einem Frettchenclub anrufen und jemanden über die Situation informieren, damit diese Leute dann einschreiten können. Überlassen Sie schwierige Fälle immer erfahrenen Leuten, die wissen, worauf sie sich einlassen, oder schalten Sie das Veterinäramt ein.

- ✔ Das ideale Frettchen sollte neugierig auf Sie reagieren und sich nicht in irgendeiner Ecke verstecken. Das Frettchen sollte herumspringen und spielen und eher frech als lieb wirken.

    Lassen Sie sich nicht abschrecken, wenn Jungtiere beißen und kneifen, das ist in diesem Alter ganz normal. Achten Sie aber darauf, dass das Frettchen nicht aggressiv oder ohne Grund um sich beißt. Sie werden den Unterschied erkennen. Problemfrettchen verbeißen sich schnell und dann fließt auch Blut.

Auch in Tierheimen und Frettchenhilfen gibt es viele bezaubernde Frettchen, die ein Zuhause suchen. Diese kennen sich bereits mit Menschen aus und sind für Anfänger besser geeignet. Außerdem sind sie meistens schon geimpft, entwurmt und kastriert. In Kapitel 5 finden Sie Informationen darüber, wo Sie solch ein Frettchen finden können.

> ### Aber das Tier tat mir so Leid ...
>
> Viele Menschen bringen Tiere in unser Tierheim, Frettchen eingeschlossen, weil sie vorher nicht lange genug darüber nachgedacht haben, welche Verantwortung mit dem Tier auf sie zukommt. Ich frage zuerst immer, warum sie sich das Tier überhaupt angeschafft haben. Die meisten antworten, dass ihnen das Tier einfach Leid getan hat. Wenn man sich ein Tier nur aus Mitleid anschafft, endet das in den seltensten Fällen für beide Seiten glücklich. Wenn es sich um ein Tier handelt, das Sie in- und auswendig kennen, und Sie sich auf die neue Situation ausreichend vorbereitet haben, ist das kein Problem. Wenn Sie sich jedoch eines Tieres annehmen, über das Sie nur sehr wenig wissen oder mit dem Probleme einhergehen, kann das für alle Beteiligten sehr frustrierend sein.

Neu oder gebraucht?

Einige Menschen meinen, unbedingt ein Babyfrettchen anschaffen zu müssen. Die Gründe dafür treffen jedoch selten auf Frettchen zu. Die Überlegung, dass Sie mit einem Baby beginnen müssen, weil das Tier dann eine bessere Bindung zu Ihnen aufbaut, ist bei Frettchen nicht richtig. Die meisten erwachsenen Frettchen passen sich gut an ihr neues Zuhause an und lieben ihren Besitzer, unabhängig davon, wie lange dieser das Tier schon hat. Aber was ist mit dem Gedanken »Ich will aber, dass mein kleiner Jonny und das Frettchen gemeinsam aufwachsen«? Tatsache ist, dass sowohl ausgewachsene als auch Babyfrettchen hervorragende Haustiere sind. Für welches Tier Sie sich letztendlich entscheiden, sollte von Ihrem Lebensstil und Ihrer Erfahrung abhängen.

Für Anfänger sind Welpen eher nicht geeignet, denn Welpen passen wirklich überall hinein. Welpen wollen außerdem vier bis fünf Stunden spielen, brauchen eine andere Ernährung und sind stressig, gerade für unerfahrene Halter.

Welpen

Babyfrettchen sind wirklich bezaubernd und man kann ihnen nur schwer widerstehen. Sie sind reizend, aufgeweckt und spitzbübisch. Sie scheinen voller Energie zu stecken und sind wesentlich aktiver als ihre erwachsenen Artgenossen. Hier sind einige Fakten über Welpen, die Sie kennen sollten:

- ✔ Welpen sind aktiver und verspielter und beanspruchen daher möglicherweise mehr Zeit. Weil sie noch lernen und alles austesten müssen, beißen und zwicken Babyfrettchen unentwegt.

  Das Beißen ist keine gute Angewohnheit und sollte nicht durch das Spielen gestärkt werden. Es kann sehr schnell aus dem Ruder geraten und zu einer Verhaltensstörung führen, wenn man ihm nicht frühzeitig entgegenwirkt. Um herauszufinden, wie Sie mit einem beißenden Frettchen umgehen, lesen Sie auch Kapitel 19.

- ✔ Sie müssen mit einem Welpen viel üben und ihm das richtige Verhalten beibringen. Sie sind die Person, die dem Frettchen sagt, was geduldet wird und was nicht. Haben Sie diese Zeit und Geduld?

- ✔ Welpen brauchen eine besondere Ernährung.

- ✔ Sie müssen darauf achten, dass ein junges Frettchen alle wichtigen Impfungen bekommt. Medizinisch gesehen sollte ein Babyfrettchen bereits die erste Impfung gegen Staupe bekommen haben, wenn Sie es mit zu sich nach Hause nehmen. Insgesamt sind vier Impfungen notwendig, das hängt aber natürlich auch vom Alter des Tieres ab und davon, welche Impfungen es bereits bekommen hat (nähere Informationen dazu finden Sie in Kapitel 13).

  Wenn Sie kleine Kinder haben, kann ich Ihnen ein Babyfrettchen nicht unbedingt empfehlen. Wenn es in Ihrem Haushalt nur Sie und vielleicht ein oder zwei andere Erwachsene gibt und Sie dem Frettchen viel Aufmerksamkeit schenken können, dann ist ein Jungtier vielleicht genau das Richtige für Sie.

Ältere Frettchen

Ausgewachsene Frettchen eignen sich als erstes Haustier immer am besten. Sie müssen ein Frettchen nicht von klein auf besitzen, damit es eine Bindung zu Ihnen aufbaut. Unglücklicherweise warten unzählige ausgewachsene Tiere in Tierheimen und Frettchenorganisationen auf ein richtiges Zuhause, nur weil die meisten Menschen glauben, dass erwachsene Frettchen in irgendeiner Weise geschädigt sind. Einige denken sogar, dass die älteren Tiere nicht so aufgeweckt sind wie ihre jüngeren Kollegen. Ich bin da anderer Ansicht. 95 Prozent meiner Frettchen waren bereits ausgewachsen. Und jedes Einzelne von ihnen ließ mein Herz förmlich dahinschmelzen. Wenn Sie darüber nachdenken, ein älteres Frettchen zu adoptieren, behalten Sie die folgenden Fakten im Hinterkopf:

- ✔ Weil die Lebenserwartung eines Frettchens relativ kurz ist (sie liegt zwischen bei acht Jahren), bedeutet das natürlich, dass Sie nicht so viel Zeit mit dem Tier verbringen können, wenn Sie sich für ein älteres Frettchen entscheiden.

  Aber auch hier gibt es Ausnahmen. Ich musste mich auch schon von jüngeren Frettchen trennen, weil sie krank waren. Auf der anderen Seite hatte ich aber auch ältere Tiere, die länger gelebt haben, als eigentlich erwartet. Über die Lebenserwartung sollten Sie sich allerdings trotzdem ein paar Gedanken machen.

- ✔ In der Regel scheinen ältere Frettchen ausgeglichener und klüger gegenüber ihrer Umwelt zu sein (siehe Abbildung 4.1). Sie sind deswegen aber trotzdem noch sehr neugierig und hin und wieder kleine Störenfriede. Solange sie nicht krank sind, sind auch ausgewachsene Frettchen sehr lebhaft und verspielt. Einige können Ihnen genauso viel, wenn nicht sogar mehr Ärger bereiten als ihre jüngeren Artgenossen. Es scheint so, als hätten sie sich die Hörner etwas abgestoßen.

- ✔ Erwachsene Frettchen sind auf ihre Art und Weise vielleicht gesetzter. Verhaltensprobleme, wenn es denn welche gibt, können schwerer korrigiert werden. Einige wurden bereits vernachlässigt oder misshandelt, sie brauchen ein wenig mehr Verständnis und Geduld. Auf der anderen Seite passen sich Frettchen, die gut behandelt wurden (sogar viele vernachlässigte und misshandelte Tiere), auch schnell neuen Umgebungen an. Im Normalfall treten dann auch keinerlei oder kaum Probleme mit dem neuen Herrchen oder Frauchen auf. Und manchmal hat man den Eindruck, dass sie dankbar sind.

  Die Mehrheit der älteren Frettchen hatte schon mindestens ein Herrchen oder Frauchen in ihrem Leben. Die meisten sind bereits stubenrein und haben gelernt, nicht zu beißen und zu kneifen. Trotzdem gibt es erwachsene Tiere, die ohne Grund um sich beißen, weil sie nicht richtig an Menschen gewöhnt wurden. Wenn Sie sich für ein älteres Frettchen entscheiden, nehmen Sie sich die Zeit, mit dem Tier eine Weile zu spielen und sein Sozialverhalten zu testen. Sie brauchen eigentlich nicht lange, um herauszufinden, ob irgendwelche Sonderbehandlungen nötig sind.

Abbildung 4.1: Ältere Frettchen wie Ginger bringen jeden zum Lachen.

Mädchen oder Junge?

Eine weitere Entscheidung, die Sie treffen müssen, ist die Frage, ob es ein Männchen oder ein Weibchen sein soll.

✔ Weibchen (auch als Fähe bezeichnet) sind in der Regel kleiner, schmaler, agiler und meist etwas zickiger als Männchen (Rüden).

✔ Bei ausgewachsenen Frettchen scheint es so, als wären die männlichen Tiere verschmuster und etwas fauler. Die Weibchen hingegen sind eigentlich meist etwas unruhiger, als wären sie lieber woanders als in Ihrer Streichelhand. Ich verallgemeinere diese Aussage jedoch nicht gern, weil ich bereits Frettchen besaß, auf die jeweils genau das Gegenteil zutraf. Manchmal hilft es bei der Eingewöhnung eines Frettchens, besonders bei Weibchen, beispielsweise die Ohren zu streicheln.

Solange Frettchen nicht ausgesprochen alt oder gar krank sind, handelt es sich bei diesen Tieren um wahre Energiebündel, die Ihnen viel Freude, aber auch Probleme bereiten können, und das unabhängig vom Geschlecht.

Kastrierte vs. nicht kastrierte Frettchen

Wenn Sie es mit einem bisher noch nicht kastrierten Frettchen zu tun haben, sollte es mit spätestens sechs Monaten kastriert werden. Es sei denn, Sie wollen das Tier in der Zucht einsetzen. Einige Menschen gehen davon aus, dass Rüden mit zwölf und Fähen mit neun Monaten kastriert bzw. sterilisiert werden müssen, da sie bis dahin ausgewachsen sind. Wenn Sie mit der Behandlung jedoch warten, müssen Sie Ihr Frettchen genau im Auge behalten, um die Kastration noch vor der Geschlechtsreife vornehmen zu können.

Bei einem Männchen wirkt sich eine Kastration nicht nur auf das Verhalten aus, sondern reduziert auch drastisch den Geruch des Tieres. Bei einem Weibchen ist die Sterilisation medizinisch notwendig. Frettchen sind nicht wie andere Säugetiere nur hin und wieder in Paarungsbereitschaft, sondern sind es so lange, bis eine Befruchtung stattgefunden hat. Diese dauerhafte Bereitschaft (die so genannte *Dauerranz*) kann zu einem lebensbedrohlichen Zustand führen. Mit einer Sterilisation können Sie jedoch das Leben der Fähe retten.

Zwischen kastrierten Rüden und sterilisierten Fähen existiert nur ein minimaler Unterschied. Jedes kastrierte Frettchen, das ich kennen gelernt habe, hatte eine ganz individuelle Persönlichkeit, die nichts mit dem Alter oder dem Geschlecht zu tun hatte. Frettchen sind sehr aktiv, unterhaltsam und leicht zufrieden zu stellen, vorausgesetzt, Sie kennen die Bedürfnisse der Tiere.

Jungs bleiben Jungs

Sie erkennen, dass Ihr Rüde geschlechtsreif ist, wenn die Hoden sichtbar werden und der Geruch in der paarungsbereiten Zeit (*Ranz*) zunimmt. Wie bei vielen anderen Tieren, vom Präriehund bis zum Elch, beginnt auch für nicht kastrierte Frettchen die Ranz, wenn sie nur noch das Eine denken. Die Ranz kann bei Frettchen im Frühjahr beginnen und sechs Monate andauern, also bis in den Herbst hinein. Aber wie bei den meisten Lebewesen dauert die Ranz auch bei Frettchen im Normalfall nur ein paar Monate.

In dieser Zeit können die Rüden gegenüber anderen männlichen Tieren sehr aggressiv werden, egal, ob diese kastriert sind oder nicht. Nicht einmal die Fähen sind in dieser Zeit vor den Rüden sicher. Außerdem verlieren die Rüden während dieser Zeit einiges an Gewicht, da sie mit ihren Gedanken nur bei den Weibchen sind. Einige Männchen werden sogar depressiv oder ängstlich, wenn sie nicht die Frau ihrer Träume finden und mit dieser eine unsäglich romantische Nacht verbringen können.

Tun Sie dem Tier und sich selbst den Gefallen, und lassen Sie es kastrieren.

Mädchen bleiben Mädchen

Weibchen, die übrigens nicht so sehr darauf bedacht sind, den Mann ihres Lebens zu finden, kommen, wenn sie nicht sterilisiert werden, regelmäßig in die Ranz. Sie können ganz leicht erkennen, wann sich Ihr Frettchen in der Ranz befindet, weil die Vulva dann aufgrund der vermehrten Hormonausschüttung deutlich anschwillt.

Entgegen anderen Tieren, deren Zyklen immer nur eine bestimmte Zeit andauern, bleibt eine Fähe so lange in der Ranz, bis sie befruchtet wurde. Wenn dieser Zustand zu lange anhält (und keine Befruchtung stattgefunden hat), kann das zu einem lebensbedrohlichen Zustand des Tieres führen, der als *aplastische Anemie* (in der Umgangssprache als Dauerranz bezeichnet) bezeichnet wird. Sie können das Tier mit einem Rüden zusammenbringen, bei dem die Samenstränge durchtrennt wurden (Vasektomie). So würden Sie die Ranz beenden, damit das Tier sterilisiert werden kann. Sie können es auch während der Ranz sterilisieren lassen, riskieren dann allerdings Blutungen. Gute und erfahrene Tierärzte kastrieren auch während der Dauerranz oder Ranz. Wenn nötig, wird das Frettchen vorher stabilisiert (mit einer Tropfinfusion oder mit Medikamenten). Die Kastration ist die sicherste und effektivste Methode, weitere Komplikationen zu verhindern, die durch die Dauerranz auftreten könnten (z.B. Gebärmuttervereiterung).

Wenn die Vulva anschwillt, kann das ein Zeichen dafür sein, dass das Tier nicht vollständig sterilisiert wurde. Weil es eher außergewöhnlich ist, Frettchen in ganz frühem Alter zu kastrieren, können chirurgische Fehler auftreten. Unglücklicherweise ist eine geschwollene Vulva aber auch ein Zeichen dafür, dass das Frettchen möglicherweise unter Nierenproblemen leidet. Nehmen Sie dieses Symptom ernst. Wenn Sie ein Frettchen mit einer geschwollenen Vulva haben, sollten Sie unbedingt einen erfahrenen Tierarzt aufsuchen, um die Ursachen zu ergründen und dann die richtige Behandlung durchführen zu können. Diese Symptome treten häufig bei Fähen in einem Alter von vier bis fünf Jahren auf.

Wie viele dürfen es denn sein?

Ein Frettchen allein kann nicht glücklich sein. Denken Sie darüber nach, sich zwei oder drei Frettchen anzuschaffen. Ich rate allen Besitzern, ihre Tiere nicht alleine, sondern mindestens zu zweit zu halten. (Wenn Sie sich um ein Tier kümmern, macht ein zweites auch keinen großen Unterschied mehr. Bei drei Tieren ist das ebenso der Fall, wobei drei Frettchen eigentlich die perfekte Anzahl sind.)

Nahezu alle kastrierten Frettchen leben im Normalfall fast problemlos mit anderen kastrierten Frettchen zusammen (siehe Abbildung 4.2). Wie immer gibt es aber natürlich auch hier Ausnahmen.

Aller guten Dinge sind drei – darum

Ich habe viele Geschichten gehört, bei denen Frettchen ernsthaft depressiv geworden sind, weil ein langjähriger Käfigmitbewohner gestorben ist. Meiner Meinung nach ist es das Beste, für solch ein trauerndes Frettchen so schnell wie möglich einen neuen Spielgefährten anzuschaffen. In solchen Situationen zeigt sich dann auch, warum es gut ist, drei Frettchen gemeinsam zu halten. Wenn Sie drei Frettchen besitzen, ist nie eines der Tiere allein, wenn ein anderes stirbt. Sie haben dann mehr Zeit, einen neuen Artgenossen in Ihr Leben und das der überlebenden Frettchen zu integrieren. Das ist aber wie gesagt meine ganz eigene Meinung, die nicht von allen geteilt wird.

Abbildung 4.2: Wenn ein Frettchen gut ist, sind zwei doch besser, oder? Richtig.

Frettchen legen sich nicht so sehr auf ihr Revier fest, wie Hunde es tun, sie sind aber von Natur aus Tiere, die durchaus auf ihr Territorium achten. In der Wildnis markieren Iltisse ihr Revier und verscheuchen andere Iltisse desselben Geschlechts. Frettchen, die in einem Käfig gehalten werden, verteidigen hin und wieder ein klein wenig ihr Revier und zanken sich mit anderen um offensichtlich unbedeutende Dinge. Im Normalfall teilen sich diese Tiere alles, von der Wasserflasche über die Toilette bis hin zum Strumpf, den sie Ihnen gestohlen haben. Sie erheben manchmal aber auch Anspruch auf bestimmte Dinge, beispielsweise auf einen Teil ihres Bettes. Wenn Sie also bereits ein Frettchen besitzen und jetzt darüber nachdenken, sich noch ein zweites anzuschaffen, geben Sie dabei ein bisschen Acht:

✔ Gliedern Sie neue Artgenossen auf neutralem Gebiet und mit neutralem Spielzeug ein, um sicherzugehen, dass keine schlechte Stimmung aufkommt.

> Bedenken Sie, dass ältere Tiere nicht mehr so energiegeladen sind wie ihre jüngeren Artgenossen. Auf der anderen Seite gibt es auch jüngere Frettchen, die eher faul und depressiv, allerdings nicht ernsthaft krank sind.

✔ Es ist nicht unüblich, dass das dominantere Frettchen optimistischer ist und den ersten Zug macht. Sie schreien sich mit gekrümmtem Rücken an und drehen sich für einen kurzen Augenblick. Der Schwanz wird aufgebläht wie ein Pfeifenreiniger oder eine Flaschenbürste. Es kann auch sein, dass eins der Tiere alles Spielzeug an sich reißt und in einer sicheren Ecke oder einem Versteck deponiert. Solche Szenen sind nicht ungewöhnlich, wenn zwei sich unbekannte Tiere aufeinander treffen.

> Es ist unüblich, dass sich Frettchen gegenseitig töten, aber es kann durchaus vorkommen, dass sich zwei Tiere nicht ausstehen können. Diese Tiere sollten dann separat gehalten werden. Wenn eins der beiden Tiere blutet oder buchstäblich in die Hose macht vor Angst, gibt es ein ernsthaftes Problem, denn die Tiere passen nicht zueinander.

> Ein Frettchen ist sehr amüsant, zwei oder mehr Frettchen sind jedoch unschlagbar. Egal ob im Käfig oder außerhalb, mehrere Frettchen raufen und kabbeln immer miteinander. Sie schnattern, kreischen und tollen herum. Sie klauen sich gegenseitig die Schätze, stürzen sich aufeinander und kuscheln, bis einer mit dem ganzen Spiel wieder von vorn beginnt. Ich denke, dass man nie genug Frettchen haben kann. Aber das ist wie erwähnt meine Meinung. Mein Lebensstil erlaubt es mir, diese Philosophie auch zu leben. Wenn Sie sich also immer noch fragen, wie viele Frettchen Sie sich nun anschaffen sollen, dann entscheiden Sie sich mindestens für zwei.

> Wenn Sie Frettchen, die sich nicht kennen, zusammensetzen wollen, sollte dies auf neutralem und leerem Boden geschehen. Es sollte die Möglichkeit bestehen, dass Sie die Streithähne im Ernstfall trennen können. Entfernen Sie deshalb Rohre, Kuschelhöhlen, Transportboxen, Schlafhütten usw. Die Tiere werden sich raufen, es wird Gequietsche und Gestank geben, das ist fast sicher. Wichtig ist, dass das dominierende Tier nach der Attacke wieder abläs000 1000 Sollte das nicht der Fall sein und das dominierende Tier wie ein Stier aufs rote Tuch reagieren und nicht mehr vom ängstlichen Frettchen ablassen, hat es meistens eh keinen Sinn mehr. Kaufen Sie nie ein Frettchen einfach so dazu, probieren Sie vorher immer aus, ob sich die Tiere untereinander auch verstehen!

Zwei Lektionen auf einmal

Ich wollte einmal ein einzelnes Weibchen in eine Gruppe mit zehn anderen Frettchen eingliedern. Das Tier war sehr gutmütig und passiv, aber keines der anderen Tiere mochte die Fähe oder erlaubte ihr, sich an den Spielen zu beteiligen. Jedes andere Frettchen konnte ich in diese Gruppe ohne Probleme eingliedern. Nur mit diesem Weibchen hat es nicht geklappt.

Ich sollte noch hinzufügen, dass es das erste Mal war, dass ich von einem Frettchen gebissen wurde. Ich habe die Fähe getröstet, nachdem sie von einem anderen Tier attackiert wurde. Das war keine gute Idee. Ich wollte ihr einen Kuss auf die Nase geben, als sie mir ins Kinn biss. Der Biss war ziemlich tief.

Wenn ich ihre Warnsignale erkannt hätte (aufgeblähter Schwanz und Aufregung), hätte ich mir die Schmerzen ersparen können. Natürlich war das allein meine Schuld, ich fühlte mich deshalb auch eher ein bisschen dumm als verärgert. Und die Moral von der Geschicht': Küssen Sie niemals ein aufgeregtes Frettchen (oder passen Sie mehr auf, wenn ein Frettchen gerade in einen Kampf verwickelt war und nun traurig ist). Dieses Weibchen hat mich nie wieder gebissen und war so glücklich, wenn es allein oder mit mir spielen konnte.

Auf der Suche nach einem neuen Frettchen

In diesem Kapitel

▶ Frettchen im Zooladen kaufen

▶ Einen privaten Züchter finden

▶ Das Tierheim Ihrer Stadt unterstützen

▶ Kleinanzeigen lesen

▶ Der Umgang mit herumstreunenden Frettchen

Wenn Sie eine ungefähre Vorstellung davon haben, nach welcher Art von Frettchen Sie Ausschau halten (wenn nicht, werfen Sie noch einmal einen Blick in Kapitel 4), kann die Suche endlich losgehen. Sie haben mehrere Möglichkeiten, die alle Vor- und Nachteile mit sich bringen.

Sie können ein Frettchen adoptieren oder kaufen, dafür gibt es die verschiedensten Quellen. Das hängt alles davon ab, wonach Sie suchen und wie weit Sie gehen würden, um das richtige Tier zu finden. Egal, wohin Sie gehen oder wofür Sie sich entscheiden, es gibt immer ein paar Aspekte, auf die Sie achten sollten.

Zooläden

Wahrscheinlich denken Sie, wenn Sie sich Babyfrettchen zulegen wollen, als Erstes an eine ortsansässige Zoohandlung. Wenn Sie Ihre Frettchen im Zoohandel kaufen wollen, sollten Sie sich einiger Dinge bewusst sein:

✔ Zooläden sind sehr bequem und in der Regel gibt es dort auch Frettchen zu kaufen. Es kann jedoch sein, dass Ihre Auswahlmöglichkeit begrenzt ist.

✔ Die Mehrzahl der Jungtiere stammt von Frettchenfarmen oder Massenzüchtern. Manchmal kaufen Zooläden auch Tiere von lokalen Züchtern auf. Es kommt oft vor, dass Ihnen ein schon etwas älteres Tier angeboten wird, das als Jungtier nicht verkauft oder aber von seinem früheren Besitzer zurückgegeben wurde.

Frettchen aus Massenproduktionen (Farmen) sind in der Regel etwas kleiner als beispielsweise Frettchen vom Züchter. Bei den meisten privaten Züchtern sind die Tiere etwas größer und kräftiger. Wenn Ihnen die Größe Ihres Tieres also wichtig ist, wissen Sie nun, wo Sie nach Ihrem neuen Liebling Ausschau halten müssen.

✔ Möglicherweise bekommen Sie für Ihren Neuerwerb eine Tierarztbescheinigung, sie ist allerdings kein Muss. Ich rate Ihnen, sich solch eine Garantie ausstellen zu lassen, ansonsten sollten Sie Ihr Frettchen lieber woanders kaufen. Angesehene Zooläden verkaufen normalerweise nur gesunde Tiere und sollten deshalb daran interessiert sein, eine Tierarztbescheinigung auszuhändigen.

In einigen Zooläden bleiben die Babyfrettchen so lange in ihren Käfigen eingesperrt, bis ein potenzieller Kunde eines der Tiere sehen möchte. Das kann natürlich dazu führen, dass die Tiere schlecht sozialisiert sind. Es gibt in solchen Geschäften auch immer wieder Angestellte, die mit der speziellen Pflege einiger Tiere nicht vertraut sind und unkluge Äußerungen gegenüber dem unwissenden Kunden tätigen. In manchen Geschäften bekommt man keine solide Unterstützung nach dem Kauf. Um herauszufinden, ob ein Zooladen zu den Guten oder den eher weniger Guten gehört, sollten Sie auf folgende Aspekte achten:

✔ Zooläden sollten sauber sein, wie auch die Tiere in den Käfigen. Die Tiere sollten gesund aussehen und sich auch so verhalten. Ihr Futter und Wasser sollte ebenfalls sauber sein.

✔ Die Angestellten sollten etwas über die Tiere wissen oder zumindest gewillt sein, nach den passenden Antworten auf Ihre Fragen zu suchen. Sie sollten außerdem sensibel auf Ihre Bedenken reagieren, die Sie gegenüber dem Kauf eines bestimmten Tieres hegen, und nicht nur ans Verkaufen denken.

✔ Wenn Sie ausreichend Zeit für die Suche haben, versuchen Sie Menschen zu finden, die in diesem bestimmten Zooladen bereits ein Tier gekauft haben, und fragen Sie nach deren Meinung. Sie können sich auch in der Verbraucherzentrale erkundigen, ob über diesen Laden bereits irgendwelche Beschwerden vorliegen.

✔ Kaufen Sie nicht gleich bei Ihrem ersten Besuch. Gehen Sie mehrmals in das Geschäft, um herauszufinden, wie man sich tatsächlich um die Tiere kümmert.

Denken Sie immer daran, dass ein Zooladen daran interessiert ist, Ihnen etwas zu verkaufen. Machen Sie Ihre Hausaufgaben und halten Sie nach dem richtigen Zooladen für Ihren neuen Mitbewohner Ausschau.

Vor dem Kauf Ihrer Frettchen sollten Sie allerdings immer Folgendes bedenken: Im Zoohandel fehlt den dort angebotenen Frettchen fast immer der Freilauf und ausreichend Beschäftigung. Außerdem besteht die Möglichkeit, dass Sie als Kaufinteressent kein angemessenes Beratungsgespräch erhalten, weil dem Verkaufspersonal oft die Zeit dazu fehlt (ein ausreichendes Gespräch sollte zwischen anderthalb und zwei Stunden dauern). Wenn Sie bereits ein oder mehrere Frettchen in Ihrer Obhut haben, können Sie diese nicht mit dem oder den potenziellen Kandidaten aus dem Zoohandel zusammensetzen, um überhaupt erst einmal herauszufinden, ob sich die Tiere untereinander verstehen. Vergewissern Sie sich vor dem Kauf immer auch darüber, ob die Tiere dort, wo Sie sie kaufen wollen, artgerecht gehalten werden.

Private Züchter

Auch bei einem privaten Züchter können Sie nach Ihrem Frettchen Ausschau halten. Wie bei Zooläden gibt es auch hier gute Züchter, aber leider auch immer wieder schwarze Schafe. Einen ehrenwerten Züchter zu finden kann sehr schwierig werden. Kleintiermagazine sind gute Quellen, um nach geeigneten Züchtern zu suchen. Hören Sie sich am besten auch bei anderen Frettchenbesitzern oder Frettchenvereinen um, die können Ihnen vielleicht angesehene Züchter nennen.

Frettchen werden aus den unterschiedlichsten Gründen gezüchtet. Diese Gründe müssen Sie im Hinterkopf behalten, wenn Sie nach einem Züchter Ausschau halten. Einige züchten nur des Geldes willen; andere wiederum, weil sie die Tiere lieben. Für wiederum andere ist es eine Mischung aus beidem.

Ein guter Züchter ist sehr aufrichtig und ehrlich und klärt Sie über die Verantwortung auf, die Sie mit dem Kauf eines Frettchens übernehmen. Züchter sollten freundlich sein und gern Auskünfte erteilen. Oft scheint es deshalb so, als wären Sie derjenige, der ausgefragt wird. Das muss aber nicht unbedingt verkehrt sein. Ein Züchter, der sich zu schnell von seinen Jungtieren trennt, hat es möglicherweise nur auf das Geld abgesehen und ist nicht daran interessiert, dass es dem Frettchen bzw. dem neuen Besitzer gut geht.

Hier finden Sie einige Hinweise, die Ihnen die Suche nach einem guten Züchter erleichtern sollen:

- ✔ Besorgen Sie sich Referenzen von anderen Personen, die bereits bei diesem Züchter gekauft haben, und überprüfen Sie diese. Sie können auch in Frettchenvereinen nachfragen, dort sind die schwarzen Schafe der Branche meist bekannt.

- ✔ Wenn möglich, sollten Sie sich beim Züchter persönlich umschauen, um festzustellen, wie die Tiere dort behandelt werden.

- ✔ Fragen Sie nach Impfpässen und aufgetretenen Krankheiten. (Vergewissern Sie sich, dass Sie mit dem Kauf der Jungtiere auch eine tierärztliche Untersuchungsbescheinigung ausgehändigt bekommen. Sie können auch direkt bei dem bisher behandelnden Tierarzt nachfragen.)

- ✔ Ein guter Züchter bietet Ihnen auch Unterstützung nach dem Kauf. Finden Sie heraus, wie bereit der Züchter ist, Ihnen bei Notfallfragen mit Rat und Tat zur Seite zu stehen.

- ✔ Ein guter Züchter besitzt nur ein oder zwei Pärchen, mit denen er züchtet. Obwohl Sie sicherlich kein Frettchen haben wollen, das aus Inzucht entstanden ist, kann Ihnen die Anzahl der Pärchen leider nicht sagen, ob es eine gute Zucht ist oder nicht.

Ein aufmerksamer Blick in den Käfig der Tiere sagt Ihnen mehr über die Zuchtpraktiken eines privaten Züchters als alles andere. Ein guter Züchter, egal, mit wie vielen Tieren er züchtet, bietet ordentliche Verhältnisse, seine Tiere sind aktiv und aufmerksam und die Jungtiere neugierig.

Wenn Sie einen guten, ehrlichen und angesehenen Züchter gefunden haben, müssen Sie möglicherweise noch auf den nächsten Wurf warten. Bei einigen Züchtern können Sie auch spezielle Farb- oder Fellzeichnungswünsche angeben.

> ### Wow, sind das große Frettchen!
>
> Frettchen von privaten Züchtern sind in der Regel größer als die von Frettchenfarmen. Der Grund dafür liegt darin, dass die privaten Züchter ihre Jungtiere nicht so zeitig sterilisieren bzw. kastrieren. Hormone spielen eine große Rolle im Wachstumsprozess. In Frettchenfarmen in Amerika oder Dänemark werden die Babys mit vier bis sechs Wochen kastriert/sterilisiert, die Privatzüchter führen diese Behandlung erst nach Ermessen des neuen Besitzers und auf dessen Kosten durch. Vorzugsweise sollte die Behandlung jedoch auf jeden Fall vor der Geschlechtsreife durchgeführt werden. Ein guter Züchter wird die entsprechenden Möglichkeiten mit Ihnen durchgehen. Private Züchter bringen möglicherweise auch deshalb größere Tiere hervor, weil sie besser auf die Ernährung ihrer Zuchttiere achten.
>
> Kleinwuchs kann viele Ursachen haben: Mangelernährung des Muttertiers, zu kleines oder zu junges Muttertier, Gendefekte, Inzucht oder Mangelernährung der Welpen.

Tierheime, Frettchenhilfe und Frettchenorganisationen

Die vielleicht am häufigsten übersehene Quelle für ein liebevolles Frettchen sind die Tierheime, Frettchenhilfen und Frettchenorganisationen. Dort finden Sie Tiere mit den unterschiedlichsten Farben, Mustern und Persönlichkeiten. Einige Jungtiere hatten für den ungelernten Besitzer zu viel Energie. Einige der Tiere sind älter geworden als erwartet und suchen für die letzten Jahre nun ein freundliches und liebevolles Zuhause. Manche Tiere wurden möglicherweise auch misshandelt und/oder vernachlässigt, andere wiederum wurden bis zu ihrer Abgabe gut versorgt. Wenn Sie darüber nachdenken, sich Ihr Frettchen aus dem Tierheim, der Frettchenhilfe oder einer Frettchenorganisation zu holen, sollten Sie die folgenden Aspekte im Hinterkopf behalten:

✔ Diese Einrichtungen geben Frettchen zur Vermittlung frei, um Platz für neue Tiere zu schaffen. Vor allen in Großstädten ist die Anzahl der Frettchen in diesen Institutionen immer ziemlich hoch.

✔ Menschen, die sich der Frettchen annehmen, tun dies meistens, weil sie eine enorme Zuneigung zu diesen Tieren verspüren. Aus diesem Grund leite ich ein Tierasyl und kümmere mich um Frettchen. Einige meiner Tiere stammen direkt aus unserem ortsansässigen Tierheim. Jedes Mal, wenn ich der Greater Chicago Ferret Association (GCFA) einen Be-

5 ➤ Auf der Suche nach einem neuen Frettchen

such abstatte, bitte ich sie, mich nicht wieder mit einem neuen Tier nach Hause gehen zu lassen. Die Chance steht meistens bei 50 zu 50, dass ich entgegen meinen eigenen Anweisungen doch ein Frettchen mitnehme.

✔ Stellen Sie sich darauf ein, dass man Ihnen im Tierheim einige freundliche Fragen stellen wird. Das ist völlig in Ordnung. Die Mitarbeiter des Tierheims wollen nur sicher gehen, dass die armen Tiere, die bei ihnen abgegeben wurden, nun ein lebenslanges und liebenswertes Zuhause bekommen. Die Mitarbeiter eines Tierheims haben es sich quasi zum Ziel gesetzt, nur die besten Familien für die heimatlosen Tiere zu finden.

✔ Viele Tierheime haben bestimmte Restriktionen und Bestimmungen, die es in Zooläden oder beim Züchter so nicht gibt. Nahezu alle Einrichtungen fordern, dass Sie das Tier dorthin zurückbringen, wenn Sie nicht mit ihm klarkommen.

✔ Die meisten Tierheime arbeiten eng mit Veterinärmedizinern zusammen, um die Gesundheit jedes einzelnen Tieres genau zu beobachten. Die Frettchen sollten vor der Adoption bereits geimpft worden sein und mit einer allgemeinen ärztlichen Untersuchung sollten Krankheiten ausgeschlossen werden. Manche führen sogar Bluttests bei ihren Tieren durch – zur Sicherheit.

✔ Die Gebühren für eine Vermittlung sind normalerweise sehr gering und decken nie die Kosten, die dieses Tier verursacht hat, können jedoch auch abhängig vom Alter und Gesundheitszustandes des Tieres sein.

✔ Die meisten Tierheime sind darauf bedacht, auch nach der Vermittlung eines Tieres Unterstützung zu geben. Sie freunden sich am besten mit den Angestellten des Tierheims an, was natürlich auch bedeutet, dass Sie lebenslange Unterstützung erhalten und immer auf deren Wissen zurückgreifen können.

Die Anzahl der Frettchen, die im Tierheim landet, ist überwältigend. Egal, nach welcher Art Frettchen Sie Ausschau halten, im Tierheim werden Sie mit Sicherheit fündig. Sie können das Tierheim unterstützen, wenn Sie sich Ihr Frettchen von dort holen. Falls es zu dem Tierheim einen eigenen Frettchenclub gibt, macht es sicherlich Spaß, diesem beizutreten. Sie erhalten dann in der Regel Newsletter, es gibt Veranstaltungen mit Spendenaufrufen, Partys und andere Veranstaltungen. Sie haben mit einer Vermittlung aus dem Tierheim also nicht nur ein tolles neues Familienmitglied, sondern lernen auch andere Frettchenbesitzer kennen, von denen Sie sich jederzeit auch Unterstützung holen können.

Gerade Frettchen aus zweiter Hand (ohne Verhaltensauffälligkeiten) sind ideale Anfängertiere. Denn die meisten Frettchen werden im Rüpelalter von 16 bis 24 Wochen abgegeben oder nach etwa zwei Jahren, wenn die anfängliche Lust und Neugier der Besitzer verflogen ist. Diese Frettchen sind mit Wohnungen, Menschen und Kindern schon vertraut. Sie glauben gar nicht, wie schnell sich solche Frettchen an Sie gewöhnen. Für Anfänger eignen sich Tiere mit einem Alter von ein bis zwei Jahren jedoch am allerbesten, denn diese Tiere sind nicht mehr so stressig, passen nicht mehr in jede kleinste Ritze und wirken gelassener.

Anzeigen

Wenn keine der hier vorgestellten Möglichkeiten für Sie in Frage kommt, können Sie immer noch die Zeitung nach passenden Anzeigen durchsuchen oder einen Blick auf die schwarzen Bretter verschiedener Einrichtungen, beispielsweise der Tierklinik oder des Zooladens werfen. Wenn Sie in einer größeren Stadt leben, ist es nicht ungewöhnlich, dass Sie vielleicht auch in Ihrem Briefkasten entsprechende Anzeigen finden. Manchmal ist der alte Besitzer auch bereit, den Käfig mit dazuzugeben. In den meisten Fällen sind die Frettchen, die auf die Art verkauft werden, schon etwas älter, Sie können vom alten Besitzer jedoch eine Menge Hintergrundinformationen zu diesem bestimmten Tier bekommen.

> Käufer aufgepasst: Wie in einer Zoohandlung kann es auch hier der Fall sein, dass der Verkäufer nur auf das Geld aus ist. Andere wiederum sind wahre Tierliebhaber und wollen, dass ihr Frettchen in gute Hände kommt. Sie sind deshalb auch bereit, einige der anfallenden Kosten zu übernehmen. Seien Sie vorsichtig mit den Informationen zur Zucht des Tieres, wenn Sie es von einem Privatverkäufer erwerben. Halten Sie sich lieber an die Ratschläge und Hinweise von Experten.

Das missratene Wiesel: Streunende Frettchen

Manchmal finden Leute auch Frettchen, die verloren gegangen oder ausgesetzt worden sind. Solange Sie nicht wissen, was das arme Tier durchgemacht hat, sollten Sie jedoch vorsichtig sein. Es könnte verängstigt und hungrig sein und möglicherweise völlig durcheinander. Das Tier weiß nicht, ob Sie gut oder böse sind, und es könnte sein, dass es Sie ohne Grund angreift und zubeißt.

Außerdem gibt es Menschen, die Iltisse und Steinmarder mit langen Schwänzen mit einem Frettchen verwechseln. Bei sieben Anrufen, die bei mir eingingen, weil es sich angeblich um ein streunendes Frettchen handelte, kam ich in Wirklichkeit mit Steinmardern nach Hause zurück. Diese Tiere sind zwar furchtbar niedlich, können jedoch sehr kraftvoll zubeißen und sollten daher nicht aufgenommen werden. Achten Sie darauf, dass es sich bei dem Tier, das Sie retten wollen, auch wirklich um ein Frettchen handelt. Sie können das Tier dann auch zu einem Tierarzt bringen, der kennt in der Regel die Anlaufstellen für Wildtiere.

Wenn Sie ein Frettchen finden, müssen Sie unbedingt versuchen, sein Zuhause ausfindig zu machen, denn einige Besitzer sind sehr traurig, wenn sie ihren kleinen Liebling verlieren, außerdem leidet das zurückgelassene Frettchen. Geben Sie Anzeigen in der Tageszeitung auf und hängen Sie Hinweisschilder an schwarzen Brettern aus. Wenn Sie das Zuhause eines solchen Tieres nicht ausfindig machen können und es behalten wollen, achten Sie darauf, dass es zunächst in Quarantäne kommt, bevor Sie es mit anderen Tieren zusammenlassen. Es könnte nämlich sein, dass es krank ist oder Flöhe hat. Gehen Sie mit Ihrem Neuzugang unbedingt zum Tierarzt.

5 ➤ Auf der Suche nach einem neuen Frettchen

Wenn Sie das Tier nicht selbst behalten können, setzen Sie es auf keinen Fall wieder aus. Geben Sie es lieber in einem Tierheim ab oder schalten Sie Anzeigen, es gibt viele Frettchenliebhaber, die sicher schnell auf eine solche Anzeige reagieren.

Ab 2005 bekommen Frettchen einen Chip unter die Haut gesetzt, anhand dessen sie einwandfrei identifiziert werden können. Es könnte aber auch sein, dass das Fundfrettchen tätowiert ist. Lassen Sie das von einem Tierarzt überprüfen. Fragen Sie auch in Tierheimen und Frettchenorganisationen nach, vielleicht hat sich der Besitzer dort schon gemeldet.

Richten Sie Ihren Frettchen ein Zuhause ein

In diesem Kapitel

- Das Heim Ihrer Frettchen einrichten
- Einen Fressnapf und eine Tränke auswählen
- Zubehör, das Sie und Ihre Frettchen lieben werden

Bevor Sie Ihre Frettchen mit nach Hause bringen, sollten Sie wirklich alle Vorbereitungen getroffen haben. Wenn Sie bereits vor der Ankunft Ihrer neuen Lieblinge für alles gesorgt haben, müssen Sie sich später nicht mehr um diverse Einzelheiten kümmern, sondern können mehr Zeit mit Ihren neuen Babys verbringen.

In diesem Kapitel erfahren Sie, was Frettchen unbedingt benötigen, um bei Ihnen zu Hause angenehm und sicher wohnen zu können. Dieses Kapitel beschäftigt sich sowohl mit den grundlegenden Bedürfnissen als auch mit diversem Zubehör. In den Informationen aus diesem Kapitel finden Sie alles, was Sie für die Unterbringung von Frettchen benötigen: vom Haus über die Möbel bis hin zum Kleiderschrank und der Wandgestaltung. Wenn Sie bereits Frettchen besitzen, sollten Sie dieses Kapitel auch auf jeden Fall lesen, um sicherzugehen, dass Sie auch ja nichts vergessen haben. Es gibt so viele Dinge, über die man sich Gedanken machen muss, da kann es leicht passieren, dass man etwas übersieht.

Den Käfig einrichten

An dieser Stelle zeigen wahre Frettchenliebhaber oft ihren wahren Fanatismus und ihre kreativen Seiten. Die Käfige können ganz verschieden sein: einfach mit nur einer Etage, aber auch mehrstöckig mit einem Gästehaus. Das hängt natürlich alles von Ihrem Geschmack ab und davon, was Sie sich leisten können, sowohl finanziell als auch vom Platz her gesehen. Die Mühe ist es allerdings wert. Solange Ihr Frettchen nicht draußen ist zum Spielen, muss es schließlich seine Zeit im Käfig verbringen, deshalb sollten Sie seine Umgebung so abwechslungsreich wie möglich gestalten.

Bevor Ihre Frettchen aus finanziellen Gründen in einem zu kleinen Käfig leben müssen, sparen Sie lieber ein bisschen länger und schaffen Sie sich erst dann Frettchen an. Da es keine Frettchenkäfige gibt, bei denen die Größe und der Preis stimmt, sollten Sie sich vielleicht selbst einen bauen. Die weniger begabten Handwerker unter Ihnen finden im Anhang die Adresse einer Firma, die Frettchenkäfige auf Anfrage baut.

Frettchen sind Raubtiere. Sie sollten Frettchen im Haushalt deshalb nur mit anderen Frettchen zusammen halten. Viele Frettchen haben einen sehr starken räuberischen Drang. Ich kenne Menschen, die unter anderem Ratten, Mäuse und Meerschweinchen an Frettchen verloren haben. Wenn Sie darauf bestehen, dass Ihre Frettchen mit anderen Tieren Kontakt haben, überwachen Sie die Tiere ganz genau und aufmerksam. Nager stellen für Frettchen etwas zum Fressen dar, deshalb werden die Frettchen auch immer wieder mal versuchen, an das vermeintliche Futter zu kommen.

Vorsicht, Frettchen passen oftmals durch Nagerkäfigvergitterungen, wenn es sich um größere Käfige beispielsweise solche für Zwergkaninchen handelt.

Die Größe

Der Käfig sollte für ein Tier mindestens einen Meter breit, 60 Zentimeter tief und ebenfalls 60 Zentimeter hoch sein. Das sind wohlgemerkt die Mindestmaße für ein Frettchen. Je mehr Tiere es sind, desto größer und besser ausgestattet muss der Käfig sein. Für welche Größe Sie sich auch immer entscheiden, wichtig ist, dass die Frettchen ausreichend Platz zum Spielen, Fressen, Schlafen und für die Toilette haben. Sie wollen sicherlich auch nicht in Ihrer Toilette schlafen und spielen, ebenso wenig möchten das Ihre Frettchen (siehe Abbildung 6.1).

Abbildung 6.1: Dieser Käfig ist viel zu klein – besonders, wenn zwei Frettchen darin wohnen sollen.

6 ➤ Richten Sie Ihren Frettchen ein Zuhause ein

Ein Käfig kann niemals zu groß, sondern höchstens zu klein sein! Und denken Sie immer daran, auch ein noch so großer Käfig ersetzt nicht den Freilauf in der Wohnung.

Die Gestaltung

Es gibt sehr viele Arten von Käfigen, die für Ihr Frettchen in Frage kommen. Nehmen Sie sich am besten einmal eine Haustierzeitschrift zur Hand und schauen Sie, wie kreativ so mancher Frettchenbesitzer sein kann. Zu einem guten Käfig gehört Folgendes:

- ✔ **Ausreichende Größe.** Die Grundfläche sollte groß genug sein, um spielen und herumtollen zu können (z.B. Vogelvolieren).
- ✔ **Gute Belüftung.** Eine schlechte Belüftung kombiniert mit stinkenden, feuchten Urinflecken kann zu Erkrankungen und Unwohlsein führen.

  Frettchen sind keine Fische. Vermeiden Sie Aquarien oder ähnlich geschlossene Käfige für Ihr Frettchen. Sie sind nicht ausreichend belüftet und können bei Ihrem Frettchen ernsthafte Erkrankungen verursachen. Außerdem sind sie für ein aktives Frettchen zu klein und zu eng, schließlich sollen ja auch Fische drin wohnen.

- ✔ **Kleine Gitterabstände und sichere Türen.** Frettchen sind Meister im Ausbrechen. Sie stecken ihre Köpfe in oder durch nahezu alles, wo sie auch ihre Nase durch bekommen. Sie können mit ihren Köpfen Türen öffnen und werden das auch tun.

  Unpassende Käfige können zu ernsthaften Verletzungen oder sogar Strangulationen führen. Vergewissern Sie sich deshalb, dass es nirgendwo große Öffnungen gibt bzw. diese, z.B. Türen, mit Schnappschlössern verriegelt sind.

- ✔ **Festigkeit und leichter Zugang zum Reinigen.** Einige Frettchenkäfige sind mit herausnehmbaren Wannen ausgestattet, um die Einstreu und die auf den Boden gefallenen Essensreste entsorgen zu können. Wenn Sie Glück haben, finden Sie sogar einen Käfig mit einer herausnehmbaren Blechwanne.

Käfige, die vollständig aus Holz sind, lassen sich schlecht vollständig reinigen, weil Urin und Kot teilweise in das Holz einziehen. Einige Holzarten sind zudem mit gefährlichen Chemikalien behandelt worden. Ebenso können einige Metalloberflächen Blei enthalten, das Ihren Frettchen ebenfalls schaden kann. Recherchieren Sie erst ein wenig, bevor Sie Ihr Geld ausgeben. Damit können Sie sich letztendlich einiges an Ärger ersparen.

Ich habe eine Firma namens Corner Creek in Ottumwa, Iowa, gefunden, die wunderschöne und geräumige Käfige zu erschwinglichen Preisen baut und diese auch verschickt. Es gibt bereits die unterschiedlichsten Designs, es werden aber auch Käfige ganz nach Ihren individuellen Wünschen angefertigt. Diese Käfige sind mit Abstand die besten, die man für kleine Haustiere wie Frettchen bekommen kann. Ich besitze ungefähr 20 von diesen Käfigen – alle in unterschiedlichen Größen aus schönem schwarzem, mit Kunststoff umwickeltem Draht. Werfen Sie einfach mal einen Blick auf deren Website unter www.cornercreek.com.

Materialien

Die wohl besten Käfige bestehen aus strapazierfähigem, verzinkten Draht. Ich bevorzuge Draht, der mit schwarzem Kunststoff überzogen ist, da dieser nicht nur schöner aussieht, sondern auch besser für die Füße des Frettchens ist. Frettchen haben kleine Füße und der Draht kann sehr hart für die empfindlichen Sohlen sein. Sie wollen sicherlich nicht, dass die kleinen Füße durch die Öffnungen hindurchrutschen.

Generell sollten Sie es vermeiden, dass Ihre Frettchen auf Gitterboden laufen, sorgen Sie für einen geeigneteren Boden, der beispielsweise mit PVC ausgelegt ist.

Eine oder mehrere Etagen?

Auch wenn ein Käfig mit nur einer Etage ausreichend ist, entspricht er jedoch nicht dem natürlichen Leben eines Frettchens. Frettchen sind aktiv und neugierig. Als Bodenbewohner lieben sie es, unter Haufen unterschiedlichster Art zu kriechen, sie rennen aber auch gern die Etagenröhren in einem mehrstöckigen Käfig auf und ab.

Abbildung 6.2: Mehrstöckige Käfige werden von den meisten Frettchen sehr geschätzt. In diesem Käfig ist oben eine Spielwiese untergebracht, in der Mitte befinden sich die Schlafplätze und unten Toilette und Fressnäpfe.

Mehrere Etagen geben Ihnen mehr Möglichkeiten, Zubehör zu befestigen, das mindestens genauso wichtig ist wie der Käfig selbst (lesen Sie auch den Abschnitt *Zubehör und andere Dinge* weiter hinten in diesem Kapitel). Käfige mit mehreren Etagen sollten auch mehrere Türen haben, um direkten Zugriff zu den einzelnen Ebenen zu bieten. Denken Sie darüber nach, in der untersten Ebene ein Katzenklo mit Katzenstreu zu platzieren. Beim regelmäßigen Reinigen des Käfigs müssen Sie auch in die äußersten Ecken der einzelnen Ebenen des Käfigs kommen, achten Sie also darauf, dass Sie entsprechend Zugang dazu haben.

Dort, wo das Frettchen schläft, sollte immer auch noch ein zweites Katzenklo stehen, denn Frettchen sind sehr faule Tiere.

Käfigstress

Käfigstress ist oftmals damit verbunden, dass das Frettchen nicht die Möglichkeit hat, in seinem Käfig an einen sicheren Platz zu flüchten, oder der Käfig zu klein ist. Beobachten Sie das Verhalten Ihres Frettchens, dann werden Sie feststellen, ob es an Käfigstress leidet oder nicht. Einige deutliche Anzeichen dafür sind beispielsweise das konstante Hin- und Herrennen, das Knabbern an den Käfigstangen oder das Kratzen in einer Ecke des Käfigs. Es kann auch sein, dass das Tier am Kopf oder im Gesicht Wunden von seinen vielen Ausbruchsversuchen hat. Käfiggestresste Frettchen verhalten sich in ihren Käfigen sehr zerstörerisch und kippen Schüsseln und Gefäße mit Einstreu öfter um als normal. Es ist unbedingt notwendig, dass das Frettchen einen dunklen und warmen Ort hat, an dem es sich verstecken und an den es sich zurückziehen kann. Sie können beispielsweise ein wenig weiches Bettzeug oder eine Art Schlafsack verwenden. Wenn Sie dem Tier Sicherheit und Schutz bieten, können Sie es vor Käfigstress bewahren. Wenn Sie ein ganz besonders nervöses Frettchen besitzen, decken Sie einen Teil des Käfigs mit Papier oder einem großen Handtuch ab.

Große Kaninchenhäuser können als prima Versteck und Schlafstelle für ein Frettchen dienen. Außerdem ist so ein Kaninchenhaus hervorragend zum Klettern geeignet. Geben Sie etwas Bettzeug in den Kasten und stellen Sie ihn in den Käfig oder die Spielecke. Achten Sie jedoch darauf, ob Ihr Frettchen das Holz anknabbert. Wenn Sie eine starke Abnutzung erkennen, ersetzen Sie das Schlafhaus oder verwerfen Sie die Idee voll und ganz.

Der richtige Platz für den Käfig

Der richtige Platz für den Käfig ist für die Gesundheit und das Wohlbefinden der Frettchen durchaus von Bedeutung. Nach Möglichkeit sollten Sie den Käfig so platzieren, dass die Tiere Sie mehrmals am Tag beobachten können. Es sollte ein ruhiger, gemütlicher Platz sein, an dem man auch herumtoben kann und der nicht zu weit aus Ihrem Blickfeld gerät, damit Sie das Tier in Ihrer täglichen Routine nicht vergessen. Einige Frettchenliebhaber widmen ihren Tieren und deren Käfigen sogar ein eigenes Zimmer. Ich habe Käfige, die durch farbige Röhren miteinander verbunden sind. Ich weiß nie genau, welches Frettchen in welchem Käfig schläft. Manchmal schlafen sogar acht Tiere gleichzeitig in einer Hängematte, obwohl es in den vielen Käfigen mindestens vier oder fünf von diesen Dingern gibt.

Hier sind noch ein paar weitere Hinweise:

✔ Der Käfig sollten innerhalb der Wohnung oder des Hauses platziert werden. Kurze Exkursionen am Frettchengeschirr nebst Leine unter Aufsicht sind vollkommen in Ordnung, Frettchen sollten jedoch nicht für längere Zeit draußen gehalten werden, wenn die Außentemperaturen unter 4 Grad Celsius fällt.

✔ Genauso gefährlich wie Kälte ist Hitze. Während Frettchen wärmende Sonnenstrahlen genießen, kann direkte Sonneneinstrahlung tödlich sein. Frettchen können einen Hitzschlag oder Hitzeschäden erleiden, auch wenn sie nur für kurze Zeit der Hitze ausgesetzt sind. Wenn Ihr Frettchenkäfig im Sonnenlicht steht, sollten Sie sichergehen, dass ein großer Teil des Käfigs dauerhaft abgedeckt ist, damit das Tier in den Schatten flüchten kann. Sorgen Sie außerdem für ausreichend Belüftung.

Legen Sie ein feuchtes Tuch (aus Material, das keine Schlingen bildet, wie das bei Frottee beispielsweise der Fall ist) zum Abkühlen oder Spielen für das Frettchen auf den Käfig- oder Etagenboden. Ab 30 Grad Celsius wird es für Frettchen richtig gefährlich. Denken Sie auch daran, wenn Sie Ihr Frettchen im Auto transportieren wollen.

✔ Zugluft und Nässe können Ihr Frettchen ebenfalls krank machen. Stellen Sie den Käfig nicht unter ein Fenster mit Zugluft, direkt neben eine Außentür oder neben den Abzug einer Klimaanlage. Keller und kleine, schlecht belüftete Räume sind ein wunderbarer Nährboden für Bakterien. Betrachten Sie Ihr Frettchen als Familienmitglied und halten Sie es so bequem wie möglich und stets in Ihrer Nähe.

Tun Sie sich selbst einen großen Gefallen und stellen Sie den Käfig wenn möglich auf Fliesen. Achten Sie auf einen Abstand zur Wand von mindestens 15 Zentimetern. Frettchen gehen mit ihrer Toilette manchmal sehr schlampig um, und Sie werden definitiv sowohl den Fußboden als auch die Wand um den Käfig regelmäßig reinigen müssen. Sie könnten beispielsweise den Bereich der Wand, der am nächsten am Käfig ist, mit Plexiglas abdecken. Und wenn Sie den Käfig unbedingt auf Teppichboden stellen müssen, sollten Sie in etwas mehr Plexiglas und ein Stück Linoleum investieren, das Sie unter den Käfig legen können. Frettchen hocken sich für ihr Geschäft am liebsten in die Ecken ihres Käfigs und da kann es schon mal sein, dass etwas daneben geht.

Machen Sie das Bett

Frettchen lieben es außerordentlich, in ihrer Schlafstelle Tunnel und Nester zu bauen. Deshalb sollten Sie unbedingt wissen, welche Materialien Sie verwenden dürfen und welche nicht. Drahtkäfige sollten immer mit so viel weichem Material wie möglich ausgelegt werden, um wunde und verletzte Füße zu vermeiden.

- Manche Leute schneiden ein Stück Teppichboden passend zu und legen es auf dem Käfigboden aus. Wenn Sie Teppichboden verwenden, müssen Sie diesen allerdings regelmäßig herausnehmen und waschen oder gar ersetzen, wenn es notwendig ist. Verunreinigte Schlafstellen sind für den größten Teil des Geruchs der Frettchen verantwortlich. Ihre Nase wird Ihnen also verraten, wann es an der Zeit ist, mal wieder alles zu reinigen! Wenn Sie Teppichboden verwenden, müssen Sie auch ein Auge auf Ihr Frettchen haben, denn einige Tiere lieben es, die einzelnen Fasern auszugraben und dann auch zu fressen, was sehr gefährlich werden kann. Achten Sie auch darauf, dass sich die Krallen nicht in den Teppichfasern verhaken können und sich Ihr Frettchen so verletzt. Es ist hilfreich, wenn Sie die Krallen regelmäßig schneiden, was aber nicht heißt, dass Sie dann vor diesem Problem gefeit sind.

- Andere Frettchenbesitzer verwenden ein passendes Stück Linoleum oder Plexiglas, um den Boden abzudecken. Ich für meinen Teil bevorzuge das Linoleum, weil es am flexibelsten ist und sich leicht reinigen lässt.

Ob Sie den Käfigboden mit einem Material auslegen oder nicht, liegt ganz bei Ihnen. Sie sollten jedoch darauf achten, die wesentlichen Bereiche des Käfigs und die Schlafstelle mit einer Hand voll alter T-Shirts, Kissenbezügen oder Tüchern auszulegen, um Ihrem Frettchen ausreichend Platz zum Herumschnüffeln und zum Verstecken zu bieten. Eine andere Art der Schlafstelle ist ebenfalls schnell eingerichtet: Schneiden Sie einfach die Beine einer alten Hose oder Jeans ab. Sie können auch Hängematten und Tunnel extra für Frettchen kaufen. Diese sind sehr attraktiv und gemütlich. Wenn Sie mit einer Nähmaschine umgehen können, können Sie solche Sachen aber auch leicht selbst herstellen. Denken Sie daran, dass Sie das Bettzeug regelmäßig waschen müssen, um Gerüche zu mindern. Halten Sie immer frisches Bettzeug bereit, wenn das benutzte in die Wäsche muss.

> Untersuchen Sie das Bettzeug regelmäßig. Manche Frettchen finden Kleidungsstücke unwiderstehlich lecker und fressen Löcher in den Stoff. Die Gefahr besteht darin, dass das Tier einzelne Stückchen der Kleidung verschluckt. Sie werden feststellen, dass einige Frettchen festeren Stoff benötigen (beispielsweise Jeansstoff). So können Sie Lochfraß vermeiden. Kleine Löcher stellen ebenso eine Gefahr dar, wenn Ihr Frettchen spielt oder sich seine Schlafstelle gemütlich einrichtet. Es neigt dazu, seinen Kopf durch ein Loch zu stecken. Wenn es sich dann dreht und verbiegt, kann es schnell festsitzen und sich selbst strangulieren. Werfen Sie die Sachen in so einem Fall lieber weg. Zerrissene Fasern und Frottee vertragen sich ebenfalls nicht mit langen Krallen, werfen Sie ausgefranste Sachen also lieber weg und vermeiden Sie Frottee.

Egal, welche Stoffe Sie verwenden, es dürfen sich kein Schlingen bilden, wie es bei manchen Teppichen, Stoffen oder Handtüchern der Fall ist. Wenn sich Ihr Frettchen mit seinen Krallen in diesen Schlingen verhakt, kann sich das Tier Krallen abreißen oder die Pfote verstauchen oder gar brechen.

Decken Sie den Tisch

Die Wahl eines Fress- und Wassernapfes für Ihr Frettchen muss nicht so langwierig sein wie die Suche nach einem guten Chinesen für Ihre Liebste oder Ihren Liebsten. Trotzdem erfüllt nicht alles den hohen Standard eines Frettchens, es kann durchaus sein, dass das Tier einige Härtetests durchführt, bis Sie das Richtige gefunden haben. Frettchen sind extrem gerissene kleine Kreaturen. Das Durchschnittsfrettchen ist in der Lage, auch den sichersten Napf zu knacken – das bedeutet, dass eigentlich alle Näpfe, die es so gibt, irgendwann einmal im Käfig liegen, ausgekippt oder umgeworfen oder als Toilette bzw. Schlafplatz benutzt werden. Sie müssen also den bestmöglichen Napf für Ihr Tier finden und es ein bisschen austricksen, indem Sie ein paar eigene, clevere Lösungen einbringen, um das Futter sauber und den Napf an Ort und Stelle zu halten. Denken Sie daran, das Auge isst mit.

Der Fressnapf

Fressnäpfe gibt es in allen erdenklichen Größen, Formen, Farben und Materialien. Oft wird versichert, dass sie nicht umgekippt werden können, »unkaputtbar« oder einfach zu reinigen sind. Für das Durchschnittshaustier treffen diese Aussagen vielleicht auch zu. Für ein Frettchen ist jedoch alles in seiner Umgebung eine Herausforderung, ein einfacher Fressnapf stellt da keine Ausnahme dar. Es ist wichtig, dass Sie einen Fressnapf auswählen, der sich an die Bedürfnisse Ihrer Frettchen anpasst. Wenn Sie ein paar Dinge beachten, wird Ihnen die Auswahl leichter fallen.

Ihre Frettchen werden die Schwäche des Fressnapfs herausfinden, den Sie gekauft haben. Sie freuen sich besonders, wenn Sie extra eine Schüssel kaufen, mit der sie spielen können. Bieten Sie ihm viel Spielzeug und weiche Materialien an, um es mit den Gedanken vom Fressnapf wegzulocken. Nahezu jeder Napf, egal, ob befestigt oder nicht, lädt dazu ein, sich darin oder darauf schlafen zu legen. Solange Sie keinen winzig kleinen Napf oder Frettchen von der Größe einer Hauskatze besitzen, müssen Sie sich damit einfach abfinden.

Weniger erfreulich ist die Tatsache, dass viele Frettchen es lieben, ihr Futter aus dem Fressnapf zu werfen. Das ist ein weiteres Wesensmerkmal, mit dem Sie sich anfreunden müssen. Wenn Ihr Frettchenkäfig mehrere Etagen besitzt, sollten Sie den Fressnapf irgendwo im oberen Bereich bzw. außerhalb der Ecken in der untersten Etage platzieren (denn Frettchen lieben es, ihr Geschäft in Ecken vorzunehmen). Futter, das durch Kot verunreinigt wurde, muss so schnell wie möglich entfernt werden. Auch verunreinigte Fressnäpfe müssen umgehend gereinigt werden.

6 ➤ Richten Sie Ihren Frettchen ein Zuhause ein

Hier ist eine günstige Lösung, wie Sie die Zerstörung des Käfigs verhindern können, ohne dass Sie Fressnäpfe und Einstreuboxen einzementieren müssen. Zudem ist diese Lösung sowohl für Sie als auch für das Frettchen wesentlich amüsanter: Fordern Sie Ihr Frettchen auf andere Art und Weise heraus. Auch wenn Frettchen sehr teuflisch sein können, können Sie dem zerstörerischen Verhalten der Tiere ein wenig entgegenwirken, wenn Sie ihm in seiner Umgebung mehr Abwechslung bieten und seine Intelligenz anregen. Bieten Sie ihm mehr und vor allem abwechslungsreiches Spielzeug. Geben Sie Ihrem Tier mehr Spielzeit außerhalb des Käfigs. Denken Sie immer daran: Langeweile = zerstörerisches Verhalten. (Weitere Ideen, wie Sie das Leben Ihres Frettchens bereichern können, finden Sie in Kapitel 10.)

Schüsseln zum Einhängen

Ich habe festgestellt, dass Schüsseln zum Einhängen die beste Wahl sind, wobei natürlich auch diese ihre Nachteile haben. Denn nicht alle sind frettchensicher. Runde Gefäße aus Edelstahl, die in einen runden Drahtring eingehängt werden können, sind so lange gut geeignet, wie der Spielraum zwischen dem Napf und dem Ring nicht zu groß wird. Als Raubtier erkennt das Frettchen natürlich die Schwachstellen seines Futters. Wenn es den Napf mit seinen Hinterbeinen etwas schiebt und schubst, während es selbst auf dem Rücken liegt, kann das Futter ganz schnell aus dem Behälter in die verschmutzte Einstreu fallen oder der komplette Napf wird regelmäßig ausgehebelt.

Kleine Metallklammern aus dem Baumarkt können so montiert werden, dass der Napf und die Aufhängung mit dem Käfig verbunden werden, um die eben beschriebene Tragödie mit dem Futter zu vermeiden (siehe auch Abbildung 6.3). Diese Klammern verhindern *nicht* das Ausgraben, jedoch das Umkippen und Herausschleudern. Sie können in einfache Plastiknäpfe auch ein paar Löcher bohren und diese dann mit ein paar Kabelbindern oder dünnem Draht am Käfig befestigen. Wenn Sie sich für eine dieser Arten von Näpfen entscheiden, müssen Sie diesen auch immer wieder leicht entfernen können, um ihn zu reinigen und frisches Futter bereitzustellen. Es ist auch nicht verkehrt, noch einen zusätzlichen Napf auf Vorrat zu haben – einen für den Gebrauch, während der andere gerade gereinigt wird.

Wenn Sie sich für ein Drahtgestell entscheiden, das einfach im Käfig eingehängt wird, graben Sie Ihre Zange aus und ziehen Sie den Halter so eng zusammen, bis er nicht mehr ausgehängt werden kann. Diese Art von Halter kann aber anders umgeworfen werden. Während nur der obere Bereich fest mit dem Käfig verbunden ist, kann der untere Teil herausgehoben werden, so dass das Futter aus dem Napf und gar aus dem Käfig fliegt. Mit einem einfachen Stück Band oder Draht kann der untere Teil ebenfalls mit dem Käfig verbunden und somit sicherer gemacht werden. Qualitativ hochwertiges Frettchenfutter ist nicht gerade billig, deshalb sollten Sie sich sorgfältig überlegen, in welcher Form Sie es Ihrem Frettchen darbieten.

Schwere Näpfe

Solange Ihr Frettchen kein Herkules ist (und das kann sehr schnell passieren), hilft ein schwerer Napf oder einer aus schwerem Material, beispielsweise dicker Keramik. So kann die Distanz minimiert werden, mit der das Futter durch den Käfig geschleudert wird. Wenn Sie den Fressnapf nicht am Käfig befestigen können, sollten Sie nach dem schwersten Napf Ausschau halten, den Sie kriegen können – vorzugsweise einem, bei dem der Boden breiter ist als die Öffnung, damit er nicht so leicht umgekippt werden kann.

> Schwere Keramiknäpfe sollten immer am Käfigboden (in der untersten Etage) deponiert werden. Auf höheren Ebenen können sie schnell zu gefährlichen Wurfgeschossen werden und auf ein darunter sitzendes Frettchen fallen.

Abbildung 6.3: Verwenden Sie eine Metallklammer wie diese, um den Fressnapf Ihres Frettchens zu sichern. Nach kurzer Zeit sind auch Sie der Meinung, dass man bei der Herstellung dieser Klammern an genervte Frettchenbesitzer gedacht hat.

Näpfe aus Kunststoff

Wenn Sie sich für Kunststoff entscheiden, sollten Sie sichergehen, dass es sich um Kunststoff der härteren Sorte handelt. Je weniger porös die Zusammensetzung des Napfs, desto hygienischer und einfacher zu reinigen ist er. Vermeiden Sie außerdem dünne Plaste, da sie sehr schnell kaputtgehen kann. Durch regelmäßiges Kratzen und Beißen können kleine Risse und Löcher entstehen, die man mit bloßem Auge vielleicht nicht erkennt, in denen sich jedoch Bakterien festsetzen können. Um einen Kunststoffnapf vollständig hygienisch zu reinigen, müssen Sie ihn kurz in kochendes Wasser tauchen.

Halten Sie sich von Materialien wie hauchdünnem Kunststoff und unlasiertem Ton oder Keramik fern. Verwenden Sie lieber Edelstahl, dicken Kunststoff oder ausreichend lasierte Keramiknäpfe.

Glasierte Blumenuntersetzer haben sich sehr bewährt. Sie sind günstig und hygienisch (Sie können sie auch in die Spülmaschine packen). Näpfe, die 100 Prozent umkippsicher sind, gibt es nicht. Als Wassernapf eignet sich außerdem prima ein großer Kaninchen- oder Hundefutternapf aus Keramik.

Wassernapf und Wasserflasche

Bis jetzt habe ich noch nicht viele Worte über Wassernäpfe verloren. Dafür gibt es einen ganz einfachen Grund. Die meisten Frettchenhalter bieten ihren Tieren das Wasser nicht in einer Schüssel an. Frettchen lieben es, in Wasser zu spielen, und betrachten Wassernäpfe eher als kleines Schwimmbecken. Das ist zwar ärgerlich, aber so sind Frettchen nun mal.

Dennoch sollten Sie Ihren Frettchen **immer** auch einen Wassernapf anbieten, denn Wasserflaschen scheinen zwar recht praktisch zu sein und machen für Frettchen, die mit Vorliebe ihre Näpfe umstoßen, auch Sinn, aber sie sind kein wirklicher Ersatz für einen Wassernapf. Wie weiter unten beschrieben ist das Trinken daraus etwas umständlich und das Risiko, dass Frettchen die Wasserflaschen daher nicht ausreichend benutzen und im schlimmsten Falle dehydrieren und Nierenschäden davon tragen, sollten Sie nicht eingehen.

Ursprünglich waren solche Flaschen auch eher für Nager gedacht, so dass es nicht erstaunlich ist, wenn Frettchen, die zu den Raubtieren zählen, nicht ausreichend Gebrauch von dieser Erfindung machen. Doch natürlich darf man nicht vergessen, dass Frettchen ja auch recht clever sind.

Wenn Sie sich vor diesem Hintergrund zusätzlich für eine Wasserflasche entscheiden, sollten Sie wie bei den Fressnäpfen auch hier einige Aspekte bedenken, bevor Sie Geld für eine Wasserflasche ausgeben.

- ✔ **Größe:** Die Größe der im Handel angebotenen Flaschen variiert erheblich. Für Frettchen sollte sie mindestens 500 ml Flüssigkeit fassen können.
- ✔ **Kleine oder große Öffnung:** Beides funktioniert ganz gut, nur sind Flaschen mit einer großen Öffnung leichter zu reinigen, da Sie eine Bürste oder einen Lappen einführen können.

✔ **Die Art des Kunststoffs:** Einige Kunststoffarten sind sowohl für den Innen- und Außengebrauch geeignet (Polyethylen), während andere nur für innen gedacht sind. Weil Sie die Flasche regelmäßig reinigen und Ihr Frettchen drinnen wohnt, ist es egal, für welches Material Sie sich entscheiden.

Es versteht sich von selbst, dass Sie immer darauf achten müssen, dass Ihren Frettchen sowohl in der Falsche als auch im Napf stets eine ausreichende Menge an frischem Wasser zur Verfügung steht.

Die Befestigung von Wasserflaschen am Käfig

Wasserflaschen für Frettchen sind für die Befestigung an der Außenseite des Käfigs gedacht. Flaschen, die an der Innenseite befestigt sind, dienen schnell als Spielzeug und werden demontiert. Außerdem ist es auch für Sie praktischer, wenn sich die Wasserflasche an der Außenseite befindet, denn so haben Sie leichteren Zugriff (denn das Wasser sollte täglich gewechselt werden). Wie bei allem, was einem Frettchen vor die Augen kommt, werden Sie eine Wasserflasche, die nur lose befestigt wurde, sehr bald auf dem Fußboden wiederfinden. Und mindestens ein Frettchen schaut Sie dann mit beleidigtem Blick an, als wollte es sagen: »Warum kommst du denn jetzt erst?«

> Eine Wasserflasche bringt keinen Nutzen, wenn Ihr Frettchen sie nicht erreichen kann. Ich habe viele Frettchenbesitzer gesehen, die die Wasserflasche zu weit oben oder zu niedrig angebracht haben, ohne darüber nachzudenken. Die Flasche sollte in einer angenehmen Höhe befestigt werden, damit sich das Frettchen beim Erreichen der Tränke nicht verrenken muss.

Bringen Sie Ihren Frettchen bei, aus der Wasserflasche zu trinken

Die meisten Tiere bekommen es sehr schnell mit, dass das Wasser aus der Röhre fließt, wenn sie den Edelstahlball leicht nach innen drücken. Ich habe eins meiner cleveren Frettchen beobachtet, wie es den Ball mit einer Kralle nach innen gehalten hat, damit mehr Wasser heraus fließen kann.

Um festzustellen, ob ein Frettchen den Umgang mit der Wasserflasche beherrscht, trennen Sie es von anderen, bis Sie wissen, dass das Tier diese auch in ausreichendem Maße benutzt. Sie tun dem Tier nämlich keinen Gefallen, wenn alle anderen aus der Flasche trinken und Sie denken, dass dieses Tier die Technik auch beherrscht. Wenn Sie Ihrem Frettchen kein Wasser anbieten, riskieren Sie eine Dehydrierung.

Das ständige Reinigen des Käfigs und Füllen der Wasserflasche kann zeitweise vielleicht etwas nerven, es macht sich allerdings bezahlt. Durch reine Neugier lernen nämlich die meisten Frettchen den Umgang mit einer Wasserflasche und mindern so das Risiko der Dehydrierung, von Krankheiten und möglicherweise des Todes.

Richten Sie das Badezimmer ein

Frettchen sind von Natur aus sehr saubere Tiere, die in der Lage sind und auch darauf trainiert werden sollten, eine Toilette zu benutzen. Aus diesem Grund muss die Wohnung Ihres Frettchens natürlich mit einem Badezimmer ausgestattet sein. Ob Sie es glauben oder nicht, es gibt durchaus einige Aspekte, die Sie bedenken müssen, bevor Sie loslaufen und die erstbeste Katzentoilette kaufen, die Sie kriegen können. Als Erstes sollten Sie die Größe der Käfigtür bedenken, durch die Sie die Toilette rein- und wieder rausbekommen müssen. An dieser Stelle sind selbst gebaute Käfigmodelle mit einem ausziehbaren Kasten sehr praktisch (in Kapitel 30 oder im vorangegangenen Abschnitt *Den Käfig einrichten* finden Sie weitere Infos. In den meisten Fällen gibt es keine Probleme, aber messen Sie die Tür lieber noch einmal genau aus. Es gibt schließlich ein paar wirklich große Hauskatzen und entsprechend große Katzentoiletten.

Der Käfig Ihres Frettchens sollte mit mindestens einer Toilette ausgestattet sein. In großen Käfigen oder Käfigen, in denen mehrere Tiere gehalten werden, sollten mindestens zwei Toiletten vorhanden sein. Sie werden schnell herausfinden, dass die Ecken das bevorzugte Gebiet für ein Frettchen sind, wenn es sein Geschäft machen will. Stellen Sie die Toilette deshalb am besten in eine Ecke. Behalten Sie diesen Aspekt auch im Hinterkopf, wenn Sie nach einem Käfig Ausschau halten.

Die passende Toilette

Welche Toilette für Ihr Frettchen am besten ist, hängt ein bisschen von der Art seines Stuhlgangs ab. Das Alter und der Gesundheitszustand spielen ebenfalls eine Rolle. Hier sind einige Dinge, die Sie beachten sollten:

✔ Frettchen, die sehr hoch zielen (beispielsweise die, die ihren Hintern so hoch heben, um auch die Spitze des Kothaufens zu treffen), benötigen eine Toilette mit hohen Seitenrändern. Tiere, die nicht darauf achten, wo sie hintreten (die, die mit allen vier Pfoten in die Toilette steigen und sich dann hinhocken, um ihr Geschäft zu verrichten), kommen sicherlich gut mit einer Toilette aus, deren Seiten nicht allzu hoch sind.

✔ Im Alter kann bei einigen Frettchen die Mobilität der Hinterbeine etwas nachlassen, wodurch es für diese Tiere schwieriger wird, in die Toilette zu gelangen. Das Gleiche gilt für kranke oder angeschlagene Tiere. Kaufen Sie für Ihr geschwächtes Frettchen, auch wenn es nur vorübergehend ist, eine niedrige Toilettenbox.

Babyfrettchen haben sehr viel Energie und klettern in fast alles hinein. Wenn das Frettchen noch zu klein ist, um in die Toilette zu gelangen, ist es möglicherweise noch zu früh, ihm dessen Benutzung beizubringen. (Werfen Sie auch einen Blick in Kapitel 20, dort finden Sie weitere Informationen dazu.)

Benutzen Sie niemals Plastikmüllbeutel in einer Frettchentoilette. Diese werden von Frettchen meistens angefressen. Das Verschlucken von Plastik kann zu lebensgefährlichen Verstopfungen führen.

✔ Wenn Sie einen riesigen Käfig haben, ist auch eine Toilette mit Deckel (aber ohne Klappe) ganz brauchbar. Vielleicht macht sich eine Kombination aus beidem ganz gut: eine niedrige Box in der untersten Etage des Käfigs und eine mit höheren Seitenrändern in der obersten Etage, oder wenn es passt auch umgekehrt. Es gibt auch kleinere dreieckige Toiletten zu kaufen, die direkt in die Ecken des Käfigs passen. Diese sind im vorderen Bereich relativ niedrig und hinten höher. Alles in allem benutzen Frettchen am liebsten Toiletten, in die sie mit allen vier Pfoten steigen können.

Die richtige Toilette für Ihr Frettchen zu finden, kann im ersten Moment etwas entmutigend sein. Wenn Sie aber gut beobachten können, werden Sie schnell herausfinden, welche Art von Toilette für Ihren Liebling am besten geeignet ist. Auf der anderen Seite zähle ich mich zu den guten Beobachtern und ich habe Frettchen, denen ich die Toilette immer mal wieder woanders hinstellen muss. Ich glaube, sie machen das nur, um mich auf Trab zu halten.

Toiletten aus Kunststoff

In den meisten Fällen bestehen die Klos aus haltbarem Kunststoff und können im Zoohandel gekauft werden. Was ist mit diesen Toiletten, die mit zusätzlichen kleinen Rändern ausgestattet sind, um den Inhalt in der Toilette zu halten? Einige Leute mögen diese Funktion. Für mich sind es ungeeignete Waffen, die es mit einem talentierten Frettchen nicht aufnehmen können. Außerdem passen einige der Ränder gar nicht richtig mit der Toilette zusammen und liegen dann einfach im Käfig herum.

Achten Sie darauf, dass der Rand und die Toilette miteinander verklemmbar sind. Es gibt mittlerweile Klicksysteme, die sehr gut sind.

Die perfekte Einstreu

Denken Sie nicht, dass die herkömmliche, billige Einstreu, die Ihre Katze benutzen muss, auch das Richtige für Ihre Frettchen ist. Im Normalfall sind Katzen sauberer. Katzen gehen in die Katzentoilette, erledigen ihr Geschäft und verlassen sie so schnell wie möglich wieder, um sicherzugehen, dass niemand gesehen hat, wer für den Geruch verantwortlich ist. Frettchen sind da anders. Sie graben und wühlen in ihrer Einstreu. Sie werfen sie heraus, wenn sie miteinander oder mit ihrem Lieblingsspielzeug spielen. Einige ziehen auch ihr Bettzeug in die Einstreu und schlafen dann darin. Einstreu ist für Frettchen so etwas wie ein Sandkasten für kreative Kinder. Deshalb müssen Sie die Einstreu für Ihr Frettchen sorgfältig aussuchen und sollten nicht einfach nur die billigste nehmen.

Die Einstreu, die Sie für Ihren Liebling auswählen, sollte so saugfähig und geruchsarm wie möglich sein. Außerdem, je größer die einzelnen Stücke sind, umso besser, denn die Einstreu bleibt an den unmöglichsten Orten kleben und kann so Krankheiten verursachen.

✔ **Einstreu aus Ton:** Toneinstreu ist sowohl bei Katzen- als auch bei Frettchenbesitzern sehr beliebt. Sie ist billig. Es gibt sie in Hülle und Fülle. Sie saugt relativ gut auf. Und Sie können sie überall kaufen, auch in der Drogerie. Die meisten Toneinstreu-Produkte, auch die, die behaupten, zu 99 Prozent geruchsneutral zu sein, erzeugen allerdings einen gewissen Geruch. Nur weil Sie nach dem Einfüllen keinen Geruch feststellen können, heißt das nicht, dass kein Geruch da ist. Das regelmäßige Spielen, Graben und Laufen auf und in der Einstreu bringt den Geruch erst hervor. Ihr Frettchen atmet diesen Geruch ständig ein.

> Wenn zu viel von diesem Geruch eingeatmet wird, können nach einiger Zeit Atemwegsprobleme auftauchen. Kleine Bröckchen der Toneinstreu oder Feinst-Einstreu (beispielsweise Catsan) können sich auch in Ohren, Augen, Nase und Mund des Frettchens festsetzen. Auch können sich Teilchen zwischen den Zehen festsetzen oder im After des Tieres stecken bleiben.

✔ **Feinst-Einstreu:** Diese Art der Einstreu ist eigentlich sehr beliebt. Die Saugfähigkeit qualitativ hochwertiger Sorten ist hervorragend und sie lässt sich leicht wechseln. Diese Einstreu sollte (natürlich vor dem Gebrauch) einen angenehmen Geruch haben oder geruchlos sein. Sie ist jedoch sehr staubig und hat ungefähr die Konsistenz von Sand und kann daher sehr leicht eingeatmet werden.

> Mit frisch gebadeten oder nassen Frettchen müssen Sie bei dieser Einstreu besonders vorsichtig sein. Ähnlich wie Hunde werden auch Frettchen nach dem Baden etwas verrückt. Sie rollen sich über sämtliche Oberflächen, um sich zu trocknen. Darin eingeschlossen ist auch die Toilette, und Feinst-Einstreu und Wasser vermischen sich unweigerlich zu Zement. Es trocknet sehr schnell und es könnte schwierig werden, das Frettchen anschließend wieder zu reinigen. Augen, Ohren, Nasen, Schnauzen, Zehen und Hinterteile können so verunreinigt werden.

✔ **Katzenstreu in Kristallkugelform:** Diese Art der Einstreu ist zu einem gewissen Grad zwar sehr dekorativ, aber meine Erfahrungen haben mich gelehrt, dass damit auch viele Probleme verbunden sind. Zuerst einmal ist diese Einstreu so leicht und luftig, dass sie im Nu wieder aus der Toilette draußen ist. Sie ist nicht sehr saugfähig und klumpt schnell zusammen. Viele Frettchen nagen an dieser Einstreu herum, was zu gefährlichen Darmverschlüssen führen kann. Diese Art der Einstreu ist staubfrei, aber das ist auch schon der einzige Vorteil.

> **Holzwolle:** Holzwolle von Kiefern oder Zedern sollten Sie eher nicht als Einstreu oder Material für den Schlafplatz des Frettchens verwenden. Auch wenn auf vielen Verpackungen von Zedernholz kleine Tiere abgebildet sind, sollten Sie immer daran denken, dass die Dämpfe sowohl bei den Tieren als auch beim Menschen Asthma verursachen können. Außerdem führt der anhaltende Einsatz dieser Art von Einstreu bei Nagetieren zu Leberschäden. Auch wenn es noch keine Tests speziell mit Frettchen gab, sind viele Frettchen mit Atemproblemen zu uns ins Tierheim gekommen, nachdem sie über einen längeren Zeitraum mit Holzwolle in Berührung kamen. Auch wenn es vielleicht ein unglückliches Zusammentreffen verschiedener Umstände ist, würde ich diese Art der Einstreu nicht verwenden.

✔ **Pellets:** Ich ziehe Pellets den anderen Arten von Einstreu vor. Auf dem Markt gibt es die unterschiedlichsten Produkte. Die meisten bestehen aus Pflanzenfasern oder recyceltem Papier, was auch noch den Vorteil hat, dass sie in den mancherorts vorhandenen Biotonnen oder auf dem Komposthaufen entsorgt werden können. In der Regel sind Pellets sehr saugstark. Einige berücksichtigen sogar die Bekömmlichkeit, nur für den Fall, dass die Streu versehentlich verschluckt wird. Die meisten sind geruchsarm und frei von Duftstoffen, zudem können die Pellets nicht durch die Nase eingeatmet werden. Eigentlich ist keine Art von Einstreu komplett davor gefeit, vom Frettchen durch die Gegend geworfen zu werden. Pellets sind jedoch größer und schwerer und können so nicht so leicht über Bord gehen.

Wir verwenden seit Jahren gut entstaubte, qualitativ hochwertige Toneinstreu, die Klumpen bildet. Nachteile konnten wir bisher noch nicht feststellen. Streu, die schon beim Einfüllen stark staubt, sollte nicht verwendet werden. Hier hilft nur austesten.

Zubehör und andere Dinge

Frettchen sind neugierige und intelligente Kreaturen. Das Aussuchen eines passenden Käfigs und das Erfüllen grundlegender Bedürfnisse reichen noch nicht aus. Ein Frettchen muss beschäftigt werden. Zu seiner und Ihrer Belustigung sollten Sie ein paar Extras zur Verfügung stellen. Gönnen Sie sich den Spaß und räumen Sie den Käfig des Frettchens regelmäßig um. So sieht der Käfig in Ihrer Wohnung auch gleich viel netter aus.

Zum Einkuscheln

Kein Frettchenkäfig ist vollständig, wenn es nicht mindestens eine Hängematte gibt. Hängematten gibt es in allen erdenklichen Formen und Größen. Sie können eine Hängematte im Zoofachgeschäft kaufen oder eine eigene nähen. Hängematten sollten aus weichem, haltbarem Stoff sein und an allen vier Seiten Haken oder Schlitze zur Befestigung an der Decke besitzen. Achten Sie darauf, dass sich die Hängematte Ihres Frettchens in der Nähe eines Brettes oder einer Rampe befindet, damit ein leichter und sicherer Zugang gewährt ist.

Einige Hängematten sehen eher aus wie hängende Schlafsäcke. Das Frettchen kann sich dabei aussuchen, ob es direkt obendrauf oder zwischen den zwei Lagen Stoff schlafen will. Bei mir quetschen sich oft Frettchen dazwischen, während mindestens ein anderes obendrauf schläft. Das erinnert mich immer an Zirkusclowns, die sich in einen VW-Bus stopfen. Gerade wenn Sie denken, dass nun wirklich keiner mehr hineinpasst ...

Es ist sehr wichtig, dass Sie Ihrem Frettchen warme, dunkle Orte anbieten, in denen es sich verstecken und schlafen kann. Frettchen brauchen eine Art Höhle und fühlen sich in geschützten Schlupfwinkeln sicher. Auch wenn der Käfig Ihres Frettchens frei steht, bieten Sie ihm einen Platz, an dem es sich zurückziehen kann. Seine geistige Gesundheit könnte davon abhängen. Wenn Ihr Frettchen keinen solchen Ort hat, könnte es bald unter Käfigstress leiden (lesen Sie dazu auch den Abschnitt über *Käfigstress* weiter vorn in diesem Kapitel).

Weil das Bauen von Tunneln zu den beliebtesten Beschäftigungen eines Frettchens zählt, können Sie auch einige Plastikröhren aufhängen. Frettchen lieben es, durch diese Röhren zu rennen und sich für ein kleines Nickerchen darin zu verkriechen. Solche Röhren sind leicht zu reinigen, farbenfroh und erhöhen den nutzbaren Bereich des Käfigs.

Spielzeug in Hülle und Fülle

Frettchen sind sehr materialistisch mit einem Blick für Wertvolles. Weil Sie Ihre eigenen Kostbarkeiten nur schwer vor einem herumstreunenden Frettchen schützen können, müssen Sie ihm eigenes wertvolles Spielzeug anbieten. Das Spielzeug sollte auch seinen natürlichen Drang befriedigen, Futter zu horten.

Geeignetes Spielzeug

Ihrem Frettchen sollte sowohl im als auch außerhalb des Käfigs eine Sammlung von Spielzeugen zur Verfügung stehen. Versuchen Sie Spielzeug zu finden, das es mit seiner Intelligenz und seiner Neugierde aufnehmen kann. Bieten Sie ihm so viele Reize wie möglich. Hier habe ich einige Spielzeuge aufgelistet, die sich besonders gut eignen:

- ✔ Harte Gummibälle, vielleicht sogar einen mit einem Glöckchen im Inneren
- ✔ Katzenspielzeug aus festem Kunststoff
- ✔ Papiertüten (bitte vorher die Henkel entfernen) und Pappkartons
- ✔ Spielzeug für Kleinkinder, beispielsweise Plastikschlüssel, Rasseln und Quietschetierchen
- ✔ Große Frettchenbälle – welche mit Löchern, zum Rein- und wieder Rauskriechen
- ✔ Materialien zum Tunnelbau, beispielsweise PVC-Röhren und Schläuche

Frettchen lieben Spielzeug, das Geräusche macht und quietscht. Sie sollten daher nach Spielzeugen Ausschau halten, in deren Inneren kleine Glöckchen sicher eingeschlossen sind oder die quietschen. Hängen Sie einige Spielzeuge im Käfig auf – großes, baumelndes Spielzeug für Papageien eignet sich ganz gut.

Untersuchen Sie das Spielzeug regelmäßig. Werfen Sie alles weg, was kaputt ist und bei dem das Innenleben sichtbar ist. Achten Sie besonders auf quietschendes Spielzeug. Frettchen sind dafür bekannt, dass sie die quietschenden Elemente quasi ausbauen und anschließend verschlucken.

Spielzeug, das Sie vermeiden sollten

Wenn Sie Spielzeug für Ihren kleinen Liebling kaufen, müssen Sie Acht geben. Die meisten Spielzeuge, die es zu kaufen gibt, sind für Katzen und Hunde entwickelt worden. Frettchen lieben es, ihr Spielzeug anzufressen und kaputtzumachen. Ihre Körper verarbeiten den Kram allerdings nicht so, wie es bei Katzen und Hunden der Fall ist. Sie werden im Kot Ihres Tieres regelmäßig kleine Fremdkörper wie Gummi oder Plastik finden. Es passiert jedoch öfter, dass Dinge, an denen das Tier nicht gleich erstickt, sich im Magen oder Darm festsetzen und dort so viel Schaden anrichten, dass der Gang zum Tierarzt nicht zu vermeiden ist – mal davon abgesehen, welche Panikattacken Sie über sich ergehen lassen müssen. Im besten Fall heißt das: eine große Dosis Abführmittel. Im schlechtesten Fall: Operation, um die Verstopfung wieder zu entfernen. Im schlimmsten Fall könnte sogar der Tod eintreten, der natürlich hätte verhindert werden können.

Hier habe ich einige Dinge aufgelistet, die sich nicht als Frettchenspielzeug eignen:

- ✔ Spielzeug aus Latex, weichem Gummi oder Kunststoff, Quietschetierchen eingeschlossen, es sei denn, Sie verwenden sie nur, um die Aufmerksamkeit des Frettchens auf Sie zu lenken oder es zu rufen.
- ✔ Alles mit Kleinteilen, die abgekaut und verschluckt werden können (Augen, Nasen etc.)
- ✔ Plastiktüten
- ✔ Dinge, die klein genug sind, dass Ihr Frettchen mit seinem Kopf drin feststecken kann
- ✔ Spielzeug, das bereits abgenutzt und ausgerissen ist

Ihr Frettchen wird immer mal wieder etwas von Ihren Habseligkeiten klauen und ein paar Spielzeuge anschleppen, an die Sie nicht gedacht haben. Das können beispielsweise Socken, Schuhe, Autoschlüssel, Lippenstifte und andere Dinge sein. Wenn Sie Raucher sind, sollten Sie auch Ihre Zigaretten im Auge behalten. Frettchen finden diese nämlich ausgesprochen faszinierend. Die Zigaretten sind aber nicht nur giftig, die Filter können auch Verstopfungen hervorrufen.

Frettchen lieben es, Dinge anzukauen und kleine Stückchen herunterzuschlucken. Eine Verstopfung kann tödlich sein, eine Behandlung ist nicht gerade billig. Vermeiden Sie weiches Gummispielzeug, beispielsweise Quietschetiere aus Latex. Steigen Sie lieber auf Spielzeug aus Hartplastik oder anderen Materialien um, die nicht angekaut werden können. Vermeiden Sie Bettzeug mit Schaumstoff als Innenleben.

Leinen und Geschirre

Frettchen können lernen, an der Leine zu kaufen, vorausgesetzt, Sie verwenden ein perfekt sitzendes Geschirr. Leine und Geschirr werden besonders dann wichtig, wenn Sie mit Ihrem Frettchen an die frische Luft gehen wollen oder Nachbarn haben, die Ihren kleinen Liebling gern mal kennen lernen möchten. Es gibt viele unterschiedliche Arten von Geschirren auf dem Markt, der lange schlanke Körperbau eines Frettchens sorgt allerdings dafür, dass diese nicht immer passen. Kaufen Sie ein Geschirr, das speziell für Frettchen entwickelt wurde. Diese Geschirre verlaufen in Form eines H über den Rücken Ihres Frettchens und werden an seinem Hals und Bauch befestigt (siehe Abbildung 6.4).

Abbildung 6.4: Mit Leine und Geschirr ist Ihr Frettchen draußen sicher aufgehoben.

Wie ein kleiner Welpe wird sich Ihr Frettchen gegen die plötzliche Einschränkung seiner Freiheit wehren. Das Tier wird sich drehen und wenden und Tauziehen spielen. Sie werden denken, es leidet unter Klaustrophobie. Das Tier wird die typische Alligatorrolle vorführen und so tun, als müsste es schrecklich leiden. Glauben Sie mir – Ihr Frettchen wird damit fertig. Solange Ihre Finger noch zwischen Geschirr und Frettchen passen, können Sie sicher sein, dass es nicht zu fest sitzt. Frettchen sind wahre Befreiungskünstler. Wenn Sie das Geschirr etwas lockerer lassen, wird es sich in null Komma nichts befreien. Seien Sie ausdauernd und geduldig und loben Sie das Tier für gutes Benehmen. Solange Sie das Geschirr nicht nur verwenden, wenn Sie mit dem Frettchen zum Tierarzt gehen wollen, wird es das Geschirr mit dem Spielen in Zusammenhang bringen. Tipps, wie Sie Ihr Frettchen an das Geschirr gewöhnen, finden Sie in Kapitel 20.

Verwenden Sie am besten Frettchengeschirre mit Klickverschlüssen.

Transportboxen

Eine Transportbox ist wahrscheinlich das Erste, was Sie sich nach dem Einrichten des Frettchenkäfigs zulegen werden. Ihr Frettchen muss sicher bei Ihnen zu Hause ankommen. Frettchen sind sehr niedlich und es ist sehr lustig, sie offen zu zeigen. Ein Auto ist dafür allerdings nicht der geeignete Ort. Das Tier kann unter die Sitze und die Pedalen klettern. Es kann Ihnen die Sicht stehlen, indem es auf dem Armaturenbrett hin und her läuft. Alle diese Dinge können Unfälle verursachen, und ob Sie das Tier nach einem Unfall ohne Verletzungen aus dem Wagen bekommen, ist die Frage.

- ✔ Eine kleine Kunststoff-Transportbox für Katzen eignet sich bestens, um ein paar Frettchen das kurze Stück zum Tierarzt oder zur Großmutter zu transportieren. Transportboxen sollten mit einem weichen Tuch oder ähnlichem Material ausgelegt werden, um ein kurzes Nickerchen zu ermöglichen. Die meisten Transportboxen verfügen über entsprechende Belüftungsmöglichkeiten, so dass Sie sich darum keine Sorgen machen müssen.

- ✔ Vermeiden Sie faltbare Pappkartons, die Sie im Tierheim oder im Zooladen bekommen, um Ihren neuen Liebling nach Hause zu transportieren. Ein Frettchen braucht nicht lange, bis es durch Kratzen oder Nagen den Weg nach draußen findet. Außerdem können diese Behältnisse nicht angemessen gereinigt werden. Es macht keinen Spaß, wenn eine Urinpfütze durch den Karton auf Ihren Autositz läuft.

- ✔ Einige Transportboxen werden wie ein Koffer geöffnet. Für wirklich kurze Ausflüge sind diese in Ordnung. Für längere Reisen sind jedoch Boxen mit einer Drahttür, die sich nach vorn öffnen lässt, besser geeignet. Größere Transportboxen dieser Art (für kleine oder mittlere Hunde) eignen sich auch als vorübergehenden Unterschlupf für ein Frettchen, weil da zum Bettzeug auch eine kleine Toilette rein passt.

So ungern ich es auch zugebe, aber nicht alle Menschen lieben Frettchen so sehr wie ich. Wenn Sie mit dem Frettchen unterwegs zum Tierarzt oder irgendwo anders hin sind, sollten Sie immer darauf achten, dass es sicher eingesperrt ist, nur für den Fall, dass Sie auf Menschen treffen, die Frettchen nicht besonders mögen. Mein Tierarzt mag es beispielsweise nicht, wenn ich mit einer Riesenschlange um meinen Hals in seine Praxis komme, da die Pudelbesitzer vor Angst erschrecken würden. Deshalb transportiere ich die Schlangen immer in entsprechenden Behältnissen. Eine Transportbox ist der sicherste Ort für Ihr Frettchen. Feinde, die Ihr Tier angreifen, könnten etwas zu viel für Ihren Liebling sein. In der Transportbox kann es ohne Angst und Aufregung schlafen. Solange Sie sich nicht in einer sicheren und frettchenfreundlichen Umgebung befinden, sollten Sie Ihren Liebling in der Transportbox lassen.

Wie sieht es aus mit einem Halsband?

Einige Frettchenbesitzer legen Ihren Frettchen mit mehr oder weniger Erfolg ein Halsband an. Ich denke, dass der Erfolg von der Persönlichkeit des Frettchens abhängt und davon, wie und ob es ein Band um seinen Hals akzeptiert. Der Kopf eines Frettchens ist nicht viel breiter als sein Hals. Es ist daher nahezu unmöglich, ein Halsband dauerhaft anzulegen, damit meine ich auch die, die speziell für Frettchen entwickelt wurden. Ein Halsband ist ein Halsband. Sie sind rund und nichts für ein Frettchen, das sich diesem entledigen will. Halsbänder sind aber begehrte Objekte, um sie im Geheimversteck zu verstauen.

Außerdem ist es bei quirligen Tieren wie Frettchen völlig ungeeignet. Sie bleiben garantiert irgendwo damit hängen, können in Panik geraten oder sich sogar erdrosseln. Frettchen, die in Panik geraten, verhalten sich sehr dumm. Statt sich zu befreien, geraten sie meist nur noch tiefer in den Schlamassel.

Bevor Ihr Frettchen zu Ihnen nach Hause kommt

In diesem Kapitel

▶ Auf Gefahrenstellen im Haushalt achten

▶ Ihr Heim frettchenfreundlich gestalten

▶ Habseligkeiten schützen und Tragödien vermeiden

▶ Den richtigen Tierarzt finden

Ihr Zuhause kann sich für ein kleines Frettchen, das nur auf Schwierigkeiten wartet oder diese selbst provoziert, in einen gefährlichen, aber auch anregenden Dschungel verwandeln. Und glauben Sie mir, wenn es irgendwo Probleme geben könnte, dann wird es sie auch geben. Frettchen sind notorische Entdecker und lieben es zu buddeln. Sie ziehen und schieben, tragen und werfen alles, was nur geht. Sie passen in die winzigsten Lücken und finden immer einen Weg zu den höchstgelegenen Plätzen. Das Testen seiner Sprungfähigkeit ist für ein Frettchen eine große Herausforderung. Wer auch immer den Spruch »Die Katze ist an Neugier gestorben« geprägt hat, hatte noch keinen Kontakt mit einem Frettchen. Neugierde ist auf der einen Seite eine der amüsantesten Eigenschaften der Frettchen, auf der anderen aber auch der ärgste Feind.

In diesem Kapitel erfahren Sie, wie Sie Ihr Heim auf die Ankunft Ihres Neuankömmlings vorbereiten und welche Gewohnheiten Sie ändern sollten, um die Umwelt Ihres Frettchens sicher zu gestalten. Außerdem erkläre ich Ihnen, wie Sie einen guten Tierarzt finden.

Machen Sie Ihr Zuhause frettchensicher

Manche Besitzer lassen ihre Frettchen den ganzen Tag unbeaufsichtigt aus dem Käfig. Ich bin der Meinung, dass das für ein Frettchen sehr gefährlich sein kann. Solange Sie keinen einzelnen, abschließbaren Raum ohne irgendwelche Möbel, Löcher oder Öffnungen im Fußboden haben (eine Gummizelle?), ist es unmöglich, ein Zimmer vollständig abzusichern. Sie können nur Ihr Bestes geben und versuchen, mögliche Tragödien zu verhindern. Wie die Eltern eines Kleinkinds müssen Sie Ihr Haustier vor Problemen und Gefahren schützen. Im Gegensatz zu einem menschlichen Kleinkind wird ein Frettchen nur selten nach seiner Mutter schreien, wenn es sich wehgetan hat oder irgendwo eingeklemmt ist. Ihr Frettchen ist davon abhängig, dass Sie es während seines Ausgangs aus dem Käfig beaufsichtigen. In den folgenden Abschnitten mache ich Sie auf einige Gefahren aufmerksam und zeige, was Sie tun können, um Ihr Frettchen zu schützen. Hier sind außerdem ein paar allgemeine Hinweise:

✔ Stellen Sie Sicherheitszäune auf, um Ihr Frettchen von gefährlichen Bereichen fern zu halten. Und damit meine ich nicht die leicht zu erklimmenden Schutzgitter für Kleinkinder. Dabei handelt es sich nur um niedliche Hindernisse, die so einfach überwunden werden können wie eine Leiter. Sie benötigen etwas, das mindestens einen Meter hoch und aus Holz, Plexiglas oder einem anderen Material ist, an dem man nicht hochklettern kann.

✔ Achten Sie darauf, was Sie in Ihrem Haus herumliegen lassen. Für ein Frettchen ist alles Freiwild. Denken Sie immer daran, dass Darmverschlüsse zu den häufigsten Todesursachen bei Frettchen gehören. Worauf Sie achten sollten, sind Stiftkappen, Radiergummi, Wattestäbchen, Münzen, Dinge aus Latex, Vinyl oder Gummi, Schwämme, Plastiktüten, Schmuck, Pflaster, Kleinteile von Kinderspielzeug und Lacke.

✔ Achten Sie darauf, wo Sie Chemikalien wie Reiniger und Frostschutzmittel lagern. Frettchen könnten die Behälter umkippen und die ausströmenden giftigen Gase einatmen. Nur um zu kosten, lecken Frettchen auch an solchen Behältnissen und nehmen so die chemischen Rückstände auf.

✔ Lagern Sie Ihre Medikamente außerhalb der Reichweite Ihres Frettchens. Während rezeptpflichtige Medikamente für Ihr Frettchen extrem gefährlich und giftig sein können, könnten auch einige frei verkäufliche Medikamente für Ihr Tier ebenso tödlich wie Rattengift.

Jetzt wissen Sie ungefähr, was ich meine. Behalten Sie diese Sachen im Hinterkopf und richten Sie sich so ein, als hätten Sie ein Kleinkind im Haushalt. Alles, was ein Kleinkind anfasst, landet früher oder später in seinem Mund. Bei einem Frettchen ist das nicht anders. Und vergessen Sie nicht, dass Frettchen springen können. Alles, was nicht mindestens 80 Zentimeter hoch ist oder an dem man hochklettern kann, muss frettchensicher gemacht werden.

In den folgenden Abschnitten werde ich auf Gefahrenquellen eingehen, über die Sie sich wahrscheinlich noch keine Gedanken gemacht haben. Das Wissen in diesen Abschnitten stammt hauptsächlich von Tausenden Frettchenliebhabern, mich selbst eingeschlossen, die über gefährliche Situationen, Verletzungen und Todesfällen berichtet haben. Lernen Sie aus unseren Fehlern.

Die Waschküche

In der Regel sind Abstellkammern und Waschküchen so voll gestopft mit Gefahrenquellen, dass es praktisch unmöglich ist, sie frettchensicher zu machen. Diese Räume sollten für Ihr Frettchen deshalb von vornherein tabu sein. Schläuche von Trocknern und Waschmaschinen werden leicht durchgekaut, Frettchen nutzen sie dann als Tunnel und kriechen möglicherweise an das falsche Ende. Sie klettern ganz schnell in den Wäschetrockner, um zwischen all den Sachen ein kleines Nickerchen zu halten, am liebsten, wenn diese noch warm sind. Sie haben das Frettchen nicht hineinklettern sehen, und wenn Sie es dann finden, ist es meistens zu spät.

Die Küche

Verriegeln Sie die Küche, wenn es möglich ist. Sie sollten Ihr Frettchen von den vielen gefährlichen Geräten in der Küche fern halten. Kühlschränke und andere Geräte sind mit Lüftern ausgestattet, die plötzlich angehen und Ihr Frettchen verletzen oder töten können. Wenn Dämmstoffe aus Fiberglas angekaut oder gefressen werden, können Darmverschlüsse oder andere ernsthafte Krankheiten auftreten. Zündflammen von Herden können schwere Verbrennungen verursachen. Sämtliche Geräte besitzen Stromkabel, die, wenn sie angefressen werden, Stromschläge verursachen können. Ich kannte Frettchen, die in Geschirrspüler, Kühlschränke und Gefriertruhen geklettert sind, wenn niemand hingeschaut hat. Sie können sich die schlimmsten Szenarien vorstellen.

Ihr Frettchen kann sich in Geräten einklemmen oder ersticken, bevor Sie ihm zu Hilfe eilen können. Wenn es bei Ihnen so ist wie bei mir, dann befinden sich in den unteren Küchenschränken diverse Putz- und Reinigungsmittel, die giftig und gefährlich sind, falls Ihr Frettchen sie schlucken sollte. Frettchen sind immer auf der Suche nach einem Abenteuer. Denken Sie immer daran, dass sie alles mindestens einmal probieren. Und manchmal kann dieses eine Mal schon zu viel sein.

Wenn Sie Ihre Küche nicht zusperren können, sollten Sie Ihr Frettchen immer im Auge behalten. Wenn Sie die offensichtlichen Gefahren wie offene Flammen oder Lüfter nicht sichern können, sollten Sie ein anderes Zimmer finden, in dem sich Ihr Frettchen austoben kann.

Der Spalt zwischen Küchenabschlussleiste und Küchenblock reicht selbst für ein pummeliges Frettchen aus. Sie zwängen sich an dieser Stelle hinein, kommen aber meistens durch den Winkel nicht wieder heraus. Dichten Sie diesen Spalt deshalb sorgfältig ab. Sonst heißt es sicherlich mehr als ein Mal: Akkuschrauber raus und Küchenblende abmontiert!

Fußboden- und Sockelleisten

Machen Sie sich auf die Socken und überprüfen Sie, ob Fußboden- und Sockelleisten im gesamten Raum vollständig und intakt sind. Überprüfen Sie mit Ihren Händen die Unterseiten der Schränke, damit das Frettchen keinen Zugang findet. Heimwerker sind an diesen Stellen immer besonders schlampig.

Suchen Sie nach Löchern, die in die Wand oder nach außen gehen. Alle Löcher, die größer als zweieinhalb Zentimeter sind, stellen potenzielle Verstecke oder Gefahrenzonen dar. Decken Sie sie ab. Wenn das Loch kleiner ist, kann Ihr Frettchen es mit seinen Zähnen oder Krallen vergrößern? Trockenwände und andere Materialien haben Frettchen gegenüber keinerlei Chance.

Fenster und Türen

Um zu vermeiden, dass Ihr Frettchen ausbricht oder aus großen Höhen fällt, sollten Sie Fenster, Türen und Absperrungen immer doppelt überprüfen. Achten Sie darauf, dass Absperrungen ordentlich gesichert und Türen fest verschlossen sind. Am besten ist es, wenn Sie keinerlei Fenster öffnen, die Ihr Frettchen erreichen kann, wenn es Ausgang hat. Absperrungen können leicht geöffnet oder mit Zähnen und Krallen herausgerissen werden.

Wie groß ist die Lücke zwischen Tür und Fußboden? Größer als zweieinhalb Zentimeter? Verringern Sie den Abstand lieber, um zu verhindern, dass Ihr Frettchen darunter durchkriecht oder stecken bleibt (siehe Abbildung 7.1). Unterschätzen Sie das durchschnittliche Frettchen nicht. Manche Frettchen scheinen klüger zu sein als wir.

Abbildung 7.1: Frettchen passen durch die kleinsten Öffnungen – auch durch die engsten Türschlitze.

Außerdem braucht ein Frettchen nicht lange, um herauszufinden, dass es die Stärke und Geschicklichkeit besitzt, Türen und Fenster selbstständig zu öffnen. Verwenden Sie Schnappriegel, um Ihr Frettchen sicher im Inneren zu halten.

Frettchen können sehr geschickt mit ihren Pfoten umgehen. Unterschätzen Sie nicht seine Fähigkeit, Türen und Fenster so weit zu öffnen, dass es dadurch fliehen kann. Absperrgitter sind für Zähne und Krallen eine echte Herausforderung. Viele Frettchen sind bereits aus großen Höhen gefallen, weil sie solche Absperrun-

up ...

... up ... update

Nutzen Sie den UPDATE-SERVICE des Dummies-Teams bei Wiley-VCH. Registrieren Sie sich jetzt!

Unsere Bücher sind mit großer Sorgfalt erstellt. Wir sind stets darauf bedacht, Sie mit den aktuellsten Inhalten zu versorgen, weil wir wissen, dass Sie gerade darauf großen Wert legen. Unsere Bücher geben den topaktuellen Wissens- und Praxisstand wieder.

Um Sie auch über das vorliegende Buch hinaus regelmäßig über die Neuerscheinungen in der Dummies-Reihe zu informieren, haben wir einen besonderen Leser-Service eingeführt.

Lassen Sie sich professionell, zuverlässig und fundiert auf den neuesten Stand bringen.

Lassen Sie sich auf www.wiley-vch.de registrieren und Sie erhalten zukünftig einen E-Mail-Newsletter mit Hinweisen auf Aktivitäten des Verlages wie zum Beispiel unsere aktuellen, kostenlosen Downloads.

Ihr Team von Wiley-VCH

gen durchbrochen haben. Die meisten Frettchen landen nicht auf ihren Füßen und haben auch keine neun Leben.

Öffnungen in Fußböden und Lüftungsschächte

Abflusslöcher in Fußböden und Lüftungsschächte können leicht geöffnet werden. Bei mir liegen manche Abdeckgitter nur lose über den Löchern (zur Dekoration). Wenn ein Frettchen erst einmal in solch einem Loch drin ist, kann es durch das gesamte Haus klettern, irgendwo stecken bleiben, oder irgendwo hineinfallen, wo es allein nicht wieder herauskommt. Sie sollten lose Abdeckgitter lieber sichern. Sie können dazu Klettverschlüsse verwenden, die sind sehr effektiv und nicht sofort sichtbar.

Fußbodenlüfter können auch sehr gefährlich sein. Ein sich drehendes Gebläse kann leicht einen Zeh, eine Kralle oder die Schwanzspitze (oder noch schlimmer) abreißen. Wenn der Gebläseschutz kaputt ist, kann Ihr Frettchen sogar enthauptet werden. In der Nähe Ihres frei herumlaufenden Frettchens sollten sich keine Lüfter befinden.

Pflanzen

Manche Pflanzen sind giftig. Ihr Frettchen wird alle Pflanzen kosten und prompt sämtliche Erde aus dem Blumentopf entfernen. Frettchen sind ausgesprochen gute Gräber. Manche Erde enthält gefährliche Bakterien oder Chemikalien von Düngemitteln oder Pestiziden.

Entfernen Sie entweder Ihre Pflanzen oder versuchen Sie, Ihr Frettchen auszutricksen. Bei einigen Frettchen funktioniert Maschendraht um den oberen Bereich des Blumentopfes ganz gut. Ich ziehe es vor, den Boden mit dekorativen Gartensteinen abzudecken, das ist nicht nur funktionell, sondern gleichzeitig auch sehr dekorativ. Die Steine halten das Frettchen vom Graben ab und beschweren den Blumentopf, so dass er nicht umgekippt werden kann. Ihre Freunde werden denken, dass Sie ein Auge für Gartenkunst haben. Nur Frettchen- und Katzenbesitzer werden die Wahrheit erahnen. Wenn Sie hier und da ein paar Steine verwenden, müssen Sie Ihre Pflanzen nicht jeden Tag neu eintopfen oder ein sehr krankes Frettchen behandeln.

Die Steine auf Ihren Pflanzentöpfen, die zum Beschweren oder Sichern der Erde dienen, sollten Sie mit Aquariensilikon verkleben. Denn es wäre nicht schön, wenn gerade ein Stein herunterfällt, während ein anderes Frettchen darunter steht.

Höhen

Schauen Sie sich um. Alles in Ihrem Haus oder Ihrer Wohnung ist ein potenzieller Stuhl, eine Leiter oder eine Abschussrampe, inklusive dem Frettchenhaus. Vielleicht müssen Sie einige Möbelstücke umstellen, um zu verhindern, dass Ihr Frettchen zu hoch hinaus klettert. Achten

Sie ganz besonders auch auf Treppenschächte, Gardinen und Tresen. Ein Sturz aus großer Höhe birgt immer Verletzungen und kann manchmal auch tödlich enden.

Stromkabel

Stromkabel sind für frei laufende Frettchen beliebte Spielzeuge, auf denen man ausgezeichnet herumkauen kann. Für Besitzer von nagenden Haustieren können Stromkabel Auslöser von Stromschlägen und Bränden sein. Versuchen Sie, die Kabel mit Bitterspray (erhältlich im Zoofachhandel) einzusprühen, um zu verhindern, dass Ihr Frettchen daran knabbert. Am besten ist es jedoch, wenn sich die Stromkabel außerhalb der Reichweite Ihres Frettchens befinden oder in speziellen Kabelschläuchen oder -schächten versteckt werden.

Liege-, Schaukelstühle und Klappsofas

Diese Möbelstücke können sich zu echten Todesfallen entwickeln. Es passiert ganz leicht, dass man sich auf einen Liege- oder Schaukelstuhl fallen lässt und dabei das herumtollende Frettchen einquetscht. Benutzen Sie solche Möbelstücke nicht, wenn Ihr Frettchen Ausgang hat, oder platzieren Sie sie außerhalb der Spielwiese Ihres Lieblings. Wenn meine Frettchen draußen herumtollen, müssen sich meine Gäste auf den Boden setzen.

Kaminöfen

Frettchen machen auch gern mal einen kleinen Abstecher. Kamine bieten in der Hinsicht alles, was das Frettchenherz begehrt: Holz, Dreck und manchmal sogar Steine. Wenn Sie sowohl Ihr Frettchen als auch Ihr Haus rauchfrei halten wollen, sollten Sie sicherstellen, dass Ihr Frettchen keinen Zugang zum Kaminofen hat. Wenn nötig, sollten Sie in ein schweres Kamingitter investieren, an dem man nicht hochklettern kann und das bündig mit dem Kamin abschließt. Wir haben unser Gitter vollständig entfernt und Glastüren an den entsprechenden Stellen angebracht.

Matratzen, Sofas und Stühle

Für ein Frettchen ist es einfach und sehr verlockend, unter Sofas, Stühle und Sitzkissen zu krabbeln. Matratzen sind ebenso anziehend. Diese Stellen bieten gute Verstecke, und der Stoff unterhalb dieser Möbelstücke ist furchtbar verführerisch. Frettchen können zwischen Sitzkissen zerquetscht werden, wenn Sie sich aus Versehen darauf setzen. Viele Frettchen zerwühlen, zerreißen und kauen den Stoff und bauen sich somit Löcher. Abgesehen davon, dass Ihre Möbel zerstört werden, betrachten die Frettchen die Polsterung innen in den Möbeln als Delikatesse. Auch bei Matratzen ist das der Fall. Frettchen kauen eben gern auf weichem, schaumigem, gummiartigem Material herum. Wenn sie das Zeug jedoch verspeisen, kann das zu einem Darmverschluss führen.

Einige Frettchenbesitzer benutzen statt herkömmlichen Sofas und Stühlen Futons. Andere entscheiden sich, wenn es an der Zeit ist, mal wieder die Möbel zu wechseln, für Sofas und Stühle, die bündig mit dem Boden abschließen, damit das Frettchen nicht darunter krabbeln kann. Wenn das für Sie nicht in Frage kommt, drehen Sie Stühle und Sofas um und schauen Sie nach, ob Sie nicht irgendetwas Schweres darunter stapeln können, um das Frettchen fern zu halten. Achten Sie dann aber darauf, dass beim Stapeln keine Lücken entstehen, zwischen die das Frettchen kriechen kann. Die meisten Frettchenbesitzer müssen aber gar nicht erst so weit gehen, wenn sie ihren Liebling während des Auslaufs gut beobachten und die Möbel regelmäßig auf Anzeichen von Zerstörung überprüfen.

Toiletten, Badewannen und Wassereimer

Ein erholsames Bad unter Aufsicht ist für manche Frettchen sehr angenehm, aber auch gut trainierte Frettchen riskieren irgendwann, unterzugehen (siehe Abbildung 7.2). Halten Sie Toilettendeckel und Badezimmertüren geschlossen, hinter denen sich eine Wanne voller Wasser verbirgt. Eimer mit Wasser oder anderen Flüssigkeiten können zu Ertrinken führen. Selbst wenn Ihr Frettchen nicht gleich ertrinkt, können ernsthafte Schäden auftreten, wenn das Wasser in irgendeiner Weise chemische Substanzen enthält.

Abbildung 7.2: Für ein unbeaufsichtigtes Frettchen kann eine Wanne voller Wasser lebensgefährlich sein.

Die meisten Badematten und Badvorleger besitzen Noppen auf der Unterseite, um ein Wegrutschen zu vermeiden. Frettchen finden diese Noppen sehr köstlich und können daran sogar sterben. Selbst die kleinen Gumminoppen an Türstoppern besitzen die richtige Größe, um den Darmtrakt Ihres Frettchens ernsthaft zu schädigen. Achten Sie auf Zeichen, die darauf hindeuten, dass Ihr Frettchen an diesen Sachen geknabbert hat. Wenn Ihr Frettchen im Bad spielt, sollten Sie solche Matten lieber solange entfernen. Wenn nötig sollten Sie auch die Türstopper am Boden entfernen und durch solche ersetzen, die im oberen Bereich der Tür angebracht werden.

Schränke

Ein Frettchen findet sehr schnell heraus, dass es Schranktüren öffnen kann. Kindersicherungen sind in diesem Fall nicht immer eine Lösung. Die meisten dieser Kindersicherungen sind so konstruiert, dass Sie mit Ihrer Hand hineinschlüpfen müssen, um die Sicherung zu lösen und den Schrank zu öffnen. Wenn Sie Ihre Hand dazwischen bekommen, bedeutet das auch, dass die Schranktür so weit aufgeht, dass ein Frettchen hindurchpasst oder zumindest seinen Kopf einklemmen kann. Auf der anderen Seite gibt es aber auch ein paar Kindersicherungen, die ganz gut funktionieren. Bei einer Sorte wird beispielsweise ein Magnet verwendet, um die Sicherung an der Innenseite der Schranktür zu lösen.

Beaufsichtigen Sie Ihr Frettchen, wenn es um Schränke herumschleicht und achten Sie darauf, dass keine gefährlichen Chemikalien darin sind oder verschluckbare Kleinteile herumliegen. Vergewissern Sie sich auch, dass keine Löcher vorhanden sind, hinter denen andere unerwartete Gefahren lauern. Ich habe beispielsweise einen Schrank, bei dem ein Rohr von unten durchkommt. Ich kann an der Stelle bis auf den Grund sehen ...

Leicht laufende Schubladen in Schränken oder Sideboards stellen keine große Herausforderung für Frettchen dar. Die Tiere bekommen solche Schubkästen spielend auf und entsorgen und verteilen den Inhalt im ganzen Zimmer. Sichern Sie solche Schränke also lieber ausreichend ab.

Mülleimer

Mülleimer sind für umherstreifende Frettchen wahrlich unwiderstehlich. Denken Sie an all die ekelhaften und gefährlichen Dinge, die Sie Tag für Tag wegschmeißen. Wollen Sie einen Kuss von einem Frettchen, das seine Schnauze gerade zwischen all diesen Sachen hatte?

Stellen Sie alle Mülleimer außer Reichweite, wenn Ihre Frettchen Ausgang haben. Sie finden immer einen Weg, die Mülleimer umzukippen und herauszufinden, was drin ist. Je nachdem, was sich im Mülleimer befindet, kann die Neugierde Ihres Frettchens tödlich sein oder es zumindest ernsthaft verletzen. Und was ist, wenn Sie Ihr Frettchen mit dem Müll rausbringen, nur weil es sich mit einer stinkenden Bananenschale zu einem kleinen Nickerchen hingelegt hat? Achten Sie immer ganz genau auf Ihre Mülleimer oder entfernen Sie sie aus der Reichweite.

Ändern Sie Ihre Gewohnheiten

Diejenigen von Ihnen, die kleine Kinder haben, werden sich sicherlich an die Tage erinnern, als man noch alles tun und lassen konnte, ohne auf jemand anderes Rücksicht nehmen zu müssen. Liebe Frettchenbesitzer: Auch Sie können sich von diesen egoistischen Zeiten verabschieden. Na gut, vielleicht ist es nicht ganz so drastisch, wie es sich anhört, bereiten Sie sich allerdings darauf vor, einige Ihrer Gewohnheiten zu ändern. Ihr Frettchen ist auf Sie angewiesen.

- ✔ Achten Sie darauf, wo Sie hintreten, und tragen Sie nichts herum, was Ihnen die Sicht versperrt. Frettchen verstecken sich am liebsten unter irgendwelchen Dingen: unter Teppichen und Vorlegern, unter Kleidungsstücken und Betten usw. Das sind alles potenzielle Plätze für ein Nickerchen oder zum Verstecken.

  Wenn nötig, schlurfen Sie mit den Füßen. Frettchen sind sehr schnell und leise. In Sekundenbruchteilen sitzen sie unter Ihrem Fuß. Treten Sie vorsichtig auf, wenn sich ein Frettchen in der Nähe Ihrer Füße befindet.

- ✔ Überprüfen Sie den Wäschetrockner und die Waschmaschine, bevor Sie diese in Betrieb nehmen. Überprüfen Sie die Wäschetrommel, bevor Sie die Kleidung einfüllen. Frettchen sind weder so groß noch so schwer wie Ziegelsteine. Sie würden es nicht merken, wenn sich eines in Ihrer dreckigen Unterwäsche versteckt hätte (vorausgesetzt, Sie tragen sie zu diesem Zeitpunkt nicht mehr).

- ✔ Lassen Sie sich nicht einfach faul auf Ihr Sofa oder Ihren Stuhl fallen. Wenn Ihr Liebling nicht unter dem Möbelstück sitzt, dann vielleicht unter den Kissen. Bewegliche Teile eines Liegestuhls oder Klappsofas können für Ihr Frettchen tödlich sein.

  Lassen Sie keine kleinen Gegenstände herumliegen. Das Stehlen von Gegenständen ist eine beliebte, aber manchmal auch gefährliche Angewohnheit der Frettchen. Wenn Ihr Liebling den Gegenstand nicht auffrisst oder zerkaut, versteckt er ihn vielleicht irgendwo – und das sehr gut. Sie werden die gestohlenen Dinge nicht so schnell wiederfinden. Bei wertvollen Gegenständen kann das schon mal sehr ärgerlich sein.

- ✔ Öffnen und schließen Sie Türen langsam. Dasselbe gilt für Duschkabinen, Schubkästen und auch für Kühlschränke, Gefriertruhen, Waschmaschinen, Trockner und Geschirrspüler.

  Wenn es bei Ihnen an der Tür klingelt, müssen Sie immer darauf achten, zuerst die Frettchen wegzusperren, bevor Sie die Tür öffnen. Es wäre nicht das erste Mal, dass ein Frettchen durch die offene Tür verschwindet, denn Frettchen sind ziemlich schnell und lautlos.

Frettchen geraten, wenn sie sich einklemmen oder verletzen, regelrecht in Panik. Statt ruhig zu bleiben oder sich aus der misslichen Lage zu befreien, geraten sie nur noch tiefer hinein. Achten Sie deshalb unbedingt sorgfältig auf Ihre Frettchen, wenn diese frei in der Wohnung herumlaufen. Wenn ein Missgeschick passiert, als Erstes immer Ruhe bewahren. Schauen Sie sich die Situation in Ruhe an und versuchen Sie dann, Ihr Frettchen so vorsichtig wie möglich aus der misslichen Lage zu befreien. Im Notfall müssen Sie in Kauf nehmen, beispielsweise ein Stück Ihrer Wohnungseinrichtung zu zerschneiden. Aber was sein muss, muss sein, denn Frettchen kommen zwar fast überall hinein, deshalb aber noch lange nicht auch wieder selbstständig heraus.

Einen Tierarzt finden

Frettchen haben ganz eigene medizinische Bedürfnisse und nicht alle Tierärzte sind gleich, wenn es um die Gesundheit und das Wohlergehen Ihres Frettchens geht. Obwohl es in Deutschland immer mehr zu einer Alternative zu Hund und Katze wird, sind Frettchen in deutschen Tierarztpraxen noch nicht so weit verbreitet. Einige Tierärzte mögen Frettchen überhaupt nicht, während sich andere mit Frettchen durchaus arrangieren. Aus diesem Grund ist es sicherlich keine schlechte Idee, wenn Sie bereits vor der Anschaffung eines Frettchens einen Tierarzt ausfindig machen, der sich mit ihrer Behandlung auskennt. So garantieren Sie, dass Ihr Frettchen die besten Routineuntersuchungen bekommt. Das Wichtigste ist, dass Sie im Notfall keinerlei Gefahren riskieren. Sie haben bereits einen Tierarzt gefunden und wissen nun, wen Sie anrufen müssen.

In Kapitel 13 erfahren Sie, wonach Sie suchen müssen, und welche Fragen Sie stellen sollten.

Auf der Webseite der Frettchenhilfe finden Sie einige Tierarztempfehlungen.

Stellen Sie Ihrem Frettchen seine neue Familie vor

In diesem Kapitel

- Ihr neues Haustier an Sie und seine neue Umgebung gewöhnen
- Andere Frettchen, Katzen, Hunde und weitere Haustiere vorstellen
- Ihren Kindern einen sicheren Umgang mit dem Frettchen beibringen
- Die Heranführung an Fremde

Wenn Sie Frettchen mit zu sich nach Hause bringen, bedeutet das auch, dass Sie diese neuen Familienmitglieder der vorhandenen Familie vorstellen müssen. Und das ist eventuell gar nicht so einfach, wie Sie denken. Nehmen wir zum Beispiel Ihre Hauskatze, die bisher der König war, ohne Zweifel eine arrogante Führungsnatur. Ihre Katze wird entthront werden, wenn diese Frettchen das Haus betreten, ebenso wie Ihr Ehemann oder jedes andere Familienmitglied, egal ob Mensch oder Tier.

Es ist wichtig, dass Sie den sicheren Umgang mit Ihrem Frettchen beherrschen. Darum wird es in diesem Kapitel gehen. Außerdem lernen Sie einige Wesensmerkmale der Frettchen kennen. Frettchen sind nicht immer das, was sie zu sein scheinen; sie sind so wunderbar, dass ich es gar nicht in Worte fassen kann. Ich werde aber beispielsweise auch darüber sprechen, wie Sie Ihre Kinder einen sicheren Umgang mit dem Frettchen lehren. Ich werde auch auf Katzen und Hunde eingehen, ebenso wie auf die Nachbarn, die ihre Nasen ständig in Ihre Angelegenheiten stecken.

Es ist keine schlechte Idee, neue Frettchen für ungefähr eine Woche in Quarantäne zu stecken, nur um sicherzugehen, dass sie keinerlei Krankheiten haben. Auch wenn die Frettchen gesund aussehen, könnten sie doch Parasiten oder ansteckende Krankheiten haben. Einige dieser Krankheiten brechen erst in stressigen Zeiten aus, beispielsweise wenn das Tier plötzlich in eine neue Umgebung kommt.

Frettchen als soziale Tiere

Frettchenbesitzer schwören hoch und heilig, dass Frettchen sehr soziale Raubtiere sind. Iltisse, Frettchen eingeschlossen, leben bevorzugt an einem festen Ort. Es sind keine Hunde, die nach anderen Hunden Ausschau halten, um mit ihnen im Rudel umherzuziehen. Wenn Sie drei Frettchen desselben Geschlechts in Ihrem Garten laufen lassen, werden sich diese in drei verschiedene Richtungen bewegen. In der Wildnis verteidigen Iltisse ihr Revier sehr energisch gegenüber Artgenossen desselben Geschlechts. (Taucht hingegen ein Vertreter des anderen Geschlechts auf, ist er natürlich herzlich willkommen.)

Unter normalen Umständen ist das Bedürfnis unserer domestizierten Frettchen, einzeln in einem festen Revier zu leben, nur noch ganz gering ausgeprägt. Machen Sie sich jedoch nichts vor: Auch wenn es für den Zuschauer so aussieht, als würden sie miteinander spielen und sich gegenseitig tolerieren, erhalten sie sich immer ein eigenes Revier und legen sich mit Eindringlingen oder Dieben an. Warum sonst reden Frettchenhalter freundlich auf ihre Tiere ein, wenn sie sehen, wie sich die Tiere am Ende eines Tages in der Hängematte zusammenrollen? Frettchen sehen andere Frettchen als Spielgefährten. Sie raufen und spielen miteinander, als wären sie die besten Freunde, und in den meisten Fällen sind sie es auch. Frettchen entwickeln untereinander aber auch eine Art Hierarchie und stecken sich in ihren kleinen Territorien winzige Reviere ab.

Sie und Ihr neues Frettchen: eine wunderbare Freundschaft

Die meisten Frettchen lieben die Gesellschaft von Menschen. Es dauert in der Regel nicht lange, bis Ihr Frettchen Sie als perfekten Spielkameraden ansieht. Es geht dann aber natürlich auch davon aus, dass Sie nett mit ihm spielen werden. Manchmal brauchen Sie ein bisschen Geduld und Verständnis, bevor Sie das Gefühl haben, dass Ihr Frettchen eine Bindung zu Ihnen aufgebaut hat.

Ihre Körperbewegungen und Ihre Stimmlage können die Reaktionen Ihres Frettchens beeinflussen. Wie schnell sich ein Frettchen in Ihre Familie eingliedert, hängt auch von seinem Alter und seiner Geschichte ab (manche haben schon sehr viel durchgemacht). Bevor Sie das Tier anderen Familienmitgliedern vorstellen, lernen Sie es selbst gut kennen, auch um herauszufinden, wie Sie mit ihm umgehen müssen. Wenn Sie Ihre Frettchen erst einmal in- und auswendig kennen, wissen Sie auch, wie Sie sie mit anderen Personen bekannt machen.

Sanft festhalten, bitte

Wenn Sie das Frettchen korrekt im Genick packen, ist das eine sichere und schmerzlose Methode, um es festzuhalten, beispielsweise um Krallen zu schneiden oder die Ohren zu reinigen. Greifen Sie einfach das große, dicke Stück Haut hinter dem Hals des Frettchens und heben Sie es hoch. Der nach unten hängende Körper sollte normalerweise still halten. Sein Hinterteil sollten Sie etwas abstützen, besonders, wenn es sich um ein etwas schwereres Exemplar handelt. Je stärker Sie das Hinterteil jedoch unterstützen, desto leichter ist es für das Frettchen, sich zu bewegen. Verwenden Sie diese Methode aber nur, wenn für die Sicherheit des Tieres oder für Ihre eigene eine stärkere Kontrolle nötig ist.

Die meisten gesunden Frettchen bleiben bei der Einstellung, dass sie lieber irgendwo anders sind als auf den Armen ihres Besitzers. In den meisten Fällen hat das nichts damit zu tun, wie

8 ➤ Stellen Sie Ihrem Frettchen seine neue Familie vor

Sie Ihr Frettchen festhalten (Abbildung 8.1). Aber auch für diese Regel gibt es natürlich Ausnahmen. Ich kenne viele Frettchen, die es lieben, auf dem Arm herumgetragen und gestreichelt zu werden. In der Regel sind es ausgewachsene Frettchen, die uns Menschen über die Jahre schätzen gelernt haben.

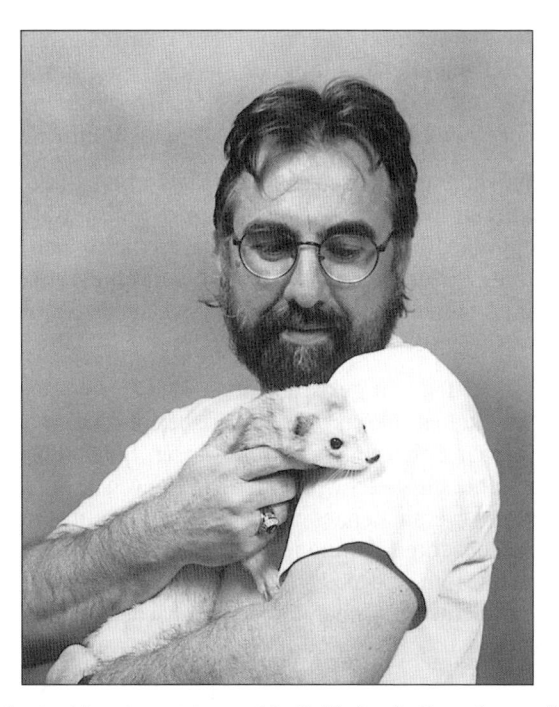

Abbildung 8.1: David zeigt hier eine geeignete Möglichkeit, ein Frettchen auf dem Arm zu halten.

Es ist wichtig, dass Sie den gesamten Körper des Frettchens unterstützen, wenn Sie es auf dem Arm halten. Geben Sie sowohl den Vorder- als auch den Hinterbeinen des Tieres Halt. Ich kann Ihnen versichern, dass das Tier versuchen wird, sich zu bewegen, und möglicherweise versucht, an Ihrer Brust hoch bis zur Schulter zu klettern – vielleicht sogar auch auf Ihren Kopf. Sie können das Frettchen in die richtige Position bringen, denken Sie jedoch immer daran, nicht zu fest zuzudrücken. Vielleicht stellen Sie auch fest, dass es besser für Sie ist, wenn Sie sich hinhocken und das Tier auf Ihrem Schoß halten. Locken Sie es mit Leckerlis, damit es einen Moment bei Ihnen sitzen bleibt.

Wenn Ihr Frettchen sich aus Protest dazu entschließt, Sie zu beißen, belohnen Sie das Verhalten nicht damit, dass Sie es zum Spielen auf den Boden zurücksetzen. Sie würden so das schlechte Benehmen tolerieren und Ihr Frettchen wüsste in Zukunft immer, was es tun muss, wenn es runter will. Wenn das Tier beißt, sollten Sie stattdessen sofort laut und deutlich »Nein« sagen und es in seinen Käfig setzen. So lernt das Frettchen, dass Beißen mit einer Strafe verbunden ist, und zwar mit Einsperren.

Damit das Frettchen sich einleben kann

Ich rate neuen Frettchenbesitzern immer, dem Tier ausreichend Zeit zu geben, damit es sich erst an seinen Käfig gewöhnen kann, bevor Sie es mit seiner neuen Umgebung vertraut machen. So geben Sie dem Tier die Möglichkeit, alle neuen Gerüche aufzunehmen, sowohl die guten als auch die schlechten (Menschen können sehr komische Gerüche absondern). Jedes Frettchen hat eine eigene Persönlichkeit, mit der Sie sich erst einmal vertraut machen müssen. Dafür ist ausreichend Zeit nötig. Integrieren Sie das Tier langsam in Ihre alltägliche Routine. Besser noch, erlauben Sie dem Tier, dass es Sie in seine Routine integriert.

Stellen Sie den Frettchenkäfig an einen geeigneten Platz und passen Sie auf, dass Ihre 100-Kilo-Bulldogge ihn im Vorbeirennen nicht jedes Mal umreißt. Der Käfig sollte auch nicht zum Schlafplatz für Ihre neugierige Katze werden, zumindest so lange nicht, bis sich Ihr Frettchen an die Katze gewöhnt hat. Bis es sich an alle Familienmitglieder gewöhnt hat, sollten Sie Ihren Kindern und allen anderen Hausbewohnern ans Herz legen, die Finger nicht in den Käfig zu stecken.

Nachdem Sie dem Tier einen Tag Zeit gelassen haben, sich an sein neues Zuhause zu gewöhnen, können Sie es mit an einen sicheren Ort nehmen, beispielsweise das Badezimmer. Setzen Sie sich einfach mit ein paar Spielzeugen hin und lassen Sie das Frettchen die Umgebung erkunden. Das Tier gibt dabei die Geschwindigkeit vor. Bewegen Sie sich leise und langsam, sprechen Sie ruhig, wenn Sie versuchen, es zum Spielen zu ermuntern. Wenn Sie die Körpersprache des Frettchens beobachten, können Sie ganz genau sehen, wie es auf Sie reagiert. Manche sehen das eher entspannt und akzeptieren die Veränderung gern, andere rennen stundenlang mit aufgestelltem Schwanz umher, bis sie sich wieder beruhigen.

Sobald Sie mit dem Temperament Ihres Frettchens vertraut sind, geben Sie ihm ein paar mehr Freiheiten, beispielsweise wenn die Kinder in der Schule sind und sich weitere Haustiere in einem anderen Teil des Hauses aufhalten.

Die meisten Frettchen werden mit verschiedenen Dingen so schnell vertraut, dass sie immer größere und bessere Sachen haben wollen. Sie sollten das Tier sanft an sich und seine neue Umgebung gewöhnen, damit auch Sie genügend Zeit haben, sich an das Tier und einen entsprechenden Umgang mit ihm zu gewöhnen. Wie könnten Sie außerdem anderen Menschen den Umgang mit einem Tier erklären, wenn Sie mit ihm selbst nicht so ganz klar kommen?

Frettchen trifft Frettchen

Es kann etwas verzwickt werden, wenn Sie ein Frettchen mit einem anderen bekannt machen wollen. Wie andere Tiere konkurrieren auch Frettchen, die sich einen Käfig teilen, um die Chefposition. Frettchen raufen und beißen sich. Einige Frettchen sind von Natur aus Leittiere und andere ordnen sich, ebenfalls von Natur aus, lieber unter. Und dann gibt es noch die, die durchs Leben laufen, ohne jemals einem anderen Frettchen zu begegnen. Sie wissen nie genau, welchen Typ Sie mit nach Hause bringen, bis Sie das Tier in Aktion sehen können. Hier sind ein paar Vorschläge:

Frettchenwelpen sind für ältere Tiere perfekte Spielzeuge. Nur, dass das jüngere Frettchen diese Ansicht nicht immer teilt. Ältere Frettchen können gegenüber jüngeren sehr besitzergreifend sein. Sie ziehen die Welpen durch die Gegend, versuchen sie in versteckte Löcher zu zerren und verteidigen sie aggressiv gegenüber neugierigen Blicken. Ein Frettchenwelpe sollte mit älteren Jungtieren spielen, um sein Sozialverhalten trainieren zu können. Sie sollten die Jüngsten jedoch so lange getrennt von den anderen halten, bis sie sich wehren können.

Welpen sind älteren Frettchen meist zu agil. Was würden Sie sagen, wenn Sie schlafen wollen, und ein Kind ständig auf ihnen herumspringt? Es ist besser, wenn die Frettchen alle nahezu das gleiche Alter haben oder zumindest ein ähnliches Temperament. Ansonsten kann bei Ihren Frettchen negativer Stress aufkommen, der zu Verhaltensstörungen oder Krankheiten führen kann.

✔ Wenn ein Frettchen neu in eine Gruppe kommt, stellt es meistens für die ersten zehn Minuten den Schwanz auf. Das ist ganz normal. Geben Sie aber besonders Acht, wenn ein Frettchen ein anderes aggressiv angreift und sofort eine Alligator-Rolle ausführt. Oftmals ist es so, dass das ängstlichere Frettchen schreit und faucht, während das aggressivere versucht, es zum Spielen zu ermutigen. Denken Sie immer daran, dass es sehr rau zugeht. Wenn Frettchen spielen, jedoch eins der Tiere zu sehr eingeschüchtert wird, sollten Sie die Tiere trennen und es später noch einmal versuchen.

✔ Frettchenrüden, die nicht kastriert sind, verhalten sich anderen Frettchen, besonders anderen Rüden gegenüber oft sehr aggressiv. Ältere Frettchen sehen jüngere Tiere oftmals als Eigentum an und schleppen sie für eine Weile herum wie eine Puppe. Frettchen, die lange Zeit allein gelebt haben, sind teilweise sehr ängstlich, wenn sie mit anderen Tieren zusammenkommen.

✔ Auch wenn Frettchen in der Lage sind, sich gegenseitig ernsthafte Verletzungen zuzufügen – und sogar zu töten –, kommt das jedoch eher selten vor. Natürlich müssen Sie aber ein Zusammentreffen mehrerer Frettchen beenden, sobald Blut fließt. Sie sollten immer einen separaten Käfig für den Neuankömmling zur Verfügung haben, falls sich die Tiere nicht gleich auf Anhieb verstehen.

Die meisten Frettchen lernen aber letztendlich, mit anderen Frettchen auszukommen. Es gibt ein paar Anzeichen, an denen Sie erkennen können, dass die neue Partnerschaft möglicherweise doch nicht funktioniert: wenn Blut fließt, ein Frettchen vor Angst buchstäblich in die Hosen macht oder es nicht aufhört zu schreien. Wenn das einzige Anzeichen ein aufgestellter Schwanz ist und die Tiere sich immer wieder beschnuppern, dann sollte alles in Ordnung sein. Nichtsdestotrotz können Sie dazu beitragen, dass die Eingewöhnung eines neuen Frettchens erfolgreich verläuft.

Ein Zusammentreffen auf neutralem Boden

Sie können sich für einen frettchensicheren Raum entscheiden, den Ihre älteren Frettchen noch nicht betreten haben. Wenn es bei der ersten Begegnung sehr rau zugeht, sperren Sie die Tiere in separate Käfige und versuchen Sie es später noch einmal.

> Auch wenn diese Art der Erstbegegnung erfolgreich verläuft, rate ich Ihnen, alle Spielzeuge und das Bettzeug im eigentlichen Frettchenkäfig zu reinigen, bevor Sie die Tiere zusammensperren. Denken Sie auch daran, den Käfig zu reinigen und die Einstreu zu wechseln. So geben Sie dem neuen Frettchen die Möglichkeit, seine Gerüche gleichzeitig mit den anderen zu verteilen.

Sich gegenseitig beschnuppern

Frettchen haben einen unglaublichen Geruchssinn. Sie erkennen sich untereinander und Objekte ihrer Umwelt an den einzigartigen Gerüchen, die diese abgeben. Der Geruch eines neuen Frettchens kann einschüchternd wirken und Aggressionen oder Angst provozieren. Sie sollten daher noch ein paar weitere Aspekte beachten, wenn Sie Frettchen aneinander gewöhnen wollen.

- ✔ Möglicherweise ist für Ihre Frettchen längst mal wieder ein Bad fällig. Holen Sie deshalb das Tier-Shampoo aus dem Schrank und verpassen Sie allen Tieren ein Bad. Die Jungs werden aufgrund des mädchenhaften Geruchs etwas verwirrt sein, die Mädchen werden mit erhobenen Köpfen umherlaufen. Der Neuankömmling wird zwar erkannt, aber zu diesem Zeitpunkt riechen alle Frettchen gleich. Wenn Sie einen etwas exotischeren Duft ausprobieren wollen, geben Sie ein wenig Vanilleextrakt ins Badewasser. Weil viele Unstimmigkeiten darauf zurückzuführen sind, dass ein Frettchen den Geruch eines anderen nicht mag, können Sie die Anspannungen zwischen den einzelnen Tieren reduzieren, wenn alle gleich riechen.

- ✔ Eine weitere gute Taktik ist es, das Bettzeug des Neuzugangs mit dem der anderen Frettchen zu tauschen und umgekehrt. So haben sie gar keine andere Wahl als mit dem Gestank zu leben. Entweder gewöhnen sie sich daran oder ärgern sich nur noch mehr über den Neuen als eh schon. Normalerweise freunden sich die Frettchen mit dem neuen Duft an. Ich verwende diese Taktik fast immer, wenn ich Tiere untereinander bekannt mache, egal, ob es sich um Hasen oder Füchse handelt. Auch wenn es nicht immer funktioniert, so ist die Erfolgsrate doch ziemlich hoch.

Es könnte nur ein paar Minuten dauern, bis ein Neuankömmling in eine bestehende Gruppe aufgenommen wird. Es kann sich aber auch über Stunden, Tage oder Monate hinziehen, bis die Zusammenführung sicher bewältigt ist. Es gibt natürlich auch immer wieder Frettchen, die unter gar keinen Umständen etwas mit anderen Frettchen zu tun haben wollen.

Es kann einige Versuche dauern, bis sich Ihre Frettchen verstehen. Geben Sie den Tieren dazwischen immer wieder ausreichend Zeit, denn das Zusammensetzen mit anderen Tieren ist immer mit Stress verbunden. Wenn ein Frettchen seinen Partner verloren hat, kann es auch schon mal vorkommen, dass es keinen neuen Partner möchte. Es gibt zudem auch Frettchen aus Einzelhaltung, die ihr natürliches Sozialverhalten so weit verloren haben, dass sie die Signale anderer Frettchen nicht mehr verstehen. Solche Tiere sollten ausnahmsweise alleine gehalten werden.

Wenn Ihr Frettchen Katzen und Hunde kennen lernt

Wenn Sie Frettchen lieben, ist die Wahrscheinlichkeit groß, dass Sie auch noch andere Haustiere haben. Frettchen können in der Regel erfolgreich mit Hunden und Katzen verkuppelt werden. Vorausgesetzt, Sie treffen die entsprechenden Vorkehrungen, um die Spannungen zwischen allen Beteiligten so gering wie möglich zu halten. Nicht alle Frettchen sind gleich. Auch Katzen und Hunde haben ganz eigene Persönlichkeiten, die Einfluss auf die Beziehung haben. Zudem kommen einige Hunderassen mit Frettchen nicht so gut aus wie andere.

Man kann sagen, dass Frettchen besser mit Katzen auskommen als mit Hunden. Frettchen und Hunde tragen untereinander unterschiedliche Konflikte aus, die Sie aufmerksam beobachten sollten.

Miez, Miez

Frettchen und Katzen können, abhängig vom Temperament, dicke Freunde werden (siehe Abbildung 8.2). Ich selbst habe drei fette Katzen, die alle unterschiedlich auf meine Frettchen reagieren. Butch verhält sich den Frettchen gegenüber meistens ziemlich neutral. Wenn ein Frettchen um ihn herumschleicht, ist er manchmal etwas reizbar. Es gibt aber auch Zeiten, wo er seine Nackenhaare aufstellt und aufmerksam hinter einer Ecke darauf wartet, dass ein Frettchen vorbeischlendert und er es anfallen kann. Der alte Smokey zeigt null Toleranz gegenüber dem Verhalten meiner Frettchen. Er hält sich entweder weiter oben auf oder streckt schon mal seine Pranke nach jedem Frettchen aus, das neugierig genug ist, ihm zu nahe zu kommen. Anschließend rennt der Kater weg und versteckt sich. Snickers, die jüngste meiner Katzen, legt sich immer wieder gern mit einem Frettchen an. Snickers toleriert meine Frettchen und kommt mit allen gut aus. Sie beißen und jagen sich gegenseitig. Sie spielen Verstecken miteinander. Snickers macht meine Frettchen in der Regel fix und fertig. Nach ein oder zwei Stunden suchen die Frettchen dann ihre Ruhe in einem Versteck. Auf der anderen Seite zeigen auch einige meiner Frettchen nur wenig Interesse gegenüber den Katzen, während andere immer wieder gern einen kleinen Kampf provozieren.

Abbildung 8.2: Frettchen und Ihre anderen Haustiere können die besten Freunde werden. Sie sollten die Begegnungen aber immer gut im Auge haben.

Um die Begegnung so angenehm wie möglich zu gestalten:

1. **Sobald sich Ihr Frettchen in seiner neuen Umgebung wohl fühlt, sollten Sie der Katze erlauben, um den Frettchenkäfig herumzuschleichen.**

    Lassen Sie die Tiere einander beschnuppern und beobachten Sie die Reaktionen. Sie sollten eigentlich keinerlei Reaktionen sehen können.

2. **Nehmen Sie das Frettchen aus dem Käfig und halten Sie es sicher fest, während sich beide gegenseitig beschnuppern.**

    Neue Gerüche sind für Frettchen faszinierend. Sowohl bei Ihrer Katze, als auch beim Frettchen können sich die Schwänze aufstellen.

3. **Wenn alles ruhig aussieht, können Sie Ihr Frettchen auf den Boden setzen. Beobachten Sie aufmerksam, wie sich beide Tiere verhalten.**

    Es könnte ein paar Begegnungen dauern, bevor sich alle wohl fühlen. Wenn Konflikte auftreten, sollten Sie die Begegnung beenden und zu einem späteren Zeitpunkt fortsetzen.

Viele Leute denken, dass die Gefahr zwischen Katzen und Frettchen immer von der Katze ausgeht. Meine Erfahrungen haben jedoch gezeigt, dass ausgewachsene Frettchen durchaus dagegenhalten und manchmal sogar noch aggressiver der Katze gegenüber sein können, als das für diese gesund ist. Solange Sie nicht zu 100 Prozent sicher sind, dass Katze und Frettchen sicher zusammen spielen können, beobachten Sie beide beim Spielen. Aber auch wenn Sie ein gutes Gefühl haben, kann es nicht schaden, immer mal einen Blick auf die beiden zu werfen.

> Es soll ausgewachsene Frettchen geben, die bereits Katzen getötet haben. Lassen Sie die beiden deshalb nie ganz aus den Augen. Besser wäre es noch, wenn Sie warten, bis Ihre Katze ausgewachsen ist und eine gewisse Arroganz entwickelt hat, bevor Sie sie mit einem Frettchen zusammenbringen.

Niedlicher Welpe

Die Beziehung zwischen einem Hund und einem Frettchen kann etwas komplizierter werden als die zwischen einer Katze und einem Frettchen. Es gibt zwar unterschiedliche Katzenrassen, jedoch haben alle Katzen ähnliche Eigenschaften und sind nahezu gleich groß. Hunde dagegen können winzig klein, aber auch riesig groß sein. Reinrassige Hunde wurden mit bestimmten Eigenschaften und zu einem bestimmten Zweck gezüchtet. All diese Dinge müssen Sie in Betracht ziehen, wenn Sie Ihr Frettchen mit einem Hund bekannt machen.

Ich habe von vielen Frettchen gehört, die von Hunden getötet wurden. Die Besitzer machten dafür dann die Hunde verantwortlich. Dabei liegt der Fehler in der Regel beim Menschen, der nicht ausreichend Acht gegeben oder die Persönlichkeit des Hundes nicht bedacht hat. Denken Sie immer daran, dass Sie die Verantwortung für die Sicherheit und Gesundheit Ihres Frettchens tragen. Der Hund muss einfach nur Hund sein, mehr nicht.

Es gibt zwar Hunde und Frettchen da draußen, die sich gut verstehen, trotzdem misstraue ich den meisten Hunden. Dafür gibt es verschiedene Gründe:

- ✔ Einige Hunderassen (zum Beispiel Terrier oder Jagdhundrassen) werden gezüchtet, um Tiere in der Größe eines Frettchens zu jagen. Solche Rassen finden Frettchen deshalb auch sehr verlockend. Geben Sie hier besonders gut Acht.

- ✔ Manche Hunde sind sehr besitzergreifend. Ein sonst sehr friedlicher und frettchenfreundlicher Hund könnte ein Frettchen beißen oder es töten, wenn es zu sehr in die Nähe seines Futters, seines Spielzeugs oder seines Schlafplatzes kommt. Achten Sie darauf, dass sich keine Hundesachen im Frettchenauslauf befinden. Geben Sie Obacht, ob Ihr Hund andere Dinge als seinen Besitz betrachtet.

- ✔ Eine säugende Hundedame kann anderen Tieren gegenüber sehr aggressiv werden, wenn sie ihren Wurf beschützen will.

- ✔ Große oder hyperaktive Hunde können ein Frettchen mit ihren Pfoten durch Unachtsamkeit töten oder dessen Wirbelsäule verletzen. Natürlich nicht mit Absicht, sondern nur, weil sie spielen wollen.

- ✔ Manche Hunde vertragen sich einfach nicht mit anderen Tieren, Frettchen eingeschlossen.

- ✔ Es gibt Hunde, die kleine oder junge Tiere nicht leiden können und sich in deren Gegenwart komisch benehmen. Mein Hund Ara hat sich hervorragend mit ausgewachsenen Katzen verstanden, kam allerdings überhaupt nicht mit kleinen Kätzchen zurecht.

✔ Einige Hunde kommen so lange mit Frettchen aus, bis diese versuchen, den Hund zu beißen oder ihn jagen. Wenn Frettchen spielen, beißen und jagen sie, das ist normal. Wenn Ihr Hund austeilen, aber nicht einstecken kann, sollten Sie ihm nicht erlauben, mit einem Frettchen zu spielen.

Das sind Regeln, nach denen ich lebe, es gibt aber natürlich auch hier viele Ausnahmen. Einige Hundedamen erlauben es einem Frettchen sogar, neben den Welpen an den Zitzen zu saugen. Manche Hunde bewegen sich wie auf Zehenspitzen, wenn sich ein Frettchen in der Nähe befindet. Weil jedes Tier ein Individuum ist, müssen Sie entscheiden, wie Ihr Frettchen mit Ihrem Hund spielen darf. Ihr gesunder Menschenverstand wird Ihnen dabei helfen. Wenn sich Ihr Frettchen oder ein anderes Haustier unsicher fühlt, ist vielleicht etwas Wahres dran.

Egal, wie gut Hund und Frettchen scheinbar miteinander auskommen, lassen Sie sie nie unbeobachtet. Auch Hunde können komisch reagieren, und das ist dann nicht lustig. Einige Menschen kennen die Persönlichkeit ihres Hundes zu gut, so dass sie gar nicht erst auf die Idee kommen, Frettchen einzubringen. Andere kennen ihre Hunde und vertrauen ihnen voll und ganz. Benutzen Sie Ihren Verstand. Wenn Sie zweifeln, vertrauen Sie Ihrem Gefühl. Hunde sollten nur einmal unter Aufsicht die Möglichkeit bekommen, ein Frettchen kennen zu lernen. Wenn der Hund das Frettchen anbellt und irgendwelche Aggressionen zeigt, können Sie davon ausgehen, dass das nicht das letzte Mal so ist. Ähnlich ist es, wenn Ihr Hund eine Zeit lang gut mit Ihrem Frettchen ausgekommen ist und dann plötzlich Aggressionen zeigt. Beenden Sie die Freundschaft zwischen Hund und Frettchen in einem solchen Fall am besten sofort.

Es ist nahezu egal, ob Sie ein Frettchen mit einem Hund oder mit einer Katze bekannt machen. Bei einem Hund dauert der Kennlernprozess jedoch etwas länger:

1. **Wenn sich Ihr Frettchen in seinem neuen Zuhause wohl fühlt, können Sie dem Hund erlauben, den Bereich um den Frettchenkäfig zu erkunden. Seien Sie dabei anwesend.**

    Dieses Zusammenspiel sollte ruhig einige Tage andauern. Wenn Sie einen großen Hund haben, lassen Sie ihn mit dem Käfig nicht allein. Eine Freundin von mir hat acht Frettchen verloren, weil sie sie für rund 15 Minuten unbeaufsichtigt mit einem großen Hund allein gelassen hat.

2. **Wenn das Beschnuppern durch die Gitterstäbe positiv verläuft, nehmen Sie das Frettchen heraus und halten Sie es sicher fest. Lassen Sie Hund und Frettchen einander beschnuppern. Eventuell sollten Sie den Hund anleinen und zur Sicherheit mit einem Maulkorb versehen.**

3. **Wenn das gegenseitige Beschnuppern gut verläuft, lassen Sie das Frettchen zu dem Hund auf den Boden.**

    Seien Sie besonders wachsam. Hunde sind sehr schnell und es kann sein, dass Sie Ihrem Frettchen nicht rechtzeitig zu Hilfe kommen können, wenn es Hilfe benötigt. Hunde sind außerdem neugierig und normalerweise sehr an Frettchen interessiert. Es kann auch sein, dass Ihr Frettchen vor der Größe des Hundes zurückschreckt. Manche Frettchen beißen einen Hund in die Pfoten oder in den Schwanz. Wenn Sie sich nach ein paar Begegnungen zwischen Frettchen und Hund immer noch unsicher sind, ist es besser, wenn Sie die Tiere in Zukunft getrennt voneinander halten.

Andere Kleintiere

Frettchen sind Raubtiere und benehmen sich auch so. Wenn Sie ihnen erlauben, mit anderen kleinen Tieren (Kaninchen, Hamster, Vögel, Igel, Meerschweinchen oder Eidechsen) zu spielen, legen Sie sich mit den Gesetzen der Natur an. Die meisten Frettchen würden diese kleinen Tiere zwar nicht unbedingt als Futter ansehen. Die schnellen Bewegungen, die diese Tierchen jedoch vollführen können, könnten bei Ihrem Frettchen den Raubtierinstinkt wecken. Auch wenn sich das kleine Haustier absolut still verhält, könnte es sein, dass die Neugier des Frettchens siegt. Dann passiert es schnell, dass es das andere Tier im Spiel aus Versehen tötet.

Ja, natürlich gibt es auch hier Ausnahmen. Ich würde jedoch nicht das Leben meines anderen Haustieres riskieren, nur um herauszufinden, ob wir zu diesen Ausnahmen zählen. Generell sollten Sie Frettchen von Tieren fern halten, die von seinen Artgenossen in Freiheit als Beute gejagt werden.

Lassen Sie die Kinder herein

Manche Erwachsene denken, dass Kinder auf Anhieb wissen, wie sie sich Tieren gegenüber verhalten müssen. Dem ist allerdings nicht so. Es muss den Kindern erst beigebracht werden, wie sie sicher mit Tieren umgehen. Auch wenn die Kleineren manchmal vernünftiger sind als Erwachsene, so ist die erwachsene Person doch für die Sicherheit von Kind und Tier verantwortlich. Kinder werden von Tieren oft gebissen oder gekratzt, weil die Aufsichtsperson nicht ordentlich aufgepasst hat.

Lassen Sie ein Haustier, weder ein Frettchen noch irgendein anderes Tier, nie unbeaufsichtigt mit einem Baby, Kleinkind oder einer behinderten Person allein. Das wäre absolut dumm und verantwortungslos. Nicht nur dem Menschen können Verletzungen zugefügt werden, auch das Tier kann verletzt werden, besonders, wenn es sich um ein kleines Tier wie ein Frettchen handelt.

Nicht alle Kinder verhalten sich in der Gegenwart von Tieren gleich. Ich war kein einfaches Kind, im Umgang mit Tieren habe ich jedoch immer viel Verantwortungsbewusstsein bewiesen. Sie kennen Ihre Kinder. Wenn Sie denken, dass sie zu jung oder zu unreif sind, sind Frettchen für Ihren Haushalt nicht besonders gut geeignet. Für ältere und verantwortungsbewusste Kinder sind Frettchen hingegen sehr gut geeignet.

Bereiten Sie Ihr Kind auf das Frettchen vor

Kinder können auch in der sonst ruhigsten Person den Wahnsinn wecken. Frettchen sind immer voller Energie und Kinder können das Fass ganz schnell zum Überlaufen bringen. Kinder sind außerdem kleiner als Erwachsene, sie sind tollpatschiger und haben eine höhere Stimme. Bereits diese Punkte können ein ohnehin aufgeregtes Frettchen noch nervöser machen. Wenn Sie zusätzlich noch die Hyperaktivität des Kindes bedenken, wird es doppelt schwierig.

Ihre Aufgabe als verantwortungsbewusster Frettchenbesitzer ist es, dem Kind alles über Frettchen beizubringen, was Sie wissen, und zwar so, dass es das Kind auch versteht. Wenn Sie Ihren Kindern all diese Dinge beibringen, erklären Sie es auch gleich deren Freunden. Nur für den Fall, dass diese Ihr Frettchen auch einmal kennen lernen möchten.

- ✔ Viele Kinder kriegen sehr leicht Angst, besonders, wenn sie von einem Tier gebissen oder gekratzt wurden. Erklären Sie den Kindern, dass Frettchen sehr aktiv und verspielt sind.
- ✔ Betonen Sie, wie wichtig es ist, dass die Kinder dort, wo das Frettchen frei herumläuft, nicht rennen dürfen. Erklären Sie ihnen auch die Gründe, damit sie es verstehen können.
- ✔ Bringen Sie Ihren Kindern bei, wie man ein Frettchen sicher hält. Es ist nicht verkehrt, wenn Sie darauf bestehen, dass die Kinder sitzen, wenn sie ein Frettchen auf dem Arm halten. So kann das Frettchen keinesfalls auf den Boden fallen, wenn es sich losreißt.

Aus Sicherheitsgründen sollten Sie Kinder zumindest so lange beobachten, bis Sie selbst davon überzeugt sind, dass sie gut mit dem Frettchen umgehen können. Selbst dann sollten Sie hin und wieder nach dem Rechten schauen.

Das Kennenlernen

Kinder haben die Angewohnheit, Dinge, die sie nicht fallen lassen wollen, zu drücken. Außerdem beharren sie darauf, Dinge festzuhalten und dann schnell und ohne Vorwarnung die Meinung zu ändern, so dass das Objekt oder Tier einfach auf den Boden fällt. Kinder können in dieser Hinsicht wirklich unberechenbar sein. Deshalb ist es wichtig, dass Sie langsam vorgehen und dabei alles genau erklären. Als Erstes müssen Sie die Richtlinien durchgehen, die ich weiter vorn bereits genannt habe. Wenn Sie damit fertig sind, können Ihnen die folgenden Schritte helfen, Kind und Frettchen sicher und angenehm aneinander zu gewöhnen.

- ✔ Weil die meisten Kinder zurückweichen, um nicht gebissen oder gekratzt zu werden, sollten Sie sich vergewissern, dass sie lange Hosen und einen Pullover anhaben. So kommen die Krallen des Frettchens nicht in direkten Kontakt mit der Kinderhaut und das Kind wird den Umgang mit dem Frettchen als angenehmer empfinden.
- ✔ Zu Beginn reicht es, wenn sich das Kind im selben Raum befindet wie das Frettchen und sich einfach still auf den Boden setzt. Erlauben Sie dem Frettchen, auf das Kind zuzugehen. Das ist eine gute Übung, um Geduld zu schulen.

✔ Wenn das Frettchen einen entspannten Eindruck macht und das Kind sich ruhig verhält, nehmen Sie das Tier hoch und zeigen dem Kind, wie man es sicher und fest hält. Machen Sie das Kind auf die scharfen Krallen und Zähne des Frettchens aufmerksam und erklären Sie, warum es so wichtig ist, das Frettchen richtig zu halten.

✔ Setzen Sie das Frettchen in den Schoß des Kindes, während es immer noch auf dem Boden sitzt. Geben Sie dem Frettchen die Möglichkeit, sich mit der neuen Person vertraut zu machen. Ermuntern Sie das Kind dazu, das Tier sanft zu streicheln.

Aber Vorsicht: Ein Sprung, und das Frettchen sitzt dem Kind im Gesicht. Wenn das Kind dann noch zappelt und schreit, empfindet das Frettchen das als Aufforderung zum Spielen und macht freudig weiter.

✔ Wenn das Zusammentreffen erfolgreich verläuft, alle ruhig und unter Kontrolle sind, setzen Sie das Frettchen in die Arme des Kindes. Auch hier sollten Sie dem Kind zeigen, wie man es richtig macht. Achten Sie darauf, dass Sie Ihre Hände direkt darunter halten, nur für den Fall, dass das Kind das Frettchen doch nicht länger halten will.

✔ Wenn Sie und das Frettchen ein gutes Gefühl haben, zeigen Sie dem Kind, wie man das Frettchen wieder auf den Boden setzt. Sie können ihm gleichzeitig auch beibringen, wie man das Frettchen richtig hochnimmt. Ein Frettchen hochzunehmen und wieder auf den Boden zu setzen, ist ebenso wichtig, wie es richtig zu halten.

Diese Regeln sollten Ihnen auch helfen, wenn es darum geht einzuschätzen, wie verantwortungsbewusst Ihr Kind mit einem Frettchen umgeht und wie Ihr Frettchen mit dem Kind klarkommt. Manche Kinder und manche Frettchen brauchen ein bisschen länger, um sich aneinander zu gewöhnen. Wenn das der Fall ist, gehen Sie ganz behutsam und langsam vor! Bis sich beide richtig wohl fühlen, dürfen Sie weder Kind noch Tier zu irgendetwas zwingen. Wenn Sie zum nächsten Schritt übergehen, ohne dass Sie den vorhergehenden erfolgreich abgeschlossen haben, riskieren Sie Verletzungen, sowohl beim Kind als auch bei Ihrem Tier. Denken Sie immer daran, dass Sie die Verantwortung für die Sicherheit beider tragen.

Gefährliche Fremde

Ihr Frettchen kann auf verschiedene Arten mit einem Fremden zusammentreffen. So zum Beispiel im Wartezimmer beim Tierarzt oder im Park, wenn sie zum Spielen draußen sind (natürlich angeleint). Es könnte aber auch im Klassenzimmer Ihres Kinder passieren oder wenn Sie zu Hause Besuch bekommen. Nicht jeder teilt Ihre Leidenschaft für Frettchen und manche weichen eher einen Schritt zurück, wenn Ihr Frettchen neugierig wird. Andere fühlen sich von der Dreistigkeit des Frettchens gestört, wenn es versucht, persönliche Gegenstände zu stehlen oder die neue Frisur zu zerstören. Sie werden aber sicher auch Menschen finden, die so sind wie Sie und ich. Diese Menschen sind hoch erfreut über das freundliche Wesen eines Frettchens.

Manche Frettchen sind gesellige Wesen. Andere zittern vor Nervosität, wenn sie auf neue Menschen oder neue Umgebungen treffen. Hören Sie auf Ihren Verstand und riskieren Sie nicht die Gesundheit des Fremden oder das Leben Ihres Frettchens, wenn Sie ganz genau wissen, dass das Tier auf Veränderungen oder Fremde schlecht reagiert. Hier sind ein paar Vorschläge, wie Sie mit Fremden umgehen können:

- ✔ Wenn Sie einem Fremden erlauben, Ihr Frettchen das erste Mal anzufassen, sollten Sie den Kopf des Tieres unter Kontrolle behalten. Lassen Sie den Fremden das Frettchen zuerst am Hinterteil und am Rücken streicheln, um das Risiko zu minimieren, gebissen zu werden.

- ✔ Wenn Sie Gäste haben oder Freunde Ihrer Kinder zu Besuch sind, sollte das Frettchen, wenn es seine Neugier gestillt hat, am besten im Käfig bleiben. Wenn viel Trubel herrscht, könnte es schwierig werden, ein frei laufendes Frettchen zu beobachten. Bei den vielen Füßen könnte das Tier misshandelt oder verletzt werden.

- ✔ Besuchern, die öfter zu Ihnen kommen, sollten Sie kurz die Verhaltensweisen eines Frettchens erklären. Zeigen Sie ihnen auch, wie man ein Frettchen richtig hält. Ich kann nicht oft genug drauf hinweisen, dass Sie die Leute entsprechend schulen müssen. Diese Tipps, und natürlich ein gesunder Menschenverstand, haben mir geholfen, meine Frettchen immer und immer wieder mit Fremden in Kontakt zu bringen, ohne dass je etwas passiert ist.

Allgemeine Richtlinien für Kinder und Tiere

Hier finden Sie eine Checkliste mit Hinweisen, wie Sie kleinen Kindern den Umgang mit Haustieren beibringen können. Ich selbst arbeite auch mit dieser Liste:

- ✔ Nähert euch niemals einem wilden, unbekannten oder herumstreunenden Tier.
- ✔ Bewegt euch immer ruhig und langsam auf Tiere zu und sprecht sie leise an, damit sie euch bemerken.
- ✔ Fragt einen Erwachsenen, bevor ihr ein Tier streichelt oder es aus dem Käfig nehmt.
- ✔ Haltet das Tier immer von eurem Gesicht fern.
- ✔ Wenn ihr mit einem Tier beschäftigt seid, vermeidet es, euch mit den Fingern ins Gesicht, die Augen oder den Mund zu fassen, bis ihr euch die Hände gewaschen habt.
- ✔ Popelt nicht in der Nase und streichelt anschließend ein Raubtier.
- ✔ Steckt eure Finger nicht in den Käfig eines Tieres.
- ✔ Macht keine Geräusche am Käfiggitter oder klopft darauf herum.

- ✔ Misshandelt keine Tiere. Darin eingeschlossen ist auch das Ziehen am Fell, dem Schwanz oder den Ohren. Ihr dürft Beine, Schwänze und Ohren nicht als Griffe verwenden. Steckt auch eure Finger nicht in Augen, Ohren oder Nasen. Hauen, Beißen oder Treten sind außerdem verboten.
- ✔ Denkt immer daran, dass alles, was einen Mund hat, auch zubeißen kann.
- ✔ Vergesst nicht, dass alle Tiere, die fressen, irgendwann auch mal aufs Klo müssen.
- ✔ Nähert euch niemals einem verärgerten, kranken oder ängstlichen Tier.
- ✔ Schleicht euch nicht an ein Tier heran oder weckt es plötzlich auf.
- ✔ Ärgert oder jagt ein Haustier niemals.
- ✔ Vergesst nicht, euch die Hände zu waschen, nachdem ihr ein Tier angefasst habt. (Diesen Hinweis können Sie gar nicht oft genug wiederholen.)
- ✔ Haustiere lehren keine Verantwortung, sie eignen sich daher nur für Menschen, die bereits verantwortungsbewusst sind (dieser Hinweis richtet sich an die Erwachsenen).

Teil III

Grundlegendes zur Haltung und Fütterung

»So muss ihre Nahrung sein: hoch in Protein, hoch in Nährstoffen ... und hoch im Schrank versteckt.«

In diesem Teil ...

Frettchen sind komplizierte Raubtiere mit komplizierten Ansprüchen. Dieser Teil des Buches beschäftigt sich mit den Grundbedürfnissen: Wie halten Sie Ihre Frettchen und ihre Käfige sauber? Welche Nährstoffe benötigen sie? Was können Sie tun, um sie gesund und aktiv zu halten? Was machen Sie, wenn Sie verreisen wollen – mit oder ohne Frettchen? Die meisten von uns können ein Frettchen zwar am Leben erhalten, aber wie es gesund, glücklich und ausgeglichen bleibt, ist eine andere Frage. Dieser Teil geht sogar noch einen Schritt weiter und befasst sich eingehend mit Themen wie alternative Ernährung oder damit, wie Sie die Umwelt Ihres Frettchens noch interessanter gestalten können.

Frettchenbäuche füllen

In diesem Kapitel

- Ernährungsrichtlinien für Frettchen
- Futter: Was ist gut für Ihre Frettchen?
- Die Ernährungsweise Ihrer Frettchen umstellen
- Ergänzungsfutter: Wofür ist das gut?

Für das Wohlergehen und die Gesundheit Ihres Frettchens ist eine auf das Tier abgestimmte und ausgewogene Ernährung wichtig. Wichtig dafür sind Fett, tierische Eiweiße, ausreichend Vitamine, Mineralien und Aminosäuren. Es kann etwas schwierig werden, die perfekte Ernährung zu finden. Auch für den erfahrenen Frettchenbesitzer stellt das immer wieder eine Herausforderung dar.

Das ist auch der Grund, warum dieses Kapitel besonders wichtig ist. Es beschäftigt sich mit grundlegenden Aspekten wie dem Trinkwasser (wie oft und wie viel), der herkömmlichen Ernährung, Nahrungsergänzungen und Leckerlis. Ich erkläre Ihnen auch, wie Sie die Ernährung Ihres Frettchens umstellen, falls das mal nötig wird.

Die falschen Nahrungsmittel können zu Fettsucht und Krankheiten führen und die Lebenserwartung Ihres Lieblings verringern. Welche Rolle die Ernährung bei der Erkrankung von Frettchen spielt, wird immer noch untersucht. Es könnte sein, dass uns die Untersuchungsergebnisse alle in Erstaunen versetzen.

Wasser, so weit das Auge reicht

Kein Lebewesen kann ohne Wasser auskommen, Frettchen sind da keine Ausnahme. Wasser ist jedoch nicht gleich Wasser. Manche Leute ziehen es vor, Wasser aus Flaschen oder destilliertes Wasser zu verwenden. Es wird jedoch davor gewarnt, dass destilliertem Wasser die vielen wichtigen Nährstoffe fehlen, die Ihr Haustier benötigt. Sie sollten destilliertes Wasser deshalb unbedingt vermeiden. Solange in Ihrem Leitungswasser nicht irgendwelche gefährlichen Chemikalien nachgewiesen wurden, ist es völlig ausreichend.

Manche Frettchenorganismen haben Schwierigkeiten damit, wenn die Wassersorte gewechselt wird. Auch Leitungswasser ist von Ort zu Ort unterschiedlich. Wenn Sie plötzlich anderes Wasser für Ihr Frettchen verwenden, kann das bei dem Tier für ein oder zwei Tage Durchfall auslösen. Wenn es sich um sehr starken Durchfall handelt oder er nach ein paar Tagen nicht wieder von alleine aufhört, sollten Sie einen Tierarzt aufsuchen.

Vergewissern Sie sich, dass der Wassernapf immer gefüllt ist. Bei warmem oder heißem Wetter leert sich der Napf auch schneller. Achten Sie darauf, dass Ihren Frettchen immer frisches Wasser zur Verfügung steht. Wenn Sie mehrere Frettchen besitzen oder einen besonders großen Käfig haben, sollten Sie gleich zwei oder drei Wassernäpfe aufstellen. Es ist auch keine schlechte Idee, immer noch einen in Reserve zu haben, beispielsweise wenn die anderen gereinigt werden müssen.

Herkömmliche Ernährung

An den scharfen Reißzähnen können Sie ganz leicht erkennen, dass es sich bei Frettchen um Raubtiere handelt. Diese Zähne sind dazu da, um Muskeln und Fleisch zu zerreißen und Knochen zu durchtrennen. Weil Frettchen Raubtiere sind und ihre Nährstoffe hauptsächlich über tierische Produkte zu sich nehmen, sollte das Futter nach Möglichkeit viel Taurin (das hilft, Augen und Herz gesund zu halten), außerdem nicht weniger als 20 Prozent Fett und 34 Prozent tierisches Eiweiß enthalten. In Tabelle 9.1 finden Sie einen kurzen Überblick über die Vor- und Nachteile unterschiedlicher Futtersorten.

- ✔ Die Haustierindustrie hat verschiedene Futtersorten speziell für Frettchen entwickelt. Die meisten enthalten ausreichend Eiweiß und Fett und werden als das beste Futter für Ihr Frettchen angepriesen.

- ✔ Einige der qualitativ hochwertigen Trockenfutterprodukte für Katzen enthalten die nötige Menge Taurin und einen höheren Fett- und Eiweißanteil. Es gibt aber auch viele Produkte, bei denen das nicht so ist. Bevor Sie sich also ein ganzes Vorratslager mit Katzentrockenfutter anlegen, sollten Sie sich vergewissern, dass es auch die Nährstoffe enthält, die Ihr Frettchen benötigt.

- ✔ Hundefutter enthält nicht die für Ihr Frettchen wichtigen Nährstoffe. Es beinhaltet nicht die entsprechende Menge Taurin, um Augen und Herz Ihres Frettchens gesund zu erhalten. Hin und wieder als Belohnung ist Hundefutter jedoch durchaus geeignet.

- ✔ Rohes Fleisch ist hervorragendes Futter, vorausgesetzt es ist keimfrei und enthält keine Parasiten. Als alleiniges Futter ist es jedoch nicht geeignet. Rohem Fleisch fehlt es an einigen wichtigen Nährstoffen, besonders an Kalzium. Wenn Sie sich für eine sehr natürliche Ernährung entscheiden, sollte diese aber viel rohes Fleisch enthalten. Im Abschnitt *Natürliche Ernährung* finden Sie weitere Informationen dazu.

Achtung: Verfüttern Sie an Ihre Frettchen kein Schweinefleisch!

- ✔ Vermeiden Sie Fischprodukte. Fisch ist zwar eigentlich ein gutes Nahrungsmittel, die meisten Frettchen reißen sich jedoch nicht unbedingt darum.

9 ➤ Frettchenbäuche füllen

Wenn Sie Ihren Frettchen Fisch anbieten, muss dieser absolut grätenfrei und gekocht sein.

Wenn Sie ein junges Frettchen haben, versuchen Sie ihm nach Möglichkeit von Beginn an die unterschiedlichsten Sachen aufzutischen. Frettchen prägen sich den Geruch von Futter schon sehr früh ein. Je älter sie werden, desto schwieriger wird es für sie, den Geruch eines Futters als lecker einzustufen. Frettchen mit einer großen Speisekarte haben weniger Probleme damit, wenn Sie die Ernährung umstellen oder neues Futter ausprobieren wollen.

Futter	Bemerkung
Nassfutter für Frettchen	Gibt es selten in guter Qualität, kann aber der beste industriell hergestellte Ersatz sein.
Trockenfutter für Frettchen	Ist gutem Katzentrockenfutter sehr ähnlich, vielleicht sogar ein bisschen besser. Achten Sie auf die Inhaltsstoffe.
Hundetrockenfutter	Enthält zu wenig Eiweiß, zu wenig Fett und kaum Taurin. Hin und wieder als Leckerli ist es in Ordnung.
Nassfutter für Hunde	Enthält zwar mehr Eiweiß und Fett, ist für ein Frettchen aber noch nicht ausbalanciert genug. Verfüttern Sie lieber kein Nassfutter für Hunde.
Katzentrockenfutter	Enthält ausreichend Taurin, zu wenig Fett und Eiweiß. Werfen Sie vor dem Kauf einen Blick auf die Inhaltsstoffe.
Nassfutter für Katzen	Es enthält weniger Körner. Die Ausscheidungen Ihres Frettchens werden dadurch jedoch geruchsintensiver und eventuell weicher.

Tabelle 9.1: Futtersorten für Ihr Frettchen

Gehen Sie nicht davon aus, dass ein Angestellter im Zoohandel weiß, was das Beste für Ihr Tier ist. Ich habe beispielsweise mal ein Gespräch belauscht, bei dem unwissende Frettchenbesitzer darauf hingewiesen wurden, dass Hundefutter aus Dosen oder reines Hamburgerfleisch ausreichend sei. Ich habe auch schon gehört, dass Kunden gesagt wurde, dass Frettchen Pflanzenfresser oder Nager sind.

Frettchen können keine Ballaststoffe verdauen. Wenn Sie in Frettchen hineinschauen könnten, würden Sie feststellen, dass ihr großer Darm kurz und röhrenförmig ist und sie keinen Blinddarm haben. Der Blinddarm ist eine Art Höhle im Darm – der Ort, wo die Ballaststoffe verdaut werden. Zu viele Ballaststoffe führen bei Ihrem Frettchen deshalb zu sehr weichem Stuhlgang.

Ungeeignetes Futter kann die Lebensdauer Ihres Frettchens deutlich verkürzen. Lesen Sie sich deshalb die Inhaltsstoffe des Futters gut durch. Als Hauptbestandteil sollte Fleisch oder Geflügel angegeben sein. Vermeiden Sie Produkte, bei denen an erster Stelle Inhaltsstoffe wie Getreide oder andere pflanzliche Rohstoffe stehen.

Ein Frettchen ist ständig mit Fressen beschäftigt und wandelt die Nahrung gleich in Energie um. Deshalb spielt auch die Qualität des Futters eine so wichtige Rolle. Natürlich zahlen Sie für besseres Futter auch mehr, aber die Investition ist es wert.

Nass oder trocken?

Einige Leute geben ihrem Liebling Trockenfutter, während andere lieber Nassfutter verfüttern. Manche verwenden beides abwechselnd oder mischen Trocken- und Nassfutter miteinander. Ich persönlich versuche, so viel Abwechslung wie möglich in den Speiseplan meiner Frettchen zu bringen. Hier sind ein paar Punkte, über die Sie nachdenken sollten, wenn Sie überlegen, was denn nun das Richtige für Ihr Frettchen ist:

- ✔ Trockenfutter hilft, den Zahnstein des Frettchens zu verringern. Wenn Sie jedoch nur festes Trockenfutter verwenden, kann das zu einer starken Beanspruchung der Zähne und Nieren führen. Wenn Sie über das Trockenfutter ein paar Spritzer Wasser geben und es dann kurz in der Mikrowelle anwärmen, wird es etwas weicher, bekommt aber nicht gleich die Konsistenz von Dosenfutter.

- ✔ Qualitativ hochwertiges Nassfutter für Katzen oder Frettchen ist sanfter zu den Zähnen. Je nach Marke enthält es mehr Nährstoffe als Trockenfutter. Es ist dafür aber auch teurer und die Ausscheidungen stinken mehr. Auf dem Speiseplan der Frettchen sollte aber nicht ausschließlich Nassfutter stehen. Um dem Zahnstein entgegenzuwirken, sollten Sie hin und wieder auch ein größeres Stück Fleisch anbieten, beispielsweise gewürfeltes Rindfleisch.

Futterplan

Frettchen haben einen sehr schnellen Stoffwechsel. Von der Nahrungsaufnahme bis zum Ausscheiden vergehen nur ungefähr drei bis fünf Stunden. Aus diesem Grund füllt Ihr Frettchen seinen Magen im Verlauf eines Tages mit vielen kleinen Mahlzeiten auf – mehr als zehn. Weil das Tier so aktiv ist und einen schnellen Stoffwechsel hat, sollte ihm immer Futter zur Verfügung stehen (siehe Abbildung 9.1).

Manche Menschen denken, dass Frettchen zu fett werden, wenn den ganzen Tag über Fressen zur Verfügung steht. Das trifft vielleicht auf uns Menschen zu. Frettchen hingegen sind normalerweise keine Vielfraße, sondern nehmen wirklich nur die Mengen zu sich, die sie brauchen, um daraus Energie zu gewinnen und ihren Körperhaushalt im Gleichgewicht zu halten. Wenn das Futter von schlechter Qualität ist, entwickelt sich bei Ihrem Frettchen ein Nährstoffdefizit und es frisst automatisch mehr, um diesen Mangel wieder auszugleichen. Mit den zusätzlichen Kalorien kommen dann natürlich auch die zusätzlichen Pfunde. Wenn Sie denken, dass Ihr Frettchen zu fett wird, gehen Sie mit ihm zu Tierarzt, um eine vergrößerte Milz oder Flüssigkeit im Unterleib auszuschließen. Eine Vergrößerung der Milz ist häufig der Grund für eine plötzliche Gewichtszunahme.

Manche Frettchen werden auch mit dem Alter etwas breiter, im Winter nehmen sie immer an Gewicht zu. Fettleibigkeit ist bei Frettchen aber eher selten ein wirklich ernsthaftes Problem, besonders, wenn die Ernährung ausgewogen ist.

Abbildung 9.1: Frettchen nehmen viele kleine Mahlzeiten am Tag zu sich. Ihnen sollte deshalb auch immer frisches Futter zur Verfügung stehen.

Wann Sie es richtig gemacht haben

Wenn Ihr Frettchen ausgewogen und mit allen wichtigen Nährstoffen versorgt wird, hat es weiches und glänzendes Fell. Es hat helle, klare Augen, weiche Haut und gut geformten Kot, der nicht allzu stark riecht. Das Frettchen ist außerdem sehr aktiv und sieht glücklich aus.

> Wenn Ihr Frettchen juckende, schuppige Haut und sprödes Fell hat, außerdem der Kot sehr unförmig ist und stark riecht und das Tier zudem lustlos ist, sollten Sie seine Ernährung umstellen. Vorher sollten Sie jedoch unbedingt einen Tierarzt aufsuchen, um auszuschließen, dass ein medizinisches Problem oder Vitaminmangel Schuld ist.

Die Ernährung umstellen

Manchmal ist es schwierig, Ihr Frettchen davon zu überzeugen, dass es das richtige Futter bekommen muss. Das ist besonders oft der Fall, wenn das Frettchen, bevor es zu Ihnen gekommen ist, anders oder unsachgemäß ernährt wurde. Sie müssen Ihrem Frettchen beibringen, was gut für es ist, auch wenn das Tier möglicherweise protestiert. Eine Ernährungsumstellung kann sehr schwierig sein. Ich hatte mal Frettchen, die alle Sorten Katzen-, Frettchen- oder Hundefutter gefressen haben, egal was es war. Diese Frettchen waren nicht sehr wählerisch. Auf der anderen Seite hatte ich aber auch schon welche, die alle Sorten Futter verschmähten, bis ich ganz genau herausfand, was ihnen gefüttert wurde, bevor sie in meine Obhut kamen.

Die beste Methode, die Ernährung Ihres Frettchens umzustellen, ist, altes und neues Futter miteinander zu vermischen. Wenn Ihr Frettchen um die neuen Sachen herum frisst, aber alles andere verschlingt, geben Sie nicht gleich auf. Geben Sie dem Tier ein bisschen Zeit. Die Gesundheit Ihres Lieblings könnte davon abhängen.

Beginnen Sie, zunächst nur eine geringe Menge neues Futter unterzumischen. (Es ist wichtig, dass Sie nicht vollständig und in einem Schritt auf neues Futter umsteigen. Solche plötzlichen Veränderungen können zu Bauchschmerzen und Durchfall führen. Das Frettchen kann reizbarer werden.) Erhöhen Sie den Anteil des neuen Futters nach und nach, während Sie die Menge an altem Futter über einen Zeitraum von 10 bis 14 Tagen immer weiter verringern. Das funktioniert ganz gut und gibt dem Stoffwechsel Ihres Frettchens die Möglichkeit, sich an die Veränderungen anzupassen.

> Wenn sich mehrere Frettchen in einem Käfig befinden, ist es schwierig zu beurteilen, ob ein Frettchen das neue Futter tatsächlich angenommen hat. Weil das Futter immer schnell aufgebraucht ist, erkennen Sie nicht, dass eines Ihrer Frettchen langsam verhungert, was extrem gefährlich sein kann. Achten Sie bei all Ihren Tieren auf deutliche Gewichtsveränderungen, besonders natürlich bei den Neulingen. Ich empfehle Ihnen, ein neues Frettchen solange getrennt von den anderen zu halten, bis Sie genau wissen, was dieses Frettchen frisst und was die anderen fressen. So haben Sie die Möglichkeit, die Nahrungsaufnahme zu überwachen und langsames Verhungern zu verhindern.

Natürliche Ernährung

Bis jetzt wurden Frettchen immer mit industriell erzeugtem Futter ernährt, hauptsächlich aus Bequemlichkeit, aus Tradition oder weil es nichts anderes gab. Es gibt aber immer mehr natürlichere Nahrungsmittel für alle Arten von Haustieren, inklusive Frettchen. Manche Menschen glauben, dass man die Gesundheit eines Frettchens nur erhalten kann, wenn es sich sein Futter erarbeiten muss, schließlich gab es vor rund 2500 Jahren auch kein zerkleinertes Futter. Hier sind ein paar Aspekte, von denen die Befürworter einer natürlichen Ernährung glauben, dass sie von Vorteil sind:

- ✔ Bei einer natürlichen Ernährung können Sie davon ausgehen, dass das Frettchen alle wichtigen Nährstoffe bekommt. Wichtige Aminosäuren, die es nicht selbst produzieren kann, befinden sich in der Nahrung seiner wild lebenden Verwandten: in Hasen, Mäusen, Ratten, Vögeln, Fröschen, Eidechsen, Eichhörnchen und sogar in Wacholderbeeren. Kalzium ist ein weiteres Beispiel: Viele industriell gefertigte Katzen- oder Frettchenfuttersorten enthalten nicht ausreichend Knochenmaterial in guter Qualität. Ihren Frettchen fehlt deshalb Kalzium.

- ✔ Ein gesundes Frettchen, das natürlich ernährt wird, muss nicht den ganzen Tag über Futter bereitstehen haben. Das ergibt auch Sinn, denn wenn Sie sich die Verwandtschaft des Frettchens anschauen, werden Sie feststellen, dass diese nur ein oder zwei Mal am Tag fressen, manchmal sogar einen Tag auslassen, wenn das Futter knapp ist.

- ✔ Viele Menschen, die Ihre Frettchen natürlich ernähren, glauben, dass die unterschiedliche Konsistenz der Nahrung (Knochen, Haut, Fleisch etc.) dabei hilft, den Verdauungstrakt regelmäßig zu reinigen. Das führt dazu, dass die Frettchen nicht so oft unter Verstopfungen leiden. (Auch wenn das wahr ist, sind sich die Experten einig, dass Sie für den Notfall immer ein Abführmittel im Haus haben sollten, besonders bei Frettchen, die gern auf irgendwelchen Sachen herumkauen.)

- ✔ Der Kiefer eines Frettchens ist weniger auf das Kauen oder Mahlen ausgelegt. Seine Zähne sind zum Zerkleinern von Fleisch und Knochen gedacht. Getreide kann jedoch genauso hart oder gar noch härter sein als Knochen. Frettchenbesitzer, die ihr Tier natürlich ernähren, glauben, dass Getreidefutter die Zähne und den Gaumen des Frettchens zu stark abnutzen.

In den folgenden Abschnitten werde ich auf die Hauptbestandteile einer natürlichen Ernährung eingehen: Knochen und Fleisch.

Etikettenschwindel

Sie wären überrascht, wenn Sie wüssten, wo die 30 Prozent Eiweiß, die auf dem Etikett des Katzenfutters aufgelistet sind, wirklich herkommen. Etiketten, auch die von namhaften Herstellern, sind manchmal irreführend. Solange auf dem Etikett nicht steht, dass das Eiweiß zu 100 Prozent aus Fleisch stammt, können Sie davon ausgehen, dass das nicht so ist. Das Eiweiß kann auch in den anderen Zutaten enthalten sein. Das Haar in einem Haarbüschel besteht zu 100 Prozent aus Eiweiß. Fäkalstoffe (geringe Mengen sind in den Nebenprodukten erlaubt) bestehen ebenso aus Eiweiß. Auch wenn Ihr Frettchenfutter zu 30 Prozent aus Eiweiß besteht, wie viel davon stammt tatsächlich aus Fleisch? Auch wenn Fleisch als erste Zutat aufgelistet wird, heißt das noch lange nicht, dass da auch das ganze Eiweiß herstammt.

Die meisten Tierfutter listen als erste Zutat Nebenprodukte von Fleisch oder Geflügel auf. Aber was zum Teufel sind das für Nebenprodukte? Diese Nebenprodukte sind Reste, die für den menschlichen Verzehr nicht geeignet sind. Solche Reste haben gar nicht die Qualität, um zu einem Hotdog verarbeitet zu werden (und das ist schon schlecht). Bei diesen Nebenprodukten handelt es sich beispielsweise um Köpfe (von Hühnern), Haut, Füße, Blut, Gedärme, Schnäbel, Sehnen, Mageninhalte, Organe und Spuren von Fäkalstoffen. Gelegentlich enthalten Nebenprodukte auch Fleischstückchen, die alles andere als frisch sind. Das Protein der Nebenprodukte wird von Ihren Frettchen möglicherweise nicht so gut verdaut. Fleisch ist wichtig, nicht die Nebenprodukte.

Auch wenn Nebenprodukte als Erstes in der Zutatenliste auftauchen, heißt das nicht unbedingt, dass viel davon drin ist. Möglicherweise sind es nur 10 Prozent des gesamten Futters. Es kann sein, dass sie als Erstes aufgelistet werden, wenn davon in Bezug auf die Gesamtzutaten am meisten drin ist. Es könnte ja sein, dass im Anschluss noch 20 weitere Inhaltsstoffe aufgelistet sind, die dann die anderen 90 Prozent des Futters ausmachen. Hm, lecker!

Natürlich sehen wir auf den Etiketten auch viele andere Stoffe, beispielsweise Farb- und Konservierungsstoffe. Einige kennen wir, die meisten können wir gar nicht erst aussprechen. Wir wissen nicht einmal, warum sie überhaupt enthalten sind. Manche sagen, dass damit die Frische des Produkts erhalten wird. Können Sie sich das vorstellen? Haben die Hersteller auch daran gedacht, alle wichtigen Vitamine, Aminosäuren und Mineralstoffe hinzuzufügen, die Ihr Frettchen benötigt? Manche geben sich wirklich große Mühe, aber woher wissen wir, dass sie ihr Ziel auch erreicht haben?

Knochen

Knochen enthalten unglaublich viele gute Inhaltsstoffe, Kalzium ist dabei einer der offensichtlichsten. Das Knochenmark selbst ist reich an Vitaminen und Fett. Knochen und Knochenmark enthalten große Mengen Fettsäuren, Fette, Eisen und andere wichtige Vitamine, die für die Gesundheit eines Raubtieres wichtig sind. Die meisten dieser Inhaltsstoffe befinden sich in den Knochenenden, die weicher und leichter zu zerkauen sind. Die Knochenenden sind das Beste an einem Knochen. Dafür interessieren sich Frettchen auch am meisten. In der Regel lassen sie den Rest sogar liegen, wenn sie noch etwas anderes zu fressen finden können.

Bieten Sie Ihren Frettchen rohes Knochenmark (frisch gekocht und nicht vom Schwein) an und geben Sie täglich etwa eine halbe Messerspitze Kalziumpulver (vom Tierarzt oder aus dem Zoohandel) unters Futter.

Wenn Sie das Skelett eines Hausfrettchens mit dem eines wilden Iltisses vergleichen, werden Sie feststellen, dass die Knochen eines Iltisses in der Regel dicker sind. Experten sind der Meinung, dass das auf die natürliche Ernährung des Iltisses zurückzuführen ist. Er frisst mehr Knochen (nimmt also auch mehr Kalzium auf) als ein domestiziertes Frettchen. Außerdem werden die Knochen eines Frettchens durch das Kastrieren/Sterilisieren ein bisschen dünner.

Kann das Verfüttern von Knochen Schäden verursachen? Sicher. In seltenen Fällen kann ein Splitter die Speiseröhre verletzen und zu Blutungen führen. Einzelne Knochenstücke können auch den Magen oder den Darm eines Frettchens durchstechen. Wenn Sie doch Knochen füttern wollen, lesen Sie sich die folgenden Vorschläge durch:

✔ Beginnen Sie mit einem Knochen, von dem Sie wissen, dass er zu groß zum Herunterschlucken und zu hart zum Zersplittern ist, beispielsweise Suppenknochen. Je mehr

Mark, desto besser. Sie können selbst ganz deutlich erkennen, dass diese Knochen zu hart sind, um in Stücke gebissen zu werden, und zu groß, um sie herunterzuschlucken. So kann sich Ihr Frettchen am Mark laben und hat später sogar noch etwas zum Spielen.

✓ Versuchen Sie, nur die weichen Enden von langen Knochen oder Wirbelsäulenknochen zu verfüttern.

> Wenn Sie etwas Neues ausprobieren, beobachten Sie Ihr Frettchen eine Weile, um zu sehen, wie es damit zurechtkommt. Die Hauptsache ist, dass sich Ihr Frettchen glücklich fühlt. Frettchen ging es gut, bevor sie domestiziert wurden, warum sollten wir daran etwas ändern.

Fleisch

Die meisten Menschen sind sich einig, dass gekochtes Fleisch die beste Wahl ist. Es gibt aber auch andere, die unerbittlich beweisen wollen, dass rohes Fleisch das Beste ist. Wieder andere sagen, dass, wenn schon Fleisch, dann in Form von Babynahrung. Wenn sich die Diskussionen um Fleisch drehen, geht es natürlich immer auch irgendwie um lebend oder geschlachtet und die Vor- und Nachteile. Nur beim Schweinefleisch gibt es keine Diskussionen, lassen Sie es einfach weg.

Durchgebraten oder medium?

Es ist allseits bekannt, dass gefährliche Bakterien, die Krankheiten verursachen können, abgetötet werden, wenn das Fleisch gekocht wird. Manche Menschen denken, dass sie rohes Fleisch erst mit lebensmittelunbedenklichem Wasserstoffperoxyd abspülen müssen, um es sicher für ihr geliebtes Haustier zu machen. Wenn Sie mit diesen Antworten zufrieden sind, dann halten Sie daran fest. Raubtiere fressen rohes Fleisch. So ist nun einmal das Leben.

Wenn etwas für den Menschen nicht gut ist, heißt das nicht, dass das auch auf Tiere zutrifft. Der Verdauungstrakt des Menschen unterscheidet sich deutlich von dem eines Raubtieres. Die Frettchen in Europa fressen hauptsächlich Kaninchen und es sind die größten, gesündesten und kräftigsten Frettchen überhaupt. Wenn Sie sich unsicher sind, schneiden Sie die äußere Fleischschicht ab. Das Innere ist eigentlich immer steril und unbedenklich. Sorgen Sie aber dafür, dass das Fleisch frisch ist. Ich habe über Jahre hinweg Lebendfleisch, frisch geschlachtetes und aufgetautes Fleisch an viele Tiere verfüttert und nie eine Erkrankung bei ihnen feststellen können, die auf das rohe Fleisch hätte zurückgeführt werden können.

> Während sauberes, rohes Fleisch (ja gut, auch gekochtes Fleisch) ein wunderbares Fressen für ein Frettchen ist, kann es jedoch nicht dessen alleinige Ernährungsgrundlage sein. Wilde Iltisse fressen das ganze Tier – Knochen, Gedärme, einfach alles. Domestizierte Frettchen brauchen auch die Nährstoffe, die in dem Rest des ausgeweideten Tieres drin sind, nicht nur das Fleisch. Außerdem brauchen sie festes Futter, um ihre Zähne zu reinigen. Dasselbe gilt auch für Fisch als Nahrungsgrundlage. Fisch (gekocht und grätenfrei) ist zwar gut, sollte aber nicht alles sein.

Lebt es noch ...?

Diejenigen, die ihren Raubtieren ganze Tiere zu fressen geben, fragen sich immer wieder, ob es lebende oder tote Tiere sein sollen. Das ist ein Thema, über das die Leute sehr heftig diskutieren. Wenn es möglich ist, versuche ich, meinen Raubtieren bereits getötete Tiere zu füttern. Meine Entscheidung, ob ich nun tote oder noch lebende Tiere verfüttere, hängt davon ab, welche Raubtiere gefüttert werden sollen und welche Erfahrungen diese mit dem Töten haben.

Iltisse, Frettchen eingeschlossen, sind von Natur aus sehr effiziente und schnelle Jäger, die ihre Opfer in der Regel durch einen schnellen Biss ins Genick töten. Die meisten Haustierfrettchen erkennen kleine Tiere jedoch nicht als Futter. Manche töten ganz schnell, andere spielen sie zu Tode. Wiederum andere schauen nur faul zu, wie ihr potenzieller Leckerbissen an ihnen vorbeiläuft. Wenn Frettchen natürlich ernährt werden sollen, mit Mäusen, Küken und so weiter, sehe ich keinen Grund, ihnen Lebendfutter anzubieten. Das ist meine Meinung. Ich sehe es nicht gern, wenn ein Tier mehr leiden muss als unbedingt notwendig.

Ein hartnäckiger Mythos

Viele Leute glauben, dass das Verfüttern lebender Tiere (manche beziehen da sogar rohes Fleisch mit ein) das Frettchen aggressiver macht. Das ist schlicht und ergreifend falsch. Und wo wir gerade dabei sind, domestiziert heißt nicht unnatürlich. Es bedeutet nur, dass das Tier gezähmt und an das häusliche Leben angepasst und an den Menschen gewöhnt wurde. Auch Menschen sind domestiziert. Heißt das, dass wir nicht mehr auf unsere Urinstinkte eingehen können?

Schauen Sie sich eine durchschnittliche Hauskatze an. Einige dieser süßen, schnurrenden Kätzchen können zu echten Killermaschinen werden, die Jahr für Jahr für Millionen von Tötungen in der freien Natur verantwortlich sind. Sie können zwar auch schnell töten, meistens gehen sie dabei aber eher langsam vor und spielen ihr Opfer zu Tode. Trotzdem haben wir Katzen lieb und teilen uns nachts sogar ein Kopfkissen mit ihnen und lassen sie morgens um unsere Beine streichen. Warum sollte es bei einem Frettchen anders sein?

Alle Frettchen haben einen natürlichen Raubtierinstinkt. Sie können es daran sehen, wie Frettchen mit ihrem Spielzeug spielen und wie sie sich untereinander verhalten. Wenn Sie Ihre Frettchen so füttern, wie sie sich in der freien Natur ernähren würden, wecken Sie garantiert kein wildes Biest in ihnen. Frettchen können lediglich von etwas profitieren, was sie so nicht unbedingt kennen. Es bleibt aber dasselbe liebenswerte Tier, vielleicht ist es auch ein bisschen glücklicher, gesunder und energiegeladener.

Die Ernährung natürlich umstellen

Iltisse jagen mit ihrem Spürsinn. Dieser Spürsinn ist so stark ausgeprägt, dass das Tier einen Frosch unter dem Schlamm aufspüren kann. So wird der Frosch ganz schnell zum Abendessen. Frettchen sind wie ihre nahen Verwandten Geruchsjäger. Sie folgen immer ihrer Nase, wenn es ums Fressen geht. Alles, was ein Frettchen während der ersten sechs Monate seines Lebens gefressen hat, sieht es auch in der Zukunft als Futter an – der Geruch dieser Sachen hat sich in sein Gehirn quasi eingebrannt.

Es kann schwierig werden, die Nase eines Frettchens zu täuschen, wenn es lange Zeit nur Trockenfutter gefressen hat. Wenn Sie von einer natürlichen Ernährung überzeugt sind, wird sich der Aufwand über die Zeit lohnen. Natürlich sollte die Ernährungsumstellung nach Möglichkeit dann geschehen, wenn Ihr Frettchen noch jung ist, aber auch bei älteren Frettchen ist das machbar. Die Idee, die dahinter steckt, ist die, den kulinarischen Horizont des Frettchens zu erweitern. Trotzdem gelingt eine Umstellung nicht bei allen Frettchen, vor allen Dingen bei älteren Tieren. Vergewissern Sie sich allerdings, dass Sie wirklich alles versucht haben, bevor Sie aufgeben. Und so gehen Sie dabei am besten vor:

✔ Wenn Sie bisher noch keinerlei Dosenfutter verfüttert haben, fangen Sie damit an. Beginnen Sie mit hochwertigem Nassfutter für Katzen. Sie können es in einem separaten Napf servieren, wenn Sie es jedoch mit dem Trockenfutter mischen, ist die Wahrscheinlichkeit größer, dass Ihr Frettchen das auch probiert. Die Ausscheidungen Ihres Frettchens bekommen durch das Dosenfutter einen strengeren Geruch, später nimmt der jedoch wieder ab.

✔ Kaufen Sie Babynahrung. Ja, Sie haben richtig gehört. Oftmals können Sie auch Fleischgerichte in Form von Babynahrung an Ihr Frettchen verfüttern, um etwas Neues auszuprobieren. Hühnchen funktioniert dabei ganz gut. Wenn Ihr Frettchen das Futter nicht gleich akzeptieren will, reiben Sie ein wenig davon auf seine Nase, Ihr Frettchen wird es sicherlich ablecken.

✔ Experimentieren Sie mit Geflügel. Sie können kleine Stückchen vom Huhn, Truthahn oder anderem Geflügel zurechtschneiden und es Ihrem Frettchen anbieten. Sie können gekochtes oder rohes Geflügelfleisch verwenden, das hängt ganz von Ihrer Lust und Laune ab. Wenn Sie nicht extra etwas für Ihr Frettchen zubereiten wollen, heben Sie doch einfach ein paar Reste nach Ihrer nächsten Geflügelmahlzeit auf.

Achten Sie darauf, das Geflügel im Sommer wegen der Salmonellengefahr abzukochen.

✔ Organspender gesucht. Hühner- und Rinderleber, sowie Hühner- und Rinderherzen sind hervorragende Leckereien mit vielen Nährstoffen. Schneiden Sie die Innereien in Stückchen und bieten Sie diese Ihrem Frettchen an. Leber allein sollten Sie wegen der vielen Rückstände, die diese enthält, nur ein- bis zweimal im Monat verfüttern.

✔ Seien Sie kreativ mit Hamburgern aus Rind- oder Geflügelfleisch. Wir alle kennen sicherlich diese Tage, an denen wir alles, was im Schrank oder im Kühlschrank zu finden ist, zu einem Hamburger verarbeiten. Meine Mutter hat es immer als altes Zeug bezeichnet, aber wir haben es trotzdem gegessen und meistens hat es auch echt lecker geschmeckt. Nehmen Sie etwas davon, geben Sie Rosinen, gemahlene Knochen oder Trockenfutter hinzu. Sie können dann noch ein bisschen kreativ sein und den Burger nach Herzenslust formen.

- ✔ Verwenden Sie Bratensäfte. Manche Leute vergessen, wie lecker der Saft von gebratenem Fleisch sein kann. Ich verwende den Saft immer als Tunke oder gebe ihn über das Trockenfutter meiner Hunde. Solche Säfte (ungewürzt) eignen sich hervorragend, um einen neuen Geschmack auszuprobieren. Geben Sie diesen entweder in eine separate Schüssel oder über das Trockenfutter.

- ✔ Geben Sie ein bisschen Fisch dazu. Thunfisch aus der Dose schmeckt vielen Frettchen ausgezeichnet. Versuchen Sie es. Sie können auch anderen Fisch ausprobieren, beispielsweise Forellen oder Lachs, gekochten Seefisch oder Schrimps.

- ✔ Vergessen Sie nicht die Käfer und Wanzen. Sogar meine Hunde und Katzen fressen Käfer. Wenn sich Ihr Frettchen erst einmal an den Gedanken gewöhnt hat, wird es die Weichteile auffressen und den Rest für Sie übrig lassen.

Erwarten Sie keine Umstellung über Nacht. Ausdauer und Experimentierfreude sind der Schlüssel zum Erfolg. Alle Frettchen sind unterschiedlich. Einige brauchen nur ein paar Tage, andere hingegen zwei, drei Wochen oder länger. Bei manchen klappt es nie. Die jüngeren Tiere lassen sich wahrscheinlich leichter umstellen als ältere Tiere. Sie werden feststellen, dass einige Frettchen Leber bevorzugen, während sich andere in Hamburger verliebt haben. Sie brauchen ein bisschen Geduld. Denken Sie immer daran, dass diese Lebensmittel sehr schnell verderben. Lassen Sie Fleisch nicht zu lange herumliegen. Wenn es nach zwölf Stunden immer noch da liegt, sollten Sie es entfernen. Versuchen Sie es später mit etwas anderem, wenn Sie zu viel wegwerfen mussten.

Wenn Ihr Frettchen erst einmal auf eine andere Nahrung umgestellt ist, wird es nahezu alles ausprobieren wollen. Das ist sehr wichtig, wenn Sie nicht nur eine Sorte Futter verfüttern wollen. Ihr Frettchen benötigt immer noch eine Kombination aus hartem und weichem Futter. Außerdem eignen sich einige Lebensmittel, die in diesem Abschnitt aufgelistet wurden, nicht als alleinige Nahrungsmittel. Erst die Kombination macht eine gute Ernährung aus. Streichen Sie Trockenfutter also nicht ganz aus dem Speiseplan. Wenn Sie Ihr Frettchen natürlich und abwechslungsreich ernähren, werden außerdem seine Ausscheidungen weniger stark riechen. Das sind doch gute Neuigkeiten, oder?

Ergänzungsfuttermittel

Ergänzungsfuttermittel sind Dinge, die in der normalen Ernährung nicht oder nur kaum enthalten sind. Wenn Ihr gesundes Frettchen ausgewogen und passend ernährt wird, braucht es eigentlich keine Ergänzungsfuttermittel. Noch vor ein paar Jahren waren solche Ergänzungsfuttermittel wahrscheinlich ein wichtiger Bestandteil der Ernährung eines Frettchens. Heutzutage ist die Zusammensetzung der meisten Katzen- und Frettchenfutter-Produkte ausgewogener. Ergänzungsfuttermittel werden meistens nur verabreicht, um einem Mangel vorzubeugen oder einen auszugleichen.

Auch wenn Ihr Frettchen keine Ergänzungsfuttermittel benötigt, können Sie diese jedoch als Leckerlis, Lockmittel oder für die Erste Hilfe in einem Notfall verwenden. Haben Sie immer ein paar von diesen Ergänzungsfuttermitteln zur Hand, nur für den Notfall.

Sie können solche Ergänzungsfuttermittel in den meisten Zoohandlungen kaufen, besonders in den etwas größeren. Sie bekommen diese auch beim Tierarzt.

Die beiden am meisten verwendeten Ergänzungsfuttermittel können sehr nützlich sein, wenn sie von Ihrem Tierarzt empfohlen werden. Eine Überdosierung ist nicht gut für die Gesundheit des Frettchens. Konsultieren Sie deshalb einen Tierarzt, der sich damit auskennt.

Fettsäuren

Das wohl gebräuchlichste Ergänzungsfuttermittel ist eine ölige Lösung aus Fettsäuren, die Frettchen ausgesprochen lecker finden. In den kälteren Monaten werden das Fell und die Haut eines Frettchens manchmal ein bisschen trocken. Fettlösliche Vitamine können dem Futter die richtige Menge an Fett hinzufügen und dem Frettchen in solch trockenen Zeiten helfen. Ich gebe meinen Lieblingen in der kalten Jahreszeit ein oder zwei Mal die Woche ein paar Tropfen davon. Sie lecken es direkt vom Löffel. Sie können auch ein bisschen davon über das Futter verteilen. Denken Sie aber daran, dass die Fettsäuren (z.B. Velcote, Ferretone, Bernina) auf dem Futter nach einer Weile verderben, und das kann Ihrem Frettchen schaden.

Zusatzstoffe, die Vitamin A enthalten, sollten nicht im Überfluss verwendet werden, Vitamin A kann in größeren Mengen giftig sein.

Kalorienbomben

Eine andere Ergänzung, die Frettchen, die sich viel bewegen oder in der Zucht eingesetzt werden, oft verabreicht wird, sind Vitamine, die wie Sirup schmecken (ja, ich habe es bereits probiert). Nutrical und Ferretvite werden am häufigsten verwendet. Es handelt sich dabei um eine kalorienreiche Paste, die einem geschwächten Frettchen oder einem Tier mit einem niedrigen Blutzuckerspiegel wieder auf die Beine hilft. Wenn Sie solche Ergänzungsstoffe als Medizin verwenden wollen, lassen Sie sich von Ihrem Tierarzt beraten, denn eine Überdosierung kann sehr gefährlich und sogar tödlich sein.

Oftmals werden diese Ergänzungsfuttermittel in kleinen Portionen als Leckerli verfüttert. Ich gebe meinen Tieren täglich nicht mehr als 1/8 Teelöffel davon. Manche Frettchen lecken es auch direkt von der Pipette ab. Um die Dosierung jedoch besser unter Kontrolle zu haben, verwende ich lieber einen Teelöffel. Denken Sie aber immer daran, dass es sich hier um viel

Zucker handelt. Verabreichen Sie Ihren Tieren also nicht zu viel davon, es sei denn, Ihr Frettchen leidet an Diabetes.

Beim Krallenschneiden oder Ohrensäubern sind Ergänzungsfuttermittel jedoch unverzichtbar.

Zeit für Leckerlis!

Sie können Ihr Haustier auch zu Tode lieben. Viele Katzen- und Hundebesitzer tun das unbewusst, indem sie ihren Lieblingen zu viele Leckereien und Sachen vom Essenstisch geben. Leckerlis sind ein wichtiger Bestandteil der Beziehung zwischen Ihnen und Ihrem Frettchen, aber nur so lange, wie Sie die richtigen Leckerlis auswählen und nicht zu viel davon verfüttern.

Manche Frettchen erwarten ihr Lieblingsleckerli immer zu bestimmten Tageszeiten oder nachdem sie einen bestimmten Trick aufgeführt haben. Sie betteln richtig danach. Natürlich verdienen alle Frettchen Leckereien. Bevor Sie Ihrem Frettchen jedoch welche geben, sollten Sie mit Ihrem Tierarzt sprechen. Manche Leckerlis verschlimmern Krankheiten wie Insulinome oder chronische Darmkrankheiten. Gehen Sie vorher also lieber auf Nummer sicher.

Achten Sie darauf, dass die Futterstückchen relativ klein sind, damit Ihr Frettchen sie leicht kauen und schlucken kann. Leckerlis, die schnell verderben, sollten Sie lieber rechtzeitig entfernen, denn Frettchen horten alles, was sie kriegen können.

Was gut ist

Auch die guten Dinge können Ihrem Frettchen schaden, wenn sie in rauen Mengen verfüttert werden! Hier sind ein paar Anregungen, was Sie Ihrem Frettchen hin und wieder anbieten können (denken Sie daran, immer nur kleine Stückchen zu verfüttern):

- ✔ **Früchte, die keine Fruchtsäuren enthalten:** Rosinen, Melone, Banane, Apfel und Papaya. Aber nicht mehr als ein bis zwei kleine Stückchen pro Tier von einem dieser Früchte am Tag. Viele Früchte enthalten sehr viel Zucker, geben Sie daher Acht bei Insulinom-Patienten.
- ✔ **Gekochtes Gemüse:** Wenn Ihre Frettchen es gut vertragen, können Sie auch rohes Gemüse verfüttern. Ansonsten das Gemüse leicht abkochen, aber nicht zerkochen. Es eignen sich rote und gelbe Paprika, Zucchini, Salatgurke, Möhre, gekochter Spinat oder Kartoffelpüree. Gemüse enthält nicht viele Nährstoffe und kommt zum größten Teil unverdaut am anderen Ende wieder raus.
- ✔ **Müsli:** Der Schlüssel hierbei ist ein geringer Gehalt an Salz und Zucker. Verfüttern Sie aber auch hier nicht mehr als ein bis zwei Teelöffel am Tag.

✔ **Eier:** Hart gekochte Eier oder Rührei. Eigelbe (gekocht oder roh) eignen sich besonders gut. Manche Menschen verfüttern keine rohen Eier, weil sie Angst vor Salmonellen und anderen gefährlichen Bakterien haben. Rohes Eiweiß enthält außerdem eine Substanz, die das Biotin der Nahrung bindet. Verfüttern Sie deshalb niemals rohes Eiweiß.

✔ **Fleisch:** Gekochtes Fleisch eignet sich bestens als Leckerei. Besonders beliebt sind Hühnerfleisch und Hühnerherzen. Rind und Truthahn eignen sich aber auch. Vermeiden Sie verarbeitetes Fleisch, beispielsweise in Form von Salami, darin sind zu viel Salz und Zusatzstoffe enthalten, die nicht in den Frettchenmagen gehören.

> Wenn Sie zu oft und zu viel Leckerlis verfüttern, kann Ihr Frettchen davon abhängig werden. Hier ist ein kleiner Trick für Leute, die nicht zu viel davon verfüttern wollen. Die meisten Frettchen sehen auch ein herkömmliches Stück Trockenfutter als Leckerli an, wenn Sie es ihm aus der Hand füttern. Wenn das funktioniert, bekommt Ihr Frettchen so nicht nur ein Leckerli, sondern hält sich auch noch an seine reguläre Ernährung. Das ist auch eine gute Möglichkeit, dem Frettchen etwas Neues anzubieten.

Was nicht so gut ist

Es gibt Leckereien, die, in Maßen verfüttert, Ihrem Frettchen nicht schaden. Es gibt aber auch Leckerlis, die ungesund sind und die Sie unbedingt vermeiden sollten, auch wenn Ihr Frettchen noch so sehr danach bettelt.

✔ **Alkohol und andere stark zuckerhaltige Getränke:** Zu viel Zucker ist ungesund. Ein betrunkenes Frettchen kann sehr schnell zu einem toten Frettchen werden.

✔ **Kaffee und Tee:** Bitte kein Koffein. Als wären die Tiere nicht schon aufgedreht genug.

✔ **Milchprodukte:** Auch wenn Frettchen Milch und Sahne lieben und ihnen bereits so etwas gefüttert wurde, Milchprodukte verursachen bei Frettchen Durchfall. Also keine Milch bitte. Wenn Sie unbedingt Milch verfüttern wollen, verwenden Sie Katzenmilch, die enthält weniger Laktose.

> Viele Experten diskutieren über die Milchzuckerunverträglichkeit von Frettchen. Viele Tierärzte sagen, dass diese Unverträglichkeit weit verbreitet ist, während andere dem widersprechen. Ein gesundes Frettchen bringt es allerdings nicht um, wenn es einmal kurz an einem Vanilleeis leckt. Richtige Sahne wird von Frettchenbesitzern und Tierärzten sogar eingesetzt, um geschwächte Tiere wieder aufzupäppeln. Käse enthält sehr wenig Milchzucker. Wenn Sie also nur winzig kleine Stückchen davon verfüttern, ist das nicht weiter problematisch. Beobachten Sie Ihr Frettchen, wenn es nach dem Verzehr solcher Sachen Durchfall hat, verträgt es den Milchzucker möglicherweise nicht.

- ✔ **Körner und Nüsse:** Solche Sachen sind unverdaulich und kommen nur schwer am anderen Ende wieder raus, von den Schmerzen mal ganz abgesehen. Körner und Nüsse können Verstopfungen verursachen und gehören daher nicht in einen Frettchenmagen.
- ✔ **Schokolade:** Schokolade enthält Theobromid, was für Ihr Haustier (beispielsweise für Hunde) in hohen Dosen gefährlich werden kann. Niemand weiß genau, ob Schokolade für Frettchen genauso gefährlich ist. Sie brauchen nicht gleich in Panik zu geraten, wenn Sie aus Versehen ein winziges Stück Schokolade verfüttert haben. Verwenden Sie Schokolade jedoch nicht als Leckerei. Johannisbrot ist ein guter Ersatz für Schokolade.
- ✔ **Süßigkeiten:** Das ist sicherlich offensichtlich. Nicht füttern!
- ✔ **Salzige Nahrungsmittel:** Heben Sie sich die Salzerdnüsse für Ihr Bier auf.
- ✔ **Rohes Eiweiß:** Rohes Eiweiß enthält eine Substanz, die Biotin bindet. Wenn diese Substanz aufgenommen wird, können Anämien ausgelöst werden. Wenn Sie das Eiweiß kochen, zerstören Sie diese Substanz. Sie können das Eiweiß dann ohne Probleme verfüttern.
- ✔ **Finger:** Nur ein Scherz, ich wollte nur mal sehen, ob Sie auch aufpassen.

Leckerlis sind kein Bestandteil der Ernährung und können, wenn sie im Überfluss verfüttert werden, den Verdauungstrakt des Frettchens schädigen. Die meisten Leckereien enthalten Zucker und Salze, und Zucker und Salze in großen Mengen sind schlecht, sehr schlecht. Andere Leckerlis enthalten wenig Nährstoffe, integrieren Sie diese deshalb nicht in die tägliche Ernährung. Auch Leckereien, die unter den guten aufgezählt wurden, können gefährlich werden, wenn sie in großen Mengen verfüttert werden. Andererseits wird Ihr Frettchen auch nicht gleich sterben, wenn es ein winziges Stück von Dingen bekommt, die ich als schlechte Leckerlis aufgelistet habe. Wenn Sie alles in Maßen verfüttern, sollten Sie und Ihr Frettchen keinerlei Probleme bekommen.

Freizeit

In diesem Kapitel

▶ Einem alten Frettchen neue Tricks beibringen

▶ Kreatives Spielzeug

▶ Einen Fitnessplan erstellen

Frettchen sind so intelligent wie einige kleine Primaten. Deshalb ist es so wichtig, dass Frettchen viel Zeit zum Spielen und zum Erkunden einer frettchensicheren Umgebung haben. Wenn Sie ihnen nicht regelmäßig entsprechende Reize bieten, können Frettchen schnell depressiv, bissig und neurotisch werden. Sie fangen an, an den Käfigstangen zu beißen, Einstreu und Futter aus dem Käfig zu werfen und sind ständig auf der Suche nach einer Fluchtmöglichkeit aus dem Käfig. Sie werden unsportlich, setzen Hüftspeck an und schlafen regelmäßig vor dem Fernseher ein.

Dieses Kapitel soll Ihnen einen Einblick in das Spielverhalten und die Bedürfnisse von Frettchen liefern. Ich zeige Ihnen, wie Sie am besten mit Ihrem Frettchen spielen und so tun, als wären Sie selbst eins. Ich werde auf ganz tolles Spielzeug eingehen, das Sie im Handel kaufen können, aber auch auf richtig coole Sachen, die Sie ganz einfach selber basteln können. Sie finden außerdem Informationen darüber, wie Sie das Leben Ihres Frettchens bereichern können. Damit will ich Ihnen ein Gefühl dafür vermitteln, welche Bedürfnisse Ihr Frettchen hat, immer wieder neue Sachen zu entdecken. Sie können Ihrem Frettchen auch ein oder zwei kleine Tricks beibringen. Am Ende biete ich denjenigen, die glauben, das perfekte Frettchen zu besitzen, ein paar Einblicke in Frettchenschauen.

Spielen Sie Frettchen

Mindestens die Hälfte seiner Freizeit sollte ein Frettchen zusammen mit Ihnen verbringen (siehe Abbildung 10.1). Vielleicht hat Ihre Mutter Sie früher immer auf ein Kissen gesetzt, Ihnen eine Flasche in den Mund gesteckt und den Fernseher eingeschaltet. Aber das war sicherlich nicht das, was Sie sich erhofft hatten. Auch ein Frettchen möchte spielen, und sein Besitzer sollte sich ihm anschließen. Das ist gut für Geist und Seele und die Figur.

✔ Befriedigen Sie seinen Jagdtrieb, indem Sie ihm Bälle hinterher rollen und mit Spielzeug quietschen, damit es durch die Gegend rennt.

✔ Halten sie beide jeweils an einem Ende eines Spielzeugs fest und spielen sie Tauziehen.

- ✔ Trainieren Sie sein akrobatisches Talent, indem Sie es ermutigen, nach Spielzeug zu springen. Lassen Sie ein Spielzeug an einem Stock baumeln, das ist gut für seine Beweglichkeit. Katzenspielzeug eignet sich für Frettchen meist am besten (z.B. eine »Katzenangel«).
- ✔ Nehmen Sie ein Plüschtier, um mit Ihrem Frettchen zu kämpfen und es herumzurollen.
- ✔ Spielen Sie Verstecken. Verwenden Sie quietschendes Spielzeug, wenn Ihr Frettchen auf der falschen Fährte ist.
- ✔ Legen Sie sich einfach auf den Boden und lassen Sie sich von Ihrem Frettchen erkunden.

Wenn es Zeit ist, das Frettchen wieder in den Käfig zu sperren, verwenden viele Leute ein Quietschtier, um es aus seinem Versteck zu locken. Ich nenne das immer den letzen Aufruf.

Sie können und sollten viele sichere Möglichkeiten entwickeln, mit Ihren Frettchen zu kommunizieren. Ihr Hauptziel neben dem Spaß sollte es sein, die natürliche Neugier Ihrer Frettchen so gut wie möglich zu stimulieren. Die Menschen tun die blödesten Dinge, wenn sie mit ihren Frettchen spielen. Und Frettchen tun auch die dümmsten Sachen, nun ja, es sind halt Frettchen.

Abbildung 10.1: Frettchen brauchen den Umgang mit Ihnen. Was eignet sich da besser als zusammen zu spielen?

Einem alten Frettchen neue Tricks beibringen

Mit einer so kurzen und ständig wechselnden Aufmerksamkeitsspanne (ich spreche von den Frettchen) ist es nicht gerade leicht, Ihrem Frettchen einige einfache Tricks beizubringen. Von der Aufmerksamkeitsspanne abgesehen sind Frettchen extrem intelligent und können durchaus ein paar tolle Dinge lernen, solange es sich für sie lohnt. Ich spreche natürlich von kleinen Leckereien und ein bisschen extra Zeit außerhalb des Käfigs. Wenn Sie Leckerlis als Lockmittel verwenden, nehmen Sie kleine Stückchen vom Lieblingsfutter Ihres Frettchens.

Ihre Frettchen nehmen neue Tricks, egal wie erniedrigend die sind, leichter auf, wenn sie vom Spielen bereits etwas müde sind. Diejenigen von Ihnen, die selber Kinder haben, können das nachvollziehen. Frettchen haben eine sehr kurze Aufmerksamkeitsspanne. Üben Sie immer nur fünf bis zehn Minuten und belohnen Sie das Tier. Negative Äußerungen führen nicht zum Erfolg. Seien Sie geduldig, ausdauernd und wiederholen Sie oft. Hier ist noch ein Tipp: Üben Sie immer nur mit einem Frettchen gleichzeitig, um Störungen zu vermeiden. Manche Frettchen lernen, indem sie anderen einfach nur beim Üben zuschauen.

Wenn Sie Ihren Frettchen Tricks beibringen wollen, müssen Sie immer darauf achten, die Tiere positiv zu bestärken, sie sanft zu erziehen. Wenn etwas nicht gleich klappt, ignorieren Sie es und versuchen es einfach noch einmal.

Männchen machen und betteln

Der leichteste Trick, den Sie einem Frettchen beibringen können, ist, sich aufzurichten und zu betteln. Diese Bewegung ist ganz natürlich, denn Frettchen stellen sich oft hoch auf und halten nach Dingen Ausschau, die sie stibitzen wollen. Wenn Ihr Frettchen diesen Trick erst einmal gelernt hat, rennt es womöglich öfter mal vor Ihnen her, um jede Chance zu nutzen und nach einem Leckerli zu betteln. Für diesen Trick sind eine menschliche Hand – am besten im Zusammenhang mit dem restlichen Körper – und ein Lieblingsleckerli notwendig (siehe Abbildung 10.2).

1. **Setzen Sie sich mit einem Leckerli in der Hand auf den Boden.**
2. **Halten Sie Ihre Hand vom Körper weg und lassen Sie Ihr Frettchen daran schnuppern, damit es merkt, was es dort Feines gibt.**

    Sie können das Frettchen auch kosten lassen.

3. **Heben Sie Ihre Hand langsam immer höher, bis sich auch Ihr Frettchen erhebt.**
4. **Während sich das Frettchen aufrichtet, sollten Sie einen Befehl benutzen, den Sie später dafür verwenden wollen – etwas wie »Hoch«, »Auf«, »Sitz« oder etwas in der Art.**

    Wählen Sie *ein* einfaches Wort und benutzen Sie es auch konsequent.

Erlauben Sie Ihrem Frettchen nicht, seine Vorderpfoten auf Ihrem Schoß abzustellen oder nach Ihrer Hand zu greifen. Wenn es das doch versucht, stoßen Sie es leicht zur Seite oder bewegen Sie sich ein Stückchen weiter weg und beginnen von vorn. Das Frettchen soll diesen Trick ausführen, ohne dabei zu schummeln.

Wenn das Frettchen den Befehl mit einem Leckerli in Verbindung bringt, versuchen Sie es nur allein mit der Handbewegung. Taube Frettchen können keine Lippen, dafür aber die Körpersprache lesen und betteln so auch oft nach Leckereien.

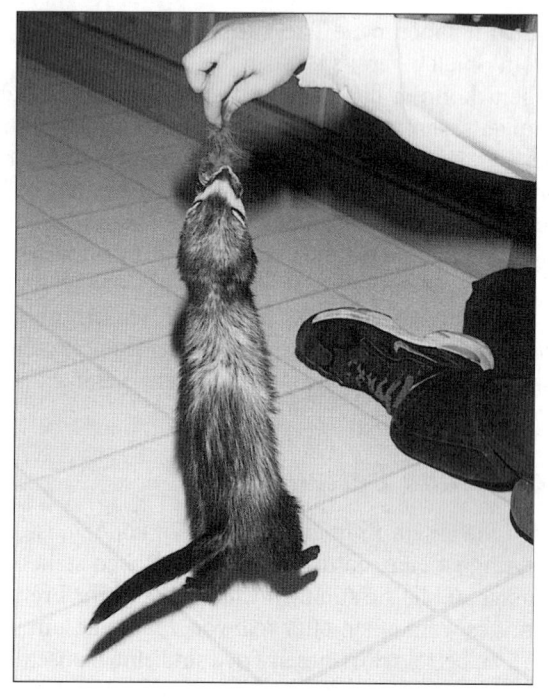

Abbildung 10.2: Frettchen Bouka beim Männchenmachen

Scooter, ich glaube, Frauchen ruft

Viele Frettchenbesitzer haben ihren Tieren beigebracht, auf ihren Namen zu hören. Wenn Sie Ihrem Frettchen diesen Trick beibringen, ist das ähnlich, als wenn Sie es mit einem quietschenden Spielzeug oder einem anderen Geräusch locken. Trotzdem bestehen viele Leute darauf, dass jedes einzelne ihrer Frettchen auf seinen eigenen Namen hört und manche sogar die Namen der Käfiggenossen kennen.

Es gibt verschiedene Möglichkeiten, wie Sie Ihrem Frettchen beibringen können, auf seinen Namen zu hören. Wiederholung und Belohnung spielen in diesem Zusammenhang eine ganz wichtige Rolle. Ihr Vorgehen ist eigentlich egal. Ich zeige Ihnen hier eine Methode, die ganz gut funktioniert:

1. **Rufen Sie, während Sie mit Ihrem Frettchen spielen, immer wieder seinen Namen.**

   Wenn das Frettchen nicht gemerkt hat, dass Sie etwas gesagt haben, stellen Sie direkten Blickkontakt her und rufen Sie erneut seinen Namen.

2. **Hocken Sie sich hin und verdeutlichen Sie Ihrem Frettchen, dass Sie ihm etwas zeigen wollen. Rufen Sie währenddessen regelmäßig seinen Namen.**

3. **Wenn das Frettchen interessiert zu sein scheint und auf Sie zukommt, belohnen Sie es mit einem kleinen Leckerli.**

4. **Vergrößern Sie die Entfernung und rufen Sie das Tier erneut. Wiederholen Sie diesen Vorgang mehrere Male, damit das Frettchen seinen Namen tatsächlich mit einem Leckerli in Verbindung bringt.**

   Leckerlis steigern die Motivation und helfen, Ihre Frettchen zu trainieren. Ein untrainiertes Frettchen kommt jedoch nicht angerannt, wenn Sie seinen Namen rufen, denn all die Leckerein werden es in ein Pummelchen verwandelt haben. Verwenden Sie als Belohnung alternativ auch zusätzliche Streicheleinheiten und verbales Lob. So bleibt Ihr Frettchen gesünder und ist immer wieder überrascht über eine neue Belohnung.

Sie können auch den Namen Ihres Frettchens aussprechen und gleichzeitig mit seinem Lieblingsspielzeug quietschen. Mit dieser Kombination wecken Sie eigentlich immer seine die Aufmerksamkeit. Sprechen Sie den Namen aus und verwenden Sie als zusätzliche Motivation das Spielzeug. Wenn das Tier den Trick verstanden und richtig reagiert hat, verwenden Sie das Spielzeug immer seltener, bis Sie es gar nicht mehr brauchen.

Erhöhen Sie den Schwierigkeitsgrad, indem Sie sich verstecken und dann nach Ihrem Frettchen rufen. Frettchen sind extrem intelligent. Wenn sie wissen, dass es eine Belohung gibt, dort wo die Stimme herkommt, hören sie ihren Namen und machen sich sofort auf die Suche nach Ihnen.

Durch Reifen springen

Das ist ein relativ einfacher Trick. Sie brauchen nur einen kleinen Plastikreifen (oder etwas Ähnliches) mit ungefähr 30 Zentimeter Durchmesser. Halten Sie den Reifen zwischen sich und dem Frettchen direkt über dem Boden. Zeigen Sie ihm ein Leckerli, um es zu ermutigen, durch den Reifen zu springen. Wenn das Frettchen einfach nur durch den Reifen durchläuft, sagen Sie »Spring« und belohnen Sie es, wenn es durch ist. Denken Sie daran, dass das Frettchen keine Ahnung hat, wovon Sie sprechen. Das Tier wird denken, dass Sie etwas verrückt sind. Das Einzige, was es will, sind die Leckerlis. Nach und nach wird das Frettchen eine Verbindung zwischen dem Hindurchhüpfen, dem Befehl an sich und dem Leckerli aufbauen.

Das Ziel ist es, den Reifen hochzuhalten, damit das Frettchen auf Befehl hindurchspringen kann. Sie können dabei auf verschiedene Arten vorgehen. Manche Frettchen springen einfach durch, sobald Sie den Reifen hochhalten. Andere krabbeln unten drunter durch oder außen herum. Wenn Sie ein etwas kompliziertes Frettchen haben, üben Sie diesen Trick in einer Ecke oder einem schmalen Gang, damit es nicht anders kann, als durch den Reifen durchzuspringen. Halten Sie das Leckerli immer schön hoch, damit Ihr Frettchen nach oben über den Reifen schauen muss. Vergessen Sie nicht, jedes Mal, wenn es durch den Reifen springen soll, etwas wie »Spring« zu sagen.

Wenn Ihr Frettchen erst einmal durch den Reifen springt und auf den dazugehörigen Befehl hört, können Sie auch versuchen, es von einem erhöhten Podest aus springen zu lassen. Setzen Sie das Frettchen dazu beispielsweise auf eine Transportbox und halten Sie den Reifen direkt davor. Halten Sie das Leckerli in die Höhe und sagen Sie »Spring«.

Es gibt verschiedene kreative Möglichkeiten, Ihrem Frettchen diesen Trick beizubringen. Vielleicht finden Sie auch eine Methode, mit der Sie besser zurechtkommen. Das Frettchen durch den Reifen zu schupsen und es dabei anzufeuern, ist nicht unbedingt das Maß aller Dinge. Bleiben Sie immer freundlich und seien Sie kreativ. Vergessen Sie die Belohnung nicht, wenn Ihr Frettchen seine Sache gut gemacht hat.

Manche Frettchen sind vorsichtig und ängstlich. Traumatisieren Sie Ihr Frettchen nicht, indem Sie es zwingen, einen bestimmten Trick zu lernen, obwohl es das nicht will. Auf der anderen Seite gibt es aber auch Frettchen, die einen Trick nach dem anderen lernen. Sie lernen ein paar und entwickeln dann immer mehr eigene Tricks. Denken Sie immer daran, dass Frettchen Individuen sind und jedes Frettchen seine eigene Persönlichkeit hat. Frettchen sind extrem intelligent, manche haben aber weniger Interesse daran, langweilige Tricks zu lernen und damit ihren Besitzer zu erfreuen. Es ist schon reizvoll genug, wenn Sie Ihr Frettchen einfach Frettchen sein lassen.

Roller dich herum, Beethoven

Wenn Sie Ihren Frettchen beibringen wollen, auf Befehl eine Rolle zu machen, können Rosinen wahre Wunder vollbringen. Manche Frettchen mögen es beispielsweise nicht, wenn man sie auf den Rücken legt, sie drehen sich dann automatisch wieder um. Am Anfang kann es also etwas schwierig werden. Natürlich kenne ich auch hier verschiedene Möglichkeiten, die zum Erfolg führen. Sie können einfach meinem Beispiel folgen oder eine andere Variante entwickeln, die bei Ihrem Frettchen besser funktioniert.

1. **Halten Sie das Leckerli in Ihrer Hand und lassen Sie das Frettchen daran schnuppern oder lecken.**

   Das Leckerli dient zur Ablenkung, während Sie das Tier umdrehen.

2. **Bewegen Sie Ihre Hand mit dem Leckerli in kreisenden Bewegungen um den Kopf des Frettchens.**

   Bei vielen Versuchen wird sich der Kopf des Frettchens drehen, weil es an das Leckerli gelangen will. Der Rest des Körpers dreht sich dann einfach mit.

3. **Wenn sich das Frettchen dreht, entweder von allein oder mit Ihrer Hilfe, sagen Sie etwas wie »Rum« oder »Dreh dich«.**

    Verwenden Sie immer den gleichen Ausdruck.

Am Anfang müssen Sie Ihr Frettchen wahrscheinlich noch komplett selbst umdrehen. Vielleicht können Sie nach einer dreiviertel Drehung aufhören, später dann nach einer halben und irgendwann brauchen Sie das Tier nur noch anzustupsen. Wenn es einmal gelernt hat, was Sie von ihm wollen, benötigt das Frettchen sicherlich nur noch das Leckerli zur Motivation.

Die kreisende Handbewegung eignet sich auch gut für taube Frettchen, die den Befehl natürlich nicht hören können. Sobald Sie das Signal mit der Hand geben, dreht sich das Frettchen dann um. Bringt es die Rolle erst einmal mit einem Leckerli in Verbindung, kann es sein, dass es dann immer öfter vor Ihnen herrennt und sich herumrollt, um Ihre Aufmerksamkeit zu erhaschen, hochgenommen zu werden oder ein Leckerchen zu bekommen. Das ist wirklich lustig.

Mama, ich glaube, das Frettchen ist tot

Das Totstellen ist ein schwieriger Trick. Er unterscheidet sich auch von dem Zustand, in den Ihr Frettchen manchmal gerät, wenn es während des Spielens plötzlich zusammenbricht, sich auf den Rücken legt und alle vier Pfoten in die Luft streckt. Das ist ganz normal. So schnell, wie es eigenartige Rüttelbewegungen macht, sich auf den Boden schmeißt und für einen Moment bewegungslos daliegt, so schnell steht es auch wieder auf und ist genauso hyperaktiv wie vorher. Ich höre immer wieder, dass es dort draußen einige talentierte Frettchen gibt, die sich auf Befehl tot stellen können. Ich glaube, dass es dazu einen Besitzer mit ganz viel Zeit, Geduld und einem geschickten Händchen braucht, um einem Frettchen diesen Trick beizubringen.

Wenn Sie Ihrem Frettchen beibringen wollen, sich tot zu stellen, muss das Tier von sich aus gern und bereitwillig auf seinem Rücken liegen – vorzugsweise hat Ihr Frettchen dann auch schon den Trick mit der Rolle gemeistert. Um das Frettchen zu locken, brauchen Sie sein absolutes Lieblingsleckerli, und das ist von Frettchen zu Frettchen natürlich unterschiedlich. Ich kenne beispielsweise jemanden, der dazu ein winziges Stück Wassermelone verwendet. Egal, was Sie verwenden, Ihr Frettchen muss dieses Leckerli wirklich außerordentlich gern mögen.

1. **Legen Sie Ihr Frettchen auf den Rücken und halten Sie das Leckerli direkt darüber und leicht seitlich daneben.**

2. **Überlegen Sie sich ein Wort oder einen kurzen Satz, den Sie für diesen Trick verwenden wollen – beispielsweise »tot« oder »totes Frettchen«. Wiederholen Sie die Anweisung immer und immer wieder, während Sie Ihrem Frettchen den Trick beibringen.**

3. **Wenn Ihr Frettchen anfängt sich zu bewegen, bewegen Sie das Leckerli schnell auf die andere Seite seines Kopfes, damit es der Bewegung des Leckerlis folgen muss und nicht mehr daran denkt, aufzustehen.**

4. **Wiederholen Sie den Befehl.**

   Sie können mit Ihrer Hand das gewünschte Verhalten bei Ihrem Frettchen verstärken. Seien Sie dabei jedoch immer freundlich, denn das ist ein schwieriger Trick und es handelt sich hier um ein Raubtier, das ganz schnell stinksauer werden kann.

5. **Wenn das Frettchen still liegen bleibt, halten Sie das Leckerli etwas tiefer, damit es davon kosten kann. Wiederholen Sie dabei aber immer wieder den Befehl.**

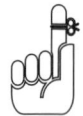

   Sie können dieses Trick einmal oder mehrmals am Tag üben, machen Sie aber immer wieder eine Pause. Manche Frettchen lernen sehr schnell. Andere lernen einen bestimmten Trick vielleicht nicht, können dafür aber ganz schnell einen anderen. Habe ich schon erwähnt, dass Sie sehr viel Ausdauer und Geduld brauchen, viele Wiederholungen einbauen und das Tier immer belohnen müssen?

Nach Leckerlis tauchen

Dieser Trick ist für den Zuschauer sehr amüsant. Sie brauchen dafür aber ein Frettchen, das Wasser mag und auch gern wie ein Otter in ihm herumschwimmt. Suchen Sie ein Leckerli, das schwer genug ist, dass es im Wasser auf den Boden sinkt. Rosinen eignen sich für diesen Trick beispielsweise hervorragend.

1. **Suchen Sie sich eine große Schüssel oder etwas Ähnliches und füllen Sie diese mit Wasser.**
2. **Legen Sie eine Rosine auf Ihre Handfläche und halten Sie diese direkt über die Wasseroberfläche. Erlauben Sie Ihrem Frettchen, nach dem Leckerli zu greifen.**
3. **Wiederholen Sie Schritt 2, nur halten Sie die Hand jetzt etwas tiefer, so dass die Rosine in das Wasser eintaucht. Lassen Sie auch jetzt wieder Ihr Frettchen danach schnappen.**
4. **Wenn Ihr Frettchen sich daran gewöhnt hat, können Sie die Hand immer tiefer in das Wasser eintauchen, bis das Frettchen seinen Kopf (natürlich freiwillig) unter Wasser tauchen muss, um an die Rosine zu gelangen.**
5. **Wenn Ihr Frettchen Gefallen daran findet, können Sie die Rosine auch einfach ins Wasser werfen und ihm beim Tauchen zuschauen.**

   Wenn es nicht danach taucht, holen Sie die Rosine wieder hoch und zeigen Sie sie ihm in Ihrer Hand. Wenn das Frettchen dann versucht, nach der Rosine zu schnappen, lassen Sie sie wieder auf den Boden fallen. Ihr Frettchen sollte dann direkt danach tauchen.

Manchmal fülle ich meine Badewanne mit Wasser, setze ein paar Frettchen auf den Beckenrand (der ist so groß, dass sie darauf auch herumlaufen können) und schmeiße ein paar Rosinen ins Wasser. Normalerweise tauchen dann alle Frettchen danach. Wenn sie die Rosinen eingesammelt haben, setze ich sie meistens wieder zurück auf den Wannenrand, damit sie sie in Ruhe fressen können. Es ist nämlich nicht gerade einfach, gleichzeitig zu schwimmen und zu fressen. Nach einer Mahlzeit sollten Sie übrigens 15 Minuten warten, bevor Sie die Frettchen ins Wasser lassen.

Eine echte Bereicherung

Seitdem unser Heim eine von der USDA (US Department of Agriculture) lizenzierte Unterkunft ist, in der auch Lemuren (sie gehören zur Familie der Primaten) Unterschlupf finden, musste ich mir ein Betreuungsprogramm ausdenken, um das Leben dieser Tiere zu verbessern und sie zu stimulieren. Die Tiere sollen aufgrund zu geringer Stimulation nicht verrückt werden. Ich verändere hin und wieder ihre Umgebung, Sinneseindrücke und die Ernährung.

Aber was hat das jetzt alles mit Frettchen zu tun? Frettchen sind genauso intelligent wie einige kleine Primaten. Und ich sollte vielleicht noch hinzufügen, dass sie offensichtlich intelligenter sind als unsere Lemuren. Ist es möglich, Frettchen zu Tode zu langweilen? Ich denke schon. Wurde Ihnen als Kind nicht auch dieselbe Geschichte mindestens 100 Mal vorgetragen? Sie konnten natürlich aufstehen und davonlaufen. Ein Frettchen aber kann nur die Angebote nutzen, die Sie ihm anbieten (siehe Abbildung 10.3).

Abbildung 10.3: Frettchen brauchen viel Abwechslung und Zeit zum Spielen, wie Panda und Buster in der Abbildung sehr eindrucksvoll demonstrieren.

Um ein Frettchen immer ausreichend zu beschäftigen, müssen Sie sehr kreativ sein. Glücklicherweise gibt es unzählige Möglichkeiten, wie Sie Ihr Frettchen mit Ihrem Erfindungsreichtum überraschen können. Das Gute dabei ist, dass Sie selten große finanzielle Ausgaben tätigen müssen. So muss es sein: neu, aufregend und künstlerisch.

Das Ziel ist es, Ihrem Frettchen jeden Tag neue Entdeckungsmöglichkeiten zu bieten. Gehen Sie ungefähr so an die Sache heran: Ein Frettchen entdeckt seine Umwelt mit seiner Nase. Stecken Sie es in einen Käfig, und es wird jeden Zentimeter untersuchen, bis es den Käfig in- und auswendig kennt. Und was ist dann? Langeweile. Schlafen. Schlafen. Langeweile. Deshalb ist es so wichtig, dass das Frettchen Zeit zum Spielen hat. Auch wie es spielt, ist von Bedeutung. Hier sind ein paar Ideen, die Ihnen helfen sollen, das Frettchenleben zu bereichern:

- ✔ **Ernährung:** Ernähren Sie Ihr Frettchen abwechslungsreich. In Kapitel 9 finden Sie dazu ein paar Anregungen. Wenn Sie jeden Tag Döner essen müssten, würden Sie auch irgendwann durchdrehen. Die herkömmliche Ernährung eines Frettchens ist eher langweilig, mal ganz davon abgesehen, dass sie nicht ausgewogen genug ist.

- ✔ **Spielzeug:** Geben Sie ihm immer mal wieder anderes Spielzeug, damit Altes wie neu aussieht. Kaufen Sie ihm aber auch regelmäßig neues Spielzeug oder stellen Sie selbst welches her. Bauen Sie ein Frettchenschloss: Schneiden Sie Löcher in Kartons und kleben Sie die Kartons zusammen. Mit Röhren und leeren Müslipackungen können Sie die tollsten Dinge basteln. Kaufen Sie Plastikostereier und verstecken Sie innen drin kleine Glöckchen. (Eier rollen nicht wie herkömmliche Bälle.) Verstecken Sie Spielzeug an sicheren Orten und lassen Sie Ihr Frettchen danach suchen. Stechen Sie ein Loch in einen Tischtennisball und verstecken Sie darin ein paar weiße Bohnen. Stopfen Sie das Loch wieder zu. Die Geräusche werden Ihr Frettchen verrückt machen!

- ✔ **Futter:** Verstecken Sie Leckereien an den verschiedensten Orten (merken Sie sich aber immer, wo Sie es versteckt haben) und lassen Sie Ihr Frettchen danach suchen. Sie können Löcher in kleine Dosen schneiden und darin dann etwas zu fressen verstecken. Lassen Sie Ihre Frettchen für ihr Futter arbeiten. Verstecken Sie Leckerlis in Ostereiern, Milchkartons oder Plastikflaschen.

- ✔ **Käfig:** Wenn es möglich ist, sollten Sie den Käfig regelmäßig umräumen. Wechseln Sie das Bettzeug, hängen Sie neues Zubehör, beispielsweise eine neue Leiter oder eine neue Hängematte, hinein. Sie können auch Papageispielzeug aufhängen (keine Kleinteile). Wenn Sie mehrere Käfige haben, können Sie Ihr Frettchen auch immer mal in einem anderen unterbringen.

- ✔ **Geruchssinn:** Reiben Sie Spielzeuge mit ein wenig Sonnenblumenöl ein. Manche Leute verwenden auch ungiftige Duftstoffe. Wenn Sie mehrere Käfige voller Frettchen haben, sollten Sie regelmäßig das Bettzeug austauschen. Gehen Sie in ein Jagdgeschäft und kaufen Sie eine Flasche mit Rotwild-Duftstoffen. Reiben Sie ein wenig davon auf ein Spielzeug und sehen Sie zu, wie Ihr Frettchen schier verrückt wird. (Wenn Sie regelmäßig das Futter wechseln, regen Sie auch den Geruchssinn der Tiere an.)

- ✔ **Spiele, die Sie entwickeln:** Füllen Sie einen Schuhkarton mit Dreck oder Sand und lassen Sie Ihr Frettchen darin nach Gold graben. Sie können Plastikbälle, zerknülltes Papier oder Folie nehmen. Versenken Sie mit Leckerlis bestückte Tischtennisbälle in der Badewanne. Ziehen Sie Ihr Frettchen auf einem Handtuch über den Fußboden (das ist das so genannte »Surfen«). Bauen Sie mit Hilfe von PVC-Röhren Rutschen. Schauen Sie zu, wie das Kind in Ihrem Frettchen geweckt wird.

10 ▸ Freizeit

Können Sie zu vorsichtig sein?

Meiner Meinung nach tendieren die meisten Frettchenbesitzer dazu, ihre Tier zu sehr wie ein kleines Kind zu behandeln. Frettchen neigen in ihrem kurzen Leben zu vielen Krankheiten. Es sind aber keine zerbrechlichen Kreaturen, wenn man sich richtig um sie kümmert. Sie werden oft Dinge wie »Mach das nicht!« oder »Bist du dir wirklich sicher?« hören. Vieles davon klingt wie Ratschläge von langjährigen Frettchenbesitzern. Anderes ist aber auch einfach nur Gerede. Denken Sie beispielsweise an meinen Vorschlag, Frettchen auch mal in einem Sandkasten spielen zu lassen. Viele Frettchenbesitzer sind vielleicht entsetzt, dass ich das vorschlage, weil die Möglichkeit besteht, dass der Sand in Augen, Nase und Ohren der Tier gelangt oder eingeatmet werden kann. Ich schlage Ihnen jedoch nicht vor, dem Tier ein Bett aus Sand zu bauen oder es täglich darin spielen zu lassen. Schließlich wälzen sich auch die wilden Verwandten der Frettchen regelmäßig in Sand und Dreck, ohne dass dabei großartige Probleme auftauchen. Versuchen Sie es einfach.

Zu diesen Vorschlägen können Sie aber auch noch die Art und Weise verändern, wie Sie mit Ihrem Frettchen umgehen. Gehen Sie öfter mit ihm raus und schauen Sie sich die unterschiedlichsten Plätze und Orte an. Wecken Sie seinen Entdeckerinstinkt, indem Sie es in einen Sandkasten setzen. Verstecken Sie ein paar Spielzeuge und lassen Sie das Frettchen danach suchen. Sie haben noch nie ein Frettchen richtig in Aktion gesehen, solange Sie noch kein Spielzeug im Sand versteckt haben.

Lassen Sie sich von niemandem einreden, dass Frettchen nur einen geringen Pflegeaufwand beanspruchen. Das entspricht absolut nicht der Wahrheit. Sicherlich können Sie ein Frettchen auch in einem kleinen Käfig und mit einer eintönigen und herkömmlichen Ernährung für viele Jahre am Leben halten. Damit es jedoch gesund und glücklich bleibt, müssen Sie dem Tier viel Aufmerksamkeit schenken. In dieser Hinsicht ähneln sie sehr menschlichen Kleinkindern. Ohne regelmäßige Beschäftigung und Zuneigung werden Frettchen träge und depressiv. Sie leiden unter Käfigstress und zeigen Verhaltensauffälligkeiten. Sie selbst tragen die Verantwortung dafür, nicht nur die grundlegenden Bedürfnisse des Tieres zu befriedigen.

Rascheltunnel, wie es sie für Katzen gibt, sind auch bei Frettchen sehr begehrt.

Medaillen mit nach Hause bringen

Viele Frettchenhalter zeigen ihre Lieblinge gern her, entweder so, wie sie die Natur geschaffen hat, oder eingekleidet. Es gibt auch Frettchenschauen und andere Veranstaltungen, wo sich Frettchenbesitzer treffen. Sie bringen viel Spaß und fast jedes Frettchen wird dort zu einem

Gewinner. Viele Frettchenclubs veranstalten Partys mit Wettkämpfen und Spielen. Größere Organisationen veranstalten richtige Frettchenschauen – so wie es sie auch für Hunde gibt, nur mit viel mehr Stil und Geschmack.

Sind Sie der Meinung, dass Sie das großartigste, talentierteste Frettchen auf der ganzen Welt haben? Denken Sie, dass Ihr Frettchen in Sachen Schönheit die Krönung der Schöpfung ist? Warum sollten Sie mit ihm dann nicht an einer Show oder einem Wettbewerb in Ihrer Nähe teilnehmen? Es ist eine tolle Möglichkeit, andere Frettchenfans kennen zu lernen und die Frettchen untereinander zu vergleichen. Sie können lustige und verrückte Geschichten erzählen, die alle etwas mit den Körperfunktionen eines Frettchens zu tun haben. Sie können aber auch etwas über neue Behandlungsmethoden lernen, etwas über Verhaltensprobleme bei Frettchen und etwas darüber, wie Sie Ihr Zuhause wirklich frettchensicher machen können. Außerdem gibt es meistens viele Händler, die an ihren Ständen alles Mögliche verkaufen, was mit Frettchen zu tun hat, von Futter über Schmuck bis hin zu anderen merkwürdigen Dingen.

Eine Möglichkeit, über bevorstehende Schauen immer auf dem Laufenden zu bleiben, ist die, ein viel gelesenes Haustiermagazin zu abonnieren. Dort werden nicht nur Veranstaltungen aufgelistet, Sie finden auch immer wieder aktuelle Artikel und Berichte über neueste medizinische Entdeckungen und Behandlungsmethoden und wie Sie mit Problemen umgehen können. Außerdem lernen Sie immer wieder Menschen kennen, die sich ebenso den Frettchen hingeben wie Sie.

Wettkämpfe

Wettkämpfe sind eine ausgezeichnete Möglichkeit, um mit Frettchen und deren verrückten Besitzern ganz viel Spaß zu haben. Eine kleine Herausforderung ist auch gut für die Seele. Die Wettbewerbe haben nichts damit zu tun, wie schön Ihr Frettchen aussieht und wie gut es sich benehmen kann. Sie haben eher etwas mit Kreativität, Persönlichkeit und Können zu tun. Manchmal ist es aber auch einfach nur Glück.

Der erste Wettbewerb, an dem ich teilgenommen habe, war ein Gähn-Wettbewerb. Und mein Frettchen hat dabei den ersten Platz belegt. Es hat innerhalb von 60 Sekunden sieben Mal gegähnt. Ich war so stolz! Sie müssen Ihr Frettchen am Genick packen, so kann es leichter gähnen. Bei den meisten Wettbewerben, die es heute gibt, geht es jedoch eher um das natürliche Gähnen. Ich könnte diesen Wettbewerb gewinnen, aber keins meiner Frettchen. Ein anderer lustiger Wettbewerb ist beispielsweise das Röhren-Rennen – das erste Frettchen, das auf der anderen Seite wieder herausschaut, hat gewonnen. Manchmal ist es erlaubt, dass Sie am anderen Ende mit einem Spielzeug quietschen oder Ihr Gesicht in die Öffnung stecken und Ihr Frettchen anfeuern. Ich glaube, meine Nikki würde sich in der Röhre zu einem kleinen Nickerchen zusammenrollen. Wir müssten die Röhre dann anheben und sie herausrutschen lassen. Nur kann man so nicht gewinnen.

Andere Wettbewerbe beinhalten in der Regel das Entkommen aus einer großen Papiertüte oder einfache Haustiertricks.

Frettchenschauen

Einige der größeren Organisationen und vielleicht auch Tierheime veranstalten regelmäßig Frettchenschauen. Regeln, Bestimmungen und Verfahrensweisen variieren von Veranstalter zu Veranstalter. Sie können durchaus konkurrenzfähig sein. Wenn Sie sich entschließen, Ihr Frettchen auf solch einer Show zu präsentieren, muss es sich mit Generationen von Zucht-Champions messen, die von privaten Züchtern vorgestellt werden.

Je nachdem, um welche Show es sich handelt und von wem sie gesponsert wird, stehen Ihnen verschiedene Teilnahmeklassen zur Verfügung. Es kann um Farben oder Muster gehen, Züchter, Jungtiere und alte oder behinderte Tiere. Und das waren längst noch nicht alle Kategorien. Manchmal gibt es auch extra welche für Frettchen aus Tierheimen (traurig, oder?). Auch die Punktevergabe ist von der Art der Veranstaltung abhängig, manchmal ist sie ähnlich wie bei Hundeschauen. Um im Showzirkus ein bestimmtes Niveau oder einen Ruf zu erlangen, muss Ihr Frettchen eine ganz bestimmte Menge an Punkten sammeln.

Natürlich ist das Aussehen nicht alles. Es geht auch um Persönlichkeit. Auch wenn es Punkte für saubere Ohren, weiße Zähne und perfekt gepflegte Krallen gibt, kann das bestgepflegte Frettchen jedoch nicht die Medaille mit nach Haus nehmen, wenn es seine Mitstreiter in die Nase beißt.

Zeit zum Saubermachen

In diesem Kapitel

- Schmutz und Dreck beseitigen
- Frettchen reinigen
- Auch in den Ritzen
- Frettchenmaniküre

Es wäre doch wirklich schön, wenn ein Butler für uns sauber machen würde, wir es uns mit dem Frettchen auf dem Sofa bequem machen könnten und lediglich den angenehmen Teil der Arbeit, spielen, raufen etc. übernehmen müssten. Da die meisten von uns aber leider keinen Butler haben, müssen wir den Tatsachen ins Auge sehen und uns um alles selber kümmern. Ich spreche davon, den Geruch zu kontrollieren, zu putzen und ganz allgemein von der Hygiene.

Wenn Sie so sind wie ich, sind Sie sicherlich zufrieden, wenn Sie Ihren prachtvollen, sauberen und gesunden Frettchen zuschauen können, wie sie voller Energie umherrennen, um dann in ihren sauberen Hängematten erst einmal ein ausgiebiges Nickerchen zu halten. Das Putzen und Saubermachen ist sowohl für Ihren als auch den Gemütszustand Ihres Frettchens sehr wichtig, von der Gesundheit mal ganz abgesehen. Außerdem können Sie so mögliche gesundheitliche Probleme frühzeitig erkennen.

In diesem Kapitel beschreibe ich Dinge wie das Reinigen des Käfigs, des Bettzeugs und der Futternäpfe. Außerdem liefere ich Ihnen auch alle wichtigen Informationen, wie Sie Ihr Frettchen selbst reinigen können. Hurra!

Den Käfig reinigen

Wenn ich von Käfig spreche, meine ich damit den gesamten Käfig. Was nutzt ein sauberer Käfig, wenn das Bettzeug noch mit Kot verschmiert ist oder am Spielzeug was weiß ich was für Reste kleben? Manchmal vergessen die Leute die Generalüberholung. Auch ich gestehe Fehler ein. Sie und Ihr Frettchen werden aber am glücklichsten sein, wenn im Zuge einer Saubermach-Aktion der Käfig komplett von oben bis unten gereinigt wurde.

Machen Sie den Abwasch

Ich nehme Fressnäpfe, Wassernäpfe und Wasserflaschen immer als Erstes in Angriff, weil ich denke, dass es das Allerwichtigste ist, immer sauberes, frisches Futter und Wasser bereitzustellen. Sie sollten immer noch ein paar extra Näpfe zum Auswechseln zur Hand haben.

Wenn Sie denken, dass Sie auf Frettchen allergisch sind

Allergien sind die häufigsten Gründe, warum Frettchen in Tierheimen landen, auch wenn wirkliche Frettchenallergien eher ungewöhnlich sind. Frettchen werden auch als hypoallergen bezeichnet. Vielleicht ist es gar nicht Ihr Frettchen, auf das Sie allergisch sind. Vielleicht sind Sie auf die Einstreu oder das Bettzeug allergisch. Vielleicht leiden Sie auch unter einer anderen Allergie, die zufällig zu dem Zeitpunkt auftrat, an dem Ihr Frettchen zu Ihnen kam. Vielleicht ist die Erkältung Ihres Babys schlimmer geworden, seit das Frettchen da ist. Es besteht jedoch die Möglichkeit, dass das ganz andere Ursachen hat.

Wenn Sie denken, dass Sie auf Frettchen allergisch sind, können Sie ein paar Dinge tun, um die Symptome der Allergie oder des Asthmas zu lindern. Mein Mann und ich haben aufgrund unseres Asthmas immer ein Inhaliergerät zur Hand. Sie können aber auch Folgendes ausprobieren:

- ✔ Staubsaugen Sie öfter und verwenden Sie gefilterte Staubsaugerbeutel. Vergessen Sie nicht, auch die Fliesen zu staubsaugen. Wenn Sie nur fegen, verteilen Sie den Schmutz und den Staub nur noch mehr. Wenn Sie das Problem ernsthaft angehen wollen, entfernen Sie lieber gleich den gesamten Teppich.

- ✔ Investieren Sie in einen wirklich guten Luftfilter, vielleicht auch gleich in ein paar mehr.

- ✔ Behandeln Sie Teppiche mit einem Anti-Allergie-Spray und reinigen Sie sie öfter nass.

- ✔ Baden Sie Ihr Frettchen häufiger (klares, handwarmes Wasser reicht).

- ✔ Lassen Sie Ihr Frettchen nicht in die Räume, in denen Sie viel Zeit verbringen, beispielsweise das Schlafzimmer.

- ✔ Waschen Sie das Bettzeug Ihres Frettchens öfter und entfernen Sie loses Fell.

- ✔ Waschen Sie sich die Hände, nachdem Sie Ihr Frettchen angefasst haben, und gehen Sie sich damit nicht ins Gesicht oder an den Mund.

- ✔ Lassen Sie sich ein paar dieser ekligen Allergiespritzen verpassen oder nehmen Sie Medikamente, um die Symptome zu bekämpfen.

Allergien müssen die Beziehung zu Ihrem Frettchen nicht beeinträchtigen. Das Frettchen ist vielleicht nicht einmal die Ursache. Als wirklicher Frettchenliebhaber sollten Sie nach einer angemessenen Lösung suchen, bevor Sie jemanden zu Unrecht beschuldigen.

Sie werden hin und wieder die Ausscheidungen Ihrer Frettchen entweder im Fressnapf oder breit geschmiert an den Seiten vorfinden. Wenn Sie solche Verunreinigungen oder ungewöhnlich dreckige Näpfe bemerken, entfernen Sie diese umgehend und reinigen Sie sie gründlich. Der Dreck oder Kot entfernt sich nicht von alleine, wenn Sie ihn ignorieren. Glauben Sie mir, ich habe es selbst ausprobiert. Wenn Sie die Sachen regelmäßig aller paar Tage mit warmem Wasser reinigen, ist das ausreichend.

Effizienter ist es, wenn Sie zum Reinigen eine Mischung aus warmem Wasser und Bleiche verwenden. Reinigen Sie die Näpfe und Schüsseln etc. einmal in der Woche mit dieser Lösung. Die Bakterienkolonien, die sich auf dem Geschirr Ihres Frettchens breit machen, können Sie nicht sehen – es sei denn, Sie haben ganz spezielle Augen. Gehen Sie einfach davon aus, dass die Bakterien da sind. Reinigen Sie deshalb das Geschirr regelmäßig und spülen Sie es abschließend mit klarem Wasser ab. Ihr Frettchen wird es Ihnen danken!

> Das ordentliche Abspülen des Fressnapfes nach dem Saubermachen ist übrigens mindestens genauso wichtig. Auch wenn ein bisschen Seife Ihr Frettchen nicht gleich umbringt, so schmeckt es doch fürchterlich und kann zu Durchfall führen. Außerdem ziehen die Rückstände nur noch mehr Schmutz und Bakterien an. Bleichmittel hingegen können Ihr Frettchen ernsthaft krank machen. Geben Sie also Acht, wenn Sie das Geschirr abwaschen, und spülen Sie es hinterher immer gründlich ab. Ich wasche meine Näpfe immer erst mit Bleichmittel und anschließend mit Wasser und Seife aus. Kann man eigentlich zu vorsichtig mit Frettchen umgehen?

Die Instandhaltung der zusätzlich zu den Wassernäpfen angebrachten Wasserflaschen ist ganz einfach. Wasser und Seife reichen in der Regel aus, wenn Sie beides zusammen mit einer Flaschenbürste anwenden. Sie können auch eine Mischung aus Essig und Wasser oder Backpulver und Wasser verwenden. Als verantwortungsbewusster Tierhalter müssen Sie das Innere der Flasche ordentlich reinigen, um auch kleinste Partikel oder Algen zu entfernen. Vergessen Sie auch nicht die Edelstahlröhre und den Ball. Wenn Sie diese Teile immer schön sauber und frei von Rückständen halten, wird die Flasche auch nicht tropfen. Denken Sie also immer daran, die Flasche vor dem Wiederauffüllen gründlich zu reinigen.

Machen Sie das Bett

Das Bettzeug Ihres Frettchens kann mit der Zeit ganz schön dreckig werden. Weil Frettchen so oft auf die Toilette rennen, ist es besser, die mit Urin und Kot verunreinigten Handtücher und das Bettzeug regelmäßig zu wechseln. Außerdem verstecken sich darin auch immer wieder Krümel von der Einstreu oder Essensreste. Ihr Frettchen verbringt viel Zeit mit dem Schlafen. Daher ist es wichtig, dass Sie das Bettzeug mindestens einmal in der Woche wechseln, im Sommer sogar mindestens zwei Mal die Woche.

> Verwenden Sie beim Waschen keinen Weichspüler, das könnte zu Hautirritationen führen.

Wenn Sie mehrere Frettchen besitzen, ist es besser, das Bettzeug öfter zu waschen. Ich bin eher faul, deshalb habe ich mir ausreichend Wechselbettwäsche zurechtgelegt, so dass ich die Sachen nur austauschen, aber nicht gleich waschen muss. Wenn ich dann eine Waschmaschine voll habe, wasche ich die Sachen.

Wäschewaschen für Frettchen unterscheidet sich kaum von Ihrer normalen Wäsche. Ich verwende immer Waschpulver und heißes Wasser. Sie sollten auch auf Ihre Waschmaschine achten. Ich schüttele das Bettzeug, bevor ich es in die Maschine stecke, immer gründlich aus. So werden lose Krümel bereits vor dem Waschen entfernt. Schauen Sie nach kleinen Kotrückständen und entfernen Sie diese (richtige Frettchenliebhaber machen das mit den bloßen Händen). Sie wollen sicher nicht, dass solche Sachen in Ihrer Waschmaschine landen und sich dort mit der nächsten Waschladung vermischen. Es gibt nichts Schlimmeres als ein vermeintlich sauberes T-Shirt mit einem Kot-Fleck drauf. Noch schlimmer ist es dann, wenn Sie jemand anderes darauf aufmerksam macht. Außerdem könnte Einstreu Ihrer Waschmaschine Probleme bereiten.

Das Klo putzen

Die Toilette Ihres Frettchens sollte so oft wie nötig gereinigt werden (Abbildung 11.1). So vermeiden Sie auch, dass Ihr Frettchen außerhalb der Toilette seine Geschäfte verrichtet, denn die meisten Frettchen machen sich nicht gern die Füße schmutzig – außer sie spielen draußen irgendwo in Sand und Dreck. Wenn Sie mehrere Frettchen haben, dauert es nicht lange, bis der Kot anfängt, sich zu stapeln. Reinigen Sie die Toilette so oft wie möglich und füllen die Einstreu nach Bedarf auf. Es wird nicht lange dauern, bis Sie feststellen werden, dass das Innere einer Toilette echt dreckig wird, weil die meisten Frettchen immer in eine Ecke machen. Manche heben ihr Hinterteil dabei so hoch, dass der Kot auf der Kante der Toilette landet.

Abbildung 11.1: Ihr Frettchen verbringt sehr viel Zeit im Bad. Deshalb ist es auch so wichtig, dass Sie die Toilette regelmäßig sauber machen.

Sie werden schnell herausfinden, dass so eine Frettchentoilette sehr schnell sehr unangenehm werden kann. Benutzen Sie Ihren gesunden Menschenverstand, wenn Sie die Toilette reinigen. Einmal in der Woche nehme ich alle Toiletten aus den Käfigen heraus und entleere sie vollständig. Ich verwende einen alten Lappen oder einen Abwaschschwamm (natürlich nicht den aus der Küche), um den Boden und die Seiten ordentlich zu schrubben. Wasser und Seife sind dafür völlig ausreichend. Ungefähr zwei Mal im Monat verwende ich dann auch Bleichmittel zum Reinigen. Vergessen Sie nicht, auch die Klammern zu reinigen, mit denen die Toilette möglicherweise befestigt ist, denn auch die können echt dreckig werden.

Das Haus abreißen

Es kann sehr zeitaufwändig und lästig sein, den Käfig von oben bis unten komplett zu reinigen. Wenn schönes Wetter ist, nehme ich den ganzen Käfig alle paar Wochen mit nach draußen und mache alles mit einem Hochdruckreiniger sauber. Weil das nur in sieben von zwölf Monaten machbar ist, krieche ich den Rest der Zeit auf dem Boden, um jeden Winkel des Käfigs sauber zu machen.

Sie müssen sämtliche Verschlüsse wechseln und alles herausnehmen, was sich im Käfig befindet. Fegen Sie den Käfigboden gründlich aus. Für diese Aufgabe eignet sich ein kleiner Handstaubsauger ganz hervorragend. Sprühen Sie den Boden außerdem mit einem leichten und ungefährlichen Reinigungsmittel ein und achten Sie darauf, sämtliche Rückstände zu entfernen. Das ist übrigens noch der leichteste Teil der Arbeit.

Der schwierigere Teil ist es, die einzelnen Gitterstäbe des Käfigs von Kotresten zu befreien. Ich ziehe mir immer Handschuhe an und kratze es ab. Hartnäckige Reste, die sich so nicht entfernen lassen, können Sie mit einem langen Metallstab (beispielsweise einem Schraubendreher) oder einem Scheuerschwamm bearbeiten. Passen Sie dabei aber auf, dass Sie nicht die ganze Farbe von den Gitterstäben abkratzen. Wenn der gröbste Schmutz entfernt ist, wischen Sie alles noch einmal mit einem nassen Lappen ab.

Wenn Sie zu kurze Arme haben (so wie ich) oder einen Käfig besitzen, bei dem man nicht alle Ecken erreicht, werden Sie vielleicht ein oder zwei Ecken nicht vollständig reinigen können. An dieser Stelle kann ein Schlauch sehr nützlich sein.

Das Spielzeug vom Dreck befreien

Vergessen Sie nicht das Frettchenspielzeug, denn das wird schließlich regelmäßig durch die Toilette oder das dreckige Bettzeug gezogen. Spielzeug aus Plüsch oder Stoff kann in der Regel zusammen mit dem Bettzeug in die Waschmaschine gesteckt werden. Wenn es wirklich extrem dreckig ist, werfen Sie es lieber gleich in die Mülltonne und kaufen etwas Neues. Frettchen brauchen sowieso regelmäßig neues Spielzeug.

Plastikspielzeug weiche ich immer eine Weile in Spülwasser oder einfachem heißen Wasser ein, bis sich der Dreck abkratzen lässt. Wichtig dabei ist es, das Spielzeug anschließend gut abzuspülen und keine Rückstände zu hinterlassen. Freunde von mir stecken dreckiges Spielzeug und Fressnäpfe mit in die Spülmaschine. Manche reinigen auch dreckige Frettchentoiletten in der Spülmaschine. Okay, das funktioniert zwar, aber seitdem esse ich bei denen nichts mehr.

Viele Leute übersehen Spielzeug, wenn sie die Frettchenumgebung reinigen. Dabei wird auch das Spielzeug ziemlich dreckig und verkrustet mit der Zeit. Denken Sie immer daran, auch das Spielzeug sauber zu machen. Wenn etwas unter einem Kothaufen vergraben ist, können Sie es ruhig wegwerfen und Ihrem Frettchen etwas Neues kaufen. Manches ist ja auch einfach zu hässlich, um es überhaupt sauber zu machen.

Das Frettchen baden

Es gibt viel zu beachten, wenn Sie ein kleines müffelndes Frettchen baden wollen. Sie brauchen das richtige Shampoo und müssen wissen, welcher Ort sich zum Baden am besten eignet. Nicht alle Frettchen lieben das Baden, wenn Sie aber wissen, wie Sie mit Ihrem Frettchen richtig umgehen, können Sie die Angst minimieren.

Wenn offizieller Waschtag ist, kommt schnell heraus, dass nicht alle Frettchen so vernarrt in Wasser sind wie ihre Verwandten, die Otter. Manche reagieren eher wie eine herkömmliche Hauskatze, deren Pfoten soeben nass geworden sind. Andere nehmen es sportlich und wiederum andere dulden das Wasser lediglich. Oftmals ist es so, dass die ersten Begegnungen eines Frettchens mit Wasser sein weiteres Verhalten prägen. Auch wenn ein Frettchen Wasser verachtet, weil es einfach in seiner Persönlichkeit liegt oder weil es ein traumatisches Erlebnis hatte, müssen Sie immer dafür sorgen, das Baden für das Frettchen und für Sie so angenehm wie möglich zu gestalten. Wenn Ihr Frettchen das Baden als Belohnung ansieht, werden Sie beim nächsten Mal nicht so stark mit ihm kämpfen müssen.

Sollte ein Frettchen wasserscheu sein, verschwindet diese Angst wie von Zauberhand nach dem ersten Bad. Ich selbst verbringe regelmäßig viel Zeit damit, hin und her zu rennen und meine Frettchen davon abzuhalten, in volle Kaffeetassen, Toiletten oder den Wassernapf meines Hundes zu klettern. Vielleicht ist das auch nur eine Art Fernbedienung für mich, wer weiß?

Wie oft soll es baden?

Es ist schwer zu glauben, dass ein Bad Ihrer Absicht entgegenwirken soll, Ihr Frettchen frisch riechen zu lassen. Baden ist jedoch nicht gut für die Haut und dessen natürliche Ölung. Die Haut produziert nur immer mehr Hautfett, um das Weggewaschene zu ersetzen. Sie werden außerdem feststellen, dass Ihr Frettchen nach dem Baden eher noch strenger riecht als vorher. Aber keine Angst, das wird nach ein oder zwei Tagen wieder besser.

Baden ist zwar wichtig, aber es ist auch wichtig, ein Frettchen nicht zu oft zu waschen. Die Haut kann dadurch trocken und schuppig, das Fell rau werden. Außerdem wollen Sie sicherlich, dass die Wunden an Ihren Armen verheilen, bevor Sie das Frettchen das nächste Mal baden.

Solange sich Ihr Frettchen nicht wirklich richtig dreckig macht, sollten Sie es nicht öfter als zwei Mal im Jahr baden. Ich rate Ihnen sogar, das Tier nur ein paar Mal im Jahr gründlich zu reinigen. Bevor es losgeht, brauchen Sie außerdem Folgendes: ein entsprechendes Shampoo, ausreichend saubere und trockene Handtücher (für Sie und für das Frettchen) und für Sie Gummistiefel und eine Schwimmbrille.

> Baden Sie immer nur ein Frettchen, niemals mehrere gleichzeitig. Ich habe mal versucht, gleich sechs Frettchen in meiner Badewanne zu waschen und es endete in einem Desaster. Die Frettchen sind förmlich explodiert und ich wurde nach und nach immer müder und musste mich anschließend um meine Wunden kümmern.

Gibt es auch Akne-Creme für Frettchen?

Frettchen neigen genauso zu Mitessern wie wir Menschen, nur dass diese bei einem Frettchen hauptsächlich auf dem Schwanz zu finden sind. Normalerweise geht an diesen Stellen das Fell aus und es bildet sich ein rotbrauner Wachsfilm. Die Ursache dafür sind Dreck und Hautfett, wodurch die Frettchenporen verstopfen. Auch wenn Mitesser nicht gerade sehr attraktiv sind, ist es nichts, worüber Sie sich unnötig Sorgen machen müssen. Waschen Sie den Schwanz einfach alle paar Tage (aber nur den Schwanz) mit einem Shampoo, in dem Peroxyd oder Salizylsäure enthalten ist (dieses Shampoo bekommen Sie bei Ihrem Tierarzt). Reiben Sie den Schwanz damit ein und lassen Sie das Shampoo einen Moment einwirken, bevor Sie es wieder abspülen. Sie können auch ein allergiegetestetes Hautwasser verwenden, spülen Sie dann aber unbedingt mit klarem Wasser nach.

Das richtige Shampoo

Das Shampoo, das Sie für Ihr Frettchen verwenden, sollte sehr hautfreundlich sein. Babyshampoo eignet sich beispielsweise hervorragend. Bei Ihrem Tierarzt bekommen Sie sicherlich auch verschiedene Produkte, die für besonders empfindliche Haut gedacht sind. Verwenden Sie keine starken Shampoos oder Spülmittel. Diese verursachen nur trockene, juckende Haut und sprödes Fell. Sie können auch Shampoo für Haustiere verwenden, vergewissern Sie sich allerdings, dass das Produkt für Katzen geeignet ist. Hundeshampoo kann bestimmte Chemikalien enthalten, die Hunden zwar nichts ausmachen, für Frettchen aber gefährlich sind.

> Verwenden Sie nur Shampoos, die Ihrem Frettchen nichts anhaben können. Wenn Sie sich nicht sicher sind, nehmen Sie Katzenshampoo, damit können Sie nichts falsch machen. Ein mildes Babyshampoo ist für Frettchen aber ebenso geeignet. Andere Produkte könnten Chemikalien enthalten, die für Ihr Frettchen gefährlich sind.

Wenn Ihr Frettchen unglücklicherweise Flöhe hat, sollten Sie vor dem Baden erst den entsprechenden Abschnitt in Kapitel 15 lesen.

Vergessen Sie nicht, die Frettchenpfoten zu reinigen. Besonders in der kalten Jahreszeit oder wenn Frettchen älter werden, werden einige Pfoten hart und rau. Nach einem Bad sollten Sie die Pfoten dann mit Vaseline oder Vitamin-E-Salbe einschmieren, damit sie wieder weicher werden.

Der richtige Ort zum Baden

Welcher Ort eignet sich am besten, um Ihr Frettchen zu baden? Viele Frettchenbesitzer nutzen die Gelegenheit, um ihr nach Wasser verrücktes Frettchen in der Badewanne spielen, tauchen und schwimmen zu lassen. Das ist in Ordnung, lassen Sie Ihr Frettchen jedoch schwimmen, bevor das Wasser voller Schaum und Seife ist. Manche Frettchen sind beim Baden so aufgeregt, dass sie ins Wasser machen.

Andere baden ihr müffelndes Frettchen in der Küchenspüle. Und einige nehmen ihr Frettchen sogar mit in die Dusche. Solange Ihr Frettchen nicht an die Dusche gewöhnt ist und sich anständig benimmt – oder Sie beim Duschen Ihre Sachen nicht anhaben – sollten Sie in der Dusche besonders vorsichtig sein. Ein nackter Mensch ist ein sehr verletzlicher Mensch.

Eine Spülschüssel oder das Handwaschbecken sind gut geeignet. Wenn Sie noch nicht so geübt sind, sollten Sie die Waschschüssel am Anfang lieber auf den Fußboden stellen. Denn nasse Frettchen sind wie sich windende, glitschige Aale.

Zur Tat schreiten

Die Wassertemperatur für Ihr Frettchen sollte der für ein Kind entsprechen. Bedenken Sie, dass die Körpertemperatur bei Frettchen etwas höher ist als unsere. Was für uns angenehm warm ist, könnte für das Frettchen etwas zu kalt sein und bei dem Tier Gänsehaut hervorrufen. Nehmen Sie immer warmes Wasser, aber testen Sie es, bevor Sie das Frettchen hineinsetzen, schließlich wollen Sie es ja nicht verbrennen.

Füllen Sie den Eimer oder das Waschbecken mit so viel Wasser, dass Sie das Frettchen eintauchen, es selbst seine Füße jedoch noch auf den Boden stellen kann. Das gibt einem ängstlichen Frettchen zusätzliche Sicherheit. Denken Sie immer daran, dass Schwimmen nur Spaß macht, wenn man Wasser mag. Wenn Sie zu den Kindern gehörten, die das Schwimmen dadurch gelernt haben, dass man sie ins Wasser geschmissen hat, wissen Sie, was ich meine. Den Boden unter den Füßen nicht mehr zu spüren, kann ein echt erschreckendes Erlebnis sein.

Ein Frettchen mit einem nassen Fell ist schwerer als ein trockenes Frettchen, denken Sie beim Baden also immer auch an sein Gewicht. Es ist nicht leicht, ein Frettchen einzuschäumen, wenn es gerade versucht, an Ihrem Arm hochzuklettern. Sie brauchen eigentlich immer mehr als zwei Hände – zwei, um das Frettchen zu halten, eine Hand, um das Shampoo zu dosieren, und eine, um es einzuseifen. Das Baden ist eine Kunst, die nur von wirklich erfahrenen Frettchenbesitzern gemeistert werden kann.

Shampoo rauf, Shampoo runter

Ich seife immer zuerst den Rücken des Frettchens ein, weil das Shampoo dort am leichtesten aufzutragen ist. Ich verteile es dann über den gesamten Körper, auch über den oberen Teil des Kopfes (siehe Abbildung 11.2). Achten Sie darauf, dass keine Seife in die Augen oder Ohren gelangt. Manche Shampoos beißen ziemlich stark, und Ihr Frettchen wird beim nächsten Bad einen gewissen Groll gegen Sie hegen. Wenn doch mal etwas Seife in die Augen geraten sollte, nehmen Sie die hohle Hand und spülen das Auge mit klarem Wasser aus.

Abbildung 11.2: Schäumen Sie den gesamten Körper ein. Achten Sie jedoch drauf, dass nichts davon in die Augen gerät.

Es ist schon schwieriger, darauf zu achten, dass keine Seife in die Schnauze des Frettchens gelangt. Viele Frettchen scheinen den Geschmack von Seife zu lieben. Auch wenn es etwas ekelhaft klingt, aber ich muss sagen, dass ich als Kind den Geschmack von Seife auch gemocht habe. Im Gegensatz zu mir sind Frettchen dem Geschmack allerdings nicht gewachsen. Ein bisschen schadet dem Tier nicht gleich, halten Sie es jedoch davon ab, größere Mengen zu sich zu nehmen, denn Seife enthält keinerlei Nährstoffe und kann in größeren Mengen krank machen oder sogar tödlich sein.

Wenn Sie mehrere Frettchen baden müssen, laden Sie sich ein paar Freunde zum Essen ein. Wenn die dann einmal da sind, können Sie sie auch gleich fragen, ob sie Ihnen beim Baden der Frettchen behilflich sein wollen. Eine Person hilft beim Baden, eine andere trocknet die Tiere ab, während noch jemand anderes das nächste Tier einfängt, das gebadet werden soll. Eine weitere Person passt auf die bereits gebadeten Frettchen auf und sieht zu, wie diese sich selbst trocknen. Und so weiter, und so weiter ... Es macht wirklich Spaß. Zumindest empfinde ich das so.

Spülen Sie den Schaum anschließend auch wieder sorgfältig ab. Shampooreste trocknen nicht nur das Fell aus und führen zu Juckreiz, sie ziehen auch Schmutz und Schmiere an, so dass Sie bald wieder ein dreckiges Frettchen hätten. Deshalb schlage ich Ihnen vor, das benutzte Wasser auszulassen und frisches, warmes Wasser zum Abspülen einzulassen. Sie können das Wasser auch aus einer Tasse über das Frettchen laufen lassen oder es direkt unter den Wasserstrahl halten, solange der nicht zu hart ist. Ich verwende immer einen Schlauch, der bei mir direkt am Wasserhahn angeschlossen ist. In manchen Spülbecken ist solch ein Schlauch direkt eingebaut.

Überprüfen Sie die Wassertemperatur, bevor Sie Ihr Frettchen abspülen. Mit zu heißem Wasser können Sie es verbrühen und bei zu kaltem wird es sicherlich flüchten wollen. Ertränken Sie es auch nicht, und lassen Sie kein Wasser direkt über seinen Kopf laufen. Verteilen Sie das Wasser lieber mit der Hand über das Frettchen. Ein gut abgespültes Frettchen ist ein fröhliches, sauberes Frettchen.

Trocknen

Wenn Sie denken, dass Ihr Hund nach dem Baden ein großes Getue macht, müssen sie erst einmal Ihr Frettchen beobachten. Es gibt keinen Zweifel, das Abtrocknen ist das Schwierigste an der ganzen Baderei. Ihr Frettchen ist glücklich und hüpft und springt wild herum. Es stellt seinen Schwanz auf und stolziert herum. Es hat nur ein Ziel im Kopf, so schnell wie möglich trocken und wieder dreckig zu werden. Es reibt sich zwischen und an allem, was ihm zur Verfügung steht, vom Sofa bis hin zu den Dreckflusen auf Ihrem Teppich oder hinter der Toilette, an die Sie immer so schlecht rankommen.

Weil es möglicherweise nicht ganz leicht war, Ihr Frettchen zum Baden zu überreden, wollen Sie wahrscheinlich nicht, dass es Ihre Arbeit gleich wieder zunichte macht. Das heißt, dass Sie das Tier entweder selbst abtrocknen müssen oder es an einen Platz setzen sollten, der sauber und sicher ist. Als Erstes sollten Sie das Tier aber so gut wie möglich abtrocknen, vergewissern Sie sich, so viel Wasser wie möglich zu entfernen (siehe Abbildung 11.3). Manche Leute trocknen ihre Tiere auch mit einem angewärmten Handtuch ab. Sie können das Handtuch im Wäschetrockner oder der Mikrowelle anwärmen. Stecken Sie dabei aber nicht Ihr Haus in Brand und achten Sie darauf, dass das Handtuch nicht zu heiß wird.

Manche Frettchen lassen es auch zu, dass Sie sie mit einem Fön trocknen. Verwenden Sie die Warmlufteinstellung und halten Sie den Fön immer in Bewegung, um nicht zu lange auf einer Stelle zu bleiben. Das könnte sonst zu heiß werden. Achten Sie außerdem auf genügend Abstand zum Frettchenkörper, um Verbrennungen zu vermeiden.

Wenn Ihr Frettchen jetzt immer noch feucht ist, müssen Sie es irgendwo hinsetzen, wo es noch weiter trocknen kann. Am besten eignet sich ein warmer, zugluftfreier Ort. Der Käfig steht an dieser Stelle nicht zur Diskussion, es sei denn, Sie haben ihn gerade frisch sauber gemacht, neue Tücher eingelegt und vorübergehend die Toilette herausgenommen.

> Der beste Ort ist die Badewanne, wenn diese mit ausreichend trockenen Handtüchern ausgelegt ist. Wo Sie Ihr Frettchen auch hinsetzen, denken Sie immer daran, dass nach dem Baden bald wieder aufs Töpfchen muss, egal, ob es gerade gemacht hat oder nicht. Wenn es in die Handtücher macht, tritt es wahrscheinlich hinein, kullert sich darin herum und schläft darauf ein. Wenn das Frettchen trocknet, sollten Sie immer ein Auge auf das Tier werfen. Außerdem wollen Sie sich doch dieses Spektakel nicht entgehen lassen.

Abbildung 11.3: Ein extrem aufgeregtes Frettchen abzutrocknen kann manchmal eine echte Herausforderung sein.

Eine Alternative zum Baden

Viele Frettchenbesitzer schwören darauf, dass Chinchilla-Puder ein adäquater Ersatz für ein herkömmliches Bad ist. Andere denken jedoch, dass der Puderstaub gefährlich ist, auch wenn er das für Chinchillas nicht ist. Wenn Sie es einmal ausprobieren möchten, geben Sie etwas davon in eine Schale oder in die Einstreu-Box und schauen Sie zu, wie Ihr Frettchen darin eintaucht. Während sich die Tiere darin herumwälzen, bindet der Puder das Öl auf der Haut und dem Fell, der Geruch wird somit reduziert. Außerdem wird mit diesem Puder das Fell nicht ausgetrocknet. Das ist eine hinterlistige Möglichkeit, Ihr Frettchen zu reinigen, während es nur den Spaßfaktor im Vordergrund sieht.

Die Ohren reinigen

Das normale Ohrenschmalz eines Frettchens ist hell- oder rotbraun. Außerdem riecht es sehr streng. Wenn Sie die Ohren regelmäßig reinigen, helfen Sie also auch, den Geruch des Tieres zu reduzieren. Bei manchen Frettchen müssen die Ohren mehr als einmal im Monat gereinigt werden, andere halten es länger ohne eine Reinigung aus. Es gibt aber auch Tiere, deren Ohren schon nach rund einer Woche wieder dreckig sind. Manchmal spielen auch die Gesundheit, das Alter und die Jahreszeit eine Rolle, wie viel Ohrenschmalz produziert wird. Ich schaue mir die Ohren meiner Tiere an, wenn sie spielen. Folgen Sie einfach Ihrer Nase. Was Ihre Augen vielleicht nicht sehen, kann Ihre Nase entdecken.

Es passiert ganz leicht, dass man die Ohren des Frettchens vergisst. Dabei kann das regelmäßige Reinigen Ohrleiden wie Milben, Infektionen oder sogar Taubheit verhindern. Dreckige Ohren sind warm und feucht und ziehen unerwünschte Bakterien und Käfer an. Sie sollten die Ohren deshalb nicht vergessen.

Verwenden Sie Ohrstäbchen aus Baumwolle, um die Ohren Ihres Frettchens zu reinigen. Außerdem sollten Sie sich, bevor es losgeht, noch ein paar andere Dinge zurechtlegen:

- ✔ Einen guten flüssigen Ohrreiniger. Diesen bekommen Sie im Zoohandel oder bei Ihrem Tierarzt. Achten Sie darauf, dass die Flüssigkeit für Katzen geeignet ist, denn dann kann sie auch Ihrem Frettchen nichts anhaben.

- ✔ Wenn Sie mehrere Ohren sauber machen müssen (bei mir sind es momentan 46 Frettchenohren), ist es hilfreich, wenn Sie sich eine kleine Schale hinstellen. Geben Sie in diese Schale etwas von der Lösung hinein, um dann die Wattestäbchen dort und nicht immer in die Flasche einzutauchen. Manche Frettchenbesitzer feuchten vorher sogar einige Wattestäbchen an. Wenn Sie das ebenso machen wollen, legen Sie sie anschließend auf eine saubere Unterlage, damit sie nicht schmutzig werden.

So reinigen Sie die Ohren:

1. **Tupfen Sie ein Wattestäbchen in die Reinigungslösung.**
2. **Während Ihr Frettchen ordnungsgemäß festgehalten wird, sollten Sie die Spitze seines Ohres mit der einen Hand festhalten. Mit der anderen Hand können Sie das Ohr mit der feuchten Seite des Wattestäbchens reinigen (siehe Abbildung 11.4).**

   Einige erfahrene Frettchenbesitzer halten das Frettchen mit der einen Hand fest und nutzen die andere, um die Ohren sauber zu machen. Ich nehme mir immer noch jemanden zu Hilfe, der das Frettchen festhalten kann. Meine Arme werden bei den vielen Frettchen, die in meinem Haushalt leben, nicht nur irgendwann schwer, ich habe auch immer lieber eine Hand frei, um das Ohr festzuhalten, während ich mit dem Wattestäbchen den Dreck entferne. Sie sollten darauf achten, dass das Frettchen beim Festhalten von unten gestützt wird, besonders dann, wenn es sich um ein etwas größeres handelt. Wenn es sich zu sehr bewegt, geben Sie von unten etwas nach und warten Sie mit dem Reinigen, bis das Tier richtigen Halt gefunden hat.

Verwenden Sie das feuchte Ende des Wattestäbchens immer zuerst. So können Sie schon einmal eine ganze Menge Schmutz entfernen. Wenn Sie mit dem trockenen Ende beginnen, ist das für die empfindlichen Ohren des Frettchens nicht gut.

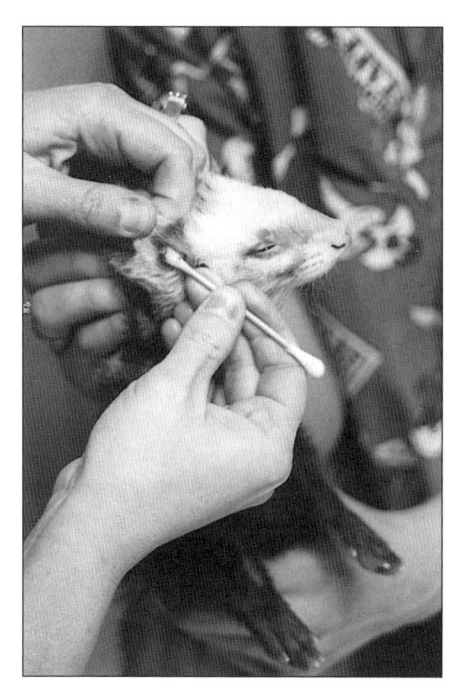

Abbildung 11.4: Reinigen Sie die Ohren Ihres Frettchens regelmäßig. Verwenden Sie einfache Wattestäbchen und einen guten Ohrreiniger.

3. **Machen Sie kreisende Bewegungen. Um auch wirklich allen Dreck zu entfernen, sollten Sie auch die inneren Ohrwände und die Ohrspalten nicht vergessen.**

   Stecken Sie das Wattestäbchen **niemals** in den Gehörgang. Das tut Ihrem Frettchen weh und kann seinen Gehörgang schädigen. Außerdem könnten Sie das Ohrenschmalz tiefer in das Ohr hineinschieben, es wird dann schwerer, den Dreck zu entfernen, und Ihr Frettchen hört möglicherweise nicht mehr so gut.

Achten Sie immer darauf, dass Sie noch die Spitze des Wattestäbchens sehen können. Wenn Sie mit der ganzen Prozedur nicht zurechtkommen, lassen Sie es Ihren Tierarzt machen, wenn Sie das nächste Mal in seiner Praxis sind.

4. **Wiederholen Sie den Vorgang mit dem feuchten Wattestäbchen so lange, bis kaum noch Schmutz an ihm haften bleibt.**

   Bei manchen Ohren brauchen Sie zwei oder drei frische Wattestäbchen, bis der gröbste Dreck entfernt ist.

   Verwenden Sie dreckige Wattestäbchen nicht noch einmal und tauchen Sie diese auch nicht in den Reiniger. Sie würden so nur den Rest der Lösung verunreinigen.

5. **Verwenden Sie das trockene Ende des Wattestäbchens als Nächstes und reinigen Sie das Ohr mit kreisenden Bewegungen.**

Ihr Frettchen wird sich während der Prozedur hin und her winden. Wenn Sie einen empfindlichen oder juckenden Bereich berühren, kann es sein, dass das Frettchen mit einem seiner Hinterbeine schlägt, so wie es ein Hund macht, wenn Sie bei ihm eine juckende Stelle entdeckt haben. Trotzdem ist das keine Reaktion, die Wohlbefinden ausdrückt. Seien Sie etwas vorsichtiger und ziehen Sie das Wattestäbchen etwas heraus, für den Fall, dass Sie zu tief drin sind. Vergessen Sie nicht, Ihr Frettchen zu belohnen, wenn Sie fertig sind.

Das regelmäßige Reinigen der Ohren ist für Anfänger nicht gerade einfach. Daher ist es oftmals nicht verkehrt, wenn Sie sich die Prozedur von Ihrem Tierarzt ein oder zwei Mal demonstrieren lassen, bis Sie sich selbst sicher dabei fühlen. Egal, wie gut Sie das dann können, Ihr Frettchen wird daran sicherlich nie Gefallen finden. Für unsere Ohren sehen die Wattestäbchen echt winzig aus, aber für die Ohren eines Frettchens sind sie riesig groß. Seien Sie vorsichtig, um Verletzungen zu vermeiden. Wenn Sie denken, dass Sie selbst damit nicht klarkommen, übernimmt Ihr Tierarzt diese lästige Pflicht sicherlich gerne für Sie, natürlich gegen eine kleine Gebühr. Aber das ist egal, denn getan werden muss es auf jeden Fall.

Anstatt den Dreck mit einem feuchten Wattestäbchen zu entfernen, können Sie auch einen Tropfen des Reinigers in das Ohr geben und diesen für einen Moment einwirken lassen. Ihr Frettchen übernimmt dann einen Teil der Arbeit für Sie, indem es sich schüttelt und so schon einen Teil des Ohrenschmalzes und des Drecks entfernt. Das ist ebenfalls eine gute Möglichkeit, die Ohren des Frettchens zu reinigen, tragen Sie dabei jedoch Gummistiefel und halten Sie Ihren Mund geschlossen.

Geben Sie den Ohrreiniger nie kalt ins Ohr. Halten Sie ihn vorher lieber einen Moment in der Hand oder stecken Sie ihn in die Hosentasche. Sie werden sehen, handwarm lässt es sich Ihr Frettchen auch eher gefallen. Ein paar Leckerlis zur Ablenkung tun ebenfalls gute Dienste.

Ohrmilben

Ohrmilben sind an einem dunkelbraunen oder schwarzen Ausfluss zu erkennen. Außerdem kratzt sich das Frettchen ständig an seinen juckenden und schmerzenden Ohren. Bleiben Ohrmilben unbehandelt, können sie zu einem ernsthaften Problem werden und chronische Ohrinfektionen oder Taubheit hervorrufen. Ohrmilben sind eine echte Plage. Sie können aber ganz einfach mit Medikamenten, die Ihnen Ihr Tierarzt verschreibt, behandelt werden. In Kapitel 15 finden Sie weitere Informationen zu Symptomen und zur Behandlung.

Maniküre

Wenn Sie die Krallen Ihres Frettchens regelmäßig schneiden, verringern Sie bei sich ernsthafte Verletzungen, die durch das Kratzen entstehen (siehe Abbildung 11.5). Auch das Frettchen fühlt sich wohler, wenn ihm die Krallen regelmäßig geschnitten werden. Frettchen brauchen ihre Krallen für viele Dinge, vom Laufen und Balancieren bis hin zum Klettern. Zu lange Nägel tun dem Frettchen weh, weil der Fuß dadurch nicht flach auf den Boden aufgesetzt werden kann. Durch das Schneiden der Nägel können sie außerdem nicht splittern oder irgendwo hängen bleiben.

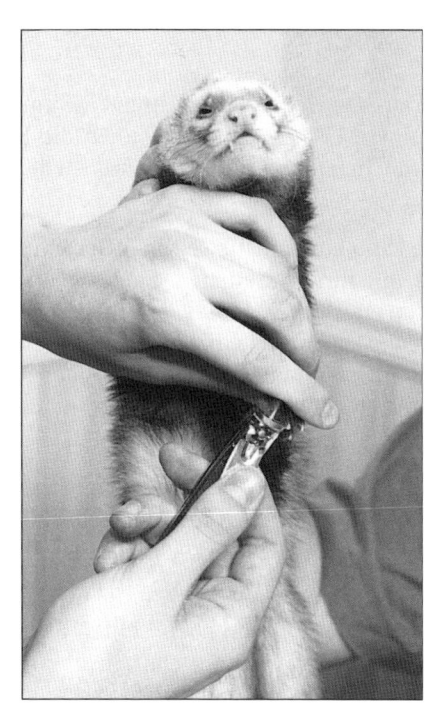

Abbildung 11.5: Auch das Schneiden der Krallen sollte regelmäßig geschehen.

Sie müssen die Krallen regelmäßig schneiden, weil es nicht passieren darf, dass die Krallen komplett abbrechen. Die Krallen eines Frettchens können nicht eingezogen werden (wie bei Hasen und Hunden –Katzen können sie einziehen). Wenn dem Frettchen eine Kralle fehlt, würde das bedeuten, dass dem Tier ein Stück seines Zehs entfernt werden müsste. Die meisten Tierärzte lehnen diese Operation jedoch ab, weil sie zu unmenschlich ist, was ich im Übrigen auch finde.

Wie oft Sie die Krallen schneiden müssen, hängt von Ihrem Frettchen ab, denn die Krallen wachsen bei jedem Tier unterschiedlich schnell. Es hängt auch davon ab, wie viel sich Ihr Frettchen bewegt und wie stark es sich seine Krallen abläuft. Wenn Sie irgendwo, wo das Frettchen häufig spielt, etwas Sandpapier auslegen, helfen Sie ihm, sich seine Krallen ganz natürlich abzulaufen. Ich muss die Krallenschere ungefähr alle zwei bis drei Wochen herausholen und meinen Frettchen eine Maniküre verpassen.

Wie Sie die Krallen schneiden, hängt von Ihnen und Ihrem Frettchen ab: Sie können Ihr Frettchen am Genick packen, es ablenken oder sich von hinten anschleichen. Welche Methode Sie letztendlich anwenden, hängt davon ab, wie viele Frettchen Sie haben, wie viel Zeit Ihnen zur Verfügung steht, wie sehr Ihr Frettchen das Schneiden der Krallen mag und wie leicht es sich ablenken lässt.

✔ Das Frettchen am Genick zu packen ist wohl die schnellste Methode, ihm die Krallen zu schneiden. Das Frettchen wird beruhigt, Sie haben einen besseren Griff und es verringert die Gefahr, dass Sie zu viel abschneiden. Außerdem ist es für die meisten Leute die schnellste Methode.

Wenn sich das Frettchen viel bewegt, während Sie ihm die Krallen schneiden, lenken Sie es mit einem Leckerli ab. Sie können die Krallen schnell und einfach schneiden. Sie brauchen für diese Methode jedoch die Unterstützung einer weiteren Person.

✔ Die Ablenkungsmethode kann etwas mehr Zeit in Anspruch nehmen, aber so verbringen Sie wenigstens viel Zeit mit Ihrem Frettchen. Setzen Sie Ihr Frettchen dazu in Ihren Schoß und tropfen Sie ihm eine leckere Flüssigkeit auf den Bauch. Während das Tier diese dann versucht abzulecken, packen Sie schnell zu und schneiden die Krallen, bevor es etwas davon mitbekommt. Diese Methode funktioniert jedoch nicht bei allen Frettchen, ein Versuch ist es aber auf jeden Fall wert. Sie sollten während oder nach dem Schneiden der Krallen übrigens immer ein kleines Leckerli bereithalten.

✔ Eine weitere Methode, die Sie ruhig einmal ausprobieren sollten, ist das Anschleichen. Dieses findet statt, während das Frettchen tief und fest schläft. Je nachdem, wie tief Ihr Frettchen schläft und welches Talent Sie haben, können Sie entweder alle 20 Krallen schneiden oder nur ein oder zwei, bevor es aufwacht.

Wenn Sie sich für eine Methode entschieden haben, sollten Sie sich die Krallen Ihres Frettchens genau anschauen, damit Sie auch wissen, womit Sie es zu tun haben. Die meisten sind lang und geborgen wie ein Dolch. Bei manchen Frettchen werden die Krallen im Alter dicker. Die Krallen an den Hinterpfoten sind meist kürzer, weil sie sich schneller ablaufen. Sie sind dann aber auch schwieriger zu schneiden. Im Gegensatz zu den meisten Hunden, deren Krallen komplett schwarz sind, sind die eines Frettchens weiß. Sie können die Blutgefäße ganz deutlich sehen und wissen so genau, wie viel Sie von der Kralle abschneiden dürfen.

> Wenn Sie in die Blutgefäße schneiden, ist das sehr schmerzhaft für das Frettchen. Es fängt sofort an zu bluten und das Tier rastet wahrscheinlich aus. Weil hin und wieder aber mal ein Unfall passiert (entweder weil Sie nicht richtig aufgepasst haben oder weil sich das Frettchen plötzlich bewegt hat), sollten Sie sich, bevor Sie anfangen, immer auch etwas blutstillendes Puder bereitstellen. Bienenwachs funktioniert auch, aber es riecht nicht besonders angenehm und hält nicht lange an.

Ich verwende Fingernagelknipser, die ursprünglich für Babys gedacht sind. Die in der normalen Größe funktionieren aber auch. Manche verwenden auch Nagelknipser für Katzen oder Hunde, ich finde aber, dass diese für solch kleine Nägel zu umständlich zu handhaben sind. Egal, für welche Art von Knipser Sie sich entscheiden, achten Sie immer darauf, dass die Klingen scharf sind. Stumpfe Klingen brechen die Nagelwände und es entstehen raue Kanten. Vergewissern Sie sich auch, dass Sie ausreichend Licht zum Arbeiten haben, oder haben Sie schon einmal ausprobiert, sich die Fußnägel im Dunkeln zu schneiden?

Und so schneiden Sie die Krallen Ihres Frettchens:

1. **Nehmen Sie Ihren Daumen und den Zeigefinger und halten Sie die Kralle immer am Übergang zum Zeh fest. Halten Sie den Daumen unter die Kralle.**

2. **Drücken Sie mit Ihrem Daumen die Zehen auseinander.**

    So gelangen Sie einfacher von Kralle zu Kralle.

3. **Schneiden Sie so viel von der Kralle ab wie möglich, lassen Sie aber noch etwas Weißes vor den Blutgefäßen übrig.**

    Auch wenn es nicht gleich blutet, wenn Sie die Kralle zu nah am Blutgefäß abschneiden, kann das sehr schmerzhaft sein, Ihr Frettchen wird sich bei Ihnen revanchieren. Bei schwarzen Krallen müssen sie besonders aufpassen. Manche Tiere haben ganz winzige Krallen. Schauen Sie sich die Krallen vor dem Schneiden genau an. Wenn sie zu kurz sind, bearbeiten Sie sie mit einer Nagelpfeile. Achten Sie dann aber darauf, nicht die empfindlichen Sohlen abzukratzen.

Wenn Sie aus Versehen eine Kralle zu kurz abgeschnitten haben, verteilen Sie etwas von dem Puder oder einem anderen blutstillenden Mittel auf die Spitze der blutenden Kralle. Wenn Sie so etwas nicht zur Hand haben, halten Sie die Kralle kurz in Bienenwachs oder Mehl. Sie können auch kaltes Wasser darüber laufen lassen. Ich rate Ihnen dann, die Maniküre erst fortzusetzen, wenn Ihr Frettchen Ihnen den Fehler verziehen hat.

> Wenn Sie die Krallen Ihres Frettchens zwischen dem Schneiden lange Zeit wachsen lassen, wächst das Blutgefäß immer weiter in die Kralle hinein, so dass Sie immer weniger abschneiden können. Das ist nicht gut. Wenn Sie die Krallen regelmäßig verschneiden, bleibt das Blutgefäß relativ kurz und Sie können mehr von der Kralle abschneiden.

Wenn Sie mit dem Schneiden der Krallen nicht zurechtkommen, wird Ihnen Ihr Tierarzt sicherlich gern behilflich sein, natürlich gegen eine entsprechende Gebühr.

Gebisspflege

Die meisten Menschen vernachlässigen die Zähne Ihres Haustieres, Frettchen bilden da keine Ausnahme. Während Ihrer regelmäßigen Routinekontrollen dürfen Sie deshalb auch nicht vergessen, die Zähne und das Zahnfleisch Ihres Frettchens zu kontrollieren. Qualitativ hochwertiges Frettchen- oder Katzentrockenfutter oder eine balancierte Ernährung hilft, die Zähne in Form zu halten. Aber wie bei allen Tieren bildet sich auch auf den Zähnen der Frettchen von Zeit zu Zeit Zahnstein. Außerdem können die Zähne schlecht werden oder abbrechen, was zu Geschwüren führen kann, die die Gesundheit Ihres Frettchens gefährden. Ältere Frettchen haben mehr Probleme mit ihren Zähnen als jüngere Tiere. Es liegt also an Ihnen, die Zähne in die regelmäßige Kontrolle mit einzubeziehen. Die Gesundheit und das Wohlbefinden Ihres Frettchens hängen davon ab.

Zahnkontrolle

Das Kontrollieren der Zähne ist in der Regel ganz einfach, kann aber bei schwierigen Patienten auch zu einer echten Herausforderung werden. Die meisten meiner Frettchen sitzen in meinem Schoß und bewegen sich kaum. So kann ich mir ihr Zahnfleisch anschauen, während ich sie mit der anderen Hand sanft streichle. Andere muss ich für die Zahnkontrolle am Genick packen. Am liebsten habe ich immer noch ein zweites Paar Hände dabei, damit ich mich auf meine eigenen Finger konzentrieren kann. Egal, wie Sie dabei vorgehen, seien Sie immer ganz sanft. Sie sollten immer bedenken, dass es Frettchen nicht verstehen, warum wir in ihrem Mund herumfummeln.

Wenn Sie Zähne und Zahnfleisch kontrollieren, müssen Sie auf verschiedene Dinge achten. Schauen Sie sich als Erstes die Zähne an. Die grau-grüne Verfärbung, die Sie vielleicht sehen, ist Zahnstein. Dieser bildet sich zuerst an den Backenzähnen und wandert dann weiter nach vorn. Wenn das Frettchen älter wird, bildet sich auch mehr Zahnstein. Ein geringe Menge Zahnstein ist zumutbar, über die müssen Sie sich nicht gleich Sorgen machen. Wenn Sie den Zahnstein aber nicht beobachten und unter Kontrolle halten, kann er sich zu einem echten Feind für Ihr Frettchen entwickeln.

Zahnstein kann Zahnfäule verursachen, die durch eine eklig braune Substanz am Übergang von Zahn zu Zahnfleisch zu erkennen ist. Verfaulte Zähne können sehr schmerzhaft sein, ernsthafte Infektionen hervorrufen und dazu führen, dass das Frettchen die Nahrungsaufnahme verweigert. Wenn es erst einmal so weit gekommen ist, bleibt meist nichts anderes übrig, als diesen Zahn vom Tierarzt entfernen zu lassen.

Schauen Sie sich als Nächstes das Zahnfleisch an. Es sollte glatt, feucht und rosa sein. Wenn es sehr hell ist (weiß oder grau), könnte es sein, dass Ihr Frettchen ernsthaft krank ist. Gehen Sie unbedingt zu einem Tierarzt. Wenn Sie es sich zutrauen, halten Sie Ihre Nase an die Schnauze des Frettchens und riechen Sie daran. Wenn ein Frettchen Probleme mit seinem Zahnfleisch hat, hat es auch einen schlechten Atem. Rotes, entzündetes Zahnfleisch ist kein gutes Zeichen und sollte sofort von einem Tierarzt behandelt werden. Wenn Sie vereinzelt Schwellungen über ein oder zwei Zähnen entdecken, können Sie davon ausgehen, dass es sich um ein Zahngeschwür handelt.

Geschwüre auf dem Zahnfleisch oder auf der Innenseite der Lippen sind für gewöhnlich ein Zeichen für eine Insulinom-Erkrankung. Solche Geschwüre sind in der Regel weiß und geben manchmal Flüssigkeit ab. Ein Frettchen macht Sie auf solche Geschwüre oder Zahnprobleme aufmerksam, indem es sich immer wieder an der Schnauze kratzt oder daran scharrt. Weitere Anzeichen sind sabbernde, krustige Lefzen. Weil Insulinom kein Zahnproblem ist, sollten Sie immer auf die Anzeichen dafür achten (in Kapitel 17 finden Sie weitere Informationen zu diesem Thema).

Mit der Ausnahme kleiner Mengen Zahnstein sollten Sie immer sofort Ihren Tierarzt aufsuchen, wenn Sie irgendetwas Ungewöhnliches in der Schnauze Ihres Frettchens feststellen. Zahnprobleme können so gefährlich werden, dass Frettchen daran sterben können. Probleme, die nichts mit der Zahnpflege zu tun haben, aber in der Schnauze zu finden sind, sind fast immer ein Zeichen für eine Krankheit. Egal ob ein Notfall vorliegt oder nicht, sollte Ihr Tierarzt die Zähne Ihres Frettchens einmal im Jahr kontrollieren und überflüssigen Zahnstein oder verfaulte Zähne entfernen.

Manchmal kann es zu einer echten Herausforderung werden, wenn Sie sich die Zähne Ihres Frettchens anschauen wollen. Sie müssen es aber regelmäßig tun. Ein Eisstil, ein großes Leckerli oder ein Stück Mull kann vorsichtig in den Mundwinkel geschoben werden, wenn das Frettchen gähnt. So bleibt die Schnauze offen, während Sie die Zähne kontrollieren. Denken Sie immer daran, schön vorsichtig zu sein, und verwöhnen Sie Ihr Frettchen anschließend mit einer Belohnung.

Frettchenzähne vs. Hasenzähne

Frettchen sind keine Hasen oder Nagetiere, die ihre Zähne von Zeit zu Zeit abnutzen müssen. Bei Nagetieren kann es medizinisch notwendig werden, zu lange Zähne so zu kürzen, dass die natürliche Kaufunktion des Tieres erhalten bleibt. Frettchenzähne sind mit denen von Menschen zu vergleichen. Das Beschneiden ist eine sehr schmerzhafte Angelegenheit und kann zu ernsthaften Infektionen führen. Wenn Sie die scharfen Reißzähne eines Frettchens beschneiden lassen, um den Schaden zu minimieren, den das Tier damit anrichtet, fügen Sie den Zähnen einen ernsthaften Schaden zu. Solange Ihr Tierarzt keine medizinische Notwendigkeit sieht, die Zähne zu beschneiden, zu feilen oder zu ziehen, sollte es auch nicht gemacht werden. Außerdem ist das laut Tierschutzgesetz strafbar.

Zähneputzen

Nachdem Sie festgestellt haben, dass alles in Ordnung ist, wollen Sie sicher wissen, was Sie tun können, um auch zukünftig Zahnprobleme zu vermeiden. Als Allererstes sollten Sie Ihrem Frettchen Trockenfutter oder große Stücke Muskelfleisch von Huhn oder Rind zu fressen geben und es mit einer ausgewogenen Ernährung füttern, es sei denn, medizinisch spricht etwas dagegen. Außerdem können Sie die Zähne regelmäßig putzen. Kaufen Sie eine Katzenzahnbürste (nehmen Sie nicht die von Ihrem Mann) oder wickeln Sie ein Stück Mull um einen Ihrer Finger (das dient Ihnen dann als Zahnbürste).

Viele Frettchen gewöhnen sich an die unnatürliche Prozedur des Zähneputzens, besonders dann, wenn Sie es ihm so schmackhaft wie möglich machen und hin und wieder ein paar Tropfen einer leckeren Flüssigkeit mit auf die Zahnbürste geben. Extra für Katzen wurden sogar Zahnpasten entwickelt. Ich habe jedoch feststellen müssen, dass die meisten Frettchen den Geschmack nicht sonderlich mögen. Einen Versuch ist es allerdings wert.

Benutzen Sie für Ihr Frettchen niemals Zahnpasta für Menschen. Die Inhaltsstoffe sind für Frettchen giftig!

Und so putzen Sie die Zähne Ihres Frettchens:

1. **Heben Sie die Lefzen an und wischen Sie vorsichtig mit trockenem Mull oder einer Zahnbürste über die Zähne.**
2. **Fahren Sie dabei auch sanft über das Zahnfleisch.**
3. **Achten Sie besonders auf die Zahnfleischlinie (die Stelle, an der die Zähne im Zahnfleisch verschwinden).**

Ausdauer und Sanftmut sind zwei Schlüsselkriterien, die dazu führen, dass Sie Ihrem Frettchen erfolgreich die Zähne putzen können. Denken Sie daran, dass Sie keine alte Farbe abkratzen wollen.

Das raue Gewebe des Mulls reicht in der Regel aus, um den Dreck auf der Zahnoberfläche zu entfernen. Etwas hartnäckigeren Zahnstein können Sie auch mit dem Fingernagel entfernen. Wenn Sie mit dem Zähneputzen nicht so zurechtkommen, Sie aber regelmäßig zum Tierarzt gehen, können die dreckigen Zähne auch durchaus bis zum nächsten Tierarztbesuch warten. An die Professionalität, mit der ein Tierarzt die Zähne reinigt, kommen Sie eh nicht heran. Es ist aber unbedingt wichtig, dass Sie die Zähne mindestens aller zwei bis drei Wochen kontrollieren. Vergessen Sie niemals die Belohnung danach. Wenn Sie das vergessen, ist das genauso unverzeihlich, als würden Sie das Kontrollieren an sich vergessen.

Holen Sie die Haarbürste aus dem Schrank

Frettchen machen im Jahr zwei Fellwechsel durch, zu denen sie immer Unmengen an Fell verlieren. Der Fellwechsel findet einmal im Frühjahr und einmal in den Herbstmonaten statt. Manche Frettchenbesitzer kämmen ihre Tiere, als wären es Katzen oder Hunde. Das Kämmen hat einige Vorteile. Sie halten zum einen das Fell Ihres Frettchens sauber und frei von Fremdkörpern und entfernen auf der anderen Seite das lose Fell. Letzteres ist besonders wichtig, denn Frettchen lieben Haarbüschel, die allerdings fatale Folgen mit sich bringen können.

> Wenn Sie Ihren Frettchen mehrmals pro Woche ein Haarball-Mittel wie Malt-Paste geben, ist das eine gute Vorsorge. Auch wenn Sie das Ganze etwas locker nehmen, während des Fellwechsels sollten Sie ernster an die Sache herangehen, denn dann produzieren Frettchen weitaus mehr Fellbüschel. (Weitere Informationen dazu finden Sie in Kapitel 16.)

Wenn Sie Ihre Frettchen kämmen wollen, nehmen Sie eine weiche Bürste (eine für kleine Katzen, Hasen oder Babys). Sie haben in der Regel kürzere Borsten, sind hart genug, um loses Fell zu entfernen, dabei aber so weich, dass die empfindliche Haut Ihres Frettchens nicht gestört wird. Bewegen Sie die Bürste immer mit dem Strich, also niemals gegen die Fellrichtung. Ich habe festgestellt, dass die meisten Frettchen nicht lange bewegungslos herumliegen wollen, das Kämmen kann dann zu einer echten Herausforderung werden. Es gibt aber auch Frettchen, die es lieben, gekämmt zu werden, und regelrecht darauf warten.

Ein Frettchen auf Reisen (oder auch nicht)

In diesem Kapitel

▶ Mit Ihrem Frettchen in den Urlaub fahren

▶ Was auf Reisen erlaubt ist und was nicht

▶ Wenn Sie Ihr Frettchen nicht mitnehmen können

Manche Leute sind der Meinung, dass Urlaub die Zeit ist, in der man sich von Kindern und Haustieren erholt. Andere hingegen würden ihre Frettchen niemals allein lassen. Für mich scheint es unmöglich, 23 Frettchen mit an mein Traumurlaubsziel zu nehmen. Mal ganz davon abgesehen, dass dann von Erholung wohl nicht die Rede sein könnte. Es ist schon schwierig genug, mit dem eigenen Ehemann zu verreisen. (Natürlich können Sie auch den Ehemann zu Hause lassen und nur die Frettchen mitnehmen.)

Dieses Kapitel beschäftigt sich damit, wie Sie mit Ihrem Frettchen verreisen können bzw. welche Alternativen sich Ihnen bieten, wenn Sie das Tier zu Hause lassen müssen. Sie müssen nämlich bestimmte Dinge beachten, wenn Sie eine dieser Möglichkeiten in Erwägung ziehen. Es hängt natürlich auch immer davon ab, wohin Sie verreisen und für wie lange Sie weg sind.

Ein Frettchen auf Reisen

Wenn Sie meinen, dass Ihr Frettchen auch mal Ferien braucht oder Sie es nicht alleine zurücklassen können, müssen Sie vor Ihrem Urlaub einige Nachforschungen anstellen und ein paar Vorbereitungen treffen. Es kann ganz leicht sein, ein Frettchen mitzunehmen, sich aber auch zu einem schwierigen Unterfangen entwickeln, je nachdem, wie Sie verreisen und wohin. Sie sollten auf jeden Fall immer Wert auf die Gesundheit und Sicherheit Ihres Frettchens legen.

Ihre Ferien sollten so erholsam wie möglich sein, egal wohin Sie fahren und wie Sie dort hinkommen. Das trifft natürlich auch auf Ihr Frettchen zu. Es sollte so oft spielen können wie möglich und nicht weniger Aufmerksamkeit bekommen als sonst auch – wenn nicht sogar noch mehr. Das bedeutet auch, dass Sie einen bequemen Käfig brauchen. Lassen Sie Ihr Frettchen nicht die ganze Zeit über in einer winzigen Transportbox. Wenn es nicht auch für Ihr Frettchen erholsame Ferien werden, sollten Sie es lieber zu Hause in seiner gewohnten Umgebung lassen.

Vorabcheck

Wenn Sie in einem Hotel übernachten, sollten Sie sich vorher erkundigen, ob Frettchen dort überhaupt willkommen sind. Wenn Sie ein Frettchen mit in ein Hotel bringen, in dem eigentlich keine Frettchen erwünscht sind, könnte es sein, dass zusätzliche Kosten auf Sie zukommen oder Sie ausquartiert werden, ohne zu wissen, wohin. Seien Sie freundlich. Sie sollten natürlich auch nicht mit Ihrem Frettchen auf dem Arm bei Ihrer Tante vor der Tür stehen, ohne vorher um Erlaubnis gefragt zu haben. Und ich meine damit nicht, dass Sie sie aus dem Auto aus anrufen. Wenn Sie anderen taktvoll und entgegenkommend gegenübertreten, helfen Sie Ihrem Frettchen, sich in seinem Urlaub wohl zu fühlen.

Wenn Sie in einem Hotel übernachten, in dem Frettchen erlaubt sind (Haustiere generell), kann es sein, dass Sie einen Zuschlag zahlen oder eine Kaution hinterlegen müssen, um mögliche Schäden abzudecken.

Informieren Sie sich vor Ihrer Reise über die Einreisebestimmungen für Tiere des jeweiligen Landes.

Packen Sie das Nötigste zusammen

Solange Sie alles Wichtige einpacken, um die Reise möglichst angenehm zu gestalten, ist das Verreisen mit einem Frettchen eigentlich relativ einfach. Egal, wohin die Reise gehen soll, diese Dinge brauchen Sie in jedem Fall:

- ✔ Den Erste-Hilfe-Kasten für Ihr Frettchen. (In Kapitel 13 finden Sie eine Auflistung der Dinge, die darin nicht fehlen sollten.) Vergewissern Sie sich, dass Sie von den Medikamenten, die Ihr Frettchen verabreicht bekommt, auch ausreichend dabei haben.
- ✔ Lassen Sie sich von Ihrem Tierarzt nötige Gesundheitszeugnisse ausstellen und alle wichtigen Impfungen quittieren. Lassen Sie sich einen EU-Impfpass ausstellen.
- ✔ Ausreichende Mengen Frettchenfutter, Leckerlis, einen Wassernapf und eine Wasserflasche für die Transportbox.
- ✔ Eine Transportbox, in der Ihr Frettchen sicher aufgehoben ist. Je größer, desto besser – besonders wenn es eine lange Reise wird. (**Beachten Sie:** Wenn Sie mit einer kleinen Transportbox verreisen, brauchen Sie noch einen extra Käfig für die Dauer Ihres Aufenthaltes. Pferchen Sie Ihr Frettchen keinesfalls ein!)
- ✔ Ein Geschirr und eine Leine dazu.
- ✔ Eine Box mit Einstreu.
- ✔ Schönes weiches Bettzeug (auch was zum Wechseln) und natürlich viel, viel Spielzeug.

Unterwegs

Um Unfälle oder Verletzungen zu vermeiden, sollten Sie Ihr Frettchen während der Fahrt in einer Transportbox aufbewahren (siehe Abbildung 12.1). Legen Sie regelmäßig Zwischenstopps ein. Nutzen Sie diese Zeit, um Ihr Frettchen ein wenig herumzuführen und ihm die Gegend zu zeigen. Bleiben Sie aber immer in seiner Nähe. Widerstehen Sie der Versuchung und lassen Sie keine Fremden an Ihr ohnehin gestresstes und aufgeregtes Frettchen. Stress ist einer der Faktoren, der bei Frettchen zu unberechenbarem Verhalten führen kann.

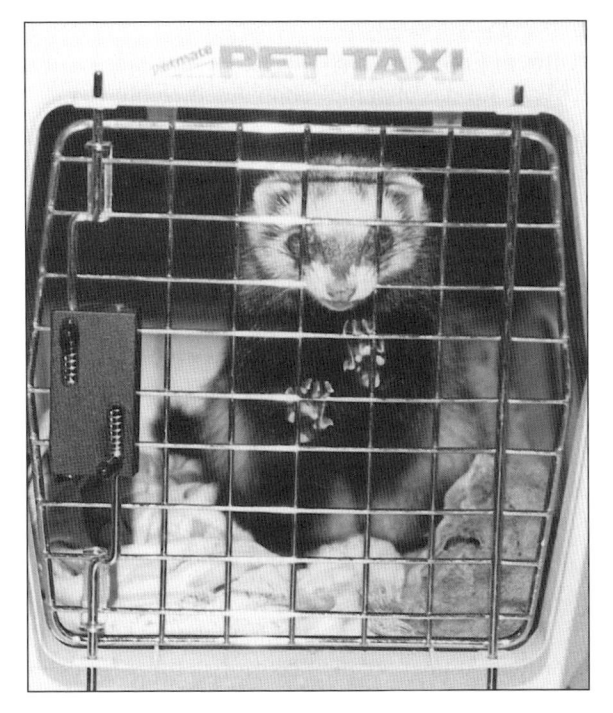

Abbildung 12.1: Egal wie stark Ihr Frettchen protestiert, aber während der Fahrt gehört es unbedingt in einen sicheren Transportkäfig.

Regelmäßige Zwischenstopps bieten sich auch an, um Ihr Frettchen mit frischem Wasser zu versorgen. Während Sie Ihrem Frettchen während der Fahrt immer ein bisschen Futter bereitstellen sollten, ist es besser, die Wasserflasche nicht die ganze Fahrt über dran zu lassen, weil sie sonst permanent tropft.

> Wenn Sie so verrückt sind, in der heißen Jahreszeit eine Reise in einem Auto ohne Klimaanlage zu unternehmen, müssen Sie unbedingt auch mehrere Liter eisgekühltes Wasser mitnehmen. Wickeln Sie am besten immer eine Flasche in ein Handtuch ein und legen Sie dieses mit in die Transportbox zu Ihrem Frettchen.

Folgendes ist auf langen Reisen absolut verboten:

- ✔ Lassen Sie Ihr Frettchen nicht allein im Auto zurück, wenn es draußen besonders heiß oder kalt ist. Lassen Sie es auch nicht über Nacht im Auto, während Sie es sich in einem netten Hotel gemütlich machen.

- ✔ Transportieren Sie Ihr Frettchen nicht im Kofferraum. Das ist nicht nur grausam, die Temperaturschwankungen sind außerdem zu stark und der Kohlenmonoxidgehalt könnte Ihr Frettchen töten. Schnallen Sie die Transportbox auch nicht mit all dem anderen Gepäck auf dem Dach fest.

- ✔ Verreisen Sie mit Ihrem Frettchen nicht, wenn es sehr krank, alt oder tragend ist. Der Reisestress ist nicht gut für das ohnehin schon geschwächte Tier.

- ✔ Fahren Sie mit Ihrem Frettchen nicht zum Zelten. Zum Spielen für das Frettchen ist es vielleicht ganz interessant, aber die meiste Zeit würde es sicher unbeaufsichtigt in seinem Käfig verbringen. Außerdem könnte es sein, dass Sie mit Ihrem Frettchen – egal ob im Zelt oder davor – andere Raubtiere anlocken und am Ende Sie beide Schaden nehmen.

- ✔ Fahren Sie mit Ihrem Frettchen nicht an Orte, an denen über 30 Grad Celsius sind und keine Klimaanlage vorhanden ist. Das könnte sonst der letzte Urlaub für Ihr geliebtes Frettchen gewesen sein.

Frettchen sind Meister im Ausbrechen. Ziehen Sie in Betracht, dass Ihr Frettchen während der Fahrt aus seiner Transportbox ausbricht. Ein Kind oder ein Fremder könnte es herauslassen, ohne dass Sie es wissen oder merken. Das ist besonders gefährlich, wenn Sie während der Fahrt die Fenster heruntergekurbelt haben. Bevor Sie die Autotüren zuschlagen, vergewissern Sie sich, dass das Frettchen dort ist, wo es hin gehört – es würde hier nur den Kürzeren ziehen.

Denken Sie immer daran, dass eine Reise, auch wenn sie noch so komfortabel ist, für Ihr Frettchen immer mit Stress verbunden ist. Als verantwortungsbewusster Frettchenbesitzer müssen Sie während der Reise immer auf die Bedürfnisse Ihres Tieres eingehen. Nehmen Sie ausreichend Lieblingsspielzeuge mit, um mit ihm zu spielen und es zu unterhalten, wenn es gerade nicht schläft.

Über die Grenzen hinaus

Wenn Sie weitere Reisen mit Ihren Frettchen machen müssen, erkundigen Sie sich nach den Vorschriften des Landes, in das Sie reisen wollen, und ggf. nach den Bestimmungen der Fluggesellschaften, die Sie nutzen wollen. Generell sollten Sie auch auf folgende Dinge achten:

- ✔ Gibt es im Zielland irgendwelche Quarantänebestimmungen?
- ✔ Muss das Gesundheitszeugnis in die Landessprache übersetzt werden?
- ✔ Brauchen Sie eine Importbescheinigung?

- ✔ Müssen Sie den ganzen Papierkram vor Ihrer Abreise per Post oder als Fax schicken? (Behalten Sie von allem Kopien bei sich.)
- ✔ Welche Zollbestimmungen gibt es? Mit einwandfreien Dokumenten kommen Sie in der Regel auch durch den Zoll.

Frettchen sollten während der Reise keine Beruhigungsmittel oder Ähnliches verabreicht bekommen. Wenn Sie denken, dass so etwas nötig ist, lassen Sie das Tier lieber zu Hause oder nehmen Sie selbst ein paar Beruhigungstropfen.

Solange Sie nicht für eine längere Zeit sehr weit weg wollen, sollten Sie Ihr Frettchen lieber zu Hause lassen. Ich habe zwar schon von vielen Reisen gehört, die sehr angenehm verlaufen sind, es gab aber auch welche, die sich zu einem echten Alptraum für alle Beteiligten entwickelten.

Geben Sie Ihr Frettchen in gute Hände

Von Zeit zu Zeit muss auch ich meine geliebten Frettchen alleine lassen und eine Reise antreten, bei der ich mich nur um mich selbst zu kümmern brauche. Verstehen Sie mich jetzt nicht falsch – es kostet mich jedes Mal einiges an Nerven, die richtige Person zu finden, die auf meine Frettchen aufpassen kann, oder einen geeigneten Ort, an dem sie bleiben können. Und natürlich zerbreche ich mir während des Urlaubs, in dem ich mich eigentlich erholen sollte, den Kopf darüber, wie meine Lieblinge wohl ohne mich zurechtkommen. Und wenn ich dann wieder nach Hause komme, muss ich feststellen, dass es durchaus noch mehr Menschen gibt, die sehr gut mit Frettchen umgehen können.

Egal, wer auf Ihre Frettchen aufpasst, wenn Sie nicht da sind, stellen Sie immer sicher, dass diese Person sich mit dem Frettchen-Einmaleins auskennt. Drücken Sie Ihrem Frettchensitter ein gutes Buch passend zum Thema in die Hand – beispielsweise dieses hier. Stellen Sie außerdem Folgendes sicher:

- ✔ Hinterlassen Sie eine Telefonnummer, unter der Sie zu erreichen sind, außerdem den Namen der Person, mit der Sie zusammen unterwegs sind.
- ✔ Für den Notfall ein oder zwei Rufnummern von Leuten, die in Ihrer Nähe wohnen – beispielsweise von Freunden oder Verwandten.
- ✔ Hinterlassen Sie die Adresse und Telefonnummer Ihres Tierarztes – vielleicht auch die Anschrift einer Tierklinik für den Notfall.
- ✔ Sorgen Sie für ausreichend Vorrat an wichtigen Medikamenten und genaue Anweisungen, wie Ihrem Frettchen diese Medikamente verabreicht werden müssen. Wenn möglich, sollten Sie dem Frettchensitter die Verabreichung der Medikamente (besonders die Dosierung) vor Ihrer Abreise zeigen.

- ✔ Fertigen Sie zu jedem Frettchen und seiner Persönlichkeit eine kleine Beschreibung an (und legen Sie entsprechend Fotos dazu). Wenn nötig, sollten Sie auch aufschreiben, was erlaubt und was verboten ist.

- ✔ Stellen Sie ausreichend Futter bereit, und schreiben Sie genau auf, wie die Tiere gefüttert werden, besonders dann, wenn die Tiere unterschiedlich zu fressen bekommen oder ein Tier dabei ist, das zusätzliche Fütterungen benötigt.

- ✔ Teilen Sie Ihrem Frettchensitter auch mit, wie die Frettchen sauber gemacht werden müssen. Zeigen Sie ihm, wie er sicher mit ihnen spielt und welche Anzeichen für eventuelle Krankheiten zu beachten sind.

Der perfekte Frettchensitter

Viele Leute lachen über die Idee, einen Fremden dafür zu bezahlen, dass er während ihrer Abwesenheit in ihr Haus kommt, um nach den Haustieren zu sehen. Trotzdem entscheiden sich immer mehr Leute dafür, weil verlässliche Haustiersitter durch Erfahrungen und einen guten Ruf gewinnen. Oftmals werden Haustiersitter auch wärmstens von anderen Kunden, Tierärzten, Freunden oder Nachbarn empfohlen. Haustiersitter eignen sich übrigens nicht nur für den Urlaub. Viele Leute mit langen Arbeitszeiten engagieren eine solche Hilfe, um bei der täglichen Routine mit ihrem Haustier ein wenig Unterstützung zu bekommen.

Viele Haustiersitter kennen sich eher mit Hunden, Katzen oder Vögeln aus. Es liegt dann an Ihnen, der Person den richtigen Umgang und die entsprechende Pflege eines Frettchens nahe zu bringen. Ein guter Haustiersitter wird Sie vor Ihrer Abreise ein oder zwei Mal besuchen, um sich mit den Frettchen anzufreunden.

Sie sollten sich nach Möglichkeit für einen Haustiersitter entscheiden, der von Leuten empfohlen wurde, denen Sie vertrauen. Schauen Sie sich die Referenzen der Person aufmerksam an. Schließlich wird sie einen Schlüssel zu Ihrem Haus bekommen und somit Zugang zu Ihren Habseligkeiten haben, mal ganz davon abgesehen, dass sie auch die volle Verantwortung für die Pflege Ihrer Lieblinge hat. Vertrauen, Verlässlichkeit und Ehrlichkeit sind ein absolutes Muss. Finden Sie auch heraus, ob Ihr Frettchensitter verlässliche und vertrauenswürdige Erfahrungen mit Notfällen, beispielsweise plötzlichen Krankheiten oder Unfällen, hat.

Wie oft die Pflegeperson zu Ihnen kommen soll, einmal am Tag oder mehrmals täglich, hängt ganz davon ab, wie viel Geld Sie ausgeben wollen. Die Person kann Ihr Tier täglich sauber machen oder nur an bestimmten Tagen, ganz wie Sie das wollen. Die Kosten sind in der Regel festgelegt. Besprechen Sie solche Dinge vor Ihrer Abreise, halten Sie nach Möglichkeit alles schriftlich fest.

Sie können für Ihr Frettchen auch einen Nachbarn oder einen Freund engagieren. Ich weiß beispielsweise, dass ich, wenn ich verreise, mehrere Leute brauche, die täglich nach meinen Tieren sehen. Ich habe immer das Gefühl, dass ich ein Handbuch mit rund 100 Seiten zu Hause lasse, wenn ich die Tiere in Obhut gebe. Ich fühle mich aber immer besser, wenn ich die Leute, die in meinem Haus ein- und ausgehen, persönlich kenne.

Ein Haustiersitter, der für seinen Job bezahlt wird, leistet normalerweise gute Arbeit, schließlich hängt sein guter Ruf davon ab. Auch ein Freund wird gute Arbeit verrichten, denn ihre Freundschaft hängt davon ab. Auf der anderen Seite kann es aber auch zu Problemen kommen, wenn Sie mit der Arbeit von Freunden nicht so ganz zufrieden sind. Jede Situation ist anders. Entscheiden Sie sich für die Variante, bei der Sie selbst das beste Gefühl haben und die für Ihr Frettchen die angenehmste ist.

> *Für den Fall, dass Sie nicht zurückkommen*
>
> Was wird aus Ihren Frettchen, wenn Ihnen im Urlaub etwas zustößt? So makaber das klingt, aber treffen Sie eine Vereinbarung mit einem Nachbarn oder Freund, um die Pflege Ihrer Frettchen zu gewährleisten, falls Ihnen auf Ihrer Reise etwas zustößt. Mein Mann und ich wissen nicht, was mit unserem Besitz wird, wenn uns etwas zustößt, aber unsere Frettchen sind gut versorgt.

Frettchen in Pflege geben

Wenn Sie keine verlässliche Person finden, die bei Ihnen zu Hause auf Ihr Frettchen aufpassen kann, müssen Sie es in Pflege geben. Sie haben dafür verschiedene Möglichkeiten:

✔ Manche Tierärzte nehmen Tiere gegen ein gewisses Entgelt in Pflege.

✔ Manchmal können Sie Ihr Frettchen auch gegen eine Gebühr für einige Zeit im Tierheim abgeben, vorausgesetzt, Sie versichern, das Tier wieder abzuholen.

✔ Vielleicht nimmt auch ein Freund Ihr Frettchen bei sich auf.

✔ Außerdem gibt es spezielle Einrichtungen, in denen man Tiere für die Dauer eines Urlaubs abgeben kann, und zwar nicht nur Katzen und Hunde.

Wenn Sie sich für Ihr Frettchen für eine Person oder einen Ort entscheiden, den Sie nicht kennen, lassen Sie sich Referenzen zeigen und überprüfen Sie diese. Schauen Sie sich das Zuhause, das Tierheim, die Klinik oder die Unterkunft vorher genau an, um herauszufinden, unter welchen Bedingungen Ihr Frettchen dort wohnen wird. Geben Sie Ihr Frettchen nirgendwo ab, solange Sie kein gutes Gefühl haben.

Wenn Sie Ihr Frettchen während Ihrer Abwesenheit irgendwo anders einquartieren, müssen Sie möglicherweise einige Hürden überwinden. Sie müssen nicht nur Notfallnummern und genaue Anweisungen hinterlegen, sondern auch auf Folgendes achten:

✔ Es könnte sein, dass Sie die Wohnung Ihres Frettchens mitliefern müssen.

✔ Möglicherweise müssen Sie aktuelle Impfnachweise oder Gesundheitszeugnisse nachweisen. (Wenn diese Nachweise von der Unterkunft nicht verlangt werden, sollten Sie diese lieber gleich meiden. Wenn Sie nicht nach der Gesundheit Ihres Frettchens gefragt werden, werden andere Besitzer wahrscheinlich auch nicht gefragt.)

✔ Die meisten Unterkünfte sind nicht darauf eingerichtet, Ihrem Frettchen seinen täglichen Freigang und das Spielen zu gewährleisten. Das Gleiche gilt für die Wohnungen von Freunden. Es sei denn, Sie haben ihnen gezeigt, wie sie ihre Wohnungen frettchensicher machen können, und die Freunde nehmen sich auch die Zeit, den Anweisungen zu folgen.

Wenn Sie Ihr Frettchen während Ihrer Abwesenheit irgendwo anders unterbringen, riskieren Sie, dass sich das Tier von einem anderen Tier eine Krankheit einfängt. Das Zuhause eines Freundes ist da nicht unbedingt sicherer, wenn es dort noch andere Frettchen oder Tiere gibt. Vergewissern Sie sich, dass Ihr Frettchen alle nötigen Impfungen bekommen hat.

Immer wenn Sie Ihr Frettchen in der Obhut anderer lassen, gehen Sie ein gewisses Risiko ein. Nichts ist absolut sicher. Sie können lediglich der Pflegeperson eine ausführliche Schulung im Umgang mit Ihrem Frettchen geben und das Beste hoffen. Je mehr Wissen und Informationen Sie weitergeben, desto besser ist es für alle Beteiligten. Meistens werden Sie nach einer Reise nach Hause kommen und ein glückliches Frettchen antreffen, das sich freut, Sie wiederzusehen.

Teil IV

Gesundheit, Fürsorge und Behandlung

»Lass mich raten: Der Tierarzt hat festgestellt, dass die Frettchenflöhe Bohnenkaffee sehr ähnlich sind ...«

In diesem Teil ...

Es ist wichtig, dass Sie sich bereits vorher auf kleinere Katastrophen vorbereiten, indem Sie sich einen guten Tierarzt suchen und sich ein Erste-Hilfe-Set besorgen, denn früher oder später wird ein Frettchenbesitzer seinen ersten Notfall erleben. Dennoch kann dieser Teil nicht den Tierarzt ersetzen! Er soll nur helfen, dass Sie Erste Hilfe leisten können, bis Ihr Frettchen beim Tierarzt ist. Außerdem erfahren Sie mehr über die häufigsten Leiden und Erkrankungen, die Frettchen bekommen können – wonach Sie schauen müssen und wann Sie einen Experten zu Rate ziehen sollten.

Dieser Teil geht auch darauf ein, wann Sie sich von einem Frettchen verabschieden müssen und womit zu rechnen ist, wenn alles vorbei ist. Es gibt viel mehr, worüber man nachdenken muss, als Ihnen vielleicht bewusst ist.

Tierarzt und Erste-Hilfe-Koffer: Die Grundlagen

In diesem Kapitel

- Einen guten Frettchen-Tierarzt finden
- Was bei Routineuntersuchungen passieren sollte
- Vorbeugende Pflege
- Vorbereitung für Notfälle

Es ist unvermeidlich. Sie sind ständig bemüht, Ihre Frettchen so perfekt wie möglich zu halten, trotzdem passiert irgendwann einmal etwas. Manchmal ist solch ein Missgeschick vermeidbar, meistens jedoch nicht. Meistens müssen Sie den Erste-Hilfe-Koffer wegen einer Krankheit oder einem Altersproblem bemühen. Wenn Sie aus der Situation lernen können, tun Sie das bitte, um eine Wiederholung des Vorfalls zu vermeiden.

In jedem Fall gibt es jedoch Dinge, die Sie wissen müssen und die Sie für Notfallsituationen in petto haben sollten. Darum geht es in diesem Kapitel. Schließlich ist es besser, eine ungeöffnete Flasche Wasserstoffperoxyd jahrelang im Medizinschrank stehen zu lassen, als sie dringend zu brauchen und keine zu haben. Es kann auch schwierig werden, in letzter Minute und unter Druck – vielleicht, wenn es um Leben oder Tod geht – einen guten Frettchen-Tierarzt zu finden. Auch wenn kein Notfall eintritt, benötigt Ihr Frettchen Routineuntersuchungen und Impfungen, um bei guter Gesundheit zu bleiben.

Den Tierarzt finden

Irgendwann findet jeder verantwortungsvolle Tierhalter einmal den Weg zu einem Tierarzt – sei es aus Routinegründen oder bei einem unvorhergesehenen Notfall. Sie sollten wissen, wonach Sie suchen, wenn Sie den Arzt für Ihr Frettchen ausfindig machen (siehe Abbildung 13.1).

Die tollste und teuerste Tierarztpraxis ist nicht immer auch die beste. Vielleicht ist der bescheidene Tierarzt, der um die Ecke wohnt, der Ideale für Ihr Frettchen. Lassen Sie sich nicht allein vom äußerlichen Eindruck täuschen. Verlassen Sie sich besser auf Reputation, Empfehlungen und Ihr Gefühl. Statten Sie dem Arzt einen Besuch ab, bevor Sie Ihr Frettchen einem Doktor oder einer Klinik anvertrauen. Ihr Tierarzt kann und sollte ein Freund des Hauses sein/werden.

Der Tierarzt, auf den Sie sich bei all Ihren anderen Tieren blind verlassen können, muss nicht in jedem Fall auch der beste für Ihre Frettchen sein.

Abbildung 13.1: Ein guter Veterinär ist für die Gesundheit und das Wohlergehen Ihres Frettchens entscheidend.

Fragen Sie

Scheuen Sie sich nicht, bei der Suche nach einem Tierarzt Fragen zu stellen. Bestehen Sie im Gegenteil darauf, den Kandidaten mit Fragen zu löchern. Erkundigen Sie sich zuerst, ob der Doktor überhaupt Frettchen behandelt. Manche sind dazu bereit, andere verweisen Sie an Kollegen. Ein guter, professioneller Tierarzt und seine Mitarbeiter werden Ihre Bedenken verstehen und Ihnen so umfassend wie möglich antworten. Wenn Sie einen Kandidaten gefunden haben, bohren Sie noch etwas tiefer:

- ✔ Fragen Sie, wie lange sich der Tierarzt schon mit Frettchenmedizin beschäftigt und wie viele Frettchen an einem typischen Tag oder in einer normalen Woche bei ihm in Behandlung sind.

- ✔ Fragen Sie, ob in der Praxis Impfstoffe für Frettchen vorrätig sind, zum Beispiel Imrab gegen Tollwut oder Fervac gegen Staupe.

✓ Achten Sie darauf, ob die Einrichtung in der Lage ist, Frettchen auch stationär aufzunehmen, wenn das nötig ist.

✓ Fragen Sie nach Preisen für Routineuntersuchungen und Impfungen. Führt der Tierarzt Routineoperationen bei Frettchen aus (zum Beispiel Sterilisieren und Kastrieren)? Kann der Tierarzt verbreitete Krankheiten bei Frettchen behandeln?

✓ Fragen Sie, ob der Tierarzt Erfahrungen mit komplizierteren Operationen beim Frettchen hat, zum Beispiel mit der operativen Entfernung der Milz (Splenektomie) oder der Tumorentfernung?

✓ Wie hält sich der Tierarzt bezüglich der neuesten Entwicklungen in der Frettchenmedizin und in chirurgischen Techniken auf dem Laufenden?

Die Antworten und der allgemeine Ton des Antwortenden sollten Ihnen einen Eindruck davon vermitteln, ob die Person ein frettchenfreundlicher Tierarzt ist oder nicht. Fühlen Sie sich bei ihm in guten Händen? Wenn nicht, geht das Ihrem Frettchen wahrscheinlich auch so.

Persönliche Empfehlungen sind eine gute Möglichkeit, einen guten Arzt für Ihr Frettchen zu finden. Fragen Sie andere Frettchenbesitzer, zu welchem Arzt sie mit ihren Tieren gehen. Erkundigen Sie sich im nächsten Tierheim, wen man dort empfehlen würde. Es gibt so viele frettchenverrückte Leute, Sie müssen einfach einen guten Tierarzt finden. Oder sehen Sie auf www.frettchenhilfe.de unter »Tierarztempfehlungen« nach.

Besuchen Sie ihn

Besuchen Sie den Tierarzt, für den Sie sich entschieden haben, in seiner Praxis. Wenn Sie Ihr Frettchen bereits haben, ist bestimmt ohnehin eine Untersuchung fällig. Erste Besuche sind meist ein guter Gradmesser, wie die Praxis geführt wird. Ist sie sauber? Riecht sie sauber? Werden Sie vom Personal freundlich empfangen? Werden die Untersuchungstische nach jeder Benutzung desinfiziert? Waschen sich Arzt und Assistenten nach der Behandlung der Tiere die Hände?

Verschaffen Sie sich einen Eindruck, ob der Arzt genauso ist, wie er am Telefon klang oder wie ihn andere Leute beschrieben haben. Spricht der Doktor beruhigend mit Ihrem Frettchen? Behandelt er es liebevoll, interessiert er sich wirklich für Sie und Ihr Haustier? Erklärt er Ihnen klar und deutlich, was mit Ihrem Frettchen passiert? Werden Ihre Fragen verständlich beantwortet? Erscheint der Arzt gehetzt, hat er andere Dinge im Kopf oder konzentriert er sich wirklich auf Ihr Frettchen?

Ebenso wichtig ist, dass Ihr neuer Tierarzt Ihren Sorgen zuhört und diese ernst nimmt. Sie sind schließlich so etwas wie die Mama oder der Papa Ihres Frettchens. Wenn Sie es bereits seit längerem haben, wissen Sie, was bei ihm normal ist und was nicht. Ein Arzt, der Ihnen nicht zuhören und etwas über das Tier erfahren möchte, ist vielleicht zu voreingenommen, um Ihrem Frettchen die Sorgfalt zu widmen, die ihm vielleicht das Leben retten kann.

Ein guter Tierarzt wird Sie auch an einen erfahreneren Kollegen überweisen, wenn er die Umstände für gegeben hält. Vergessen Sie nicht, Tierärzte sind auch nur Menschen, und keiner ist perfekt. Aber jemand, der bereit ist, seine Grenzen zu erkennen und zum Wohle Ihres Frettchens jemanden mit mehr Erfahrung hinzuzuziehen, ist ein guter Partner.

Impfungen und Untersuchungen: Was Sie erwarten können

Ich gehöre zu diesen fanatischen Menschen, die es für unbedingt nötig halten, ein neues Haustier innerhalb von ein oder zwei Tagen vom Tierarzt untersuchen zu lassen. Ich bin auch ein Verfechter regelmäßiger Impfungen. In diesem Abschnitt erfahren Sie, was Sie bei Ihrem Frettchen in dieser Beziehung einplanen können (um Unerwartetes geht es im nächsten Kapitel).

Welpen

Als Babys erhalten Frettchen einige schützende Antikörper von der Mutter. Mit zunehmendem Alter werden diese weniger, die Babys müssen also geimpft werden, um den allmählichen Verlust dieses natürlichen Schutzes auszugleichen. Die meisten Frettchen in Farmen bekommen ihre erste frettchengeprüfte Staupe-Impfung (Fervac oder Galaxy) im Alter von vier Wochen. Private Züchter impfen ihre Tier üblicherweise mit sechs bis acht Wochen zum ersten Mal.

Staupe-Impfung

Je nach Tierarzt kann Ihr Frettchen im Alter von acht, elf und 14 Wochen gegen Staupe geimpft werden. Andere Ärzte impfen lieber nach acht, zwölf und 16 Lebenswochen. Frettchen, die älter als 16 Wochen sind und bei denen der Impfstatus unbekannt ist oder keine Impfungen vorgenommen wurden, benötigen zwei Staupe-Impfungen, die drei bis vier Wochen auseinander liegen. In diesem Alter entwickeln sie denselben Schutz wie Welpen, die die volle Serie von Impfungen empfangen haben.

Selten kommt es vor, dass Frettchen allergische Reaktionen gegen die Staupe-Impfung entwickeln (siehe Abschnitt *Allergische Reaktionen erkennen*). Diese allergische Reaktion kann einmalig auftreten, sie kann sich aber auch wiederholen. Manche Reaktionen können sogar lebensbedrohlich sein. Wenn Ihr Frettchen bereits Allergiker ist, könnte Ihr Tierarzt vor der Impfung ein Antihistamin geben, um allergische Reaktionen von vornherein abzuschwächen. Ich kenne jedoch Frettchen, die trotz Vorbehandlung noch immer heftig reagiert haben. Falls Ihr Frettchen bereits lebensbedrohliche allergische Reaktionen gegen die Staupe-Impfung gezeigt hat und wenn es ausschließlich in der Wohnung lebt und keinen Kontakt mit fremden Frettchen hat, sollten Sie vielleicht überlegen, die Staupe-Impfung auszulassen. (Unterlassen Sie auf keinen Fall die Tollwut-Impfung!)

Kleine Kinder sollten immer beaufsichtigt werden, wenn sie mit Haustieren zusammen sind, das gilt auch für Frettchen.

...ettchen sind sehr saubere Raubtiere. Wenn Sie nicht gerade spielen oder schlafen, ...d sie wahrscheinlich damit beschäftigt, sich selbst sauber zu machen.

Obwohl manche Frettchen gern schwimmen, können sie sehr schnell müde werden. Lassen Sie Frettchen daher nie unbeaufsichtigt am oder im Wasser, sie könnten ertrinken.

Das Baden ist ab und zu nötig. Achten Sie aber immer darauf, dass kein Frettchenshampoo in die Augen, Ohren oder die Nase des Frettchens gelangt.

Dieses Frettchen ist ein sehr schönes Beispiel für ein Kapuzenfrettchen.

Viele Frettchen lege[n] beim Spielen immer mal wieder eine kleine Pause ein.

Wie uns dieses Albinofrettchen eindrucksvoll beweist, ist kein Käfig komplett ohne eine Hängematte.

Frettchen sind sehr geschickt im Graben und finde[n] immer einen Weg in die ungewöhnlichsten Orte.

ettchen graben von Natur aus gern und freuen sich über jede öglichkeit, bei der sie ihre Fähigkeiten testen können.

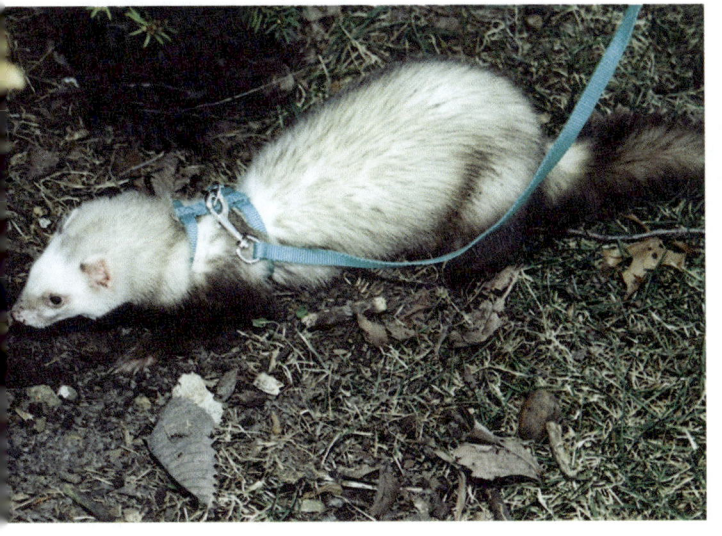

Routinekontrollen bei Ihren Frettchen sind ein absolutes Muss.

Kuschelbetten für Frettchen gibt es in allen erdenklichen Formen und Größen. Achten Sie jedoch darauf, dass das Bett keinen unbezogenen Schaumstoff enthält, den das Frettchen dann auffressen oder zerkratzen könnte.

äfige sollten immer aus mehreren Etagen stehen, über die Ihre Frettchen per hrensystem Zugang haben.

Bei diesem Anblick wird jedem klar, warum man Frettchen mindestens zu zweit halten sollte.

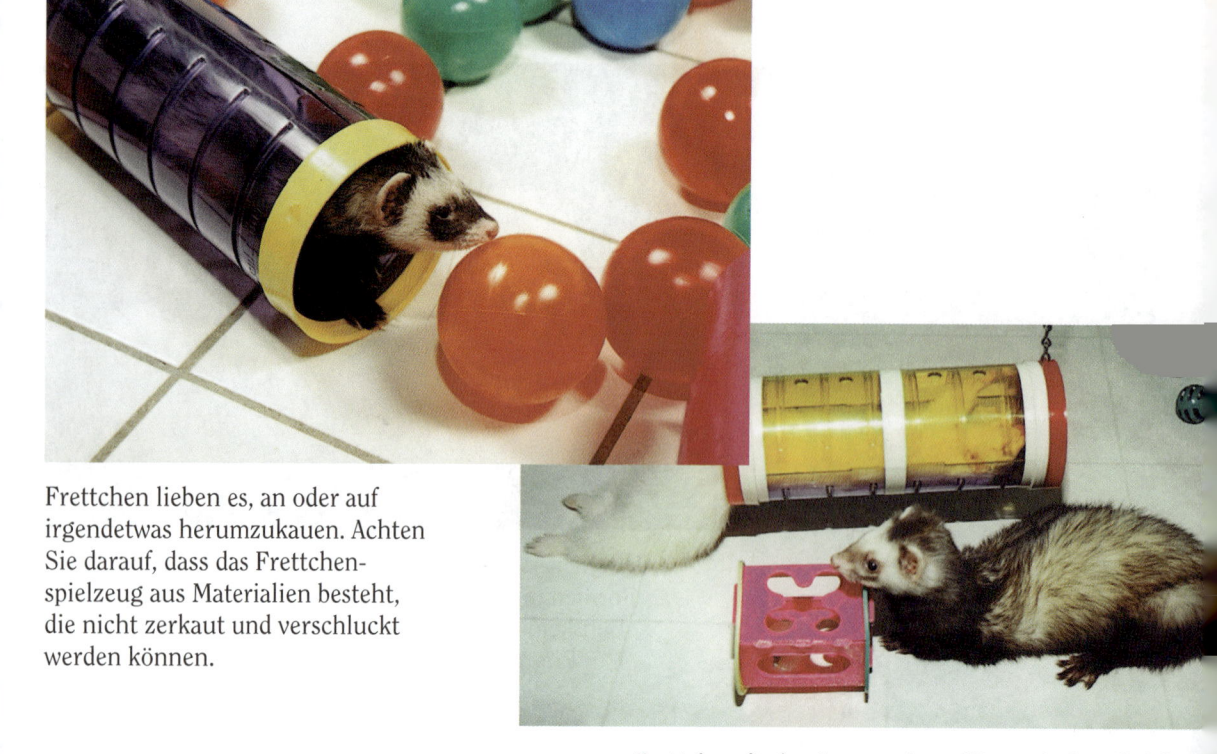

Frettchen lieben es, an oder auf irgendetwas herumzukauen. Achten Sie darauf, dass das Frettchen-spielzeug aus Materialien besteht, die nicht zerkaut und verschluckt werden können.

Frettchen finden immer einen Weg, mit dem Spielzeu das sich ihnen bietet, viel Spaß zu haben. Achten S darauf, dass das Spielzeug auch wirklich sicher i

Alle Frettchen lieben es, in Röhren zu spielen. Und wenn sie fertig sind, rollen sie sich darin auch schon mal zu einem kleinen Nickerchen zusammen.

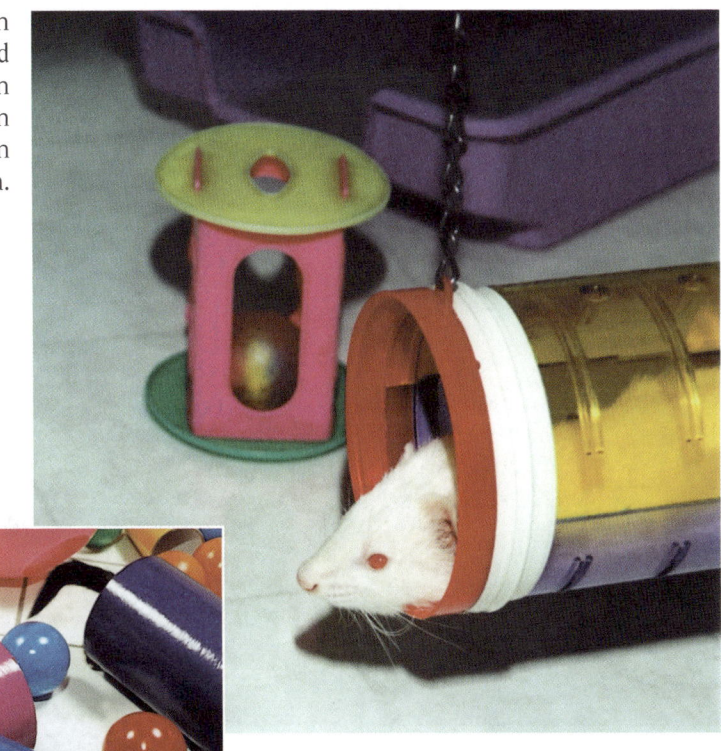

Frettchen sind sehr intelligente Tiere und sollten so viel Beschäftigung wie möglich bekommen.

Leckerlis sind eine gute Möglichkeit, Ihr Frettchen an Sie zu binden und es für gutes Verhalten zu belohnen. Verteilen Sie davon jedoch nicht zu viel, denn sie können dick machen und zu Zahnproblemen führen.

Das ist ein Frettchen mit der Färbung Dark-Eyed-White (DEW).

Frettchen sind hervorragende Kletterer und suchen immer nach einer Möglichkeit, aus einem geöffneten Käfig zu klettern. Also Vorsicht, kontrollieren Sie den Käfig vor dem Verlassen der Wohnung lieber noch einmal genau.

Dieses prächtige Männchen zeigt uns, wie lecker manche Ergänzungsfuttermittel sein können. Wie bei Leckerlis sollten Sie auch hier sparsam sein.
(Foto mit freundlicher Genehmigung von Jen Taylor.)

Dieses Frettchen wacht gerade von einem kleinen Nickerchen unter der Bettdecke auf. Bevor Sie sich aufs Bett oder Sofa setzen, sollten Sie sich immer vergewissern, wo Ihre Frettchen gerade sind.

Frettchen haben eine vielseitige Körpersprache und viele Ausdrucksmöglichkeiten. Ein Frettchen, das mit geöffneter Schnauze tanzt, will Sie in der Regel zum Spielen auffordern.

Bin ich nicht schön?

uka, ein wunderschönes Iltisfrettchen, t viele Eigenschaften, die es seinem chsten Verwandten, dem gefährdeten nwarzfußfrettchen, ähnlich werden sen.

Frettchen können sehr schnell rennen und sollten draußen daher immer mit einem Geschirr und einer Leine ausgestattet werden. Ein herumstreunendes Frettchen bleibt nicht lange in der Wildnis. Wenn Sie Glück haben, nimmt ein Mensch das Tier bei sich auf. Gehen Sie also nie ohne Frettchengeschirr und Leine raus.

Dieser Igel ist clever und daher übervorsichtig. Frettchen können kleinen Tieren aber ernsthaften Schaden zufügen, deswegen sollten solche Begegnungen immer überwacht werden, am besten jedoch: erst gar nicht zulassen.

Frettchen sollten immer ausreichend weiches Bettzeug zur Verfügung haben, um darin zu schlafen oder sich zu verstecken. Vorsicht: Verwenden Sie keine Schlingenware, z.B. Frotteehandtücher.

Frettchen sind extrem verspielt und schelmisch, wie uns die zwei Iltisfrettchen eindrucksvoll demonstrieren. Die meist Frettchen lieben die Gesellschaft von Artgenossen. Daru sollten Sie sich immer mindestens zwei Frettchen zulege

Tollwut-Impfung

Die für Frettchen empfohlene Tollwut-Impfung (Imrab 3) wird im Alter von zwölf Wochen empfohlen. Einige Tierärzte warten damit, bis das Frettchen 14 bis 18 Wochen alt ist, falls das Geburtsdatum nicht ganz korrekt aufgezeichnet wurde.

> Die Zeitplanung kann bei der Tollwut-Impfung für Sie, Ihren Tierarzt und Ihr Frettchen eine gewisse Rolle spielen. Viele Experten glauben, dass die Impfungen gegen Staupe und gegen Tollwut mindestens zwei Wochen auseinander liegen sollten, um mögliche allergische Reaktionen zu vermeiden. Das sollten Sie bedenken, wenn Sie die Impfungen für Ihr Frettchen planen.

Andere Impfungen

Der Tierarzt sollte Ihre Welpen auch auf innere Parasiten testen, vergessen Sie also nicht, bei Ihrem ersten Besuch eine frische Stuhlprobe mitzunehmen. Damit kann der Arzt auch herausfinden, ob der Verdauungstrakt Ihres Frettchens in Ordnung ist. Zu einer allgemeinen Vorsorgeuntersuchung sollte mindestens Folgendes gehören: Gewichtskontrolle, Abhören von Herz und Lunge, Suche nach Flöhen oder anderen externen Parasiten, Untersuchung von Augen, Ohren und Zähnen, Analregion, Abtasten von Lymphdrüsen und Lymphknoten.

Heranwachsende und Erwachsene

Wenn Sie ein erwachsenes Frettchen mit fragwürdiger Herkunft bekommen, lassen Sie es zur Sicherheit impfen. Zwar sind dazu nicht die vier oder fünf Tierarztbesuche wie bei einem Welpen nötig, mindestens zwei sollten es aber dennoch sein. Vergessen Sie die Stuhlprobe nicht, damit Ihr Tierarzt nach Parasiten suchen kann.

Nach ca. drei Wochen sollten Sie Ihr Frettchen erneut vorstellen, denn jetzt werden die zweite Staupe-Impfung und die Tollwut-Impfung fällig (wenn das Frettchen älter als drei Monate ist). Häufig bestellt Sie der Tierarzt ein drittes Mal, um die Tollwut-Impfung getrennt von der Staupe-Impfung vorzunehmen. Viele Experten halten dies für sicherer, um allergische Reaktionen zu vermeiden. Diskutieren Sie dies am besten mit Ihrem Tierarzt. Am gängigsten ist die Fünffachimpfung, diese sollte jedoch genau auf das Körpergewicht des Tieres abgestimmt sein.

Außer der regelmäßigen Untersuchung, wie sie auch bei einem Welpen vorgenommen würde, sollte Ihr Tierarzt auch einige Abtastuntersuchungen vornehmen, um vergrößerte Organe, vor allem eine vergrößerte Milz, oder verdächtige Knoten zu finden. Wenn Sie wissen, dass Ihr Frettchen bereits sehr betagt ist (fünf Jahre und älter), sind jährliche Blutuntersuchungen zusätzlich zu den ohnehin notwendigen Impfungen empfehlenswert. Wenn Krankheiten früh erkannt und behandelt werden, kann dies das Leben Ihres Frettchens verlängern und Leiden möglicherweise minimieren.

Allergische Reaktionen erkennen

Frettchen reagieren zuweilen allergisch auf Impfungen. Diese Reaktion, die so genannte Anaphylaxie, tritt meist innerhalb der ersten halben Stunde nach der Injektion mit dem Impfstoff ein. Anaphylaxie ist nicht sehr verbreitet, kann aber Reaktionen hervorrufen, die von leichten Irritationen bis hin zu lebensbedrohlichen Zuständen reichen.

Folgende Zeichen sprechen für eine allergische Reaktion:

- ✔ Schwellungen um Augen oder Nase (eine kleine Beule an der Einstichstelle ist keine Reaktion, sondern normal)
- ✔ Erbrechen
- ✔ Durchfall
- ✔ Anfälle
- ✔ Lethargie (diese Lethargie sollte von anderen Anzeichen begleitet werden, denn bereits der Besuch beim Arzt kann zu starker Müdigkeit führen)

Die ersten 24 Stunden nach der Impfung sind die kritische Phase, danach sollte das Schlimmste überstanden sein.

Viele Frettchenbesitzer warten nach der Impfung eine halbe Stunde beim Tierarzt, um sicherzugehen, dass das Frettchen die Impfung gut überstanden hat. Ich würde empfehlen, in der Nähe der Arztpraxis zu bleiben, denn im Falle einer Anaphylaxie ist eine schnelle Behandlung erforderlich. Wenn Sie bereits zu Hause sind und Anzeichen für eine Impfreaktion feststellen, kehren Sie sofort zum Tierarzt zurück. Halten Sie das Frettchen warm (es kann sich in beginnendem Schockzustand befinden).

Ihr Tierarzt wird dem Frettchen wahrscheinlich ein Antihistamin und/oder Kortison injizieren. (Hinweis: Manche Tierärzte ziehen es vor, Frettchen mit bekannten Allergien bereits vor der Impfung mit Antihistaminen und/oder Kortison zu behandeln, um sicherzugehen.) Manchmal werden dem Tier auch Tropfen verabreicht. Diese Behandlung ist gegen die allergische Reaktion und den Schock gerichtet, der für Ihr Frettchen gefährlicher sein kann als die Allergie selbst.

Ist es wichtig, wohin injiziert wird?

Einige Frettchenexperten glauben, dass der Ort der Injektion die Chancen für eine Gegenreaktion auf eine Staupe-Impfung erhöht oder vermindert. Sie sind außerdem der Meinung, dass die meisten Reaktionen auftreten, wenn in den Hals oder die Schulter des Frettchens gespritzt wird, im Gegensatz zur Flanke (Hüfte oder Bein). Mein Tierarzt setzt Staupe-Impfungen immer in die Flanke des Frettchens, und meine Tiere haben bisher noch nie (ich klopfe auf Holz!) eine allergische Reaktion gezeigt. Warten Sie in der Tierarztpraxis immer 30 Minuten nach der Impfung, bevor Sie nach Hause fahren – das ist sicherer.

13 ➤ *Tierarzt und Erste-Hilfe-Koffer: Die Grundlagen*

Ein Frettchen, das Zeichen einer Allergie entwickelt, muss nicht unbedingt auf jede Impfung reagieren. Ebenso heißt das nicht, dass Ihr Frettchen nie eine Anaphylaxie entwickeln wird, nur weil es das bisher nie getan hat.

Manchmal kommt es nach der Impfung an der Injektionsstelle zu einer leichten Schwellung, die Sie am besten leicht massieren. Wir sprechen dann von einem »Impfknubbel«.

Ein Erste-Hilfe-Set für Ihr Frettchen

Ihr Haushalt sollte mit einem Erste-Hilfe-Set ausgerüstet sein, ob Sie Frettchen besitzen oder nicht. Vieles, was Sie dort für Menschen finden sollten, ist auch für Frettchen sinnvoll, aber ich würde empfehlen, eines nur für die Frettchen zusammenzustellen.

Setzen Sie sich immer mit Ihrem Tierarzt in Verbindung, bevor Sie ein frei verkäufliches Produkt, Medikament oder Präparat bei Ihrem Frettchen anwenden. Einige Dinge, die an sich weit verbreitet sind, können, wenn sie bei der Ersten Hilfe angewendet werden, bestimmte Erkrankungen und Verletzungen hervorrufen. Außerdem müssen Sie bei Ihrem Tierarzt die richtige Dosierung erfragen. Zu schnell werden Medikamente bei Frettchen überdosiert.

Das Erste-Hilfe-Set für Ihr Frettchen sollte folgende Dinge enthalten (wenn Sie etwas davon verwenden, ersetzen Sie es bei nächster Gelegenheit):

Telefonnummern für den Notfall:

✔ Die Nummer Ihres Tierarztes, Notfallnummer und evtl. Handy-Nummer

✔ Die Nummer einer Tierklinik, die rund um die Uhr in Bereitschaft ist und sich mit Frettchen auskennt.

Schriftliche Gesundheitspapiere:

✔ Allgemeine Krankenakte mit einem entsprechenden Identifikationsfoto des Frettchens

✔ Impfpass

✔ Eine Liste mit verschriebenen Medikamenten, die Ihr Frettchen gerade einnimmt, und Gewichtskarte

Legen Sie für jedes Ihrer Tiere eine Gewichtskarte an. Darauf sollten folgende Angaben enthalten sein: Name, Datum der Gewichtskontrolle, vor oder nach der Fütterung, Gewicht in Gramm. An Gewichtsveränderungen kann man auch Krankheiten erkennen, bevor sie wirklich zum Ausbruch kommen.

Nahrungsmittel:

- ✔ Gläser mit Fleisch-Babynahrung – Huhn oder Lamm
- ✔ Nutri-Cal oder Calo-Pet (für einen schnellen Kalorienschub oder bei Gewichtsverlust zum Päppeln)
- ✔ Elektrolytpulver (Oralpädon, um ein dehydriertes Frettchen zu versorgen)
- ✔ Krankheitsfutter je nach Krankheit
- ✔ Raps- oder Olivenöl (hilft manchmal, schlecht Verdautes auszuscheiden)

Reinigungsmittel:

- ✔ Wasserstoffperoxyd (zum Reinigen von Wunden)
- ✔ Betaisodona (zum Reinigen von Wunden)
- ✔ Ohrenreiniger (für die tägliche Pflege)
- ✔ Augenspülung (zum Entfernen von Fremdkörpern)

Verbandmaterial und Ähnliches:

- ✔ Mull-Kompressen
- ✔ Mullbinden
- ✔ Waschlappen
- ✔ Heftpflaster (am besten Gewebe-Tape)

Weitere Gesundheitshilfsmittel:

- ✔ Blut stillendes Puder oder Bienenwachs (für blutende Nägel)
- ✔ Antibiotische Salbe (zum Behandeln und zum Schutz bei Kratzern und Schnitten)
- ✔ Bei Durchfall Heilnahrung in Breiform oder Babygläschen (stuhlfestigend)
- ✔ Vaseline (um Blockaden im Darm zu entfernen und zum Einführen des Thermometers)
- ✔ Kaopectate oder Pepto Bismol (bei Durchfall und zur Beruhigung des Bauches)
- ✔ Topic-Spray zur Wundbehandlung (Vorsicht, brennt etwas)
- ✔ Ferretone (zum Mixen mit der Medizin)
- ✔ Feline-Konzentration zum Päppeln
- ✔ Bevitasel oder Biosel zur Verbesserung des Vitaminhaushalts. Ferretvitasol am besten in Babynahrung oder Katzenmilch.
- ✔ Vibramycin und Buscopan: Bei Erkältungen nur nach Anweisungen des Arztes.

13 ➤ Tierarzt und Erste-Hilfe-Koffer: Die Grundlagen

Verschiedenes:

✔ Heizkissen (um die Körpertemperatur eines jungen oder kranken Frettchens zu stabilisieren), Wärmflasche

✔ Chemisches Wärmekissen (transportable Wärme für das junge oder kranke Frettchen)

✔ Einen kleinen Plastikzerstäuber, um Reinigungslösung wie Betadine zu versprühen (somit erreichen Sie mit derselben Menge eine größere Fläche)

✔ Pinzette (um Fremdkörper zu entfernen)

✔ Wattebälle und Wattestäbchen

✔ Kühlpaket (um Schwellungen zu reduzieren und Blutungen zu verlangsamen)

✔ Gummi- oder Latexhandschuhe

✔ Schere

✔ Leuchtstift oder kleine Taschenlampe (um Wunden oder Fremdkörper besser sehen zu können)

✔ Rektalthermometer (die normale Körpertemperatur eines Frettchens beträgt ca. 38 bis 39 Grad Celsius)

✔ Zungenspatel (um verletzte Gliedmaßen ruhig zu stellen)

✔ Babyreinigungstücher (für die allgemeine Reinigung)

Weiterhin empfehlen wir: Krallenschere, Pipette, Medizin-Löffel, Medikamenten-Mörser, Tablettenspalter, Pinzette, mehrere Einwegspritzen ohne Nadeln, Küchenwaage.

Ich lebe mit vielen Haustieren zusammen, mein Erster-Hilfe-Schrank ist also recht groß. Ich habe mir eine Liste des Inhalts ausgedruckt und sie an den Schrank gehängt, und wenn etwas benutzt wurde oder ersetzt werden muss, mache ich ein Kreuzchen daran. So laufe ich nicht Gefahr, in einem Notfall unvorbereitet zu sein. Ich füge auch Dinge zu der Liste hinzu, an die ich bisher noch nicht gedacht habe, um sie in Zukunft parat zu haben. Schreiben Sie sich die Verfallsdaten von Nahrungsmitteln/Medikamenten auf dieselbe Liste, damit Sie immer wissen, wann etwas ersetzt werden muss.

Einem Frettchen Erste Hilfe zu leisten, bedeutet nicht, dass Sie deswegen nicht zum Tierarzt müssen, wenn es nötig ist. Schätzen Sie das selbst sorgfältig ein und kümmern Sie sich immer um die Gesundheit und das Glück Ihres Frettchens.

Erste Hilfe bei Frettchen

In diesem Kapitel

▶ Worüber Sie sich keine Sorgen machen müssen

▶ Verhalten bei einem Notfall

▶ Ein krankes Frettchen ernähren

Machen wir uns nichts vor – Frettchen ziehen Ärger einfach an. Wie sehr wir sie auch lieben und wie viel Zeit und Geld wir auch in Vorsorge investieren, Frettchen werden auf jeden Fall irgendwann unsere Erste-Hilfe-Kenntnisse testen und ausprobieren, ob wir auch unter starkem emotionalen Stress richtig reagieren. Auch wenn Sie Ihr Frettchen Tag und Nacht im Käfig halten würden (das würde ich Ihnen aber übel nehmen), könnten auch dort Unfälle passieren. Diese nehmen zu, je mehr Frettchen zusammenleben. Sogar dem niedlichsten und unschuldigsten Frettchen kann etwas zustoßen, auch wenn es selbst nicht daran schuld ist.

In diesem Kapitel geht es nur um Maßnahmen der Ersten Hilfe, darum, wie Sie ein einfaches Problem lösen oder schwierige Situationen unter Kontrolle behalten, bis ein professioneller Tierarzt hinzugezogen werden kann. Die folgenden Kapitel erläutern schwere Erkrankungen und Verletzungen.

Darüber müssen Sie sich (normalerweise) keine Sorgen machen

Sie werden sich freuen zu hören, dass einige verrückte Verhaltensweisen bei Frettchen normal sind. Wie ein erwachsener Mann nach einem Festmahl seinen Bauch reibt und beim Fernsehen einschläft, so legen auch Frettchen eigenartige, vorhersehbare Gewohnheiten an den Tag. Lassen Sie sich davon nicht nervös machen, das ist meist harmlos.

Zittern

Es gibt verschiedene Gründe, warum Frettchen zittern, meist sind sie ganz einfach und auch harmlos. Nachdem sie mehr als einen halben Tag verschlafen haben, zittern alle, um ihre Körpertemperatur anzuheben. Diese Methode ist natürlich und effektiv. Viele zittern auch, wenn man sie im Genick packt. Vielleicht sollten Sie solche Genick-Zitterer besser am Hinterteil mit der Hand unterstützen, um ihnen mehr Sicherheit zu geben. Frettchen zittern selten, wenn sie Angst haben, eher wenn sie aufgeregt sind. Wenn Sie glauben, dass Ihr Frettchen aus einem anderen Grund zittert, sollten Sie es einem Tierarzt vorstellen.

Juckreiz und Kratzen

Frettchen jucken sich ständig, das ist einfach so. Für die kleinen Kerlchen ist das lästig, die meisten Halter machen sich deshalb ständig über Flöhe Gedanken. Selbst aus dem Tiefschlaf wachen manche Frettchen auf, um sich wegen eines plötzlichen Juckreizes fieberhaft zu kratzen, nur um sich kurz darauf wieder zusammenzurollen und weiterzuschlafen. Oder sie stoppen mitten im Herumtoben, um sich zu kratzen. Wenn Sie ein Frettchen beim Kratzen und Schubbern lange genug beobachten, werden Sie über kurz oder lang selbst damit beginnen.

Falls Sie Ausschlag oder kahle Stellen bemerken, sollten Sie die Umgebung des Frettchens einmal unter die Lupe nehmen, zum Beispiel seine Schlafstatt und worin es letztes Mal gebadet wurde. Die Haut trocknet während der kühleren Jahreszeit aus, das ist bei Mensch und Tier gleich. Es ist zwar ungewöhnlich, aber Frettchen können auch unter Allergien leiden. Zu starkes Kratzen kann zu wunden Stellen führen, die behandelt werden müssen. Wenden Sie sich in diesem Fall an Ihren Tierarzt. Wenn Sie Flöhe ausgeschlossen haben und keine kahlen Stellen im Fell zu sehen sind, können Sie davon ausgehen, dass sich das Frettchen nur aus einer Laune heraus kratzt.

Gähnen

Gähnen können Frettchen so gut, dass Frettchenfans sogar Gähn-Wettbewerbe veranstalten (siehe Abbildung 14.1). Ich weiß auch nicht, warum Frettchen gähnen, aber sie tun es, und das auch noch ziemlich oft. Vielleicht hat es etwas damit zu tun, wie viel Schlaf sie sich gönnen. Vor allem Frettchen, die man im Genick hält, erfahren regelrechte Gähnattacken. Während Frettchen irgendwann einmal damit aufhören, können Zuschauer selbst zu gähnen anfangen. Ich muss gähnen, während ich das schreibe.

Exzessives Schlafen

Exzessives Schlafen ist bei Frettchen ziemlich verbreitet (nehmen Sie es also nicht als Zeichen dafür, ein totaler Langweiler zu sein). Manchmal schlafen sie so lange, dass man denken könnte, sie lägen im Koma oder wären gar tot. Aber sie sind warm und atmen – sie wachen nur einfach nicht auf.

Wenn Sie nun ein über-vorsichtiges Frauchen oder Herrchen sind und unbedingt feststellen wollen, ob Ihr Liebling noch lebt, nehmen sie ihn hoch und rufen sie laut seinen Namen. Streicheln Sie seinen Rücken und Bauch kräftig (*nicht* schütteln!). Streicheln Sie das Frettchen zwischen den Ohren. Manchmal wacht es auf, wenn Sie ihm etwas von seiner Lieblingsspeise auf die Nase kleckern. (Der Duft sollte das kleine Gehirn zum Laufen bringen. Falls nicht, ist der kleine Kerl vielleicht krank.) Die letzte Möglichkeit wäre, ein wenig Schleckerpaste wie Calo-Pet oder Nutri-Cal auf sein Zahnfleisch zu reiben.

Normalerweise sind diese tiefen Tiefschlafphasen (genannt SNT – Schlaf, nicht tot) normal. Nachdem Ihr Frettchen endlich ein Augenlid hebt, um zu sehen, wer es so grob geweckt hat, können Sie sicher sein, dass alles okay ist. Spielen Sie dann ein bisschen mit ihm, wenn Sie noch eine Bestätigung für sein Wohlbefinden brauchen. Ich habe schon bis zu einer Minute gebraucht, um ein oder zwei von meinen Frettchen zu wecken. Trotzdem habe ich noch immer Angst davor. Falls diese Situation beim selben Frettchen häufig auftritt, wäre ein Besuch beim Tierarzt eine gute Idee.

> Während Frettchen ziemlich viel schlafen und manche sogar in den SNT-Schlaf übergehen, achten Sie auf plötzliche Änderungen im Schlafmuster Ihres Frettchens. Wenn es auf einmal öfter als normal schläft, kann das ein Zeichen für eine Krankheit sein, z.B. für ein Insulinom. Ignorieren Sie diese plötzliche Verhaltensänderung nicht. Hier kann sofortige medizinische Hilfe notwendig sein.

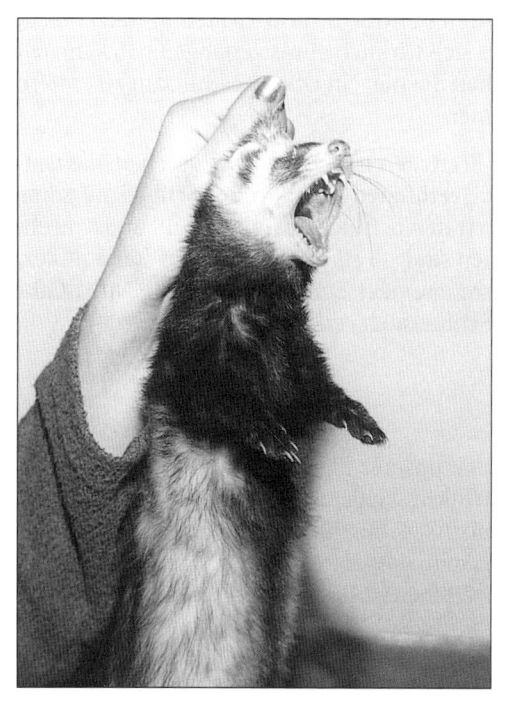

Abbildung 14.1: Gähnen ist für Frettchen nur natürlich, besonders, wenn man sie im Genick hält.

Niesen, Schluckauf und Husten

Bei all den Krankheiten, die Ihr Frettchen bekommen kann, werden Sie denken, dass Niesen und Schluckauf nur zwei Dinge mehr sind, um die man sich Sorgen machen muss. Das ist jedoch nicht so. Frettchen orientieren sich anhand ihres Geruchsinns. Beim genauen Hinschauen werden Sie feststellen, dass ein neugieriges Frettchen seine Nase fast immer auf dem Boden hat. Es inhaliert alles, von Staubflusen bis hin zu Teppichfasern. So ist es unumgänglich, dass es jede Menge solche kleinen Partikel in seiner Nase aufnimmt, und Niesen ist die beste Möglichkeit, das alles wieder loszuwerden. Sobald der Niesanfall vorüber ist, geht die Nase auch wieder zum Boden.

Husten ist immer ein Zeichen von kleineren Irritationen im Hals, oder wenn ein kleines Stück irgendwas zu schnell verschluckt und wieder nach oben gehustet wurde. Wenn der Husten anhält, gehen Sie zum Tierarzt. Auch Ihr Frettchen kann sich eine ganz normale Erkältung einfangen. Hartnäckiger Husten kann auch ein Zeichen für verschiedene Erkrankungen sein, zum Beispiel Kardiomyopathie (Erkrankung des Herzmuskels), achten Sie also darauf, wie viel Ihr Frettchen hustet. Besser einmal mehr aufpassen, als es hinterher bereuen.

Frettchen husten manchmal, als würde etwas in ihrem Hals stecken. Das ist normal und kein Grund zur Unruhe. Wenn Sie sich sorgen, geben Sie ihm etwas Maltpaste (ein weiteres Mittel, um Haarballen in Katzenmägen aufzulösen), vielleicht hilft das. Falls sich wirklich etwas verfangen hat, kann es dadurch wieder frei kommen. Versuchen Sie nie, ein Objekt gewaltsam zu entfernen – das macht alles nur noch schlimmer.

Ich habe nur einmal ein Frettchen mit Schluckauf gesehen, das war mein alter Goomer. Dieser Zustand ist im Grunde verbreitet und harmlos, Schluckauf kommt von einem Krampf im Zwerchfell. Bei Frettchen treten Schluckaufs zufällig auf und sind eher ärgerlich als Besorgnis erregend. Bei Erwachsenen sind sie oft das Ergebnis zu starken Biergenusses. Geben Sie dem Frettchen ein wenig Ferretone oder Schleckerpaste wie Nutri-Cal oder Calo-Pet, dies kann vielleicht die Dauer des Schluckaufs verkürzen.

Urin trinken

Keiner weiß, warum einige unserer kleinen Freunde diese widerliche Angewohnheit haben und ihren eigenen Urin trinken. Vielleicht, um uns Menschen abzustoßen. Einige Frettchenexperten halten das Urintrinken nur für eine andere Möglichkeit, Flüssigkeiten zu sich zu nehmen. Sorgen Sie also dafür, dass immer genug Wasser verfügbar ist. Außerdem mag es für uns eklig sein, aber für Frettchen ist das Urintrinken relativ normal. Es ist ein harmloser Akt.

Nuckelfrettchen

Einige Frettchen finden es angenehm, wie viele Katzen und Kätzchen vor allem beim Einschlafen an etwas Weichem zu saugen (ihre Pfoten haben leider scharfe Krallen). Dieses Verhalten ist häufig bei allen Tieren zu beobachten, die früh von ihrer Mutter getrennt werden. Katzen wählen meist Stoff oder Finger dazu aus. Einige Frettchen betrachten die Ohren anderer Frettchen als Beruhigungssauger. Wenn derjenige, dem das Ohr gehört, nichts dagegen hat und das Ohr nicht wund oder verletzt wird, ist das überhaupt kein Problem. Sie sollten dennoch eine Alternative anbieten, zum Beispiel ein sicheres Babyspielzeug.

Verhalten bei Notfällen

Frettchen können Schmerzen und Krankheiten sehr gut verbergen. Bis Sie ein Problem als solches erkennen, ist es vielleicht schon sehr schwer wiegend geworden. Manche Frettchenprobleme können Anzeichen für Schlimmeres sein. Wenn es sich um mehr als um einen zu kurz geschnittenen Zehennagel handelt, ist ein möglichst frühzeitiger Besuch beim Tierarzt immer die beste Maßnahme.

- ✔ Frettchen sind klein. Sie müssen oft fressen. Sie trocknen schnell aus (dehydrieren). Sie haben nicht sehr viel Blut, können sich also keinen großen Blutverlust leisten. Sie sollten die Körpersprache Ihres Frettchens und sein Verhalten genau kennen. In jedem Fall ist Panik fehl am Platze. Ihre Bereitschaft kann das Leben eines Frettchens retten.

- ✔ Wenn es Schmerzen hat oder ängstlich ist, kann das Frettchen beißen. Ich nehme an, dass Ihr Haustier Sie kennt und Ihnen vertraut. Ihre warme, beruhigende Stimme ist für das Tier angenehm und es beruhigt sich. Trotzdem sollten Sie weiter achtsam sein.

Suchen Sie sich bereits vorher eine Tierklinik, die rund um die Uhr in Bereitschaft ist und sich mit Frettchen auskennt, falls Ihr Frettchen Hilfe braucht und der Tierarzt nicht erreichbar ist.

Blutungen

Frettchen besitzen in ihrem Körper nur geringe Mengen Blut. Jede stark blutende Wunde erfordert eine sofortige Notfallbehandlung. Alle anderen Wunden oder Verletzungen sollten so schnell wie möglich einem Tierarzt vorgestellt werden, egal wie schwer die Verletzungen sind.

Blutungen aus Ohren, Nase, Maul, After oder dem Vaginalbereich sind normalerweise ein Zeichen für eine ernste Erkrankung oder Verletzung. Egal, woher das Blut kommt, suchen Sie sofort Ihren Tierarzt auf.

Verletzte Nägel behandeln

Die häufigste Ursache für blutende Verletzungen sind zu kurz geschnittene Nägel. Das ist sehr schmerzhaft, und Ihr Frettchen wird mehrere Male laut quieken, damit Sie und alle anderen Frettchen wissen, dass Sie es versaut haben. Sprechen Sie beruhigend mit ihm und halten Sie es fest, um den Schaden zu begutachten.

Um die Blutung zu stoppen, sollten Sie etwas blutstillendes Puder bereit stehen haben, wenn Sie Nägel schneiden. Bringen Sie mit Ihrem Finger etwas davon auf den blutenden Nagel auf. Drücken Sie einen Moment, dann lassen Sie Ihren Finger los. Wenn es noch immer blutet, machen Sie noch einmal Puder drauf. Blutstillendes Puder brennt, das Frettchen könnte sehr erschrecken. Seien Sie also vorsichtig.

Alternativ können Sie auch mit dem bloßen Finger drücken und warten, bis die Blutung durch die normale Gerinnung gestoppt wird. In den meisten Fällen hört sie so von alleine auf.

Eine schmerzlose Alternative zu blutstillendem Puder ist Bienenwachs. Einige Halter empfehlen, den Nagel in Schmierseife zu drücken. Andere benutzen Maisstärke oder Mehl, um die Blutung am Nagel zu stoppen. Diese Mittel wirken allerdings etwas später und sind nicht so zuverlässig.

Wenn der Nagel abgerissen wurde, verwenden Sie das Puder nicht. Drücken Sie besser oben auf die Zehe. Drücken Sie nicht direkt auf die Zehenspitze, irgendwann wird das Blut gerinnen und die Blutung so stoppen. Wenn es sich um mehr als nur um einen zu kurz geschnittenen Nagel handelt, suchen Sie so schnell wie möglich einen Tierarzt auf. Andernfalls kann sich die Wunde entzünden. Abgerissene Nägel müssen im ungünstigsten Fall komplett entfernt und genäht werden.

In solchen Fällen Ruhe zu bewahren, fällt meist sehr schwer. Atmen Sie erst einmal tief durch – und dann los! Rufen Sie sofort Ihren Tierarzt an und stellen Sie die Lautsprecherfunktion an Ihrem Telefon ein, dann kann Ihnen Ihr Tierarzt bei der Ersten Hilfe helfen und Sie ein wenig beruhigen. Versuchen Sie, seine Anweisungen ganz ruhig und sachlich durchzuführen. Wenn Sie dann anschließend bei Ihrem Tierarzt zur Behandlung angekommen sind, dürfen Sie auch gerne umfallen.

Schnittwunden behandeln

Waschen Sie Schnittwunden vorsichtig mit kaltem Wasser aus; wenden Sie dann vorsichtigen, aber festen Druck auf die Wunde an. Benutzen Sie dazu etwas Trockenes und Sauberes – Mull oder einen sauberen Waschlappen. Verbinden Sie die Wunde wenn möglich. Achten Sie darauf, dass der Verband nicht zu fest sitzt. Je nach Ursache der Verletzung kann Ihr Frettchen auch unter inneren Verletzungen leiden, die Sie nicht sehen können.

Ungeachtet ihrer Größe können Fleischwunden gefährlich sein. Ihr Frettchen benötigt eventuell eine genauere Untersuchung, muss genäht oder mit Antibiotika behandelt werden. Denken Sie daran, Frettchen dürfen nicht viel Blut verlieren.

Hitzschlag

Frettchen sind besonders empfindlich für Hitzschlag, besonders bei Temperaturen über 30 Grad Celsius. Ein Hitzschlag kann schnell tödlich sein, wenn er nicht sofort behandelt wird. Anzeichen für einen Hitzschlag sind schweres Atmen, Schleim, der aus Nase oder Maul austritt, extreme Lethargie oder Schwäche, Anfälle und Bewusstlosigkeit.

Das Wichtigste ist, die Körpertemperatur des Frettchens langsam zu senken. Dies muss schrittweise stattfinden, um einen Schock zu vermeiden. (Eine zu schnelle Absenkung der Körpertemperatur kann ebenso tödlich sein wie der Hitzschlag.) Um die Temperatur langsam zu senken, gibt es verschiedene Möglichkeiten.

- Entfernen Sie das Frettchen zuerst aus der Sonne und der Hitze und geben Sie ihm Wasser zu trinken. Wenn Sie ein Elektrolytgetränk zur Hand haben, verwenden Sie das, wenn das Frettchen es trinkt. (**Achtung**: Wenn das Frettchen bewusstlos ist, versuchen Sie nicht, ihm Flüssigkeiten oder Nahrung einzuflößen. Es kann dabei ersticken.)
- Betupfen Sie Körperbereiche mit weniger Fell mit kühlem (nicht kaltem) Wasser – zum Beispiel die Leistengegend, den Bauch und die Füße.
- Sie können nur auf die Füße etwas Franzbranntwein reiben, vergessen Sie dabei die Fußballen nicht. Oder reiben Sie die Füße mit Eiswürfeln ein.
- Eine andere Möglichkeit ist, das Frettchen vor einen Lüfter zu legen. Diese Methode ist zwar nicht so effektiv wie die anderen, aber im Notfall besser als nichts.

Egal, wie Ihr Frettchen mit der Situation fertig wird, bringen Sie es sofort zu einem Tierarzt. Oft wird dieser ihm mehr Flüssigkeit verabreichen, um den Verlust während des Hitzschlages auszugleichen. Der Tierarzt empfiehlt vielleicht auch Medikamente oder Behandlungsmaßnahmen für daheim.

Treffen Sie in der warmen Jahreszeit besondere Vorkehrungen. Lassen Sie das Tier nie in einem geschlossenen oder aufgeheizten Auto. Transportieren Sie das Frettchen in einer Transportbox, lassen Sie diese nicht direkt in der Sonne stehen und geben Sie ihm zusätzliches Wasser. Wenn Sie Ihr Frettchen im Sommer mit nach draußen nehmen, halten Sie es am besten kühl, indem Sie ein oder zwei Flaschen gefrorenes Wasser mitnehmen. Wickeln Sie diese am besten in Handtücher ein und lassen Sie sie in der Box oder im Käfig. Das ist eine wirklich gute Kühlmethode.

Eine weitere Lösung wäre auch, eine Wärmflasche mit Eiswürfeln zu füllen oder Coolpacks in ein Tuch zu wickeln.

Frakturen oder Verletzungen der Wirbelsäule

Frettchen sind sehr flexible und unverwüstliche Tiere, hin und wieder können jedoch auch Knochenbrüche auftreten. Ohne Röntgen ist ein Bruch manchmal schwer festzustellen. Am besten halten Sie Ihr Frettchen möglichst unbeweglich und beruhigen es. Versuchen Sie nicht, irgendetwas zu fixieren. Wenn Ihr Frettchen einen gebrochenen Knochen oder eine verletzte Wirbelsäule hat, kann es hinken oder will sich vielleicht nicht bewegen oder es zieht ein Bein nach oder hält es hoch.

Wenn es die Pfote verletzt hat, wickeln Sie diese in ein Handtuch, um sie zu stabilisieren. Legen Sie das Frettchen in eine kleine Transportbox und halten Sie es warm. Bringen Sie es sofort zum Tierarzt.

Wirbelsäulenverletzungen können verheerend sein, wenn nicht sogar tödlich. Sie können durch einen Sturz entstehen, wenn das Frettchen von einem Hund angefallen oder auch wenn es in einem Möbelstück eingeklemmt wird. Halten Sie das Frettchen so ruhig wie möglich, indem Sie es in eine kleine Transportbox legen oder in ein Handtuch einwickeln und es so schnell wie möglich zum Tierarzt bringen.

Wenn solche Unfälle passieren, sollte sich Ihr Frettchen auch beim Transport zum Tierarzt so wenig wie möglich bewegen können. Vielleicht kann Ihr Tierarzt in solchen Fällen auch zu Ihnen kommen, um Ihrem Frettchen den Transport zu ersparen, der genau wie bei einem verletzten Menschen nicht ganz ungefährlich ist. Wenn dies nicht möglich ist, holen Sie die Transportbox zur Unfallstelle und verwenden Sie ein aufblasbares Kissen (nur leicht aufblasen, damit es sich noch anpasst) oder eine große Gel-/Sportkompresse als Liegeunterlage für Ihr Frettchen. Rollen Sie zwei Handtücher auf und legen Sie diese wie zwei Würste links und rechts in die Transportbox auf die Liegeunterlage. Das Frettchen legen Sie anschließend ganz vorsichtig dazwischen, so dass es während des sofortigen (!) Transportes zum Tierarzt nicht hin- und herrollen kann.

Erbrechen

Erbrechen kann verschiedene Gründe haben, von schlechtem Essen bis zu einem Darmverschluss (Erbrechen kann das erste Zeichen für einen möglichen Darmverschluss sein). Manchmal wird ein kleines Stück Unverdautes durch das Erbrechen ausgeworfen, dann stoppt das Erbrechen. Behalten Sie das Frettchen, das sich übergeben hat, genau im Auge. Falls sich das Erbrechen fortsetzt und das Frettchen keine Nahrung bei sich behält oder nicht fressen will, ist ein Verschluss möglich. Die einzige Möglichkeit, das zu behandeln, ist, die Ursache zu entfernen. Ansonsten droht Ihr Frettchen zu sterben. Bringen Sie es also so schnell wie möglich zum Tierarzt.

Durchfall

Durchfall kann schwer zu behandeln sein, denn es ist ein Symptom für viele verschiedene Erkrankungen und Leiden. Die Ursache kann einfach sein, zum Beispiel dass das Frettchen zu viele Leckereien zu sich genommen hat (das ging uns allen schon einmal so). Der Zustand lässt sich leicht korrigieren (interne Parasiten zum Beispiel) oder ist schwer zu behandeln (Darmverschluss). Durchfall kann auch ein Zeichen für tödliche Krankheiten sein, zum Beispiel Staupe oder ein Leberleiden. Ungeachtet der Ursache kann der Durchfall selbst jedoch schnell bedrohlich werden, denn Ihr Frettchen verliert stark an Flüssigkeit und kann seine Nahrung nicht verwerten.

Sollte der Durchfall länger als einen halben Tag anhalten, bringen Sie das Frettchen und eine Stuhlprobe sofort zum Tierarzt, um andere hässliche Dinge auszuschließen. Die Therapie kann vielleicht schon in einer täglichen Dosis Magendiätfutter und einem Elektrolytersatz bestehen, aber lassen Sie Ihren Tierarzt entscheiden.

Austrocknung

Dehydrieren (Austrocknung) entsteht durch extremen Flüssigkeitsverlust, der eintritt, wenn das Frettchen nicht mehr trinkt oder unter starkem Durchfall leidet. Außer in Fällen totaler Vernachlässigung (vollständiges Fehlen von Wasser, zum Beispiel) ist Austrocknung immer ein Symptom einer zugrunde liegenden Krankheit. Ohne sofortige Behandlung kann Austrocknung zum Tode führen.

Wie stellen Sie fest, ob Ihr Frettchen dehydriert ist? Greifen Sie es im Genick und setzen Sie es dann ab. Bleibt die Haut im Genick eine Weile verformt oder kehrt sie schnell in ihre normale elastische Position zurück? Fehlende Flüssigkeit und Dehydration sorgen dafür, dass die Haut eine Zeit lang gewölbt bleibt und nicht wieder glatt wird. Je länger es dauert, bis die Haut wieder glatt ist, desto stärker ist Ihr Frettchen ausgetrocknet. Die erste Lösung ist, dem Frettchen Flüssigkeiten zuzuführen.

Ermuntern Sie Ihr Frettchen, zusätzlich Wasser zu trinken. Manchmal mögen Frettchen den fruchtigen Geschmack von Elektrolytgetränken und nehmen gleichzeitig die zusätzlichen Elektrolyte auf. Auch warme Hühnerbrühe regt zuweilen zum Trinken an. Wenn das Frettchen Trinken vollständig verweigert, benutzen Sie eine Fütterspritze oder eine Pipette, um ihm die Flüssigkeiten zu verabreichen. Achten Sie darauf, dass Sie nicht zu viel Flüssigkeit einführen bzw. das Frettchen zu schnell zu füttern, denn es könnte ersticken.

Es ist sehr schwierig, einem dehydrierten Frettchen auf diese Weise ausreichend Flüssigkeit zuzuführen. Oft ist es notwendig, dass der Tierarzt zusätzliche Flüssigkeiten verabreicht, entweder subkutan (unter die Haut) oder intravenös (durch eine Infusion direkt in die Vene). Vergessen Sie nicht, Austrocknung ist ein Anzeichen für etwas anderes. Bringen Sie Ihr Frettchen sofort zum Tierarzt, damit dieser herausfindet, was es krank macht. Wenn die zugrunde liegende Krankheit behandelt wird, verhindert dies Austrocknungen in der Zukunft.

Vergiftungen

Die Welt ist für Frettchen gefährlich. Sogar Ihr Zuhause kann den Tieren Unheil zufügen. Die meisten Leute besitzen verrückte Chemikalien und Reinigungsmittel, an die Hälfte davon können wir uns kaum noch erinnern. Die häufigsten Vergiftungen bei Frettchen rühren von Rattengift oder Tylenol her. Wenn Ihr Frettchen diese Dinge findet, ist das ein Desaster. Eine Vergiftung kann aber auch dann auftreten, wenn Sie Ihrem Frettchen aus Versehen eine Überdosis eines verschriebenen Medikaments verabreichen.

Wenn Sie wissen oder vermuten, dass Ihr Frettchen etwas Giftiges zu sich genommen oder zu viel Medizin bekommen hat, bringen Sie es sofort zusammen mit der verdächtigen Substanz zum Tierarzt. Versuchen Sie herauszufinden, wie viel davon verschluckt wurde und wie lange das her ist.

Die Behandlung hängt davon ab, worum es sich bei der aufgenommenen Substanz handelt. Sie kann darin bestehen, dass der Tierarzt Ihr Frettchen zum Erbrechen anregt, auch Medikamente sind möglich. Sie sollten vielleicht einige Vitamin-K-Soft-Gelkapseln zur Hand haben

(Sie bekommen diese beim Tierarzt und können Sie Ihrem Erste-Hilfe-Set hinzufügen), um sie als Gegengift gegen Rattengift einzusetzen, wenn Sie nicht sofort zum Tierarzt fahren können. Nur der Tierarzt weiß genau, was zu tun ist.

Notieren Sie sich die Telefonnummern von Giftzentralen in Ihrer Umgebung.

Tierbisse

Frettchenhalter haben oft auch noch andere Tiere im Haus. Dabei müssen Sie das Zusammenleben dieser Tiere einschränken und genau beobachten, um Aggressionen zu vermeiden. Wenn Ihr Frettchen von einem anderen im Haushalt lebenden Tier gebissen wird, waschen Sie die Wunde leicht mit kaltem Wasser aus und tupfen Sie den Bereich vorsichtig mit Wasserstoffperoxyd ab. Falls die Wunde blutet, drücken Sie darauf. Bringen Sie das Frettchen dann sofort zum Tierarzt. Katzenbisse sind für Menschen und andere Tiere besonders gefährlich, was auf die große Anzahl von Bakterien im Katzenspeichel zurückzuführen ist. Oft ist nach Katzenbissen eine Behandlung mit Antibiotika notwendig.

Wird Ihr Frettchen von einem streunenden oder einem wilden Tier gebissen, bringen Sie das Frettchen sofort zum Tierarzt. Falls Sie das Tier kennen, von dem Ihr Frettchen gebissen wurde, stellen Sie sicher, dass es gegen Tollwut geimpft ist. Die Wahrscheinlichkeit ist zwar gering, dennoch kann Ihr Frettchen von einem infizierten Tier Tollwut bekommen. Deshalb ist Vorsicht das Beste. Beobachten Sie Ihr Frettchen genau und achten Sie auf Veränderungen im Verhalten, die Sie unbedingt dem nächsten Tierarzt mitteilen müssen.

Elektrischer Schlag

Im Ernstfall kann ein elektrischer Schlag einem Frettchen das Leben kosten. Sie können da sehr wenig tun, außer es warm und ruhig zu halten, bis Sie beim Tierarzt ankommen. Meist erleiden Frettchen einen elektrischen Schlag, nachdem sie an Elektroleitungen geknabbert haben. Deshalb müssen Sie solche Leitungen außerhalb der Frettchenreichweite halten (siehe Kapitel 7, wie Sie Ihre Wohnung frettchensicher machen). Wenn das Frettchen Glück hat und überlebt, ist es fast immer an den Zähnen, dem Gaumen und im Maul verletzt. Denken Sie daran, dass angeknabberte Kabel auch Brände verursachen können. Suchen Sie sofort nach durchgebissenen oder ausgefransten Kabel und ersetzen Sie diese schnellstmöglich.

Verbrennungen

Manchmal stecken Frettchen ihre Nasen in Dinge, in die sie sie besser nicht stecken sollten, meist weil wir nicht genügend aufgepasst haben oder sie in unsicheres Territorium haben eindringen lassen. Verbrennungen können von Kaminen, Öfen, Zigaretten und sogar von

Lampen herrühren. Falls Ihr Frettchen eine Verbrennung erleidet, kühlen Sie die verbrannte Stelle sofort mit kaltem Wasser. Wenn möglich legen Sie ein Kühlpaket für mehr als fünf Minuten auf. Bringen Sie Ihr Frettchen sofort zum Tierarzt.

Augenverletzungen

Frettchen können ziemlich grob zueinander sein und sich selbst ziemlich in Schwierigkeiten bringen. Augenverletzungen und Fremdkörper in den Augen sind dabei nicht ungewöhnlich. Wenn sich Ihr Frettchen Kratzer am Auge zuzieht, spülen Sie es mit kaltem Wasser aus. Wenn Sie einen Fremdkörper vermuten, wie zum Beispiel Katzenstreu oder Sand, wenden Sie auf das betroffene Auge keinen Druck an. Dadurch kann das Partikel das Auge stärker verletzen oder sich weiter ins Auge vertiefen. Alle Augenverletzungen erfordern die schnelle Behandlung durch einen erfahrenen Tierarzt.

Krämpfe

Krämpfe sind fürchterlich anzusehen. Sie treten auf, wenn elektrische Hirnimpulse fehlgeleitet werden. Sie können zwischen wenigen Sekunden bis zu einigen Minuten dauern und Symptome für viele verschiedene zugrunde liegende Ursachen sein, von Hypoglykämie (Unterzuckerung) bis hin zu einem starken Milbenbefall im Ohr. Manche Krämpfe kommen ganz leise und verschwinden unbemerkt, meist jedoch treten dabei unwillkürliche Zuckungen in den Gliedmaßen gepaart mit den folgenden Anzeichen auf: Verlust der Blasen-/Darmkontrolle, verstärkter Speichelfluss, Erbrechen und unwillkürliche Schreie.

Das Einzige, was Sie in dieser Situation für Ihr Frettchen tun können, ist, es an einen weichen, gepolsterten Platz zu legen, so dass es sich während des Krampfanfalls keine Verletzungen zuzieht. Achten Sie darauf, nicht mit Fingern, Stiften, Brieftaschen oder womit auch immer in die Nähe des Mauls zu geraten, wenn das Frettchen gerade einen solchen Krampfanfall erleidet. Trennen Sie es auch von anderen Frettchen und Haustieren. Wenn Sie geistesgegenwärtig genug sind, notieren Sie sich die Zeit für die Zukunft. Nach dem Anfall ist das Frettchen vollkommen ermüdet. (Übrigens können weder Menschen noch Frettchen ihre Zungen verschlucken. Das sind Ammenmärchen.)

> Versuchen Sie nicht, Ihr Frettchen während eines Krampfes festzuhalten. Dabei können Sie sich selbst und das Frettchen verletzen. Es kann Sie versehentlich heftig beißen, ohne überhaupt zu wissen, was gerade geschieht. Da die Krallen eines krampfenden Tieres bzw. einer Person mit Krampfanfall fest geschlossen sind, wird alles, was in den Weg kommt, gebissen.

Sobald der Krampfanfall vorbei ist, halten Sie das Frettchen ruhig, warm und still. Es ist durcheinander und verwirrt. Beschleunigen Sie die Erholung Ihres Frettchens, indem Sie ihm etwas Calo-Pet oder Nutri-Cal auf das Zahnfleisch reiben. Wiederholen Sie das ungefähr alle fünf Minuten oder bis Ihr Frettchen wieder auf die Beine kommt. Bieten Sie auch etwas weiche Nahrung an, zum Beispiel Feline A/D (das bekommen Sie vom Tierarzt), oder andere eiweißreiche Dosennahrung, um seine Blutzuckerwerte zu stabilisieren. Wenn das Frettchen nicht von einem Löffel oder einem Teller lecken will, bieten Sie Nahrung aus einer Futterspritze an.

Insgesamt braucht das Frettchen ca. 30 bis 40 Minuten, um sich von einem Krampfanfall zu erholen. Stellen Sie es nachher unbedingt sofort dem Tierarzt vor. Die Ursache für die Krämpfe muss gefunden werden, um das in Zukunft zu verhindern.

Schock

Schock ist eine häufige Folge von Verletzung, Krankheit oder extremer Furcht. Er kann für Ihr Frettchen tödlich sein. Vorbeugung und unterstützende Therapie sind extrem wichtig, um Ihrem Frettchen durch die Krise zu helfen. Erkennen Sie die Anzeichen für einen Schock:

- ✔ Schnelle Atmung
- ✔ Lethargie
- ✔ Zittern
- ✔ Beschleunigter Puls
- ✔ Blasse Nase, Haut, Ohren
- ✔ Kühle Haut
- ✔ Bläuliches Zahnfleisch
- ✔ Reaktionslosigkeit
- ✔ Durchfall

Um den Frettchen wieder auf die Beine zu helfen, halten Sie es warm und ruhig. Decken Sie seinen Körper mit einem Handtuch ab (Sie können das Handtuch sogar in der Mikrowelle anwärmen, aber nicht zu sehr). Lassen Sie den Kopf herausschauen, damit das Frettchen so viel Luft bekommt, wie es braucht. Sprechen Sie leise und beruhigend mit dem Tier, und dimmen Sie das Licht wenn möglich. Manchmal hilft etwas Nutri-Cal.

Versuchen Sie nicht, einem Frettchen im Schockzustand Futter oder Wasser einzuflößen. Das Kerlchen hat genug damit zu tun, zu atmen, der Schluckreflex funktioniert einfach nicht.

Achten Sie darauf, dass das Auto innen warm und startbereit ist; bringen Sie das Frettchen dann sofort zu einem Tierarzt. Teilen Sie dem Tierarzt mit, welche Maßnahmen Sie bereits ergriffen haben und wie das Tier darauf reagiert hat. Oftmals helfen vom Tierarzt subkutan verabreichte zusätzliche Flüssigkeiten, den Erholungsprozess zu beschleunigen. Falls der Schock von starkem Blutverlust herrührt, kann hin und wieder eine Bluttransfusion von einem großen gesunden Frettchen Leben retten. Das klingt extrem, wurde aber bereits mit großem Erfolg praktiziert.

Das kranke oder entkräftete Frettchen füttern

Die meisten Frettchenhalter müssen ihren Lieblingen irgendwann einmal helfen, den Bauch mit guten Sachen zu füllen. Diese Unterstützung kann bei alten, zahnlosen, kranken oder rekonvaleszenten Frettchen notwendig sein. Egal, warum Sie Ihrem Frettchen helfen müssen – die Methode ist immer dieselbe.

Das Rezept

Sie müssen eine spezielle Nahrungsmischung herstellen, um Ihr krankes oder kraftloses Frettchen zu füttern. Ich nenne es Frettchensuppe, und sie ist einfach und schnell gemacht. Das Gebräu muss vor allem weich, leicht verdaulich, energiereich und lecker sein, so dass sich das Frettchen weniger gegen das Essen wehrt. So geht es:

1. **Nehmen Sie das, was Ihr Frettchen vor seiner Erkrankung normalerweise gefressen hat (vorausgesetzt, es war gute Nahrung) und mahlen Sie es klein.**
2. **Durchfeuchten Sie es mit Wasser oder einem Elektrolytgetränk.**
3. **Geben Sie etwas dazu, was gut riecht.**

    A/D in Dosen vom Tierarzt, Babynahrung auf Fleischbasis und etwas Nutri-Cal sind dafür gut geeignet. Wenn Sie ein paar zusätzliche Kalorien möchten, fügen Sie einen Teelöffel eines sojabasierten Produktes wie Ensure oder Prosobee hinzu.

4. **Mixen Sie alles, bis ein weiches und cremiges Gemisch entstanden ist.**
5. **Setzen Sie sich bequem, nehmen Sie ein paar Handtücher oder Lappen zur Hand und beginnen Sie zu füttern.**

    Wenn Sie ein Frettchengourmetkoch sind, wird Ihr Frettchen das Gebräu direkt vom Löffel oder aus der Schüssel lecken. Sind Sie jedoch eine Katastrophe in der Küche, müssen Sie eine Spritze zum Füttern bemühen. Mit etwas Hickhack müssen Sie jedoch rechnen. Im nächsten Abschnitt lesen Sie, wie – und wie oft – Sie das Frettchen füttern sollten.

Die Methode

Wenn Ihr Frettchen stark genug ist und ihm die Suppe schmeckt, bieten Sie sie ihm in einer flachen Schüssel oder erlauben Sie ihm, die Suppe löffelweise abzulecken. Setzen Sie das Frettchen nicht einfach mit der Schüssel in den Käfig. Beobachten Sie es und achten Sie darauf, dass es wirklich etwas frisst und nicht nur alles in der Gegend verteilt. Außerdem könnten Mitbewohner im Käfig die Nahrung schneller finden, bevor das kranke Tier seinen Teil abbekommt.

Ist das Frettchen nicht stark genug, um aus eigener Kraft zu fressen, müssen Sie es füttern. Wenn Sie es dazu zwingen müssen, wenden Sie keine Gewalt an. Es ist schlimm genug, dass das arme Kerlchen krank ist, machen Sie die Fütterung nicht auch noch zu einem unangenehmen Erlebnis.

Benutzen Sie eine Futterspritze (ohne Nadel) oder eine Pipette (Plastik, kein Glas). Mit einer Pipette dauert die Fütterung etwas länger, denn sie ist viel kleiner. Saugen Sie die flüssige Suppe in die Spritze und drücken Sie eine kleine Portion in die Ecke des Frettchenmauls. Füttern Sie langsam und in kleinen Mengen. Geben Sie dem Tier Zeit zum Schlucken. Sie wollen es ja schließlich nicht ersticken. Es kann zwar sein, dass das Frettchen seine Augen oder die Nase rümpft, aber geben Sie nicht auf, bis es genug zu sich genommen hat. Nehmen Sie sich Zeit, um das Maul abzuwischen, und wenn nötig auch Ihr Gesicht, wenn Ihnen zu viel Suppe dorthin geniest wurde.

Viel zu oft haben es Halter zu eilig mit ihren kranken Haustieren. Wenn Sie zu viel Nahrung in das Maul des Frettchens geben, kann es sein, dass es die Suppe einatmet und würgt. Füttern Sie langsam. Füttern Sie geringe Mengen. Lassen Sie das Frettchen die Geschwindigkeit bestimmen. Es kann eine Weile dauern, bis es sich an Ihre Kochkunst gewöhnt hat.

Geben Sie bei einem sturen Frettchen, das das Fressen verweigert, niemals auf. Wahrscheinlich haben Sie hinterher jede Menge Futter in Ihren Haaren, Ihrem Gesicht und Ihrem Mund, aber Sie müssen sicherstellen, dass das kranke Frettchen vier bis sechs Mal am Tag gut ernährt wird. Die Fütterung kann weniger oft erfolgen, wenn es zwischendurch selbst etwas frisst. Gute Nahrung anzubieten und Dehydrierung zu verhindern sind für die Heilung und/oder ein längeres Leben Ihres Frettchens äußerst wichtig.

Hilfe beim Klogang

Ältere und kranke Frettchen benötigen besondere Hilfe (und Beachtung), wenn es darum geht, das Futter wieder loszuwerden. Ältere und kranke Frettchen neigen zum Beispiel dazu, zu vergessen, wann sie müssen und wo ihr Klo steht. Manche ältere Frettchen erleichtern sich immer und überall, wo es sie gerade drängt, manchmal auch wenn Sie sie auf den Arm nehmen. Wenn das Frettchen klein, krank oder alt ist, achten Sie darauf, dass die Box einen flachen Rand hat, so dass es leicht hinein und heraus gelangen kann. Weitere Tipps und Vorschläge, wie Sie Ihrem Frettchen helfen, sein Klo zu finden, lesen Sie in Kapitel 20.

Wenn Ihnen Parasiten das Leben schwer machen

In diesem Kapitel

▷ Äußerliche Parasiten

▷ Innere Parasiten

▷ Läuse verbreiten

Einfach gesagt ist ein Parasit ein Organismus, der sich auf Kosten eines anderen Organismus ernährt und nichts zurückgibt. Jedes Lebewesen ist Träger von einer Parasitenart, vielleicht sogar von mehreren. Parasiten gibt es in allen Formen und Größen. Manche sind externe, also äußerliche Parasiten, andere interne, also im Körper lebende. Manche sind harmlos und kaum spürbar, andere sind ziemlich zerstörerisch und deutlich zu bemerken.

Dieses Kapitel beschäftigt sich mit internen und externen Parasiten, die sowohl Ihnen als auch Ihrem Frettchen das Leben schwer machen können. Sie erfahren auch mehr über Parasiten, Krankheiten und Keime, die zwischen Menschen und ihren pelzigen Haustieren übertragen werden können.

Da sticht was in der Nacht

Sie sind rücksichtslos und immer hungrig. Unter dem Mikroskop betrachtet sehen sie ein bisschen wie prähistorische Monster aus. Gibt es für Tierhalter und ihre Haustiere etwas Unangenehmeres als äußere Parasiten? Diese unglaublich widerstandsfähigen Kreaturen brauchen nur wenig zum Überleben. Leider können Sie und Ihr Haustier auch Wirt dieser undankbaren Mitesser sein.

Flöhe bekämpfen

Flöhe leben nur hin und wieder bei Ihrem Haustier, den meisten Teil ihrer Zeit verbringen sie damit, sich in Decken, Kissen und an anderen angenehmen Orten häuslich einzurichten. Frettchen sind für Flohbefall ebenso anfällig wie Katzen und Hunde. Was können Sie also tun, um diese Blutsauger ein für alle Mal loszuwerden, damit sie Ihr Frettchen nicht mehr mit unangenehmen Krankheiten infizieren können? Zuerst müssen Sie sich im Klaren darüber sein, womit Sie es zu tun haben:

- Flöhe sind ziemlich unverschämte Gäste. Sie laden sich selbst ein, dann fressen sie sich satt und hauen ab. Der Akt der Ernährung vom warmen Blut Ihres Haustieres regt das Flohweibchen dazu an, Tausende von Eiern überall in Ihrem Haus abzulegen. Manchmal können Sie Flöhe beim Hüpfen über ihren Esstisch – Ihr Haustier – beobachten. Wahrscheinlicher ist es jedoch, dass Sie das Ergebnis eines wilden Gelages zu Gesicht bekommen – üblicherweise den »Flohmist«, den die Peiniger auf der Haut Ihres Frettchens hinterlassen. Diese Hinterlassenschaft sieht aus wie roter und schwarzer Sand – es ist nur keiner.

- Flöhe sind opportunistische kleine Biester. Überall, wo es wilde Tiere gibt, gibt es auch Flöhe. Sie trampen sozusagen auf anderen Tieren direkt in Ihr Haus, zum Beispiel auf Katzen oder Hunden. Zwar können Flöhe auf Menschen nicht leben, dennoch können auch wir sie mit unserer Kleidung oder auf einer Picknickdecke einschleppen. Und vergessen Sie nicht die wunderbaren Abenteuer, die Ihr Frettchen hin und wieder sehr zu Ihrer Freude nach draußen unternimmt. Zwar ist es nicht selbst daran schuld, dennoch kann auch Ihr Frettchen Flöhe mit nach Hause bringen.

- Flöhe lieben eine warme, feuchte Umgebung. Sie mögen warmblütige Opfer. Zwar ist es da, wo Sie wohnen, vielleicht nur ein paar Monate im Jahr feucht und warm, dennoch findet der Kampf gegen Flöhe das ganze Jahr statt.

Flöhe können mehr sein als nur eine Plage. Ein starker Befall kann bei Ihren Frettchen eine lebensbedrohliche Anämie hervorrufen. Flöhe können Träger von Parasiten sein, zum Beispiel von Bandwürmern, die sie sowohl auf Sie als auch auf Ihr Haustier übertragen können. Wenn Ihr Frettchen also Flöhe hat, müssen Sie diese loswerden.

Es gibt auch die so genannte *Flohdermatitis*. Ihre Frettchen kratzen sich dann fürchterlich oder beknabbern ihr Fell. Bei manchen führt das vom Abbrechen der Haare bis hin zum Fellverlust.

Nach Flöhen suchen

Wenn Sie nach Flöhen suchen, streichen Sie mit den Fingerspitzen das Fell Ihres Frettchens zurück und untersuchen Sie seine Haut, vor allem den Bauch sollten Sie genau anschauen. Untersuchen Sie auch genau die Schlafstätte Ihres Frettchens und wechseln Sie die Schlaftücher häufig. Sie können die Tücher auf einen weißen Fußboden oder weißes Papier ausschütteln. Da ist es leichter, Frettchenschmutz von Flöhen zu unterscheiden. Wenn Sie es wirklich genau wissen wollen, stellen Sie eine flache Schüssel mit Seifenwasser in die Nähe des Frettchenkäfigs (außerhalb der Frettchenreichweite) und stellen Sie eine Lampe auf den Fußboden direkt darüber. Die Helligkeit und die Wärme werden die Flöhe in dieses Schaumbad locken, sie springen hinein und ertrinken.

Schlechte Fellqualität, beginnende kahle Stellen und Pelzversatz können hin und wieder Anzeichen für einen Flohbefall sein. Sie selbst werden unter ähnlichen Symptomen leiden: Wundern Sie sich nicht, wenn Sie an Ihren Fußsohlen oder Gelenken Bisse feststellen, wenn der Befall stark ist (denken Sie dran, Flöhe können mit einem Sprung das Hundertfache ihrer Körpergröße überwinden). Dies ist eines der größten Probleme mit Flöhen: Ihre kleinen Bisse jucken fürchterlich. Für ein Haustier, das auf Flöhe allergisch ist, kann die Situation unerträglich werden, es kann sogar so weit kommen, dass ihm Haare ausfallen, an deren Stelle ein wunder Ausschlag tritt.

Frettchen kratzen sich wie besessen, das heißt jedoch nicht, dass immer Flöhe im Spiel sein müssen. Untersuchen Sie deshalb Ihr Haustier sorgfältig wie oben beschrieben.

Es muss Ihnen nicht peinlich sein, wenn Sie Flöhe im Haus haben. Die meisten Tierhalter geraten früher oder später in diese Situation. Sie können jedoch selbst beeinflussen, wie schlimm dieses Problem wird, Sie müssen nur bereit und gewillt sein, die entsprechenden Maßnahmen zu ergreifen.

Flöhe beseitigen

Wenn eines Ihrer Haustiere Flöhe hat, dann haben sie alle welche. Falls Sie mehrere Haustiere haben, müssen Sie alle behandeln, egal ob Sie Anzeichen von Flohbefall erkennen oder nicht.

Bevor Sie eines Ihrer Frettchen gegen Flöhe behandeln, beachten Sie Folgendes:

✔ Benutzen Sie nur Präparate, die speziell für Ihre Art von Haustier entwickelt wurden. Was für Ihren Hund gut ist, kann Ihre Katze oder ein Frettchen umbringen. Sprays und Flohhalsbänder mögen bei Ihren anderen Haustieren funktionieren, sie sind jedoch nicht für Frettchen geeignet. Frettchen sind überempfindlich gegen die meisten dieser Produkte, vor allem gegen organische Pestizide. Sogar frettchensichere Produkte können für kranke, alte, säugende oder sehr junge Frettchen gefährlich sein.

Abgesehen vom Flohhalsband gibt es eine Regel, an die Sie sich halten können: Wenn es für eine Katze sicher ist, dann gilt das auch für Frettchen.

✔ Es ist wichtig, dass Sie einen Tierarzt aufsuchen, bevor Sie Flohpräparate bei Ihrem Frettchen anwenden. Das trifft bei jedem anderen Haustier auch zu. Ihr Tierarzt wird sicherstellen, dass das Produkt für Ihr Tier geeignet und das Haustier für die chemische Behandlung gesund ist.

✔ Wiederholen Sie diese Schritte nach ein bis zwei Wochen, um die Nissen zu beseitigen, die beim ersten Mal nicht erwischt wurden.

Schritt 1: Ihr Frettchen behandeln

Um Ihr Frettchen und Ihr Zuhause von Flöhen zu befreien, waschen Sie zuerst Ihre Frettchen mit frettchensicherem Flohshampoo. Wenn Sie sich ein solches Shampoo besorgt haben – vorzugsweise eines, das nur natürliche Zutaten enthält –, gehen Sie wie folgt vor:

1. **Baden Sie Ihr Frettchen vorsichtig von Kopf bis Fuß, vergessen Sie dabei den Schwanz nicht (auch dort können Flöhe sitzen).**

   Genauere Informationen zum Baden Ihres Frettchens finden Sie in Kapitel 11. Noch einmal kurz: Vergessen Sie nicht Ihre Taucherbrille, Schnorchel und schulterlange Gummihandschuhe, und sehen Sie zu, dass kein Shampoo in Augen, Nase, Mund und Ohren gelangt.

2. **Sobald Ihr Frettchen trocken ist, benutzen Sie einen Nissenkamm, um die Flohrückstände von Ihrem Frettchen zu entfernen.**

3. **Bringen Sie das Frettchen an einem warmen, trockenen, zugfreien und flohfreien Platz unter, während Sie seinen Käfig reinigen.**

   Für diesen Fall ist eine Transportbox gut geeignet. Schließlich ist es nicht besonders sinnvoll, ein blitzsauberes Frettchen in einen verlausten Käfig zurückzusetzen.

   Laden Sie alle Ihre Freunde zu einem Grillabend ein, wenn Sie Ihre Frettchen baden wollen. So gelangen Sie in den Genuss helfender Hände, um die anderen Haustiere zu »bearbeiten« und die Wäsche zu erledigen. Alle Ihre Bemühungen sind umsonst, wenn Sie die Flöhe nur zwischen Ihrem Frettchen, Ihrem Hund, der Katze oder dem Kaninchen hin- und herscheuchen. Machen Sie es also ordentlich.

Schritt 2: Behandeln Sie den Käfig, die Schlaftücher und den Rest

Wenn Ihr Frettchen von den Flöhen befreit ist, kümmern Sie sich um den Käfig und das Schlafzeug (denken Sie daran, das alles müssen Sie mit der Ausrüstung aller Ihrer Haustiere tun):

1. **Entfernen Sie das gesamte Schlafzeug und waschen Sie es heiß in der Maschine. Oder verstauen Sie es in einem Plastiksack und werfen Sie es in den Müll.**

   Es ist möglich, dass in den Schlaftüchern Floheier überleben und die hässliche Tradition fortsetzen.

2. **Schrubben Sie den Käfig sorgfältig mit heißem Seifenwasser aus.**

   Nehmen Sie, wenn möglich, den Käfig vorher auseinander.

3. **Sprühen Sie den Käfig mit Umgebungsflohspray für Katzen bzw. einem Spray gegen Parasiten ein und lassen Sie ihn gut trocknen. (Lüften nicht vergessen!) Reinigen Sie danach mit Wasser nach.**

   Vergessen Sie nicht Spielsachen, Geschirr, Toiletten, Näpfe und Wasserflaschen. Sie müssen vermutlich ohnehin gereinigt werden. Entleeren Sie alle Toiletten, schrubben Sie auch diese mit heißem Seifenwasser aus, und füllen Sie sie mit frischer Streu, bevor Sie sie wieder in den Käfig stellen.

> ### Sandflöhe
>
> Sandflöhe gehören zur gefürchteten Familie der Milben und sind in wärmeren Ländern sehr verbreitet. Die Bisse dieser Kreaturen erzeugen juckende, brennende Schwellungen auf der Haut ihres Opfers. Die Schwellungen können wochenlang anhalten. Nicht nur Menschen sind Ziel solcher Attacken, auch Frettchen können davon betroffen sein. Um die Jahrhundertwende wurden sehr viele Frettchen in der Karibik ausgesetzt, um die Population von Kaninchen und Nagetieren zu kontrollieren. Berichten zufolge war ein Grund, warum dieses Unternehmen scheiterte, der Befall durch Sandflöhe, der bei den armen Opfern lähmende Krätze-ähnliche Symptome hervorrief.

Schritt 3: Behandeln Sie Ihr Zuhause

Sobald Ihre Haustiere und der Käfig sauber und frei von Flöhen sind, müssen Sie ein noch größeres Abenteuer angehen – Ihr gesamtes Haus. Dieser Schritt ist wahrscheinlich der unangenehmste und zeitintensivste von allen. Sie haben zwar vielleicht die Flöhe und Eier bei Ihrem Haustier und seiner Schlafstatt getötet, aber Tausende von Eiern machen sich gerade auf, um sich überall zu verbreiten: in die Teppiche, die Wandverkleidungen und sogar in die Möbel. Da die meisten handelsüblichen Produkte Eier, Larven und Puppen nicht bekämpfen, müssen Sie diesen Schritt 7 bis 21 Tage nach der ersten Behandlung wiederholen, je nachdem, welches Präparat Sie anwenden.

Um Ihr Haus und den Fußboden zu behandeln, gibt es verschiedene Möglichkeiten, zum Beispiel Nebelmaschinen, Sprays und Puder. Wenn Sie sich für eine Methode entscheiden, bedenken Sie dabei, dass Frettchen sehr empfindlich auf Chemikalien reagieren, Sie sollten sich also immer für die sicherste und natürlichste Methode entscheiden. Und halten Sie sich *in jedem Fall* an die Nutzungshinweise auf dem Produkt.

> Dampfreiniger haben sich bei uns bestens bewährt. Diese arbeiten ohne Chemie, die Prozedur kann jederzeit wiederholt werden. Aber denken Sie daran: Sie müssen alles behandeln. Alles!

> Es ist eine große Hilfe, wenn ein flohfreier Freund oder Bekannter Ihre Frettchen und die anderen Haustiere an dem Tag zu sich nimmt, an dem die Reinigung Ihres Hauses ansteht.

Schritt 4: Damit die Flöhe nicht zu Ihnen kommen

Sie müssen regelmäßig Vorsorge treffen, damit die Tierchen nicht zu Ihnen kommen. Hier einige allgemeine Vorschläge: Halten Sie die Umgebung Ihres Haustieres sauber. Untersuchen und entflohen Sie alle Tiere, die neu zu Ihnen kommen, *bevor* sie Ihr Haus betreten.

Neuerdings gibt es einige Mittelchen, die, wenn sie richtig eingesetzt werden, die Flöhe töten, sobald diese auf Ihrem Frettchen gelandet sind. Manchmal funktioniert das so schnell, dass die Flöhe noch nicht einmal beißen können. Diese Mittel setzen sich auf Basis verschiedener Formeln für Katzen und Hunde zusammen, für Frettchen wurde sie offiziell nicht freigegeben. Dennoch erklären sie viele Tierärzte und zahlreiche Tierhalter für unbedenklich. Zwei Produkte möchte ich hier näher erläutern: Advantage von Bayer und Frontline Top Spot von Meriel.

- ✔ **Advantage:** Dieses Produkt enthält Imidacloprid und soll 98 bis 100 Prozent der Flöhe auf Ihrem Frettchen innerhalb von 24 Stunden nach Anwendung töten.

  Indem Sie eine geringe Menge Flüssigkeit direkt auf die Haut zwischen den Schulterblättern Ihres Frettchens aufbringen, schützen Sie es für die Dauer von 28 Tagen. Die Flüssigkeit verteilt sich gleichmäßig über die Haut und bietet Schutz für den gesamten Körper. Um einen Schutz gegen neuen Flohbefall bzw. das Ausbrüten von Eiern aus einem älteren Befall zu gewährleisten, wird eine monatliche Anwendung empfohlen. Durch ein Bad kann die Wirkungsdauer von Advantage verkürzt werden, deshalb wird eine erneute Anwendung nach jedem Bad empfohlen. Sie sollten das Mittel jedoch nicht öfter als einmal pro Woche anwenden.

- ✔ **Frontline Spot On:** Mit dem Wirkstoff Fipronil zielt dieses Produkt sowohl auf Flöhe als auch auf Zecken ab. Es verbindet sich mit den natürlichen Ölen der Haut- und Haar-Follikel, wodurch es ständig für mindestens einen Monat nach Aufbringung an die Haut und das Fell des Frettchens abgegeben werden kann. Frontline Spot On wird zwei Tage nach der Anwendung wasserfest, baden Sie also Ihr Frettchen nicht in der Zwischenzeit. Wenden Sie Frontline Spot On auch nicht direkt nach dem Bad an, denn durch das Baden werden die Öle von Haut und Fell entfernt, wodurch das Produkt nicht effektiv wirken kann. Wenn Sie Ihr Frettchen vor Einsatz des Mittels baden müssen, warten Sie nach dem Bad mindestens fünf Tage, bevor Sie es einsetzen.

  Ein Grund, warum Frontline Spot On für Säugetiere als sicher gilt, ist die Tatsache, dass es nicht in den Blutkreislauf des Tieres übergeht. Wie Advantage sollte auch Frontline einmal monatlich verwendet werden, jedoch besser nicht öfter.

Egal, womit Sie Ihre Tiere nach Absprache mit dem Tierarzt behandeln, Sie sollten sie in jedem Fall hinterher eine Stunde getrennt voneinander unterbringen! Denn falls sich die Frettchen gegenseitig abschlecken oder putzen, kann es direkt nach der Anwendung solcher Mittel zu Vergiftungen kommen. Vergessen Sie auch nicht, sich selbst die Hände zu waschen, und achten Sie auch bei Ihren Kindern darauf. Vorsicht, das sind und bleiben Pestizide. Lassen Sie ansonsten die Behandlung bei Ihrem Tierarzt vornehmen und transportieren Sie die Frettchen hinterher einzeln in einer Box.

Das Tolle an diesen Produkten ist, dass sie die Flöhe beseitigen, bevor die Eier gelegt werden. Wenn Sie diese Produkte bei allen Ihren Tieren anwenden, stehen die Chancen nicht schlecht, dass Sie sich die weiter vorn beschriebene aufwändige Flohjagd sparen können. Zurzeit erhalten Sie diese Produkte nur über Ihren Tierarzt oder in der Apotheke, die Kosten lohnen sich aber auf jeden Fall, wenn man die Alternativen bei einem Flohbefall bedenkt.

> Wenn Sie glauben, Sie haben mit allen diesen Mitteln den Kampf gegen Flöhe gewonnen, dann muss ich Sie leider enttäuschen. Um wirklich eine effektive Wirkung zu erzielen, müssen Sie sehr aufmerksam sein und schnell reagieren, wenn Sie erste Anzeichen von Flöhen entdecken. Der Kampf gegen Flöhe scheint unendlich zu sein, aber Ihr Aufwand wird durch ein gesundes und glückliches Frettchen belohnt. Und Ihre Fußgelenke jucken nicht.

Ärger mit Zecken

Zecken sehen wie winzige braune Krabben aus. Wenn sie mit Blut gefüllt sind, erscheinen sie wie ein erhabener Leberfleck auf der Haut. Zum Glück lassen sich Zecken relativ einfach behandeln, wenn Sie eine im Fell Ihres Frettchens finden: Greifen Sie die Zecke mit einer Pinzette oder einer Zeckenzange und drehen Sie sie entgegen dem Uhrzeigersinn aus der Haut heraus. Sie können auch vorsichtig ziehen. Achten Sie jedoch darauf, dass der Kopf der Zecke nicht in der Haut Ihres Frettchens stecken bleibt. Wenn Sie die Zecke entfernt haben, zerdrücken oder verbrennen Sie sie.

Hier einige Informationen zu Zecken und wie Sie sie wieder loswerden:

- ✔ Manchmal ist es nicht einfach, Zecken zu finden. Sie suchen unter dem Fell, also zwischen den Haaren, nach kleinen Knötchen. Auch in den Ohren verstecken sich Zecken häufig.
- ✔ Zecken können Herd verschiedener Krankheiten sein, darunter die Zeckenborreliose, die sowohl Menschen als auch Tiere betreffen kann. Einige Präparate zur äußeren Anwendung gegen Flöhe (z.B. Frontline Top Spot) sind auch gegen Zecken effektiv.
- ✔ Verbrennen Sie die Zecken nicht direkt an Ihrem Frettchen, Sie könnten dem Frettchen ernsthafte Verbrennungen zufügen.

Ohrmilben

Die bei Frettchen recht weit verbreiteten Ohrmilben erkennen Sie an bräunlich schwarzer Schmiere in den Ohrkanälen. Frettchen mit Ohrmilben kratzen sich wie besessen an den Ohren, halten den Kopf leicht geneigt und schütteln häufig ihren Kopf, weil ihnen das so unangenehm ist. Die Ohren können auch übel riechen und leichte Verfärbungen aufweisen.

> Ohrmilben können zwischen Frettchen und anderen Haustieren übertragen werden, wie zum Beispiel Katzen und Hunden, es ist also wichtig, alle Tiere zu behandeln und während der Behandlung das gesamte Schlafzeug zu waschen.

Die Behandlung ist relativ einfach (wenn Sie sie durchziehen), sie ist aber auch nötig, um Infektionen zu vermeiden, die extrem schmerzhaft sein, zu Taubheit und Neuroschäden führen können. Tierärzte verschreiben meist eine Ohrensalbe. Ihr Tierarzt verschreibt Ihnen vielleicht auch andere Präparate, die gut wirken, wenn sie wie beschrieben angewendet werden.

Halten Sie die Ohrensalbe vor der Anwendung in der Hand, damit sie Körpertemperatur annimmt. Lenken Sie Ihr Frettchen mit Schleckerpaste ab und verabreichen Sie das Präparat vorsichtig.

Bevor Sie ein Milben-Medikament direkt ins Ohr einbringen, tropfen Sie etwas Ohrenreiniger ins Ohr und wischen Sie diesen wieder aus. Wenn Sie Glück haben, was wahrscheinlich ist, wird Ihr Frettchen einmal kurz und kräftig den Kopf schütteln und den teilweise losen Milbendreck überall verteilen – auch auf Sie.

Ohrmilben sind nicht nach einer Behandlung beseitigt, dazu ist eine Serie von Anwendungen nötig, Sie müssen also unbedingt am Ball bleiben.

Kühe und Frettchen

Rinder sind besonders anfällig für einen speziellen Ringwurm, eine Pilzerkrankung, die auch auf Frettchen übertragen werden kann. Wenn Sie also auf einem Bauernhof oder einer Farm leben, lassen Sie Ihre Frettchen nicht mit Kühen kuscheln oder herumspielen. Wo wir gerade bei Kühen sind, Frettchen sind auch besonders anfällig für eine Form von Rindertuberkulose, außerdem für Vogeltuberkulose und menschliche Formen von Tuberkulose (bakterielle Infektion). Sie selbst sind dann natürlich auch all diesen Keimen ausgesetzt.

Krätze (Skabies)

Als jemand, der diese Tortur bereits durchlebt hat, kann ich bestätigen, dass diese Krankheit unheimlich starken Juckreiz hervorruft und wirklich kein Zuckerschlecken ist. Dieser externe Parasit gehört zur Familie der Milben und kann recht leicht von einem Tier zum anderen bzw. auch auf den Menschen übertragen werden. Ihr Frettchen kann dabei stark juckende Flecken bekommen, an denen es das Fell verliert, und zwar vor allem am Bauch, im Gesicht und an den Beinen. Die Haut kann mit nässenden, pickeligen Verkrustungen übersät sein.

Zuweilen werden nur die Zehen und Füße befallen, was zu Fußfäule führen kann. Dies ist an schorfigen, geschwollenen und roten Füßen zu erkennen, wenn diese Krankheit nicht behandelt wird, können die Krallen ausfallen. Die Diagnose kann zuweilen gestellt werden, indem der Tierarzt etwas Haut abschabt. Bei der Behandlung können Sie zwischen extrem stinkender Kalk-Schwefel-Salbe und entsprechenden Shampoos oder der sicheren und einfachen Methode der oralen oder injizierbaren Ivermectin-Gabe wählen.

Ringwurm

Technisch gesehen ist ein Ringwurm eine Pilzerkrankung, sie befällt die Haut jedoch ähnlich wie viele Parasiten. Frettchen sind besonders anfällig gegen den Ringwurm, Menschen übrigens auch. Diese Infektion ist durch Kontakt mit infizierten Haaren leicht von Tier zu Tier bzw. von Tier zu Mensch übertragbar. Ein Befall ist relativ leicht erkennbar, denn dabei entsteht ein roter, entzündeter Ausschlag, der sich fast genau kreisförmig nach außen hin verbreitet. Immer ist ein Haarverlust festzustellen, die Haut wird schuppig und schorfig. Ihr Tierarzt verschreibt zumeist ein äußerlich anzuwendendes oder oral zu verabreichendes Medikament, auch ein spezielles Shampoo kann dieses Problem bekämpfen.

> Seien Sie sehr sorgfältig, wenn Sie mit einem Frettchen mit Ringwurm in Kontakt kommen, denn auch Sie können sich anstecken.

Die internen Schrecklichkeiten

Schlimm genug, dass Parasiten Ihr Frettchen von außen befallen, sie können aber auch ins Innere Ihres Lieblings gelangen. Zu den Darmparasiten, die Ihr Frettchen bekommen kann, gehören Spulwürmer, Hakenwürmer, Bandwürmer, Kokzidien, Giardia und Toxoplasma. Ein weiterer tödlicher Parasit, der bei Frettchen selten zur Sprache kommt, ist der Herzwurm.

> Manche interne Parasiten können lebensgefährlich sein und müssen sofort behandelt werden. Halten Sie nach Warnsignalen Ausschau, und bringen Sie Ihr Frettchen immer zum Tierarzt, wenn Sie vermuten, dass etwas nicht stimmt. Übernehmen Sie nie, niemals selbst die Rolle des Doktors und behandeln Ihr Frettchen selbst, bevor Sie es dem Veterinär vorgestellt haben. Frettchen sind recht klein, eine Überdosis ist also schnell erreicht. Manche Medikamente können in Kombination mit anderen tödlich sein. Sie können auch in Schwierigkeiten geraten oder alles noch schlimmer machen, wenn Sie die Gründe für die Erkrankung Ihres Frettchens nicht kennen. Seien Sie nicht so dumm. Holen Sie sich Hilfe bei einem erfahrenen Tierarzt, der eine Diagnose stellen und geeignete Maßnahmen ergreifen kann.

Darmwürmer

Manche Darmwürmer werden von einem Tier zum anderen durch den Kot übertragen, auch Menschen können sich so anstecken. Andere, wie der Bandwurm, können durch Flöhe oder Zwischenwirte übertragen werden. Weitere Parasiten gelangen in den Körper, indem sich winzige Larven durch die Haut bohren. Frettchen sind anfällig für viele Darmwürmer, vor allem für Spulwürmer, Hakenwürmer, Bandwürmer, Egel und Lungenegel. Bei fast allen Darmwürmern treten dieselben Symptome auf:

- ✔ Durchfall, schleimiger oder blutiger Stuhl und/oder Würmer im Stuhl
- ✔ Allgemeiner Gewichtsverlust
- ✔ Aufgeblähter Leib
- ✔ Trockenes, sprödes Fell
- ✔ Schwäche, Lethargie
- ✔ Juckender After
- ✔ Verstärkter Appetit
- ✔ Verstärkte Gase
- ✔ Empfindlicher Bauch

Wenn Sie mehr als ein Frettchen haben und eines von inneren Parasiten befallen ist, ist es wahrscheinlich, dass mehr als das eine Frettchen Würmer hat. Behandeln Sie alle Frettchen sorgfältig entsprechend den Anweisungen des Tierarztes. Vergessen Sie nicht, die Toiletten und Käfige zu reinigen, um eine Ansteckung zu vermeiden. Wenn Sie Hunde oder Katzen haben, lassen Sie auch diese untersuchen. Tiere beschäftigen sich nämlich ziemlich gern mit ihrem Kot.

Zwar sind die Symptome alle ziemlich ähnlich, die Behandlung von Darmparasiten kann jedoch je nach Art sehr unterschiedlich sein. Bei manchen ist die orale Gabe von Medikamenten erforderlich, entweder in flüssiger oder in Tablettenform. Anderen kommt man mit einer Injektion bei. In jedem Fall können unbehandelte Darmparasiten zu chronischen Darmproblemen bei Ihrem Frettchen führen, seine Gesundheit leidet darunter stark. In seltenen Fällen kann das sogar zum Tode führen.

Giardia

Dieser nette Einzeller kann durch eine Wasserquelle in Ihr Frettchen gelangen (Bäche, Seen, Teiche und infiziertes Leitungswasser zum Beispiel) oder es steckt sich durch die orale Aufnahme von infiziertem Stuhl an, zum Beispiel durch das normale Lecken oder die Fell- und Fußpflege. Befindet sich dieser Parasit erst einmal im Verdauungstrakt, befällt er die innere Darmwand und erzeugt unangenehme Entzündungen. Als Anzeichen sind Gewichtsverlust, Blähungen, Durchfall und schleimiger Stuhl möglich.

Giardia sind unter dem Mikroskop zuweilen schwer zu finden, manchmal werden sie nicht erkannt. Denn Hefezellen aus Frettchenfutter, die mit dem Stuhl ausgeschieden werden, können fast als Giardia-Zwillinge durchgehen.

Manche Leute sind der Meinung, Giardia wären bei Frettchen selten, andere halten sie für weit verbreitet, obwohl sie ihre hässlichen Warnzeichen nur dann zeigen, wenn das Frettchen gestresst ist. Dieser Parasit wird derzeit noch immer erforscht. Behandelt wird er normalerweise mit Metrodinalzol. Manche Tierärzte empfehlen Fenbendazol, allerdings wurde dieses Medikament nicht speziell für diesen Parasiten entwickelt. Bei gesunden Frettchen sind Experten oft der Meinung, dass die Symptome ohne Behandlung von selbst wieder verschwinden. Ich würde immer empfehlen, ärztliche Hilfe einzuholen. Es kann zwar bis zu einem Monat dauern, Ihr Frettchen zu heilen, aber das ist die Sache wert.

> Einige Medikamente sind für Ihr Frettchen so widerlich, dass es einfach alles wieder ausspuckt. Hier sind Leckereien wie Nutri-Cal oder Calo-Pet praktisch. Mischen Sie das Medikament mit diesen lecker schmeckenden Substanzen, dann müssen Sie sich und Ihre Anziehsachen nicht so oft waschen. Außerdem wird sich Ihr Frettchen nicht so heftig wehren. Bedenken Sie jedoch zuerst, wogegen das Medikament wirken soll, bevor Sie es mit Nahrung oder Nahrungsergänzung mischen. Frettchen mit Insulinom sollten zum Beispiel keine Süßigkeiten zu sich nehmen.

Kokzidien

Dies ist eine Einzeller-Infektion, die bei Frettchen und anderen Tieren verbreitet ist. Wie üblich wird sie durch die orale Aufnahme oder infizierten Stuhl übertragen und kann in einer Stuhlprobe durch Ihren Tierarzt diagnostiziert werden. Der Test ist jedoch nicht ganz sicher. Die Eier (Oozysten) werden zuweilen nur periodisch ausgeschieden, man findet also nichts, wenn man die Stuhlprobe an einem Tag entnimmt, an dem nichts ausgeschieden wird. Die sichersten Ergebnisse erreichen Sie, wenn Sie blutigen und schleimigen Stuhl für die Probe verwenden.

Schwerer Befall kann zu Durchfall, Lethargie, Austrocknung, Gewichtsverlust, Appetitverlust und in schweren Fällen zum Tode führen. Welpen sind für Kokzidien anfälliger und können dadurch dünnes, sprödes und schütteres Fell bekommen. Hält der Zustand länger an, kann der After rot und geschwollen sein. Wenn die Behandlung rechtzeitig einsetzt, ist sie meist erfolgreich. Viele Tierärzte verschreiben Sulfadimethoxyn, um Kokzidien zu behandeln.

Infektion mit Helikobakter mustelae

Der Helikobakter ist eine hässliche Mageninfektion, die die Magenschleimhaut Ihrer Frettchen angreift. Sie ist sehr weit verbreitet, irgendwann bekommt sie fast jedes Frettchen einmal. Wie bei den meisten internen Parasiten hat auch hier der Stuhl viel damit zu tun, auch die Frettchenmutter. Diese bakterielle Infektion wird eingeschleppt, wenn das Frettchen infizierten Stuhl verschlingt. Sie kann jedoch auch von der Mutter an den Welpen vererbt werden.

Ernste Anfälle der Helikobakter-Infektion können zu Magenproblemen führen, bei denen zu wenig Magensäure produziert wird. Frettchen mit Magengeschwüren besitzen fast immer den Helikobakter mustelae. Experten glauben auch, dass eine anhaltende Infektion eine vergrößerte Milz und chronische Gastritis bewirken kann. Die Symptome für diese Infektion sind folgende:

- ✔ Erbrechen
- ✔ Appetitverlust
- ✔ Durchfall
- ✔ Dunkler, teerartiger Stuhl
- ✔ Zähneknirschen
- ✔ Gewichtsverlust

Es scheint, als ob der Körper des Frettchens unter normalen Umständen selbst mit einer solchen Infektion fertig wird. Wenn Ihr Frettchen nicht sehr gestresst oder durch andere Krankheiten bereits geschwächt ist, können die Symptome auch gänzlich ausbleiben. Zwar gibt es keine Beweise, dass die Verbindung zwischen Stress, Krankheit und Leiden diesen bakteriellen Ausbruch bewirken, dennoch sollte Ihr Frettchen behandelt werden, sobald die Symptome auftauchen. Zur erfolgreichen Behandlung werden Medikamente wie Amoxicillin eingesetzt.

Herzwurm

In südlichen Ländern, wo es viele Mücken gibt, gibt es auch den Herzwurm. Frettchen sind genauso anfällig dafür wie Katzen und Hunde, wie alle Fleischfresser eben. Auch wenn sich Frettchen nicht in freier Natur bewegen, die Mücken können ja ins Haus kommen. Wer kennt es nicht, das nervige Summen des Mückeneindringlings, der uns mitten in der Nacht den Schlaf raubt.

Infizierte Mücken übertragen den Parasiten durch einen einzigen Stich auf das Frettchen. Der Parasit entwickelt sich dann und wandert ins Herz des Frettchens, wo der erwachsene Wurm das Herz zerstört. Ein einziger Wurm kann Verheerendes anrichten.

Dies sind die Symptome für den Herzwurm:

- ✔ Ständiges Husten
- ✔ Lethargie
- ✔ Flüssigkeit im Unterleib
- ✔ Atemnot
- ✔ Blasse Lippen, Zunge und Zahnfleisch
- ✔ Ohnmacht
- ✔ Herzgeräusche
- ✔ Schwache Herztöne
- ✔ Vergrößertes Herz

15 ➤ Wenn Ihnen Parasiten das Leben schwer machen

Natürlich ist Vorbeugung die beste Heilung. Viele Tierärzte verschreiben vorbeugende Medikamente (Heartguard) gegen den Herzwurm, die einmal im Monat gegeben werden sollen. Die meisten Frettchen mögen das nicht, aber vielleicht können Sie sie ja in Leckereien verstecken. Andere Veterinäre ziehen die monatliche orale Gabe von Ivermectin vor. Auch monatliche Injektionen sind möglich.

Hinweis: Meriel, der Hersteller von Heartguard, warnt davor, die Tabletten oder Kaumedikamente zu teilen. Die Firma begründet dies so: Der Wirkstoff (Ivermectin) ist nicht gleichmäßig in den Präparaten verteilt. Sie wissen also nicht, wie hoch die Dosierung für Ihr Frettchen wirklich ist. Frettchen vertragen große Dosen von Ivermectin, und eine ganze Portion Heartguard enthält weniger Ivermectin als die Dosis, die Ihr Frettchen für andere Parasiten bekommen würde.

Bevor Sie mit der Herzwurmprävention beginnen, sollte ausgeschlossen sein, dass Ihr Frettchen bereits mit dem Herzwurm infiziert ist. Der Test ist zuweilen derselbe wie bei Hunden, allerdings ist er nicht ganz zuverlässig und positive Fälle werden manchmal negativ getestet. Ein Bluttest bringt nur selten gute Ergebnisse, denn Frettchen beherbergen meist nur wenige erwachsene Würmer, und im Blut sind dann keine Jungwürmer nachzuweisen. Eine weitere Methode, den Herzwurm festzustellen, ist eine Ultraschall-Untersuchung des Herzens.

Der Herzwurm tritt immer häufiger auf, und ohne Behandlung sterben die Frettchen. Obwohl sie bei Frettchen erst seit relativ kurzer Zeit eingesetzt wird, verspricht die Behandlung eine Überlebensrate von 60 bis 75 Prozent. Leider ist die Behandlung teuer, und oft ist auch die Behandlung der Grund für den Tod Ihres Frettchens.

Herzwurm und der Mensch

Auch Menschen können den Herzwurm bekommen, mit Sicherheit jedoch nicht von infizierten Frettchen oder anderen infizierten Tieren. Ein Befall ist sehr selten und tritt nur dann auf, wenn eine infizierte Mücke eine Person mit einem stark geschwächten Immunsystem sticht.

Toxoplasmose

Toxoplasma ist ein Parasit, der durch die Aufnahme von infiziertem Katzenstuhl, rohem Fleisch oder dem Fleisch infizierter Tiere in den Körper von Frettchen und auch von Menschen gelangen kann. Frettchenmütter können ihn auch an ihre Welpen weitergeben.

Derzeit glauben Experten, dass Katzen die einzigen Wirte für Toxoplasmen sind. Der Parasit durchläuft in der Katze eine sexuelle Reproduktion und die Eier werden im Stuhl verbreitet. Dadurch wird der Stuhl infektiös und gefährlich, wenn er in diesem Stadium aufgenommen wird. Toxoplasmen führen beim Menschen im frühen Stadium einer Schwangerschaft zu Fehlgeburten. Schwangere sollten deshalb nicht mit Katzenkot in Kontakt kommen und auch kein rohes Fleisch essen. Der Parasit kann auch für kleine Kinder und Menschen mit geschwächtem Immunsystem gefährlich sein.

Passen Sie auf, wenn Sie die Toilette eines Tieres reinigen. Es ist zwar nicht erwiesen, dass Frettchen die Eier wie Katzen in ihrem Stuhl weitergeben, Experten sind der Meinung, das wäre nicht der Fall, aber seien Sie trotzdem vorsichtig. Wenn Sie schwanger sind und niemandem die Tierpflege überlassen können, tragen Sie wenigstens Handschuhe und eine Maske.

Die Symptome variieren entsprechend der Stärke des Befalls und je nachdem, welche Organe befallen sind. Die Diagnose wird normalerweise über einen Bluttest gestellt. Die Behandlung für das infizierte Frettchen kann langwierig sein, sie umfasst Kombinationen von oralen Medikationen wie Sulfadiazin und Pyrimethamin. Manchmal ist es hilfreich, die Nahrung des Frettchens mit Backhefe und Folsäure zu versetzen, um die Nebenwirkungen der Medikamente zu bekämpfen.

Etwas Blut gefällig?

Frettchen haben keine Blutgruppen wie Menschen. Zwar verfügen sie generell über keine große Menge Blut, dennoch können große, gesunde Frettchen als Blutspender dienen, wenn andere Frettchen eine Transfusion benötigen. Transfusionen können bei großen Operationen und lähmenden Erkrankungen nötig sein. Frage: Wenn ein Mensch eine Transfusion aus Frettchenblut bekommen würde, hätte er dann auch eine kürzere Aufmerksamkeitsspanne?

Viren, Läuse und andere Frettchenprobleme

In diesem Kapitel

▶ Verbreitete Frettchenkrankheiten und Zustände

▶ Wie Sie Ihr Frettchen behandeln können

Egal, wie sehr wir uns bemühen, gesund zu bleiben – mit gesunder Ernährung, Sport und Impfungen, dennoch erkranken Millionen Menschen jährlich an Virusinfektionen, Erkältungen und Grippe. Warum also sollte es den Frettchen anders gehen?

Über Krankheiten und Infektionen, die sich Frettchen einhandeln können, wurde bereits viel geschrieben. Hier konzentrieren wir uns jedoch auf die Grundlagen, darauf, was Sie über diese Krankheiten und deren Behandlung wissen müssen. Dieses Kapitel beschäftigt sich mit den verbreitetsten Erkrankungen und Leiden, von der einfachen Grippe bis hin zur tödlichen Tollwut, von der ersten Herzmuskelschwäche bis hin zu weniger schweren Problemen mit Maul, Zähnen und Augen. Ich werde Ihnen im Verlauf dieses Kapitels erläutern, warum es manchmal entscheidend über Leben und Tod ist, wenn man Veränderungen im Aussehen oder Verhalten der Frettchen feststellt. Sogar einige scheinbar harmlose Anzeichen können sich zum Schlimmsten wenden oder Indikatoren für schwerere Krankheiten sein.

Einige Symptome scheinen bei fast allen Erkrankungen Ihres Frettchens aufzutreten. Ein Grund mehr also, die Diagnose und Medikation einem erfahrenen Tierarzt zu überlassen. In manchen Fällen könnte Ihr Frettchen unter mehr als einer Krankheit leiden. Bedenken Sie auch, dass die Symptome nicht immer gleich sind. Ihr Frettchen kann nur ein Symptom zeigen, manchmal auch eine Kombination aus mehreren. Besonders zu Beginn einer Erkrankung können Symptome aber auch gänzlich ausbleiben. Die in diesem Kapitel beschriebenen Krankheitssymptome sind die häufigsten bei den beschriebenen Erkrankungen und dienen lediglich als Referenz. Warten Sie nicht, bis weitere Anzeichen auftreten, bevor Sie Ihr Frettchen zum Tierarzt bringen.

Staupe

Staupe verläuft in den meisten Fällen tödlich. In sehr seltenen Fällen haben Tiere überlebt, jedoch immer mit neurologischen Behinderungen. Da es für diese Erkrankung keine Behandlung gibt, ist die Vorsorge am wichtigsten. Weitere Informationen zur Staupe-Impfung erhalten Sie in Kapitel 13.

Dieses Virus ist extrem ansteckend und kann von einem anderen infizierten Tier auf Ihr Frettchen übertragen werden. Wenn Sie der Meinung sind, Ihr Frettchen ist vor Staupe sicher, weil es niemals das Haus verlässt, liegen Sie *vollkommen* falsch. Das Virus kann auch über Ihre Schuhe und Ihre Kleidung in Ihren Haushalt eingeschleppt werden. Das Staupe-Virus kann für einen langen Zeitraum auch außerhalb des Körpers überleben. Seien Sie also sorgfältig und lassen Sie Ihr Frettchen impfen.

Die Inkubationszeit (die Zeit vom Tag der Infektion bis zum Auftreten erster Symptome) kann bei Ihrem Frettchen zwischen sieben und 21 Tagen betragen. Sobald sich Symptome zeigen, tritt der Tod normalerweise schnell ein, denn das Virus befällt viele Organe des Frettchens gleichzeitig. In seltenen Fällen erleidet das Frettchen einen längeren, qualvollen Tod. Wenn eine positive Diagnose gestellt wird, sollte Ihr Frettchen so schnell wie möglich eingeschläfert werden. Im extrem seltenen Überlebensfall erleidet es schwere neurologische Schäden.

Zu den Staupe-Symptomen gehören:

- ✔ Augeninfektionen/Ausfluss
- ✔ Schwere Lethargie
- ✔ Appetitlosigkeit
- ✔ Ausschlag auf Haut, Lippen und Nase
- ✔ Ausschlag auf Bauch und Po
- ✔ Harte/geschwollene Fußballen
- ✔ Durchfall
- ✔ Erbrechen
- ✔ Krämpfe
- ✔ Koma

Da die Prognose hoffnungslos ist und die Symptome dem Tier schwere Leiden verheißen, wird die Einschläferung bei diagnostizierter Staupe empfohlen. Sie ist von Tieren nicht auf den Menschen übertragbar.

Kardiomyopathie (Herzmuskelschwäche)

Kardiomyopathie ist bei Frettchen relativ verbreitet, besonders bei denen, die über drei Jahre alt sind. Dies ist eine Herzkrankheit, bei der der Herzmuskel geschwächt wird. Schließlich vergrößert sich das Herz und wird schwächer. Muskelgewebe wird durch Narbengewebe ersetzt, was zu einem verminderten Blutfluss durch das Herz führt. Das Herz arbeitet also weniger effizient.

Kardiomyopathie kann angeboren, das Ergebnis einer Virusinfektion sein oder von anderen Faktoren abhängen. Manche Experten nehmen an, dass fehlendes Taurin in der Nahrung des Frettchens diese Herzkrankheit begünstigen kann (dieser Bezug wurde bei Katzen hergestellt). Mehr zur Ernährung finden Sie in Kapitel 9.

Kardiomyopathie ist generell irreversibel und kann nicht geheilt werden. Es gab allerdings schon einzelne Berichte darüber, dass sich die Krankheit zurückgebildet habe. Aber auch wenn die Krankheit bei Ihrem Frettchen früh erkannt wurde und die Symptome korrekt behandelt werden, hängt die Lebenserwartung Ihres Frettchens letztendlich davon ab, wie schnell sich der Zustand des Herzens verschlechtert. Mit etwas Glück bleiben ihm bis zu 24 Monate.

Je nach Schwere des Krankheitsverlaufs, Fortschreiten der Krankheit und betroffenen Bereichen des Herzens kann Kardiomyopathie mit Medikamenten behandelt werden. Üblicherweise werden von Tierärzten in solchen Fällen Digitalis-Präparate verschrieben. Welche Medikamente in welchen Dosierungen für Ihr Tier angewendet werden können, kann jedoch nur der Tierarzt festlegen.

Normaler Puls

Der durchschnittliche Herzschlag eines gesunden Frettchens beträgt zwischen 180 und 250 Schlägen pro Minute. Kein Wunder, dass die Tiere wie verrückt herumtollen können. Experten vermuten, dass dieser normale Puls so hoch ist, weil das Tier aufgrund des kalten Stethoskops, mit dem es abgehört wird, gestresst ist. Der durchschnittliche Puls, der von meinem Tierarzt gemessen wird, beträgt ca. 200 Schläge pro Minute.

Symptome

Diese Krankheit beginnt meist lange, bevor eine Diagnose gestellt wird. Eine Diagnose ist jedoch auch vor Einsetzen der Symptome möglich. EKGs, Röntgen und Ultraschall haben sich als zuverlässige Diagnosemethoden erwiesen. Nachfolgend finden Sie die Symptome einer Kardiomyopathie (viele sind denen einer Herzwurm-Erkrankung ähnlich):

- ✔ Schwere Atmung
- ✔ Husten
- ✔ Unregelmäßiger oder zu schneller Puls
- ✔ Lethargie
- ✔ Häufige Ruhepausen
- ✔ Hypothermie (Unterkühlung)
- ✔ Flüssigkeit im Brustraum

Frettchen mit Kardiomyopathie haben häufig eine vergrößerte Leber oder Milz. Oftmals leidet das Frettchen auch unter einem aufgeblähten Bauch. In diesem Fall leidet es unter kongestiver Herzinsuffizienz, und der geschwollene Bauch resultiert aus eine Ansammlung von Flüssigkeit in und um die Lungen und im Unterbauch.

Eine Therapie kann mit Lanitop, ACE-Hemmer und einem Entwässerungspräparat durchgeführt werden. Lassen Sie sich von einem Tierarzt beraten. Eines unserer Frettchen lebt schon drei Jahre erfolgreich mit diesen Medikamenten.

Was Sie für Ihr Frettchen tun können

Der kleine Herzpatient benötigt besondere Pflege. Ein solches Frettchen wird häufig auf eine natriumarme Diät gesetzt und möglichst ruhig gehalten. Frettchen mit Herzerkrankungen sollten sich vorsichtig bewegen und nicht herumtollen oder nach Wunsch spielen. Überstimulation kann den Zustand verschlimmern. Natürlich sagt uns der klare Menschenverstand, dass es keine gute Idee ist, diese Tiere zu erschrecken oder zu verängstigen. Keine bellenden Hunde, keine Feuerwerkskörper und bitte nicht auf der Tuba üben.

Wenn der kleine Herzpatient mit einem sehr lebhaften Kollegen zusammenwohnt, sollten Sie überlegen, die beiden zu trennen und das kranke Frettchen mit einem älteren, weniger verrückten zusammen zu halten.

Viele Frettchen erreichten trotz Herzproblemen ihr erwartetes Lebensalter. Wichtig ist, dass das Herzmedikament genau dosiert und immer zur gleichen Zeit gegeben wird. Das gilt übrigens auch für die Entwässerungsmedikamente.

Die gemeine Erkältung

Niesen Sie nicht auf Ihr Frettchen, und lassen Sie sich auch nicht anniesen. Frettchen sind für diese lästigen Bazillen sehr anfällig. Das Influenza-Virus sorgt bei Frettchen für die häufigsten Atemwegserkrankungen. Bei normalen, gesunden Frettchen dauert die Erkrankung ca. fünf Tage. Bei schwachen oder älteren Frettchen verläuft sie möglicherweise ernster und kann mehrere Wochen anhalten. Hier sind die Anzeichen (die wir leider alle nur zu gut kennen):

✔ Husten und Schnupfen

✔ Laufende Nase und Augen

✔ Fieber über 39 Grad Celsius

✔ Lethargie

✔ Pfeifende Atemgeräusche

✔ Durchfall

✔ Appetitlosigkeit

Leider sind diese Symptome so allgemein und auch bei anderen Erkrankungen so häufig, dass es manchmal schwer ist, eine normale Erkältung oder Grippe zu erkennen. Sie müssen meist nur etwas lieb zu Ihrem Frettchen sein, dann kommt es leicht darüber hinweg. Manchmal sind jedoch Antibiotika, zusätzliche Flüssigkeiten und Magenmittel notwendig, um schweren Grippeattacken zu widerstehen. Bei schwerem Schnupfen empfehlen einige Tierarzte Antihistamine. Gehen Sie deshalb bitte unverzüglich zum Tierarzt.

Wenn die Symptome länger als eine Woche anhalten oder Ihr Frettchen die Nahrung vollkommen verweigert, haben Sie es vielleicht doch nicht mit einer Erkältung oder Grippe zu tun. Gehen Sie nochmals zum Tierarzt. Ein Frettchen mit Grippe ist vielleicht schlecht gelaunt oder müde, aber es liegt nicht flach. Halten Sie auch nach unnormalem Ausfluss aus der Nase Ausschau. Bei Grippe ist der Ausfluss klar. Denken Sie daran, sich häufig die Hände zu waschen, wenn Sie mit Frettchenpatienten zu tun haben. Die haben nämlich kein Problem damit, ihr ekliges Virus an andere weiterzugeben.

Bakterielle Lungenentzündung kann verschiedene Ursachen haben, oftmals entsteht sie jedoch bei einer verschleppten Grippe. Außer den grippetypischen Symptomen atmet das Frettchen bei Lungenentzündung häufig durchs Maul, außerdem treten Atemnot und fester, zuweilen verfärbter Nasenauswurf auf. An einer bakteriellen Lungenentzündung kann Ihr Frettchen schnell eingehen. Die Behandlung hängt von der Art der Bakterien ab, die für die Lungenentzündung verantwortlich sind. Ihr Tierarzt kann eine Kultur anlegen, bevor er die Diagnose stellt und Medikamente verschreibt. Je nach nachgewiesener Bakterienart verschreibt Ihr Veterinär wahrscheinlich die korrekte Dosis Penicillin, Sulfadizin oder Trimethoprim.

Eine Grippe, die nicht rechtzeitig behandelt wird, kann sich schnell zu einer Lungenentzündung entwickeln. Gehen Sie deshalb mit Ihrem Frettchen lieber gleich zum Tierarzt. Und denken Sie daran: Wenn Sie selbst einmal einen grippalen Infekt haben, sollten Sie sich immer gründlich die Hände waschen, bevor Sie Ihr Frettchen anfassen. Entsorgen Sie auch Taschentücher sofort und lassen Sie Ihr Frettchen nicht zu Ihnen ins Gesicht.

Ein Grippevirus ist ein Grippevirus ist ein Grippevirus, korrekt?

Falsch. Es gibt viele verschiedene Typen von Grippeviren. Dazu gehören die bei Menschen (A und B), bei Vögeln, bei Pferden, bei Schweinen und bei Robben. Ihr Frettchen kann sich mit all diesen Krankheiten anstecken. Frettchen entwickeln nur dann Symptome, wenn sie mit Menschen- oder Schweinegrippe infiziert sind. Küssen Sie Ihr Frettchen nicht, wenn Sie selbst krank sind, und lassen Sie die Schweine draußen.

Zahnschäden

Bei den Zähnen kann viel schief gehen. Dies trifft für alle Tiere mit Zähnen zu – also auch für Frettchen. Manche Zahnprobleme bei Frettchen sind genetisch bedingt. Andere rühren von Überbenutzung oder falscher Benutzung der Kauwerkzeuge her. Auch die Ernährung und die körperliche Gesundheit spielen beim Verfall und der Zerstörung der Zähne eine wichtige Rolle. Stellen Sie sicher, dass bei der Routineuntersuchung bei Tierarzt auch die Zähne Ihres Frettchens untersucht werden (siehe Abbildung 16.1).

Fehlerhafte Zähne

Wenn Sie genügend Zeit mit Ihren Frettchen verbringen, sehen Sie, dass diese mit sich selbst und auch ihren Mitbewohnern recht grob herumspielen. Sie fallen und rennen in Gegenstände hinein. Wenn sie käfigverdrossen sind, kauen sie wie verrückt an den Stangen, bis sie jemand rettet und hinauslässt. Die meisten Frettchen werden vor allem mit hartem Mahlfutter versorgt. Die Zähne der Frettchen müssen starke Abnutzung und auch ziemlichen Missbrauch über sich ergehen lassen.

Gesplitterte, abgebrochene und abgenutzte Zähne sind nichts, worüber Sie sich wirklich Sorgen machen müssen, wenn dabei nicht wirklich ein Problem entsteht. Überlassen Sie die Entscheidung jedoch immer einem Tierarzt, wenn Sie im Zweifel sind. Ein Veterinär kann einen gesplitterten Zahn glätten, wenn die Oberfläche rau ist und die Lippen des Frettchens verletzt.

Abgenutzte Zähne bringt das Leben mit sich, mit zunehmendem Alter nimmt diese Erscheinung zu. Dann wird es für das Frettchen vielleicht schwerer, hartes Futter zu kauen, ältere Frettchen mit abgenutzten Zähnen brauchen also eventuell weichere Nahrung. Abgebrochene Zähne sind da schon ernster. Eine freiliegende Zahnwurzel ist sehr schmerzhaft und kann zu Infektionen führen. Üblicherweise ist eine Wurzelkanal- oder eine vollständige Entfernung angesagt.

Ihr Frettchen kann irgendwann einmal eher einer Bolldogge gleichen als einem Wiesel. Manche Tiere haben Zähne, die nach außen geneigt sind – meist die Eckzähne. Da diese Zähne verhindern, dass die Lippe am Zahnfleisch anliegt, kann das Zahnfleisch austrocknen. Die Lippe wird innen wund durch das ständige Reiben der Zähne. Ich hatte diese Situation bisher nur bei einem Frettchen, dabei handelte es sich um die beiden unteren Eckzähne. Das Problem wurde chirurgisch behoben, indem die Zähne so weit wie nötig abgeschliffen und mit einer sicheren, härtenden Substanz gefüllt wurden (üblicherweise Acryl). Wenn ein Zahn stark verformt ist, muss er vielleicht vollkommen entfernt werden.

Manche Frettchen bekommen zusätzliche Milchzähne, besonders Albinos sind dafür anfällig. Normalerweise fallen alle Milchzähne aus, wenn die bleibenden Zähne kommen. Hin und wieder bleiben sie noch für einige Tage, bevor sie schließlich ausgequetscht werden. Wenn Sie einen Milchzahn bemerken, der länger als notwendig bestehen bleibt und nicht ausfällt, müssen Sie wahrscheinlich den Tierarzt hinzuziehen und das Problem lösen lassen. Manche erwachsene Frettchen haben einen überzähligen Schneidezahn, dieser ist jedoch harmlos.

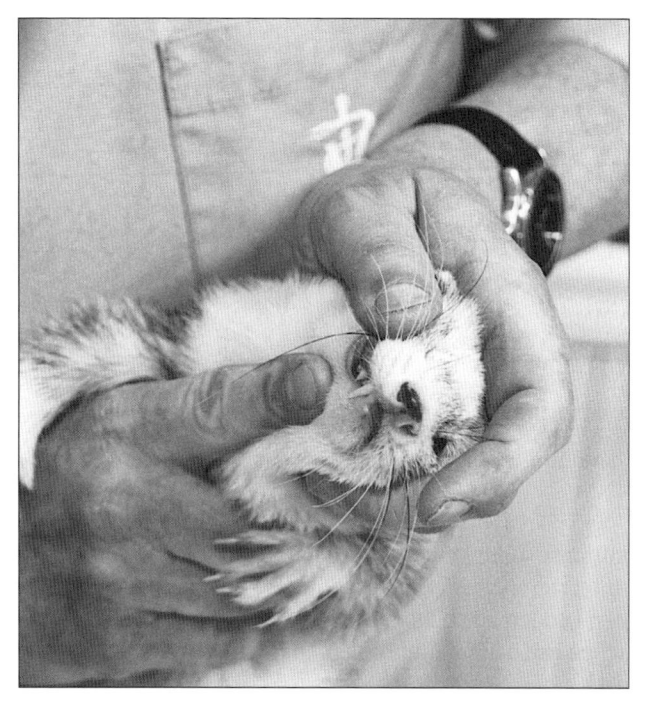

Abbildung 16.1: Buster lässt seine Zähne auf Probleme untersuchen. Sie sollten die Zähne Ihres Frettchens während der Routineuntersuchungen mit überprüfen lassen.

Die gefürchtete Zahnerkrankung

Eine Zahnfleischerkrankung, also Parodontose, tritt häufig bei Frettchen auf, besonders wenn sie über fünf Jahre alt sind. Genau genommen tritt das beim Menschen noch häufiger auf. Menschen sind schlechte Zähneputzer, das ist nun mal so. Und wenn wir uns schon nicht ausreichend um unsere eigenen Zähne kümmern, werden wir wahrscheinlich nicht viel Pflege auf die Zähne unserer Haustiere verwenden.

Manche Experten argumentieren, dass die Hauptursache für Parodontose in Dosennahrung und feuchtem Futter zu suchen ist. Andere Krankheiten wie Lymphome können dabei auch eine Rolle spielen. Die Experten sind sich ebenfalls einig, dass die Schwere der Erkrankung deutlich durch monatliches Reinigen der Zähne durch den Menschen sowie durch umfassende Reinigungen reduziert werden kann, die der Tierarzt hin und wieder vornimmt.

Die drei größten Probleme, die unsere Frettchen in Bezug auf Parodontose haben, sind das Fehlen von rauem Material, um den Zahnbelag zu beseitigen (deswegen wird harte Nahrung empfohlen), weil sie feine Partikel von Kohlenhydraten zu sich nehmen und weil sich der pH-Wert im Maul ändert. Meine Antwort zum Kampf gegen Parodontose ist eine alternative Diät, die verschiedene Bestandteile mit unterschiedlichen Texturen anbietet. (Mehr zur Nahrung finden Sie in Kapitel 9.)

Parodontose ist wie folgt erkennbar:

- ✔ Lose Zähne
- ✔ Verfärbte Zähne
- ✔ Schlechter Atem
- ✔ Rotes, entzündetes und zurückgehendes Zahnfleisch
- ✔ Sabbern
- ✔ Geschwüre im Maul
- ✔ Schwierigkeiten beim Fressen
- ✔ Entstehen von Zahnstein und Zahnbelag
- ✔ Verweigert Behandlung mit Zahnseide (okay, das ist ein Scherz)
- ✔ Verweigern von Futter

Als Minimum sollten Sie die Zahnpflege in Ihre wöchentliche oder monatliche Pflege integrieren. Außer nach Knoten, Wunden, blauen Flecken und anderen unnormalen Dingen zu suchen, stecken Sie Ihren Kopf in das Maul Ihres Frettchens und suchen Sie nach Zahnproblemen. Mehr zur allgemeinen Pflege finden Sie in Kapitel 11.

Medikamente und Zähne

Manche Medikamente können zu Zahnproblemen führen, das ist bei Menschen und Tieren gleich. Ich hatte einen Freund, dessen Zähne permanent grünlich gefärbt waren, weil er lange starke Medikamente einnehmen musste. Diphenyldantoin, ein Medikament, das zur Behandlung von Epilepsie bei Menschen und verwandten Tieren eingesetzt wird, soll eine schwere Zahnkrankheit hervorrufen (Zahnfleisch-Hyperplasie).

ECE - Epizootic catarrhal Enteritis

ECE ist eine Entzündung der Darmschleimhaut. Frettchen mit ECE können Nahrung und Wasser nicht mehr korrekt verarbeiten. Besonders riskant ist dies bei älteren Frettchen oder sehr jungen Tieren. Weiterhin besteht ein Risiko für Frettchen, die bereits mit einer Krankheit kämpfen, zum Beispiel mit Lymphosarkom, Nierenkrankheiten und/oder Insulinom. Gesunde junge und mittelalte Frettchen scheinen ECE mit der richtigen Unterstützung am schnellsten zu überwinden, fast als wäre es eine Grippe. In Häusern, in denen mehrere Frettchen leben, können Sie davon ausgehen, dass mehrere, wenn nicht alle Tiere damit infiziert werden, wenn die Krankheit einmal eingeschleppt ist.

16 ➤ Viren, Läuse und andere Frettchenprobleme

Dieses boshafte Virus kann eine Erkrankung auslösen, die zwischen sieben Tagen und mehreren Monaten dauert. Sie wird durch Körperflüssigkeiten übertragen, durch Fäkalien, die Luft, Menschen, die Umgang mit infizierten Frettchen haben, oder durch direkten Kontakt mit anderen Frettchen. Beobachten Sie Ihre Frettchen also genau und bringen Sie erkrankte Tiere sofort zum Tierarzt, wenn Symptome sichtbar werden. Leider gibt es keinen hundertprozentig sicheren Test für ECE. ECE wird bestimmt, indem andere Krankheiten ausgeschlossen werden.

Viele Krankheiten können zwar ECE-ähnliche Symptome erzeugen, ECE selbst jedoch kann Ihr Frettchen schnell töten. Achten Sie also auf plötzliche negative Veränderungen und reagieren Sie schnell.

Mehr über ECE

Unter Frettchenliebhabern wird diese Krankheit auch als »Grüne Krankheit« bezeichnet, das Virus tauchte zum ersten Mal 1993 in den USA auf. Es verbreitete sich schnell in den einzelnen Staaten. Zu Beginn war die Sterblichkeitsrate relativ hoch, wobei plötzlich auftretende schwere Symptome die Tierärzte und alle anderen überraschten. Zwar verläuft die Krankheit noch immer rasant, aber Frettchenhalter und Tierärzte wissen nun besser, was zu tun ist, die Sterblichkeitsrate ist deutlich zurückgegangen. Die erste Massenpanik ist zwar abgeflaut, das Risiko besteht jedoch nach wie vor.

Im Internet finden Sie weitere Informationen zu ECE und anderen Krankheiten, die bei Frettchen häufig auftreten. Informationen finden Sie unter www.frettchendoc.de.

Symptome

Einige typische Symptome von ECE sind:

- ✔ Durchfall (neongrün bis gelb, blasig, übel riechend oder schleimig)
- ✔ Körniger Stuhl, oft gelblich (Anzeichen für unverdaute Nahrung)
- ✔ Austrocknung, oft schwer
- ✔ Lethargie und Schläfrigkeit
- ✔ Extremer Gewichtsverlust (in schweren Fällen bis zu 50 Prozent)
- ✔ Erbrechen
- ✔ Orale und Magengeschwüre
- ✔ Koma und Tod

Theorien zu ECE

Über die Dynamik des ECE-Virus gibt es viele Theorien. Manche Experten sind der Meinung, dass es ständig mutiert und so eine Behandlung erschwert. Manche glaube, es wäre wie bei Windpocken: Wenn sie das Frettchen einmal gehabt hat, bekommt es sie nicht wieder. Vor diesem Hintergrund gibt es Vorschläge, junge, gesunde Frettchen absichtlich dem Virus auszusetzen, damit sie die Krankheit überwinden können und eine Immunität entwickeln. Allerdings berichtete die Greater Chicago Ferret Association, dass viele Frettchen die Krankheit mehrfach bekamen, nachdem sie sich vollständig davon erholt zu haben schienen.

Eine weitere Theorie ist, dass Frettchen für sechs bis acht Monate Träger des ECE-Virus sein können. Nachdem ich jedoch ein gesundes Frettchen hatte, das in ein neues Zuhause kam und sofort ECE entwickelte, bin ich der Meinung, dass Frettchen weitaus länger Virusträger sein können. Dieses Frettchen war dem Virus länger als ein Jahr nicht ausgesetzt. Dieser Fall stärkt die Annahme, dass Stress möglicherweise eine Rolle spielt. Gesunde Virusträger könnten Symptome direkt nach Stresseinwirkung zeigen (z.B. durch Krankheit, einen Umzug, Verlust eines Käfiginsassen etc.). Aus den Erlebnissen anderer Frettchenhalter wissen wir, dass Frettchen das Virus auf andere Frettchen übertragen können, egal, ob sie selbst schon Symptome der Krankheit gezeigt haben oder nicht. Manche dem Virus ausgesetzte Frettchen zeigen vielleicht nie Krankheitszeichen, können das Virus aber dennoch weitergeben.

Behandlung von ECE

Derzeit gibt es keine Heilung von ECE. Zum Schutz vor ECE steht zurzeit auch kein Impfstoff zur Verfügung, obwohl Experten fieberhaft an seiner Entwicklung arbeiten. Da es sich bei ECE um eine Viruserkrankung handelt, helfen Medikamente lediglich, die Symptome und sekundäre Infektionen zu bekämpfen, die fast immer über das bereits geschwächte Frettchen hereinbrechen. Bei gesunderen, jungen Frettchen sollte die Krankheit wie eine Grippe behandelt werden, wenn die Symptome nicht besonders schwer werden.

Schweren Fällen von Dehydrierung muss mit subkutanen Gaben von Flüssigkeit und/oder Elektrolytersatz begegnet werden. Zusätzliches Füttern von FelineA/D, Ensure oder Sustecal, Hühnchen-Babynahrung und Nutri-Cal oder Calo-Pet-Paste haben sich als hilfreich erwiesen. Wenn Ihr Frettchen wieder auf den Beinen ist, müssen Sie wissen, dass seine Magenschleimhaut noch für einige Zeit nicht ganz in Ordnung ist, auch wenn die Symptome abgeklungen sind. Hin und wieder kann das Frettchen unter Durchfall und Dehydrierung leiden. Beobachten Sie es genau und für einige Monate nach der Erkrankung.

Fragen Sie bei Ihrem Tierarzt nach – einige Medikamente und Unterstützungsmaßnahmen haben sich auch in Kombination als sinnvoll erwiesen. Die Behandlung variiert jedoch entsprechend dem Grad der Erkrankung und sollte nur unter Anleitung eines Tierarztes erfolgen. Nicht alle Medikamente funktionieren bei jedem Frettchen, und Sie können höchstens beim Ausprobieren durch Zufall die richtige Kombination finden. Zu den Medikamenten, die bei der ECE-Behandlung schon erfolgreich waren, gehören Pepto-Bismol, Kaopectate, Amforol, Liquid Immodium AD, Pepcid AC, Carafate, Amoxidrops und Prednisolon (lassen Sie das lieber einen Tierarzt entscheiden, schließlich ist ein Kortikoid dabei, das man nicht mal eben so verabreicht).

> ECE ist eine extrem ansteckende Krankheit, die sich sehr schnell von Frettchen zu Frettchen ausbreitet. Um Ihr Frettchen davon zu schützen, hilft nur putzen, putzen und nochmals putzen. Lassen Sie andere Personen nicht an Ihr Frettchen heran, ohne Sicherheitsmaßnahmen zu ergreifen. Waschen Sie sich sorgfältig, bevor und nachdem Sie mit dem Tier in Kontakt kommen. Wenn Sie mit anderen Frettchen in Kontakt waren, wechseln Sie die Kleidung, bevor Sie Ihre Frettchen anfassen. Stellen Sie Neuankömmlinge unter Quarantäne, denn diese könnten Virusträger sein. Bis Sie das ausgeschlossen haben, sollten Sie sich für den sichersten Weg entscheiden.

Milzvergrößerung

Die Milz dient als Blutreiniger, Vergrößerungen der Milz (Splenomegalie) sind bei Frettchen weit verbreitet, obwohl keiner so richtig den Grund dafür kennt. Dieses Problem tritt häufig allein auf, ohne dass eine Krankheit zugrunde liegt. Die Milz wird normalerweise mit zunehmendem Alter größer, manchmal ist das Wachstum jedoch beschleunigt. Die Einnahme bestimmter Anästhetika kann dies zum Beispiel bewirken.

Die Diagnose einer vergrößerten Milz ist relativ einfach. Ein erfahrener Tierarzt sollte in der Lage sein, das Organ durch einfaches Abtasten des Unterbauches zu ertasten (siehe Abbildung 16.2). Dabei sollte darauf geachtet werden, dass kein zu starker Druck ausgeübt wird, um keine Ruptur der stark vergrößerten Milz zu riskieren. Eine Röntgenaufnahme bestätigt oft die Größe und den Zustand des Organs.

Die meisten Experten sind der Meinung, ein solches vergrößertes Organ im Körper zu belassen, wenn es dem Frettchen ansonsten keine Probleme bereitet oder unangenehm für das Tier ist. Oder anders gesagt, »Nichts reparieren, was nicht kaputt ist.« Frettchen können mit einer vergrößerten Milz ein langes, gesundes Leben führen. Eine Entfernung der Milz würde Ihr Frettchen noch größeren Gefahren aussetzen. Falls die vergrößerte Milz ihm jedoch offensichtliche Schmerzen bereitet, es lethargisch oder appetitlos ist, dann ist eine Entfernung notwendig. Die Operation ist recht einfach, die Überlebensrate extrem hoch – vor allem, wenn keine andere Krankheit im Spiel ist. Manche Tierärzte lassen eine Gewebeprobe der Milz von einem Pathologen untersuchen, um Krebs auszuschließen. Ich würde Ihnen empfehlen, dieses zusätzliche Geld zu investieren, wenn es möglich ist.

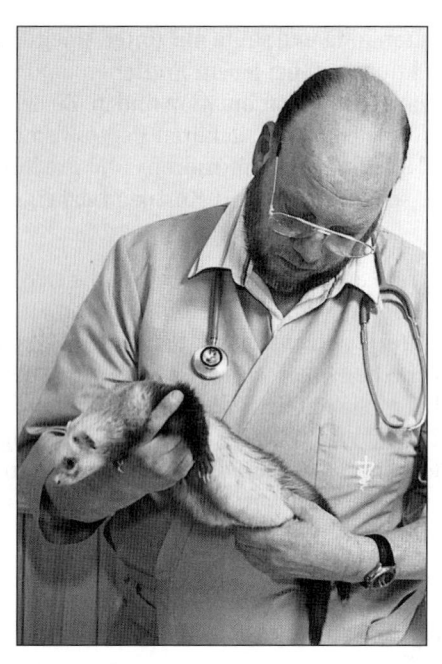

Abbildung 16.2: Knoten und andere Abnormalitäten, wie eine Milzvergrößerung, können oft während einer Routineuntersuchung festgestellt werden.

Eine Milzvergrößerung kann ebenso ein Anzeichen für eine bei Frettchen verbreitete Krankheit oder sogar für Krebs sein. Keiner weiß, warum sie bei kränkelnden Frettchen so verbreitet ist. Zwar bedeutet eine Milzvergrößerung nicht unbedingt, dass eine schreckliche Krankheit im Anmarsch ist, wenn sie jedoch von Krebs begleitet wird, ist eine Entfernung immer zu empfehlen. (Mehr Informationen zu Frettchen und Krebs erhalten Sie in Kapitel 17.)

Augenprobleme

Ich glaube, jedes Lebewesen mit Augäpfeln besitzt die Neigung zum grauen Star oder anderen Augenerkrankungen. Natürlich bilden Frettchen da keine Ausnahme. Ich habe mehrere Frettchen mit einer Starerkrankung. Manche von ihnen sind vollkommen blind, andere haben nur noch partielles Sehvermögen. Zwei meiner Frettchen haben vollkommen andere Augenprobleme: Sie haben *verrenkte* Augenlinsen (siehe Kasten).

Mit Ausnahme von Augeninfektionen, die ich noch nicht oft beobachtet habe, können die meisten Augenprobleme bei Frettchen nicht korrigiert werden. Machen Sie sich aber keine Sorgen. Ein blindes Frettchen kann sich immer noch genauso gut zanken wie ein sehendes.

Nachfolgend finden Sie Anzeichen von Augenproblemen, die das Augenlicht Ihres Frettchens beeinflussen:

- ✔ Es bewegt sich vorsichtiger.
- ✔ Es erschrickt und zieht sich zurück oder schnappt zu, wenn Sie versuchen, es anzufassen oder zu greifen.
- ✔ Es läuft in Gegenstände hinein.
- ✔ Grauer Star ist deutlich erkennbar.
- ✔ Das Frettchen ruft bei Ihrer Krankenversicherung an und fragt, ob Laserchirurgie im Versicherungsumfang enthalten ist.

Sie können auch den Finger-Test durchführen. Wenn ich meinen Finger vor ihnen her bewege, reagieren alle meine sehenden Frettchen gleich: Sie beginnen sofort, ihn zu jagen, ihm zu folgen oder ihn zumindest zu beobachten. Meine blinden Tiere strecken einfach ihre Köpfe auf und horchen genau, was um sie herum geschieht.

Schaust du mir in die Augen, Kleines?

Ich habe zwei Frettchen, die nicht miteinander verwandt sind, und beide haben ein ziemlich bizarr aussehendes Augenproblem. Beide haben *verrenkte* Linsen, Linsen, die versetzt sind. Sie sahen aus, als hätte jemand ganz unten in ihre Augen einen kleinen weißen Punkt gelegt – fast ein 3D-Bild. Ich dachte, dass vielleicht eine Verletzung zugrunde liegen würde, aber mit der Zeit verrenkte sich die Linse im anderen Auge ebenso und fiel nach unten. Beide Frettchen wurden mit der Zeit vollkommen blind. Experten wissen noch nicht viel über diesen Zustand. Ich weiß aber sicher, dass es beiden trotzdem ziemlich gut geht.

Grauer Star

Die meisten von uns kennen Personen, die den grauen Star haben entfernen lassen, um besser sehen zu können. Frettchen sind auch anfällig dafür, aber bei ihnen kann der graue Star nicht operiert werden. Der Zustand ist leicht zu erkennen, denn das Auge wird undurchsichtig oder sieht aus, als zöge sich ein Film über die Pupille (siehe Abbildung 16.3). Der graue Star führt früher oder später zu Blindheit, denn er verhindert, dass Licht auf die Netzhaut des Auges gelangen kann.

Wenn Ihr Frettchen an grauem Star erkrankt ist, bevor es ein Jahr alt ist, ist das Problem wahrscheinlich genetisch bedingt (evtl. ein Resultat schlechter Züchtung). Grauer Star kann auch durch eine Verletzung entstehen (auch wenn das Frettchen noch in seiner Mutter lebt), durch eine Krankheit oder auch durch falsche Ernährung. Grauer Star kann sich auch mit zunehmendem Alter entwickeln.

Für grauen Star gibt es keine Behandlung. Aber Frettchen sehen ohnehin nicht besonders gut. Blinde Frettchen kommen gut zurecht, solange Sie darauf achten, sie nicht zu erschrecken und die Möbel nicht umzustellen.

Abbildung 16.3: Der graue Star in Goomers linkem Auge ließ ihn teilweise erblinden, das merkt man jedoch so gut wie nie.

Winzige Augäpfel (Mikrophtalmie)

Manche Frettchen werden mit klitzekleinen Augäpfeln geboren, die genetisch bedingt sind. Die Augen dieser Frettchen sind deutlich kleiner als im Durchschnitt, sie sehen auch etwas eingesunken aus. In der Linse können Sie auch kleine weiße Kristallablagerungen erkennen, ähnlich wie Schneeflocken in einer Schneesturmkugel. Diese Ablagerungen sinken jedoch nicht ein. Sie bleiben fest auf der Linse. Im Grund sind das weiße kristallähnliche Ablagerungen, die sich möglicherweise in grauen Star verwandeln können – oder auch nicht.

Manchmal ist auch anstelle des Augapfels das Augenlid besonders klein. In diesem Fall sehen die Augen klein aus. Manchmal kann dies operativ korrigiert werden. Zwar ist dieser Zustand kein körperliches Gebrechen für ein Frettchen, aber in manchen Fällen zeigen die Wimpern nach unten und reiben das Auge wund. Auch dieser Zustand ist genetisch bedingt.

Frettchen mit kleinen Augäpfeln haben häufig überalterte Linsen. Das ist, als hätte ein 20-Jähriger die Augen eines 80-Jährigen. Dabei ist der Abstand zwischen Linse und Hornhaut flacher als normal, wodurch die Sehfähigkeit eingeschränkt wird. Der Grad der Sehschwäche hängt davon ab, wie kurz dieser Abstand ist. Außerdem ist die Iris dicker und schwammiger als bei normalen Frettchenaugen. Damit Sie verstehen, warum das eine Rolle spielt: Die Funktion der Iris besteht darin, sich zusammenzuziehen oder auszudehnen, damit sich die Pupille öffnet oder schließt und so die Lichtmenge steuert, die auf der Netzhaut auftrifft. Eine beschädigte Iris führt zu einer Fehlfunktion der Pupille. Nur gut, dass Frettchen nicht unbedingt ihre Augen brauchen, um den Frettchentest zu bestehen.

Haarbälle

Frettchen sind extrem anfällig für Haarbälle, und diese können zu Darmverschlüssen führen. Im Unterschied zu Katzen können Frettchen keine Haarknäuel auf Ihren frisch gereinigten Teppich brechen. Frettchen können zwar erbrechen, aber meistens sammelt sich das Fell, bis es eine umfangreiche Masse ist – zu groß, um nach oben oder unten zu gelangen. Haarbälle und andere Blockierungen können Frettchen ernsthaft krank machen oder sogar zum Tod führen (siehe auch Abschnitt *Darm- und Magenverschlüsse*).

Mittel gegen Haarbälle oder vorbeugende Medikamente gibt es in den meisten Zoohandlungen oder beim Tierarzt. Eine Tube mit solchen Mitteln sollten Sie immer zur Hand haben, beispielsweise Maltpaste für Katzen (siehe Abbildung 16.4).

Abbildung 16.4: Haarball-Entferner sollten dem Frettchen regelmäßig verabreicht werden. Die meisten Frettchen mögen den Geschmack.

Sie sollten Ihrem Frettchen regelmäßig ein Mittel gegen Haarbälle geben, zum Beispiel Laxatone, Petromalt oder Laxaire, um es »inwändig« sauber zu halten. Ich gebe jedem meiner Frettchen mehrmals pro Woche einen halben Teelöffel eines solchen Mittels. Manche Tiere müssen sich daran erst gewöhnen, während man bei anderen darauf bestehen muss, indem man ihnen direkt etwas ins Maul drückt.

Wenn Sie der Meinung sind, Ihr Frettchen könnte etwas verschluckt haben, das größeren Schaden verursachen kann, beobachten Sie seine Gesundheit und sein Verhalten genau, und bringen Sie es sofort zum Tierarzt.

Darm- und Magenverschlüsse

Die häufigste Todesursache bei Frettchen unter zwei Jahren sind Verstopfungen in Darm und Magen. Jungtiere nehmen alles ins Maul und müssen alles probieren, von Fingern bis hin zu Schaumstoff. Aber auch ältere Frettchen sind dagegen nicht immun. Blockaden können immer dann auftreten, wenn Ihr übereifriges Frettchen etwas frisst, was zu groß ist oder durch die Magensäure nicht zersetzt wird, um durch seine Eingeweide zu passen. Auch Haarbälle sind häufig ein Grund für Verstopfungen. Aber egal, was die Ursache ist, wenn eine Blockade nicht am anderen Ende wieder herauskommt, ist alles dicht.

Blockaden können überall im Verdauungstrakt auftreten, im Hals, im Magen oder im Dünndarm. Das hängt davon ab, wo sich ein Objekt festsetzt. Magenblockaden können sich umherbewegen, so dass sich Symptome zeigen und dann wieder verschwinden. Eine Verstopfung im Bauchraum kann lange bestehen bleiben und der Grund für langsames Siechtum werden. Ein Haarball wird langsam immer größer.

Symptome eines Verschlusses

Hier einige Anzeichen für eine mögliche Blockade:

- ✔ Verstopfung
- ✔ Wenig Stuhlgang (sehr dünner Faden) oder schwarzer, teerartiger Stuhl
- ✔ Blähungen
- ✔ Bauchschmerzen oder aufgeblähter Bauch
- ✔ Appetitlosigkeit
- ✔ Gewichtsverlust
- ✔ Kratzen am Maul
- ✔ Erbrechen
- ✔ Austrocknung

- ✔ Zähneknirschen
- ✔ Gesichtreiben
- ✔ Lethargie
- ✔ Speicheln

Wenn Sie vermuten, dass Ihr Frettchen etwas im Bauch hat, was es nicht haben sollte, halten Sie nach Fremdkörpern in seinen Ausscheidungen Ausschau (falls etwas ausgeschieden wird). Tipp: Wenn Sie Kot mit Wasser mischen, können Sie Fremdkörper leichter erkennen. Fahren Sie sofort zum Tierarzt, sonst könnte es tödlich enden.

Bleibt eine Blockade unbehandelt, stirbt das Frettchen einen qualvollen Tod.

Diagnose und Behandlung

Die Erstellung einer Diagnose durch bloßes Abtasten des Bauches ist nicht sicher. Manchmal können große Tumore ähnliche Symptome hervorrufen und sich wie eine Verstopfung anfühlen. Der Tierarzt nimmt meist eine Röntgen- oder Ultraschalluntersuchung vor.

Manchmal wird eine Operation nötig. Befindet sich die Blockade im Dünndarm, ist sie unumgänglich, sonst stirbt das Frettchen schon innerhalb von einem oder zwei Tagen einen sehr schmerzhaften Tod. Nach der Operation ist für einige Tage weiche Nahrung (pürieren Sie das Futter und fragen Sie Ihren Tierarzt evtl. nach Magendiätfutter) empfehlenswert.

Dehydrierung ist ein ernsthaftes Problem, wenn das Frettchen nicht richtig fressen oder trinken kann. Verabreichen Sie dem Tier deshalb stündlich zusätzliche Flüssigkeiten.

Tollwut

Über Tollwut sollte jeder Mensch Bescheid wissen. Zwar ist es bei unseren Frettchen sehr unwahrscheinlich, dass sie Tollwut bekommen, aber das Problem ist deshalb nicht aus der Welt. Und Tollwut ist eine tödliche Krankheit, die Säugetiere auf den Menschen übertragen können. Tollwut wird durch das Rhabdovirus hervorgerufen. Sie wird durch den Speichel eines infizierten Tieres übertragen, häufig durch einen Biss, der die Haut verletzt. Befindet sich das Virus einmal im Körper, lagert es sich an Nervenbündel an, reproduziert sich und wandert in das Hirn des Opfers. Dann wandert das Virus entlang der Nervenbahnen, bis es die Speicheldrüsen erreicht, um durch einen Biss auf ein anderes Opfer übertragen zu werden.

Es gibt viele verschiedene Rhabdoviren-Stämme, darunter Nagetier-, Waschbär-, Fuchs- und Skunk-Tollwut. Aus Studien ergibt sich, dass Frettchen am anfälligsten für den Waschbär-Stamm sind, den sie auch vor dem Tod weitergeben können.

> ### Bitte noch keinen Schaum vor den Mund!
>
> Bevor Sie die Tollwut-Panik bekommen, bedenken Sie erst einmal Folgendes:
>
> ✔ Studien haben erwiesen, dass Frettchen (und ihre Verwandten) eine starke natürliche Immunität gegen Tollwut besitzen, auch wenn sie von einem tollwütigen Tier gebissen werden.
>
> ✔ Es ist außerdem sehr unwahrscheinlich, dass sogar ein infiziertes Frettchen das Virus weitergibt, denn das Virus erreicht nur sehr selten die Speicheldrüsen, bevor das Frettchen eingeht. Falls es in die Speicheldrüsen gelangt (im Fall des Waschbär-Stammes), meinen Experten, dass es dort in so minimaler Konzentration ankommt, dass diese nicht ausreicht, um ein anderes Tier oder eine andere Person zu infizieren.
>
> ✔ Das seltene Hasenfrettchen wird ohnehin nicht aggressiv. Es hat taube Tollwut, attackiert also andere nicht.
>
> ✔ Es wurde noch kein Fall bekannt, in dem ein Frettchen einen Menschen mit Tollwut infiziert hätte.
>
> ✔ Die zugelassene Imrab-3-Tollwutimpfung für Frettchen bietet 95%ige Sicherheit. Das wurde in Tests bewiesen, in denen geimpfte Frettchen absichtlich dem Virus ausgesetzt wurden.
>
> ✔ Beim amerikanischen Center for Disease Control wurden sein 1954 weniger als 20 Fälle von Tollwut bei Frettchen erfasst.
>
> Ihr Frettchen ist ein Haustier, das bei Aufenthalten außerhalb des Hauses beaufsichtigt wird und nur äußerst selten in Kontakt mit tollwütigen Tieren kommen kann.

Tollwut tritt in zwei Varianten zu Tage: *rasende Wut* und *stille* Wut. Bei rasender Wut fällt das infizierte Tier durch aggressives Verhalten, Beißen und Schaum vor dem Maul auf. Bei stiller Wut wird das Tier apathisch und todkrank, es zeigt kaum noch Interesse an anderen Tieren oder Menschen. Tiere mit stiller Wut attackieren niemanden und sterben meist schnell. Zwar ist die Infektion bei Frettchen extrem selten, durch Studien ist jedoch bekannt, dass Frettchen meist stille Wut entwickeln und der Tod meist schon innerhalb von sieben Tagen nach der Infektion eintritt.

Die folgenden Symptome können Anzeichen für die verschiedensten Probleme sein, so auch für Tollwut:

✔ Desorientierung

✔ Koordinationsverlust

✔ Lethargie

✔ Muskelkrämpfe

- ✔ Schnelles unrhythmisches Atmen
- ✔ Starker Speichelfluss, Schluckbeschwerden
- ✔ Nervosität
- ✔ Schwäche der Hinterbeine
- ✔ Passivität
- ✔ Lähmung der Gesichts- und Gliedmaßenmuskulatur
- ✔ Aggressives Verhalten bis hin zum Angriff

> Vor vielen Jahren gab es noch keine Impfungen, um Frettchen vor Viruserkrankungen wie Tollwut oder Staupe zu schützen. Heute ist das kein Problem mehr. Wir haben heute die Wahl, wie viel »Lebensversicherung« wir unseren Frettchen durch Impfungen kaufen wollen. Einige Leute wägen das Für und Wider von Impfungen gegeneinander ab (dagegen sprechen nur schwere allergische Reaktionen), das Für überwiegt bei weitem. Wenn Sie Ihr Frettchen nicht impfen lassen, kann dies zu Krankheit und zum Tod führen. Durch einen Impfpass können auch Leute beruhigt sein, die gebissen oder gekratzt werden. Mehr zu Impfungen lesen Sie in Kapitel 13.

Statistik

Von 1989 bis 1994 wurden in den USA nur vier Fälle von Tollwut bei Frettchen gemeldet. Vergleichen Sie diese Zahl mit der von Katzen oder Hunden, bei denen 928 bzw. 1.425 Fälle auftraten. Waschbären wiesen mit 21.447 Fällen die höchste Rate auf. Bei Menschen wurden nur 15 Fälle berichtet, womit die Zahl der Fälle bei Menschen noch immer höher ist als bei Frettchen. In Deutschland ist der Rotfuchs für die höchste Übertragungsrate bekannt. Tollwut ist meldepflichtig!

Geschwüre (Magen und Darm)

Wenn Sie bis hierher gelesen haben, was Ihrem Frettchen alles Schlimmes zustoßen kann, könnte es passieren, dass Sie selbst schon Bauchschmerzen bekommen. Frettchen sind jedoch viel anfälliger für Geschwüre als Sie. Die Gründe dafür sind jedoch bei Menschen und Frettchen gleich:

- ✔ **Stress, Stress und noch mal Stress.** Dieser kann von Krankheit, Trauer (Verlust eines Käfiggenossen), schlechter Nahrung, Verletzung oder sogar von Angst vor der Umgebung herrühren (überfüllter Käfig, Missbrauch, kleiner Käfig, unsachgemäße Haltung, keine Bewegung).

- ✔ **Möglicher Bakterienbefall.** Der Helikobakter mustelae ist bei fast allen Frettchen zu finden. Ich bin der Meinung, dass Stress den Ausbruch der Erkrankung begünstigt, die sich schnell in gefährliche Stadien wandelt und zum Beispiel Geschwüre verursacht.
- ✔ **Substanzen, die Geschwüre verursachen können.** Dazu gehören Alkohol, Aspirin und verschiedene Medikamente.

Es ist wichtig, ein Geschwür so schnell wie möglich zu diagnostizieren, denn es verursacht starke Schmerzen und kann zum Tod führen. Frettchen sind dann nicht mehr in der Lage, ihre Nahrung korrekt zu verdauen, außerdem bluten Patienten innerlich aus nässenden Blutgefäßen. Aus unerfindlichen Gründen werden die Symptome immer wieder als Darm- oder Magenproblem fehleingeschätzt. Eine gute Diagnosemethode ist Barium-Röntgen, das Anzeichen von Magen- oder Darmdefekten anzeigt.

Wenn sich ein Geschwür ungehindert entwickeln kann und nicht behandelt wird, kann es so tief werden, dass ein größeres Blutgefäß getroffen wird und das betroffene Frettchen innerlich verblutet. (Der schwarze, teerartige Stuhl, der als Anzeichen für Geschwüre gilt, ist im Grunde verdautes Blut und somit ein Anzeichen für Blutungen im Verdauungstrakt.) Wenn Ihr Frettchen nicht verblutet, kann es aufgrund des ständigen Blutverlustes schnell anämisch werden.

Die Symptome für ein Geschwür im Verdauungstrakt sind folgende:

- ✔ Lethargie, Apathie
- ✔ Empfindlicher Bauch (druckempfindlich, aufgebläht, verhärtet)
- ✔ Gesichtkratzen
- ✔ Zähneknirschen
- ✔ Appetitlosigkeit, Futterverweigerung
- ✔ Erbrechen (evtl. blutig)
- ✔ Gewichtsverlust
- ✔ Blasses Zahnfleisch
- ✔ Schlechter Atem, saures Aufstoßen
- ✔ Blutiger Kot

Falls Sie diese Symptome feststellen, bringen Sie Ihr Frettchen zur Untersuchung zum Tierarzt. Die Behandlung beginnt meist mit einer Antibiotika-Therapie und Medikamenten wie Amoxicillin, um gegen den Helikobakter vorzugehen. Manche Tierärzte verschreiben Flagyl, auch ein Mittel zur Stärkung der Magenschleimhaut wie Pepto-Bismol ist wichtig, um die Schmerzen zu behandeln.

Während der Behandlung wird Schonkost empfohlen. Da immer Magensäure produziert wird, um die Nahrung zu verarbeiten, kann die Behandlung recht langwierig sein. Es kann über einen Monat dauern, bis ein solches Geschwür abgeheilt ist.

> ### Magensäure und Geschwüre
>
> Magensäure ist viel stärker als Batteriesäure. Das ist auch das, was brennt. Wenn sich ein Geschwür entwickelt, gibt der Magen mehr Säure als gewöhnlich ab und die Magenschleimhaut kann sich nicht davor schützen. Das Ergebnis sind winzige Verbrennungen in der Magenwand. Der Grund für die Unausgeglichenheit von Magensäure und Schutz der Magenwand ist nicht geklärt.

Probleme mit den Harnwegen

Bei Frettchen können verschiedene Harnwegsprobleme auftreten. Manche Krankheiten erzeugen jedoch dieselben Symptome, ein Besuch beim Tierarzt ist also unbedingt zu empfehlen. Vor allem auch deshalb, weil Harnwegsinfektionen zu ernsten Nierenschäden und sogar dem Tod des Frettchens führen können. Es ist ungeheuer wichtig, dass die korrekte Diagnose gestellt und möglichst schnell mit der Behandlung begonnen wird.

Blasen- oder Harnwegsentzündungen

Blaseninfektionen werden meist durch Bakterien im Kot hervorgerufen, E. coli (halten Sie deshalb die Toilette sauber). Auch Staphylokokken können daran schuld sein. Zwar können beide Geschlechter von diesen Erkrankungen befallen werden, Fähen scheinen jedoch eine größere Neigung für diese Art Entzündung zu haben.

Zu den Symptomen von Blasen- und Harnwegsentzündungen gehören:

✔ Verstärkter Harndrang

✔ Schmerzen und Schmerzlaute beim Harnlassen

✔ Häufiges Wasserlassen

✔ Verfärbter und stark riechender Urin

> Wenn Sie eines dieser Symptome feststellen, bringen Sie Ihr Frettchen sofort zum Tierarzt. Blaseninfektionen können bis zu den Nieren fortschreiten und großen Schaden anrichten, das Frettchen kann sogar eingehen. Bis eine Niereninfektion erkannt wird, kann Ihr Frettchen schon so krank sein, dass die Behandlung schwer wird. Eine korrekte und schnellstmögliche Diagnose ist also wichtig.

Die meisten Experten sind sich einig, dass die Behandlung mit dem korrekten Antibiotikum für mindestens zwei Wochen durchgeführt werden sollte, manche empfehlen sogar drei Wochen. Wenn die Behandlung zu früh unterbrochen wird, kann die Infektion wieder aufleben. Der Erreger ist dann vielleicht noch stärker und resistent gegen die eingesetzten Medikamente.

Prostataprobleme

Auch männliche Frettchen können Harnwegsinfekte bekommen – sie zeigen ähnliche Symptome –, der Tierarzt sollte jedoch zuerst ein Problem mit der Prostata ausschließen, zum Beispiel Zysten, eine Entzündung, Tumore oder Abszesse. Der Arzt kann Irritationen in diesem Bereich bereits durch Abtasten nach einer Vergrößerung erkennen. Manchmal sondert die Prostata auf Druck auch ein Sekret ab. Dieser Zustand ist oft eine Folge einer Nebennierenerkrankung, und wenn diese behandelt wird, bessert sich auch die Prostata.

Steine und Blockierungen

Blasensteine sind bei Frettchen nicht selten, der Grund dafür ist noch nicht wirklich geklärt. Manche Experten vermuten, dass eine schlechte Ernährung mit hohen Anteilen an pflanzlichen Proteinen eine große Rolle dabei spielt. Andere vermuten bakterielle oder Virusinfektionen als Ursache oder sogar genetische Veranlagung. In jedem Fall ist dies ein schmerzhafter Zustand, der Symptome wie bei einer Harnwegsinfektion hervorruft. Außerdem können sich Blut oder Ablagerungen im Urin befinden.

Es wird vermutet, dass auch die Fütterung mit überwiegend Katzenfutter und zu viele Leckerlis die Steinbildung begünstigen, weil überall reichlich Zucker enthalten ist. Als Begleit-Therapie oder Erleichterung eignet sich Ascorbinsäurepulver zum Ansäuern des Futters.

Wenn die Steine groß genug sind oder sich an einer Stelle sammeln, treten Blockierungen auf. Dann kann Ihr Frettchen nicht mehr Wasser lassen. Diese Situation ist tödlich.

Da sich Steine und Blockaden wie Infektionen äußern, kann die Diagnose recht schwierig sein. Oftmals wird Ihr Tierarzt die große, Urin gefüllte Blase ertasten, vielleicht auch die Steine selbst. Zur Diagnose von Steinen hat sich die Röntgen- und Ultraschalluntersuchung als hilfreich herausgestellt.

Die Behandlung hängt von der Schwere der Erkrankung ab. Sie kann von einer einfachen Ernährungsumstellung bis zu drastischen Maßnahmen reichen – zum Beispiel einer Operation. Das Frettchen wird meist mit Antibiotika behandelt, um die anderen Maßnahmen zu unterstützen.

> ### ADV: Der Killer ist unter uns
>
> ADV (Aleutian Mink Disease) ist ein Parvovirus, der bei Frettchen in der ganzen Welt immer häufiger auftritt. Obwohl er noch immer ein Mysterium unter Frettchenfreunden ist, werden alle Anstrengungen unternommen, um mehr über diese Infektionskrankheit herauszufinden. Ihr Frettchen könnte bereits infiziert sein, ohne dass Sie es auch nur ahnen. Wappnen Sie sich deshalb mit Informationen, Sie finden sie unter folgender Site: www.frettchendoc.de.

Krebs und andere Geschwülste

In diesem Kapitel

▶ Die drei großen Frettchenkrankheiten: Nebennierenerkrankung, Tumorerkrankungen (Lymphosarkome) und Insulinom

▶ Weitere verbreitete Leiden: Haut- und Knochentumore (Chordome)

▶ Behandlung und anderen Optionen

Ob Sie nun zwei Frettchen haben oder zehn, Sie werden früher oder später mit einem der in diesem Kapitel beschriebenen Zustände oder Krankheiten zu tun bekommen. Die drei häufigsten Erkrankungen sind Nebennierenerkrankungen (die bösartig sein können, aber nicht müssen), Lymphosarkom und Insulinom. Diese Arten von Krebs bzw. anderen Krankheiten sind bei Frettchen relativ weit verbreitet. Die Symptome und Behandlungen variieren, ebenso die Prognosen. Wie Sie in diesem Kapitel sehen werden, ist die Krebs-Diagnose nicht unbedingt immer ein sofortiges Todesurteil. Manche Fälle lassen sich behandeln, mit anderen kann man umgehen, und auch nach der Diagnose können Ihrem Frettchen noch immer einige Jahre bei guter Lebensqualität bleiben, und das mit oder ohne ständiger medizinischer Begleitung. Allerdings sind eine frühe Erkennung und schnelle Behandlung oft der Schlüssel, um dem Leben Ihres Frettchens noch einige gute Monate oder Jahre hinzuzufügen. Achten Sie also auf Veränderungen im Aussehen, in den Gewohnheiten und im Verhalten Ihrer Frettchen. Ein guter Tierarzt vertraut Ihrem Einschätzungsvermögen, wenn etwas mit Ihrem Frettchen nicht stimmt.

Nebennierenerkrankung

Jeder hat Nebennieren, auch Ihr Frettchen. Diese winzigen Organe befinden sich unmittelbar neben den Nieren, deshalb auch der Name. Ihre Funktion lässt sich kurz so erklären: Nebennieren produzieren extrem wichtige Hormone, die den Blutzuckerwert erhöhen, die Elektrolyte regulieren, die Muskulatur verbessern und Adrenalin erzeugen.

Probleme mit diesen Organen sind bei Frettchen sehr verbreitet, den Grund kennt man nicht genau. Manche vermuten, dass es mit der frühzeitigen Sterilisierung zu tun hat, Andere glauben, dass die Probleme dadurch entstehen, dass Frettchen relativ lange Licht ausgesetzt sind. Wieder andere sind der Meinung, dass Dauerstress ein wichtiger Faktor wäre. Vielleicht ist es eine Kombination aus all diesen Dingen zusammen.

Hyperadrenalismus, eine Überproduktion von Nebennierenhormonen, kommt bei Katzen und Hunden immer daher, dass die Hypophyse den Nebennieren fälschlicherweise die Anweisung zur Überproduktion gibt. Dieser Zustand wird auch als *Cushing-Krankheit* bezeichnet, die bei Frettchen aber sehr selten ist. Eine Überproduktion der Nebennierenhormone wird meist durch einen Tumor verursacht, eine Verletzung oder eine vergrößerte Drüse.

Die Symptome einer Nebennierenfehlfunktion hängen vor allem davon ab, welche Hormone überproduziert werden. Dazu können folgende gehören:

- Haarausfall an Schwanz/Körper oder im Rückenbereich (häufigstes Symptom, tritt aber nicht immer auf)
- Ausgedünntes Fell oder nackte Flecken, Haarbruch
- Appetitlosigkeit
- Lethargie
- Rote, schuppige Haut
- Exzessives Kratzen
- Geschwollene Vulva (bei sterilisierten Fähen)
- Aggression und Ausleben des Sexualtriebs
- Lähmungen in den Hinterbeinen (in extremen Fällen)
- Verstärkter Durst und verstärkte Urinausscheidung
- Vergrößerte Prostata
- Gewichtsverlust trotz geschwollenem Bauch
- Osteoporose (wurde berichtet)
- Vergrößerte Milz
- Anämie
- Hoher Blutdruck
- Schneller Herzschlag
- Unruhiges Verhalten

Ist eine Nebennierenerkrankung geschlechtsabhängig?

Manche Leute glauben, dass diese Krankheit eher bei weiblichen als bei männlichen Frettchen auftritt. Könnte das wirklich wahr sein? Wahrscheinlich nicht. Was eher wahrscheinlich klingt, ist, dass die geschwollene Vulva (die die meisten weiblichen Nebennieren-Patienten aufweisen) viele Besitzer schneller zum Tierarzt gehen lässt, weil sie befürchten, dass bei der Sterilisierung der Fähe etwas nicht geklappt hat. Männliche Frettchen verfügen nicht über dieses offensichtliche Warnzeichen, deshalb bleibt die Krankheit bei ihnen womöglich länger unerkannt – oder wird nie erkannt, wenn keine deutlichen Symptome auftreten.

Die Diagnose stellen

Zuweilen kann die Diagnose einer Nebennierenerkrankung schon durch das Aussehen des Frettchens erkennbar sein. Wenn es die typischen Symptome mit massiver Glatzenbildung zeigt, ist es wahrscheinlich klar (siehe Abbildung 17.1). Ein Frettchen kann allerdings für lange Zeit unter einer solchen Krankheit leiden, ohne Symptome zu zeigen.

Abbildung 17.1: Dieses Frettchen ist zwar so liebenswert wie immer, aber durch seine Nebennierenerkrankung nicht besonders hübsch.

Derzeit ist kein Bluttest verfügbar, der hundertprozentig sicher ist. Sie und Ihr Tierarzt könnten das Blut Ihres Frettchens eventuell in ein Labor einschicken. Dort kann das Hormonniveau so analysiert werden, dass eine Diagnose fast sicher ist. Viele Tierärzte empfehlen, die Nebenniere vorsichtshalber zu entfernen, wenn die Anzeichen dafür sprechen. Auch manche Tierärzte können diese Tests bereits durchführen.

Wenn Sie ein nacktes Frettchen haben, kann Ihr Tierarzt eventuell eine vergrößerte Nebenniere ertasten (im Normalzustand ist sie schwer zu finden). Eine operative Untersuchung bringt für einen erfahrenen Veterinär die korrekte Diagnose, auch eine Ultraschall-Untersuchung kann Klarheit bringen.

Mein Fell, mein wunderschönes Fell!

Erschrecken Sie nicht vor einem rattenhaften Schwanz. Viele Frettchen verlieren während des saisonbedingten Haarwechsels fast ihre gesamte Schwanzbehaarung. Manchmal kann es drei oder vier Monate dauern, bis das Fell nachwächst. Dies ist *kein* Anzeichen für eine Nebennierenerkrankung. Machen Sie sich aber unbedingt Gedanken, wenn im Fell kahle Stellen auftreten, vor allem am Rücken und am Po. Dies kann ein Anzeichen für viele Krankheiten sein, darunter auch für eine Nebennierenerkrankung. Haarausfall aufgrund von Nebennierenproblemen ist das Ergebnis extremer hormoneller Veränderungen, vor allem einer Überproduktion von Östrogen und Kortikosteroiden. Im Unterschied zum saisonbedingten Haarwechsel beginnt hormonell bedingter Haarausfall am Schwanz und erstreckt sich von da aus über den Körper. Manchmal sind Frettchen bis auf Kopf und Füße völlig nackt.

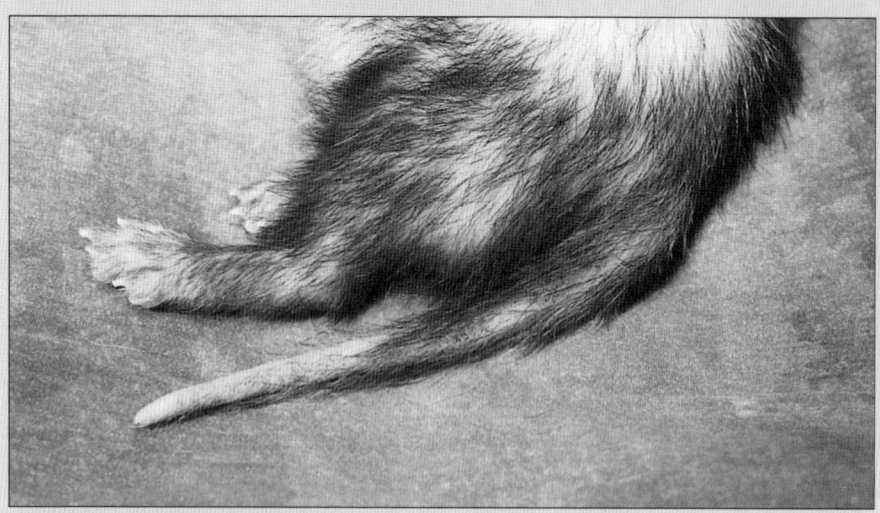

> **Beide Drüsen entfernen**
>
> Noch vor kurzem wäre Ihr Frettchen nicht zu operieren gewesen, wenn der Tumor auf der rechten Nebenniere gesessen hätte. Die Entfernung dieser Drüse kann extrem gefährlich sein, denn sie liegt sehr nah am größten Blutgefäß des Körpers, an der Vena Cava. Neue Operationstechniken gestatten es jedoch, beiden Nebennieren zu entfernen, wenn das nötig ist. Dennoch ist es noch immer sehr riskant, die rechte Nebenniere zu entfernen, und der Tierarzt muss sehr genau wissen, was er tut.
>
> Ja, bei einem Frettchen können beide Nebennieren entfernt werden. Manche Frettchen kommen hinterher sogar ohne zusätzliche Hormongaben aus, weil möglicherweise etwas funktionierendes Gewebe nach der Operation erhalten geblieben ist, das ausreichend Hormone produziert.
>
> Allerdings nicht alle Frettchen kommen nach der totalen Entfernung der Nebennieren ohne Medikamente aus. Manchmal entwickelt sich nach dieser Operation das *Iatrogene Addison-Syndrom* (wenn nicht genug Hormone produziert werden). Wenn der Tierarzt das nicht bemerkt, kann Ihr Frettchen daran eingehen. Bei allen Frettchen ohne Nebennieren sollte innerhalb von drei Tagen nach der Operation der Cortisol-Spiegel kontrolliert werden, der normale Wert liegt bei 29,9 bis 235. Liegt der Wert nicht in diesem Bereich, benötigt Ihr Frettchen alle drei Wochen eine Injektion von Percorten und zweimal täglich Prednisolon, um zu überleben.

Die Krankheit behandeln

Die am häufigsten gewählte Art der Behandlung ist die Entfernung der betroffenen Nebenniere. Manche Tierärzte verordnen dem Frettchen zusätzlich ein Steroid wie Prednisolon, um die Erholung nach der Operation zu erleichtern. Die postoperative Prognose ist ziemlich gut, hängt jedoch davon ab, wo sich der Tumor befindet und welche weiteren Erkrankungen möglicherweise vorliegen.

Zum Glück scheinen Tumore vor allem die linke Nebenniere zu befallen, die man leichter als die rechte entfernen kann. Tumore, die sich auf andere Organe ausbreiten, beginnen häufiger bei der rechten Nebenniere. Sobald die erkrankte Drüse entfernt ist, verschwinden die Symptome langsam wieder. Das Fell wächst wieder nach, allerdings kann das mehrere Monate dauern, eventuell bleibt es dünner als vor der Erkrankung. Sogar die Fellfarbe kann sich ändern.

> Immer wenn Ihr Tierarzt eine Operation an Ihrem Frettchen vornimmt, ist es eine gute Idee, dabei gleich Krebs und andere Krankheiten ausschließen zu lassen, wenn er das Tier einmal in Narkose hat. Abgesehen von einer genauen inneren Untersuchung sollte der Tierarzt die Nebennieren nach Tumoren untersuchen und in der Bauchspeicheldrüse Insulinome ausschließen. Durch diesen »Auto-Check« könnte der Tierarzt eine Erkrankung bereits im frühesten Stadium erken-

nen, bevor Symptome auftreten. Früherkennung kann das Leben Ihres Frettchens verlängern und eine medizinische Behandlung eher zum Erfolg führen.

Was aber, wenn Ihr Frettchen nicht operiert werden kann? Der Grund dafür könnte sein hohes Alter oder eine andere Erkrankung sein (oft tritt auch ein Lymphosarkom auf). Oder vielleicht haben Sie selbst auch zu viel Angst, um ihr Frettchen operieren zu lassen. Frettchen können bis zu drei Jahre vollkommen ohne Behandlung leben. Manchmal wächst auch das Fell nach, wenn der nächste saisonbedingte Wechsel ansteht. Beim nächsten Mal verlieren sie meistens jedoch noch mehr Fell. Und das wächst dann vielleicht auch nicht mehr nach.

Sie haben weitere medizinische Möglichkeiten, aber diese können nicht bei allen Frettchen mit Nebennierenproblemen angewendet werden. Sprechen Sie darüber mit Ihrem Tierarzt.

- ✔ Das Medikament Lysodren vermindert den Hormonausstoß, denn es greift die wuchernden Zellen der Nebenniere an und vernichtet sie. Dieses Medikament ist allerdings schädlich für Frettchen mit Insulinom, denn es verringert auch den Blutzucker.

- ✔ Tamoxifen ist ein neues Medikament, das sich noch im frühen Teststadium befindet, es scheint jedoch für die Behandlung von Nebennierenerkrankungen viel versprechend zu sein. Experten sind sich einig, dass die Symptome dadurch meist verschwinden, eine Heilung tritt jedoch nicht ein. Auch Nebenwirkungen können dabei auftreten.

Oft gehen Nebennierenerkrankungen bei männlichen Frettchen einher mit Erkrankungen der Prostata. Die Überproduktion von Testosteron lässt diese anschwellen und Probleme im Harntrakt entstehen. Hoch dosiertes Lupron schränkt die Produktion von Testosteron ein, die Prostata schwillt wieder auf Normalgröße ab.

Ursachen für eine Nebennierenerkrankung: Eine Theorie

Eine Theorie für eine Nebennierenerkrankung ist, dass Frettchen in unserem Lebensumfeld unnatürlich lange Tageslicht ausgesetzt sind. Die Zucht basiert auf den Helligkeitsphasen, die meisten Frettchen sind kastriert. Experten sind der Meinung, dass zu viel Licht verursacht, dass die Nebennieren und die Hypophyse »Sex denken« und nicht korrekt funktionieren, wodurch es zu einem Hormonausstoß kommt. Diese verwirrende Hormonattacke kann möglicherweise zu Tumoren oder Verletzungen führen. Zwar ist die Theorie mit der Lichteinstrahlung nicht bewiesen, und es würde für ein erkranktes Frettchen auch nichts ändern, wenn Sie die Beleuchtungszeiten ändern würden, aber einige Frettchenhalter schalten die Lichter im Wohnbereich der Frettchen entsprechend der natürlichen Tageszeiten ein und aus. (Hier wurde schon von kompletter Heilung gesprochen, aber wiederum gibt es keine Beweise.) Experten empfehlen, den Frettchen 14 Stunden totale Dunkelheit am Tag zu bieten. Ich habe meine gesamte Deckenbeleuchtung mit Tageslichtlampen ausgerüstet, um natürliches Sonnenlicht zu simulieren.

Vermehrter Harndrang, Schmerzgeräusche beim Absetzen von Harn oder das Rutschen mit dem Penis über Gegenstände als Erleichterung kann man ebenfalls beobachten. Nebennierenerkrankungen treten meist ab dem vierten Lebensjahr auf.

Chordome

Es ist schwer, diese ekelhaften Tumore zu beschreiben, ohne Ihnen vorher etwas zu erklären. Alle Embryos besitzen bestimmte Gewebe, die sich zum Grundgerüst des Körpers entwickeln, zum Beispiel der Wirbelsäule und dem Schwanz. Überflüssige Gewebe, die sich nicht ins Skelett verwandeln, liegen zwischen den Wirbeln. Diese Rückstände beginnen zuweilen zu wachsen und formen Chordome, eine Tumorart. Diese treten normalerweise bei Frettchen auf, die älter als drei Jahre sind.

Das bei Frettchen häufigste Chordom befindet sich an der Schwanzspitze (siehe Abbildung 17.2). In seltenen Fällen wächst ein Chordom zwischen den kopfnahen Wirbeln, das so genannte *Zervikalchordom*. Dies ist ein ernsthafter Tumor, denn er kann Druck auf das Rückgrat ausüben, das Frettchen könnte körperliche Behinderungen davontragen. Zervikalchordome breiten sich häufig im Körper aus und verursachen starke Schmerzen und neurologische Probleme.

Abbildung 17.2: Chordome treten häufig an der Schwanzspitze auf.

Chordome sind leicht zu diagnostizieren und sie sind mehr als nur ein kosmetisches Problem für Ihr Frettchen. Die Masse wächst langsam am Ende des Schwanzes, der mit der Zeit wie ein Golfschläger aussieht. Der Tumor selbst besteht aus einem knöchernen Zentrum unter einer Knorpelschicht und grobem Zellgewebe, das sich wie rote, rohe Elefantenhaut anfasst. Für Frettchen kann dieser Tumor zu einer richtigen Waffe werden.

Oftmals tritt auf bzw. in der Nähe des Tumors Haarverlust ein. Die Masse entwickelt häufig Geschwüre und nässt. Aufgrund seiner verwundbaren Lage und der Wahrscheinlichkeit einer Schwanzverletzung wird eine Entfernung des Tumors generell empfohlen.

Insulinom

Das Insulinom ist eine der häufigsten Krebsarten, die bei Frettchen festgestellt werden. Ein Frettchen mit Insulinom hat entweder Bauchspeicheldrüsenkrebs oder Tumore der Insulin erzeugenden Zellen der Bauchspeicheldrüse. Eine der wichtigsten Funktionen der Bauchspeicheldrüse ist es, nach Bedarf Insulin abzugeben, um den Blutzuckerspiegel des Frettchens zu regulieren. Bei Frettchen mit Insulinom können die Tumore eine Insulinüberproduktion verursachen, die zur rapiden Verringerung des Blutzuckerspiegels führen kann (Hypoglykämie). (Diabetes ist genau das Gegenteil. Im Fall von Diabetes wird zu wenig Insulin produziert. Das Blut kann dann die Glukose nicht korrekt verwenden, wodurch der Blutzuckerspiegel gefährlich hoch wird. Dieser Zustand heißt Hyperglykämie.)

Bereits im Alter von zwei Jahren können Frettchen Insulinome entwickeln, meist treten sie jedoch erst im Alter von fünf Jahren oder später auf. Insulinom ist nicht nur die bei Frettchen häufigste Krebsart, es tritt auch vor allem bei männlichen Tieren auf. Zuweilen bleibt die Krankheit lange Zeit unentdeckt, denn der Körper des Frettchens bemüht sich, den Blutzuckerspiegel selbst zu korrigieren und Symptome treten noch nicht auf. Zu den Symptomen gehören:

- ✔ Schwäche
- ✔ Speichelfluss
- ✔ Kratzen am Maul
- ✔ Benommenheit, Orientierungslosigkeit
- ✔ Geschwüre am Maul
- ✔ Lethargie
- ✔ Zittern
- ✔ Krämpfe
- ✔ Koordinationsverlust
- ✔ Lähmung der Hinterbeine

✔ Vergrößerte Milz

✔ Erbrechen

✔ Gewichtsverlust

✔ Koma

Bei einem Insulinom können die Symptome plötzlich auftreten und verschwinden. Sie können durch Umstände wie starke Bewegung, Stress oder die Ernährung ausgelöst werden.

> **Ursachen für Insulinome?**
>
> Wie bei vielen Dingen, die mit Frettchen zu tun haben, gibt es keine erkennbare oder bewiesene Ursache für Krebs. Natürlich gibt es verbreitete Theorien, die immer wieder unter Frettchenfreunden auftauchen. Manche glauben, dass die Nahrung, vor allem Mahlfutter, eine Ursache für Insulinome sein könnte. Es enthält einen großen Stärkeanteil, das heißt, bei deren Verdauung wird viel Glukose freigesetzt, wobei ständig Insulin freigesetzt werden muss. Bei Frettchen in Europa, die mit Fleisch ernährt werden oder natürliche Nahrung erhalten, sind Insulinome relativ selten. Andere glauben, dass Frettchen genetisch dafür veranlagt sind. Wieder könnte es auch hier eine Kombination aus mehreren Ursachen sein, die tatsächlich für Insulinome verantwortlich ist.

Die Diagnose stellen

Die Diagnose wird üblicherweise gestellt, indem bei einem nüchternen Tier der Blutzuckerspiegel bestimmt wird. Das bedeutet, das Frettchen darf vier bis sechs Stunden vor der Blutentnahme nichts zu sich nehmen. Der normale Blutzuckerspiegel bewegt sich zwischen 60 und 120. Ein nüchterner Wert von unter 60 wird generell als Diagnose für ein Insulinom betrachtet. Ich hatte einige Frettchen mit einem Wert von unter 10, die sich wieder aufgerappelt und überlebt haben. Chirurgische Untersuchungen, Röntgen und Ultraschall können ebenso Klarheit bringen.

Die Krankheit behandeln

Bauchspeicheldrüsen-Tumore können sehr kleine und körnige Knötchen sein, die überall in der Bauchspeicheldrüse zu finden sind und diesen Zustand inoperabel machen. In einigen Fällen handelt es sich bei den Tumoren um isolierte Knoten, die man erfolgreich entfernen kann. Zwar ist eine Operation häufig eine Möglichkeit, die das Fortschreiten des Insulinoms stoppen oder zumindest verlangsamen kann, die Tumore kehren jedoch häufig später wieder zurück. Ihr Tierarzt wird Ihnen die beste Vorgehensweise vorschlagen, je nach Krankengeschichte und aktuellem Zustand Ihres Frettchens. Nach der Diagnose kann Ihr Frettchen noch zehn Monate oder länger leben, dabei benötigt es viel Pflege und ein ständiges Behandlungsprogramm. Zu den Medikamenten, die beim Umgang mit Insulinom helfen, gehören Prednisolon, Diazoxid und Dexamethason. Nur Ihr Tierarzt weiß, welches Medikament für Ihr Frettchen am besten ist.

> Sie sollten ernsthaft darüber nachdenken, Ihr Frettchen auf eine Nahrung umzustellen, die mehr tierische Eiweiße enthält. Zum Beispiel ist Bobs Hühnersuppe (siehe Kapitel 29) sehr proteinhaltig und ungefähr das, was Ihr Frettchen jetzt braucht. Zwar ist es keine Heilmethode, aber ich habe von vielen Leuten gehört, dass dieses Rezept geholfen hat, bei Frettchen mit Insulinom den Blutzucker auf fast normales Niveau zu heben. Manche konnten sogar die Medikamente verringern. Einen Versuch ist es auf jeden Fall wert.

> Häufig ist zu lesen, dass man zur Nahrung für Insulinom-Patienten Bierhefe zusetzen soll. Ich würde das bleiben lassen. Das Chrom in Bierhefe verringert den Blutzucker und stabilisiert ihn nicht, wie man ursprünglich dachte.

Halten Sie immer etwas Calo-Pet-Paste, Karo-Sirup oder Honig bereit, besonders wenn eines Ihrer Frettchen unter Insulinom leidet. Wenn Ihr Frettchen aufgrund geringen Blutzuckers zusammenbricht (extreme Lethargie, Schwäche, Krampfanfälle), tragen Sie mit einem Wattestäbchen etwas Honig oder Karo-Sirup auf sein Zahlfleisch auf. Der Zucker hilft, das Frettchen zu stabilisieren, bis Sie mit ihm beim Tierarzt sind. Füttern Sie dann eiweißreiche Nahrung wie Babynahrung mit Hühnchen. Benutzen Sie den Zuckerzuschuss nur in Notfallsituationen, um das Frettchen aus der Hypoglykämie herauszubringen. Zu viel Zucker kann für ein Frettchen mit Insulinom auf die Dauer gefährlich werden.

Lymphosarkom

Lymphosarkome sind bei Frettchen sehr weit verbreitet, es handelt sich dabei um Krebs im Lymphsystem. Ein Frettchen, das unter dieser Krankheit leidet, besitzt normalerweise ein extrem anfälliges Immunsystem. Die Ursachen für Lymphdrüsenkrebs liegen noch im Dunkeln. Umwelt- und genetische Einflüsse sind mögliche Faktoren. Manche Experten sind überzeugt, dass dieser Krebs direkt mit einem Virus in Verbindung steht. Lymphosarkome treten häufig bei mehreren Käfiginsassen gleichzeitig auf, was dafür spricht, dass der Krebs zwischen den Tieren durch eine Art Virus übertragen wird. Zwar ist das nicht bewiesen, aber vielleicht sollten Sie zusätzliche Maßnahmen ergreifen, wenn eines Ihrer Frettchen unter dieser Krankheit leidet.

Die beiden am häufigsten diagnostizierten Formen von Lymphosarkom bei Frettchen sind Jungendlymphosarkom (lymphoblastisch), das bei Frettchen unter 14 Monaten auftritt, und das klassische Lymphosarkom (lymphozytisch), das bei Frettchen mittleren Alters und älteren Frettchen verbreitet ist.

Ein Lymphosarkom ist nicht immer leicht zu erkennen, aber zu den Anzeichen gehören unter anderem:

- ✔ Lethargie
- ✔ Dahinsiechen
- ✔ Durchfall
- ✔ Schwere Atmung
- ✔ Appetitlosigkeit
- ✔ Vergrößerte Milz
- ✔ Vergrößerte Lymphknoten

> **Lymphom und Lymphosarkom – was ist der Unterschied?**
>
> In der Welt der Frettchen können die Begriffe *Lymphom* und *Lymphosarkom* synonym verwendet werden. Lymphom ist ein allgemeiner Begriff, der viele Krebsarten umfasst, dennoch beschreiben beide die Wucherung abnormaler Lymphzellen irgendwo im Körper. Die Krankheit kann ein Organ, mehrere Organe oder das gesamte System betreffen. Die häufigsten Lymphome bei Frettchen sind Jugend- und klassisches Lymphosarkom. Andere Lymphome sind gastrisch (Darm), orbital (Augen) und kutan (Haut). Es gibt noch viele mehr.

Die Diagnose stellen

Bei der Jugendversion dieser Krankheit tritt der Tod oft plötzlich und ohne Symptome ein, denn der Krebs befällt viele Organe gleichzeitig. Alle Warnzeichen, die vielleicht auftreten, werden bei Jungtieren oft als Lungenentzündung oder Kardiomyopathie fehlinterpretiert – aufgrund von Atmungs- oder Durchblutungsproblemen, die von großen, schnell wachsenden Tumoren herrühren, die die Brusthöhle befallen und die Lungen einengen.

Das klassische Lymphosarkom wird von Tierärzten häufiger erkannt. Bei älteren Frettchen wird der Krebs oft von Tumoren in der Bauchspeicheldrüse und/oder den Nebennieren begleitet. Durch die häufige Anwesenheit von weiteren Leiden und deren Symptomen und Diagnosen werden Lymphosarkome meist lange nicht erkannt. Viele Tierärzte ordnen neue und schlimmere Symptome den bereits bestehenden Krankheiten zu. In anderen Fällen, in denen keine anderen Abnormalitäten bestehen, kann es sein, dass Ihr Frettchen keine Symptome entwickelt, bis die Krankheit schon weit fortgeschritten ist.

Im Unterschied zur Jugendversion entwickelt das klassische Lymphosarkom häufig vergrößerte Lymphknoten, die leicht unter den Achseln und im Nacken ertastet werden können. Die Diagnose sollte durch eine Biopsie eines Lymphknotens, von Knochenmark oder der Milz erhärtet werden. Oftmals weisen bereits Abweichungen im Blutbild auf eine Erkrankung hin, das ist jedoch nicht immer der Fall. Es ist immer besser, eine Gewebeprobe beim Pathologen untersuchen zu lassen.

Die Krankheit behandeln

Manche Frettchenkrebse, darunter das Lymphosarkom, sprechen gut auf Chemotherapie an. Für viele Frettchen bietet die Chemotherapie eine Möglichkeit, ihr Leben kann um sechs bis 36 Monate verlängert werden. Die Behandlung kann jedoch sehr teuer sein, und nicht alle Krebspatienten sind auch gute Chemo-Kandidaten. Sprechen Sie mit dem Tierarzt über Ihre Möglichkeiten.

Manche Symptome lassen sich kurzzeitig mit Steroiden behandeln, diese Behandlung heilt jedoch nicht.

Schwer kranke Frettchen und Frettchen, die sich gerade von einer Operation erholen, sollten in Intensivpflege-Käfigen von den anderen Frettchen isoliert bleiben. Dies hilft dem Frettchen, seine Kräfte beisammen zu halten. Es ist schwer, sich zu erholen, wenn andere Frettchen ständig in einen hineinlaufen oder mit einem spielen wollen. Auch die Hilfe bei der Nahrungsaufnahme und die Medikamentengabe wird erleichtert, wenn Sie kranke Tiere kurzzeitig isolieren. Der Käfig sollte klein sein – am besten nur eine Etage haben –, dennoch aber bequem sein. Er sollte an einem sicheren und für Frettchen angenehmen Ort stehen.

Hauttumore

Hauttumore treten in allen Formen und Größen auf. Die gute Nachricht dabei ist, dass die meisten Hauttumore bei Frettchen gutartig zu sein scheinen, dennoch besteht das Risiko bösartiger, also Krebstumore. Normalerweise empfiehlt es sich, den Knoten, die Schwellung oder die hässliche Formation zu entfernen. Zwar werden die meisten Hauttumore bei Frettchen selten bösartig, die Möglichkeit besteht jedoch, wenn sie nicht entfernt werden. Manche Hauttumore jucken auch, lassen sich leicht kratzen und entzünden sich. Indem man sie entfernt, minimiert man das Risiko einer Sekundärinfektion aus offenen Wunden. Achten Sie darauf, dass eine Tumorbiopsie zur Analyse an ein Labor geschickt wird, nur um sicherzugehen.

Frettchen können verschiedene Arten von Hauttumoren bekommen. Die häufigsten finden Sie in den nächsten Abschnitten.

Mastzellentumore

Mastzellen stehen in direkter Verbindung mit dem Immunsystem. Diese Zellen produzieren Histamine, die Fremdkörper im System des Frettchens bekämpfen. Aus unbekannten Gründen migrieren diese Zellen manchmal und bilden kleine Tumore auf der Haut. Diese können überall auf Ihrem Frettchen auftreten, einzeln oder gehäuft.

Mastzellentumore sind häufig runde leicht erhabene rote Knötchen – ähnlich wie Knöpfe. Manchmal sind sie flach und schuppig. Durch die ständige Produktion von Histaminen jucken diese Tumore sehr stark. Ihr Frettchen kratzt sich vielleicht sehr stark am Tumor, was zu starken Blutungen und ständigem Nässen führen kann. An dieser Stelle wird normalerweise das Fell dünn und die Haut darunter schorfig.

Während Mastzellentumore bei anderen Tieren meist bösartig sind, sind sie es bei Frettchen nur selten. Dennoch sollten Sie die Tumore entfernen lassen, denn das Risiko einer Infektion und das Leiden des Frettchens rechtfertigen das. Lassen Sie zur Sicherheit eine Biopsie durchführen, vor dem Ergebnis müssen Sie jedoch keine Angst haben, meist ist das Ergebnis gutartig. Rechnen Sie jedoch mit mehreren, denn sie treten häufig auf.

Basalzellentumore

Basalzellentumore sind langsam wachsende, warzenähnliche Knötchen mit einem kleinen Krater in der Mitte. Sie treten auf beliebigen Stellen der Haut auf. Sie sitzen lose auf der Haut und sind frei beweglich.

Aufgrund ihrer erhobenen Darstellung und Mobilität sind diese Tumore leicht zu kratzen und zu reiben. Deshalb lassen sie sich auch leicht entfernen und sollten auch entfernt werden, denn das Infektionsrisiko ist recht hoch. Wenn sie korrekt entfernt wurden, sollten sie an derselben Stelle nicht wieder auftreten.

Talgzellentumore

Dies sind Tumore der Hautfettdrüsen oder Haarwurzeln. Talgzellentumore sehen ziemlich verrückt aus, manchmal verzweigen sie wie Blumenkohl. Zuweilen erscheinen sie als bläulich gefärbte Knoten direkt unter der Haut. Wie die anderen in diesem Kapitel erwähnten Hauttumore können auch diese überall auf dem Frettchenkörper auftauchen. Es sind normalerweise feste Tumore, die in ihrer Färbung von hautfarben über braun bis blau gefärbt sein können.

Es ist wichtig, diese Tumore zu entfernen, denn sie können plötzlich wachsen und bösartig werden. Außerdem läuft niemand gern mit gemüseförmigen Gewächsen auf der Haut herum, die jeder sehen kann.

Abschied nehmen *18*

In diesem Kapitel

▷ Loslassen können

▷ Was mit dem toten Tier passieren soll

▷ Trauern um ein Haustier

Irgendwann musste es zu diesem Kapitel kommen – Tod, ein Tabu, und ein Thema, über das man nicht spricht. Natürlich werden wir uns nie wirklich auf den Tod eines unserer lieben Tiere vorbereiten können. Das Ende scheint einfach immer zu schnell da zu sein. Das Schlimme daran ist, dass viele Menschen nicht wissen, was sie an ihrem Tier haben, bis es nicht mehr ist. Andere Menschen lieben ihr Tier für jeden Atemzug, denn sie wissen, es könnte sein letzter sein.

Es ist schwer, ein geliebtes Tier leiden zu sehen. Für den wahren Tierfreund scheint es nicht wichtig zu sein, wie lange das Tier bei uns war. Ob es erst vor kurzem vor unserer Tür lag oder lange Zeit bei uns gelebt hat, der Schmerz ist immer gleich. Ich kann mich noch sehr gut an den Tod jedes einzelnen meiner Frettchen erinnern, die ich in den zehn Jahren seit unserem ersten Zusammentreffen erleben durfte. Und mit dem Tod kommen immer wieder dieselben Fragen: Habe ich etwas falsch gemacht? Hätte ich mehr für das Tier tun können? Habe ich zur rechten Zeit losgelassen? Warum?

Dieses Kapitel beschäftigt sich mit dem Tod – einem Thema, über das die meisten Leute nicht reden wollen. Ich werde erläutern, wann es Zeit ist, Ihr Haustier einschläfern zu lassen, und welche Möglichkeiten Sie haben, auf würdige und Anteil nehmende Art und Weise mit dem toten Tier umzugehen.

Abschied

Manchmal ist die einzige Möglichkeit, unsere Liebe zu einem Tier zu zeigen, indem man es loslässt. Die Tiere verlassen sich täglich auf uns, dass wir die richtigen Entscheidungen treffen – um sicherzustellen, dass sie ein schönes und gesundes Leben führen können. Aber einmal kommt der Tag, an dem sie sich darauf verlassen müssen, dass wir die letzte schwere Entscheidung treffen – selbstlos, anstatt eigensinnig sind und ihr Leiden beenden, indem wir ihnen erlauben, diese Welt in Würde zu verlassen.

Sie werden wissen, wenn es Zeit dazu ist, nämlich wenn das Frettchen keine Freude mehr am Leben hat. Seine Krankheiten und Leiden wurden so gut wie möglich behandelt, dennoch geht es ihm nicht gut. Die Hoffnung wird immer geringer, und die wenigen Monate, die noch bleiben, werden für das Tier zu einer schmerzhaften Leidenszeit.

Halt. Wenn Sie genau hinhören, wird Ihnen Ihr Frettchen verständlich machen, dass es Zeit wird. So schwer es für Sie sein mag, für das Tier ist es eine Erlösung, wenn Sie nahe bei ihm sind, wenn es diese Welt verlässt.

Das Einschläfern tut dem Tier nicht weh. Dabei wird dem Frettchen eine Überdosis eines Beruhigungsmittels verabreicht, meist als Injektion. Das Tier wird langsam einschlafen. Zum ersten Mal seit langer Zeit hat es keine Schmerzen und muss nicht mehr leiden.

Vom Tod lernen

Der Gedanke scheint unmöglich. Nie im Leben könnten Sie einem Tierarzt erlauben, Ihr eben dahingeschiedenes Tier aufzuschneiden und seine Neugier an ihm zu befriedigen. Darüber sollten Sie lieber noch einmal nachdenken. Eine Autopsie wird kurz nach dem Tod eines Tieres durchgeführt und dient verschiedenen Zwecken:

- ✔ Diese Untersuchung klärt vielleicht einen plötzlichen und unerwarteten Tod auf. Nicht alle Tiere senden Warnzeichen aus, bevor sie diese Welt verlassen. Manche sterben völlig unerwartet. Vielleicht möchten Sie eine Antwort auf so viele Fragen, die Ihnen in dieser Situation durch den Kopf gehen.

- ✔ Gibt es etwas, worüber Sie und Ihre anderen Frettchen sich Sorgen machen müssen? Ich meine, vielleicht liegt ja eine ansteckende Krankheit in der Luft? Wenn der Tod Ihres Frettchens überraschend eintrat, möchten Sie dann nicht wissen, ob Sie weitere unangenehme Überraschungen erwarten müssen oder diese verhindern können? Und denken Sie daran, manche Erreger werden von Tieren auch auf Menschen übertragen ...

- ✔ Was Experten heutzutage über Frettchenkrankheiten und deren Behandlung wissen, basiert vor allem auf Ergebnissen von Autopsien. Der Tod Ihres Frettchens kann anderen Tieren helfen, indem er dem Tierarzt wichtige Erkenntnisse vermittelt. Die Daten können Theorien bestätigen oder entkräften, die mit der Krankheit in Verbindung stehen. Diese Untersuchung kann auch Aufschluss darüber geben, was bei der Behandlung anschlägt und was nicht. Je mehr ein Tierarzt sieht, desto mehr lernt er, desto größeren Nutzen können Ihre Tiere in Zukunft von ihm ziehen.

- ✔ Es gibt viele Theorien darüber, warum und wie verschiedene Krankheiten entstehen. Durch Autopsien werden mögliche genetische Missbildungen erkannt, die zum Beispiel durch schlechte Zucht entstehen können. Manchmal treten Krankheiten zu Tage, die bei Ihrem Frettchen noch gar nicht erkannt wurden. So schlimm das klingen mag, wenn Sie das Frettchen eben erst erworben haben, könnten Sie sogar Ihr Geld zurückverlangen oder ein neues Frettchen bekommen.

- ✔ Eine weitere Sache, von der trauernde Tierhalter nichts hören wollen, ist, dass Vernachlässigung beim Tod des Frettchens eine Rolle gespielt haben könnte. Nahrung und Umwelt spielen bei der Gesundheit Ihrer Frettchen eine große Rolle. Lassen Sie sich dadurch nicht davon abhalten, bei Ihrem Frettchen eine Autopsie durchführen zu lassen. Experten sind nicht die Einzigen, die aus ihren Fehlern lernen können. Ich weiß, dass ich alle möglichen Fehler auf meiner Seite ausschließen oder korrigieren möchte, um zukünftigen Verlust zu vermeiden.

Es ist möglich, dass Sie beim Tierarzt für diese Untersuchung bezahlen müssen, vielleicht aber auch nicht. Das hängt von dessen eigener Neugier und seinem eigenen Interesse ab. Manche Tierärzte machen die Autopsie umsonst und berechnen nur die mögliche Untersuchung von Gewebeproben beim Pathologen. Oftmals beschränken sich Tierärzte auch darauf, nur den bekannten Problembereich und nicht das gesamte Tier zu untersuchen.

Die Entscheidung für oder gegen eine Autopsie ist nicht einfach. Besonders wenn Sie trauern, ist es ziemlich viel verlangt, auch nur darüber nachzudenken. Deshalb sollten Sie bereits in guten Tagen darüber nachdenken, was mit Ihren Tieren passieren soll, wenn sie tot sind. Vergessen Sie nicht – Ihrem Frettchen nützt eine solche Untersuchung zwar nichts mehr, aber dafür vielleicht vielen anderen.

Nach dem Tod

Trauer, Leere, Traurigkeit, Zorn, Angst, Einsamkeit. Die Liste ist endlos. Wichtig bei der Trauer ist, den Verlust irgendwie abzuschließen. Eine Autopsie, die einige Antworten bringt, ist ein guter Start. Aber was passiert mit dem Körper Ihres verstorbenen Frettchens? Möglichkeiten gibt es einige.

- ✔ Manche Leute lassen ihre Haustiere einäschern.
- ✔ Andere bestatten sie in einem Grab auf einem Tierfriedhof.
- ✔ Eine Möglichkeit ist, das Tier beim Tierarzt zu lassen …
- ✔ Oder es der Wissenschaft zur Verfügung zu stellen. Davon haben vielleicht andere Tiere in Zukunft auch etwas.

Einäscherung

Sie können Ihr Tier auf Tierfriedhöfen einäschern lassen und dann festlegen, was mit der Asche geschieht. Entweder sie sammeln die Asche Ihrer gesamten Frettchenfamilie in einer Urne oder setzen alle Tiere einzeln bei, zum Beispiel in Ihrem Garten oder auf einem Tierfriedhof.

Die Wohnung ist dafür jedoch nicht der richtige Platz, das sollten Sie bedenken.

Beisetzung im Garten

Wenn Sie nicht gerade im Trinkwassereinzugsgebiet wohnen, können Sie Ihr Frettchen in Ihrem Garten beisetzen. Suchen Sie sich dazu am besten einen schönen Platz.

Tierfriedhof

Eine Beisetzung auf einem Tierfriedhof hat etwas »Offizielles« und ist für viele eine Option. Vor allem, wenn Sie selbst nicht über ein Grundstück verfügen, sollten Sie diese Variante in Betracht ziehen. Die Preise für eine solche Beisetzung bzw. die Mieten für ein Grab sind jedoch nicht unerheblich, das sollten Sie bedenken.

Informieren Sie sich vorher – das Internet leistet hier beispielsweise sehr gute Dienste.

Beim Tierarzt

Ihr Tierarzt wird Ihnen anbieten, dass Sie das tote Tier bei ihm lassen können und er sich um alles Weitere kümmert. Vielleicht mag Ihnen diese Variante herzlos erscheinen, aber denken Sie daran: Sie haben mit Ihrem Frettchen eine schöne Zeit gehabt, das ist für viele wichtiger, als das, was jetzt kommt.

... damit es anderen nützt

Wie bereits am Anfang dieses Kapitels beschrieben können Sie Ihr totes Frettchen auch der Wissenschaft zu Forschungszwecken übereignen. Es gibt Veterinäre, die sich der Forschung verschrieben haben, und vielleicht ist es denen möglich, aus Ihrem Tier Erkenntnisse zu gewinnen, die später anderen Tieren zugute kommen können.

Trauerarbeit

Sie müssen wissen, dass es nichts Schlimmeres gibt, als einen Verlust zu betrauern, den keiner verstehen kann. Auch Reaktionen von Menschen können alles nur noch schlimmer machen. Man hört zuweilen sogar Bemerkungen wie, »Es ist doch nur ein Tier.« Nicht wirklich. Haustiere sind Familienmitglieder, denen man sich sehr eng verbunden fühlt. Man geht mit ihnen durch dick und dünn, erlebt Freude und auch Frust. Manche Leute sehen ihre Tiere ähnlich wie die eigenen Kinder, andere können das einfach nicht verstehen.

Umgeben Sie sich am besten mit Menschen, die Verständnis für Sie haben. Und denken Sie nicht, dass Sie verrückt sind. Ich habe schon erlebt, dass Menschen sehr viel Geld ausgegeben haben, um ihre Tiere von schweren Krankheiten heilen zu lassen oder noch etwas Zeit mit ihnen zu haben. Wichtig ist aber allein, wie viel Platz das Tier in Ihrem Herzen hat.

Sie sind nicht allein

Sie halten sich vielleicht für verrückt, weil nur Sie allein so traurig sind. Aber es gibt viele Menschen, die ebenso empfinden wie Sie. Lassen Sie sich nicht von anderen runterziehen, die keine Ahnung haben.

> Es gibt viele Hilfegruppen und Personen, die Ihnen in solchen Situationen zur Seite stehen. Die meisten finden Sie im Internet, zum Beispiel unter `www.frettchenhilfe.de`. Auch Bücher, die sich allein mit diesem Thema beschäftigen, können eine Hilfe sein. (Werfen Sie auch einen Blick in den Anhang, dort finden Sie einige interessante Buchtipps.)

Stellen Sie sich Ihren Gefühlen

Immer wieder werden die verschiedensten Gefühlsausbrüche auftauchen. Nehmen Sie sie wahr. Laufen Sie nicht davor weg. Man fühlt Ablehnung, Zorn, Schuld, Trauer und Leere. Wir alle denken, wir hätten bessere Herrchen und Frauchen sein können. Aber ich bin mir sicher, die Chancen stehen nicht schlecht, dass Sie sich gut gekümmert haben. Die Erinnerungen werden bleiben, der Schmerz muss mit der Zeit verblassen.

Lassen Sie sich Zeit

Viele Leute denken, man könnte nach einem solchen Abschied sofort wieder zur Tagesordnung übergehen. Aber das wissen Sie besser. Ein Familienmitglied ist nicht zu ersetzen.

Lassen Sie sich Zeit für Ihre Trauer. Wenn Sie sich besser fühlen, können Sie wieder ein neues Familienmitglied aufnehmen, Ihr verstorbenes Tier wird das jedoch nicht ersetzen oder gar vergessen machen. Versuchen Sie auch nicht, jemanden zu trösten, indem Sie ihm ein neues Haustier schenken. Trauer kann man nicht beheben. Darüber muss man selbst mit der Zeit hinwegkommen.

Und denken Sie bei allem daran: Die hinterbliebenen Tiere trauern ebenfalls, und sie brauchen Sie jetzt sehr.

Helfen Sie anderen bei der Trauer

Sie werden innerlich vielleicht geschmunzelt haben, als Ihr Kind Sie zur Toilette geholt hat, um den Tod von Franz dem Goldfisch zu betrauern. Aber Ihr Kind ist verletzt. Sie müssen wissen, dass andere Personen der Verlust eines Tieres ebenso oder gar mehr schmerzt als Sie selbst. Respektieren Sie diese Gefühle, erkennen Sie sie an und bieten Sie so viel Unterstützung wie möglich.

Vergessen Sie nicht, dass andere Tiere in ihrer Trauer Reaktionen zeigen, die denen von Menschen sehr nahe kommen. Manche Tiere verweigern die Nahrung, andere werden aggressiv. Geben Sie auch ihnen Zeit, mit ihren Gefühlen fertig zu werden.

Am schlimmsten ist immer der »Phantomschmerz«, wie ich ihn nenne. Sie schauen zu den gewohnten Lieblingsplätzen Ihres verstorbenen Frettchens und denken, da müsste es jetzt sein. Vielleicht passiert es Ihnen auch, dass Sie weiterhin seine Lieblingsleckerlis kaufen. Keine Angst, die Zeit heilt alle Wunden. Vergleichen Sie nur bitte nie Ihr neues Frettchen mit dem verstorbenen – es ist ein neues und anderes Tier und wird nie so sein wie das alte.

Teil V

Psychologie und Soziologie für Frettchen

»Maria, komm streichele doch du mal das Frettchen. Und Mark – du solltest es besser bleiben lassen, bis wir seine Bissigkeit im Griff haben.«

In diesem Teil ...

»Was? Sie meinen, ich muss mehr wissen als nur über Futter, Haltung und Pflege?« Natürlich nur, wenn Sie wollen, dass ein wirklich fröhliches und glückliches Frettchen bei Ihnen lebt. Dieser Teil des Buches ist genauso wichtig wie alle die anderen. Es geht um Verhaltensweisen von Frettchen, ihre Eigenarten und auch ums Training. Zumindest soll Ihnen dieser Teil zeigen, was normal ist und was nicht. Wie sonst können Sie den Anforderungen eines Haustieres gerecht werden, wenn Sie nicht wissen, was es braucht?

Wenn Sie die ersten beiden Kapitel in diesem Teil gelesen haben und immer noch der Meinung sind, Ihr Frettchen sei verrückt, lesen Sie auch das dritte. Dort geht es darum, wie Sie sein Verhalten eventuell modifizieren können. Ich möchte Sie spüren lassen, dass Sie nicht allein sind. Frettchen können eine große Herausforderung sein, sie zu verstehen ist der Schlüssel, damit das Zusammenleben funktioniert.

Ihr Frettchen verstehen

In diesem Kapitel

▶ Geräusche interpretieren

▶ Die Körpersprache des Frettchens verstehen

▶ Andere Kommunikationsmöglichkeiten Ihres Frettchens

Frettchen sind extrem interaktive Tiere. Sie benutzen viele verschiedene Arten der Kommunikation, von Körpersprache bis hin zu Lautäußerungen. Sie sind außerdem notorische Diebe und sehr anhängliche Schmusetiere. Sie zu beobachten kann gleichzeitig amüsant und verblüffend sein. Es ist wichtig zu wissen, was sie uns sagen wollen, denn dies kann den Unterschied zwischen Nase lecken und in die Nase beißen ausmachen.

Sie werden sicher alle möglichen faszinierenden Verhaltensweisen beobachten, wenn Sie mit Frettchen zu tun haben, sowohl gute als auch schlechte. Nach meiner Erfahrung überwiegen die guten jedoch bei weitem. Ich lache sehr viel über meine Frettchen, auch wenn sie manchmal teuflisch sind. Ich hoffe, dieses Kapitel wird Ihnen helfen zu erkennen, dass nicht Sie allein der Meinung sind, Ihr Frettchen wäre doch ein bisschen verrückt … und dass Sie keine Angst haben müssen, selbst verrückt zu sein, nur weil Sie Ihre Frettchen lieb haben. Dafür mögen wir diese kleinen Schelme umso mehr.

Häh? Frettchensprache

Meistens sind Frettchen still. Schließlich schlafen sie viele Stunden täglich. Hin und wieder hat eines meiner Frettchen einen Traum und gibt im Schlaf Geräusche von sich, aber das ist eher selten. Beim Spielen setzen sie jedoch ihre Sprache ein. Menschen, die sich mit Frettchen auskennen, haben über die Jahre für die Frettchenkommunikation ihre eigenen Begriffe entwickelt. Dazu gehören zum Beispiel Späße, die sowohl von Menschen als auch von Frettchen verstanden werden. Einige Begriffe sind für die meisten Frettchenhalter gut verständlich.

Gockern

Das häufigste Frettchengeräusch ist das Klucken oder Gockern. Das ist eine Art tiefes murmelndes Geschnatter. Meine Frettchen legen sich dabei einen menschlichen Tonfall zu. Alle diese eigenartigen Laute entstehen aus purer Lebensfreude oder Erregung. Frettchen werden zu diesen Geräuschen angeregt, wenn andere Tiere sie zum Kabbeln auffordern oder wenn sie hin und her rennen oder neue Gerüche, Verstecke oder Spielzeuge erforschen.

Leute, die die Arten der Frettchenkommunikation nicht verstehen, könnten Angst bekommen oder sich gestört fühlen, wenn sie sie zum ersten Mal hören. Es ist wichtig, den Unterschied zwischen einem fröhlichen Klucken oder einem zornigen Kreischen zu erkennen. Wenn man das nicht versteht, kann man nicht korrekt auf die Frettchen reagieren. Auch unter Menschen entstehen auf diese Weise oft Verständigungsprobleme.

Kreischen

Das Gegenteil vom Gockern ist das sichere Zeichen von Angst und Horror, das Kreischen. Oftmals wird es durch plötzliches Geschnatter abgelöst oder gar davon begleitet. Diese Geräusche sind Reaktionen auf extreme Schmerzen, Furcht oder Zorn, und zwar in den höchsten Tönen. Wenn Sie diesen unverwechselbaren Warnschrei hören, sollten Sie als besorgtes Herrchen oder Frauchen sofort zu Ihrem Frettchen springen und ihm beistehen. Aber vorsichtig, die meisten Tiere in Angst, Schmerz oder Furcht sind in ihrem Verhalten unberechenbar, Frettchen sind da keine Ausnahme. Das ist das normale Verteidigungsverhalten.

Bellen

Sie werden überrascht sein, wenn Ihr Frettchen Laute von sich gibt, die sich wie Bellen anhören. Normalerweise stammen diese ein oder zwei sehr lauten Äußerungen von einem sehr erregten oder ängstlichen Frettchen. Einer meiner Freunde hat ein Frettchen, das bellt, wenn er versucht, ihm seinen Trockenfisch wegzunehmen. Manche Menschen geben ähnliche Laute von sich, wenn man versucht, ihnen vorzeitig den Abendbrotteller wegzunehmen.

Traumatisierte oder erregte Frettchen, die zischen, kreischen oder bellen, können zeitweise ihren Verstand verlieren und Sie heftig mit ihren Zähnen verletzen – das ist dann noch nicht mal ihr Fehler. Verschiedene Situationen können Frettchen dazu bringen, zu kreischen, zu bellen, zu fauchen oder zu schnattern – von einem schweren Kampf zwischen rivalisierenden Tieren bis zu einem Schwanz, der in einer Tür eingeklemmt ist, oder einem großen Hund, der ihnen zu nahe kommt. Egal, eilen Sie Ihrem Frettchen sofort zu Hilfe, aber überzeugen Sie sich, dass Sie die Körpersprache richtig interpretieren, bevor Sie es mit Ihren verletzbaren Händen anfassen. Halten Sie für diesen Fall sein Lieblingsleckerli bereit.

Fauchen

Ich finde es ziemlich lustig, wenn Frettchen fauchen. Das ist eine Art Mischton aus »Hihi« und Schnattern. Fauchen kann in richtig langen Zügen abgegeben werden oder aber kurz hintereinander, das hängt von der Situation ab. Ein fauchendes Frettchen ist sehr verärgert oder zornig. Seien Sie vorsichtig im Umgang mit einem Tier in diesem Zustand.

Wenn Sie angefaucht werden, fauchen Sie doch auch mal zurück. So ein dummes Frettchengesicht sehen Sie nicht alle Tage.

Tanzen

Falls Sie es bisher noch nicht bemerkt haben, Frettchen sind sehr lebendige Tiere mit vielen komplexen Verhaltensweisen. Die Lautäußerungen (wie eben beschrieben) werden häufig von bestimmten Bewegungen und Körpersprache begleitet, zum Beispiel einem geöffneten Maul, einem aufgestellten Schwanz, einem Buckel und so weiter. Zwischen den Zeilen zu lesen kann recht schwierig sein, für diejenigen, die nicht wissen wie, könnten diese Zeichen sogar alarmierend sein.

Freudentanz

Ich kennte kein Frettchen, das noch keinen Freudentanz aufgeführt hat (siehe Abbildung 19.1). Falls doch, dann war es bestimmt tot. Falls ein lebendes Frettchen nicht weiß, was ein Freudentanz ist, dann hat sein Herrchen oder Frauchen sicher etwas falsch gemacht. Alle gesunden, glücklichen Frettchen beteiligen sich oft daran und machen das toll. Dieser Tanz ist ein unverfälschtes Zeichen reiner Freude und vollen Glückes. (**Achtung:** Frettchen sind Profis. Probieren Sie diese Bewegungen nicht selbst aus, sonst könnten irreparable Schäden an Ihrem Bewegungsapparat und Ihrem Ego die Folgen sein.)

Dieser Tanz ist völlig ohne Hand und Fuß. Das Frettchen bewegt sich in alle Richtungen gleichzeitig. Nach vorn hüpfen, seitwärts tänzeln, dann eine Rolle rückwärts. Der Tanz ist niemals gleich, alle Tänze sind aber sehr unterhaltsam.

Der Freudentanz ist auch ein guter Test, ob es Ihrem Frettchen gut geht. Ein Frettchen, das fit und kräftig ist, wird am längsten durchhalten. Auch kurze Tänze zwischen kurzen Nickerchen sind nicht ungewöhnlich. Wenn Sie denken, Ihr Frettchen schläft mehr, als es spielt, wenn es seinen täglichen Freigang hat, sollten Sie ihm mehr Bewegung verschaffen. Wenn es dennoch über einen längeren Zeitraum kraftlos erscheint, lassen Sie es beim Tierarzt untersuchen, um sicherzugehen, dass es wirklich nur schlapp und nicht in Form ist.

Kriegstanz

Manchmal kann es schwierig sein, den Kriegstanz zu erkennen, denn der Freudentanz verbindet eigentlich alle möglichen Körperbewegungen, auch den notorischen Buckel. Der Kriegstanz kann mit oder ohne Frettchenpartner ausgeführt werden. Das Frettchen wählt vielleicht Sie als Partner oder auch den Hund des Hauses. Vielleicht sucht es sich auch ein nicht lebendes Objekt, das es in einem unbeobachteten Moment erwischt hat.

Abbildung 19.1: Bear zeigt uns den gesträubten Schwanz in Kombination mit einem Freudentanz.

Der Kriegstanz wird meist mit einem Buckel ausgeführt. So will das Frettchen größer wirken als normal – ein einfacher Trick. Je nach Situation kann der Tanz langsam oder schnell sein. Viele zornige Frettchen ziehen sich mit einem Buckel in eine Ecke zurück und kreischen oder fauchen mit weit geöffnetem Maul. Das ist auch der Moment, wenn Sie feststellen, dass Ihr Frettchen wirklich in Fahrt ist. Ein sehr ärgerliches oder erschrecktes Frettchen lässt eine Stinkbombe oder einen Moschusnebel ab. Zwar ist der aufgestellte Schwanz häufig ein Zeichen für den Kriegstanz, er wird jedoch nicht immer getragen.

Ein gutes Frauchen oder Herrchen kommt seinen Frettchen ohne nachzudenken zu Hilfe. Das ist auch gut so. Behalten Sie jedoch in Ihrem Hinterkopf, dass ein zorniges, erschrecktes oder bedrohtes Frettchen sich nicht von anderen Tieren in diesem Zustand unterscheidet. Alle Tiere mit solchen Emotionen beißen, auch wenn sie noch niemals vorher ein Zeichen von Aggression gezeigt haben. Retten Sie das Frettchen schnell, aber mit großer Vorsicht. Ein Biss von einem zornigen Frettchen ist fast nie die Schuld des Tieres.

Mehr als tanzen

Frettchen können mehr als tanzen, wenn sie ihre Umgebung erforschen. Sie scheinen immer auf der Suche zu sein, was dazu führen kann, dass plötzlich ein Wiesel in Ihrem Wäschefach sitzt. Manchmal scheinen sie gelangweilt oder frustriert zu sein, dann wieder glücklich und verrückt. Ein andermal möchten sie nur in ihrem Versteck in Ruhe gelassen werden.

Schwanz sträuben

Ein sicheres Zeichen für Erregung – sowohl positive als auch negative – ist der Flaschenbürstenschwanz. Wenn Sie jedoch nicht alle anderen Zeichen lesen, die diesen aufgestellten Schwanz begleiten, können Sie eine Überraschung erleben.

Es ist ähnlich, wie wenn Hunde ihr Nackenhaar aufstellen oder Katzen den Schwanz sträuben. Frettchen blasen oft das Fell auf ihrem Schwanz auf, wenn sie ängstlich oder zornig sind (in diesem Zustand können sie schneller zubeißen!). Der gesträubte Schwanz kann jedoch auch ein Zeichen von Überraschung oder froher Erregung sein. Jedes meiner Frettchen hat einige Minuten nach dem Baden einen solchen Schwanz. Sie sind einfach erregt und überstimuliert und suchen nach kreativen Möglichkeiten, zu trocknen und das Waschen rückgängig zu machen.

Die Alligator-Rolle

Okay, es sieht nicht wie ein Krokodil aus, aber trotzdem kann es seinen Partner in Sekunden überrollen (siehe Abbildung 19.2). Frettchen sind im normalen Spiel recht aggressiv. Dieses grobe Spiel ist – abgesehen davon, dass es Spaß macht – eine Möglichkeit, Dominanz zu zeigen. Die Haut eines Frettchens ist robust, und was wie eine grobe Beißerei aussieht, wirkt auf dem Empfänger vielleicht wie ein kleiner Nadelstich. (Frettchen benutzen ihre Krallen, um andere Frettchen zu greifen, sie zu packen und Ringkämpfe zu veranstalten, die Zähne sind jedoch ihre Waffen.)

Ich habe alle meine Frettchen beobachtet, wie sie eine Alligator-Rolle vollführt haben – viele Male. Das ist einfach eine Form des Spiels – eine Art Ringkampf. Das Alpha-Frettchen ist der Chef. Es schnappt schnell ein anderes Frettchen im Nacken und dreht es um. Beide Frettchen rollen sich übereinander.

Ärger gibt es dann, wenn ein Frettchen sich statt einem anderen die Hand eines Menschen, einen Zeh oder ein Kleidungsstück schnappt, um damit eine Alligator-Rolle zu vollführen. Jungtiere tun das häufig. Auch sehr erregten Frettchen passiert das beim Spielen. Zwar mag das zuerst lustig und unschuldig erscheinen, dennoch sollte man dieses Verhalten nicht unterstützen. (In Kapitel 20 finden Sie Informationen, wie man einem Frettchen beibringt, welches Verhalten gut und welches nicht akzeptabel ist.)

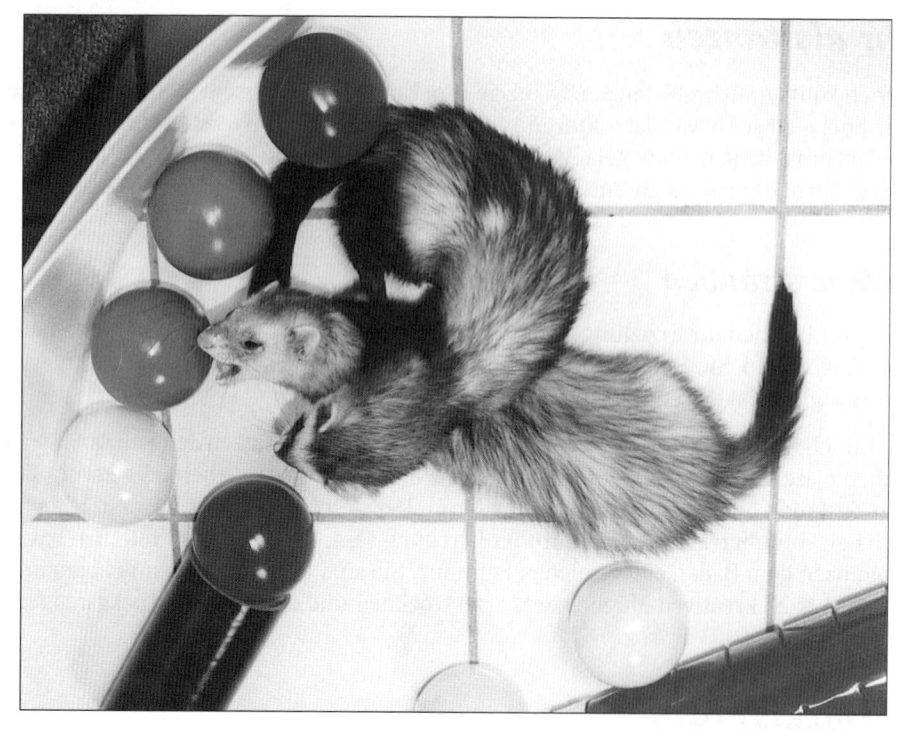

Abbildung 19.2: Fidget kreischt, während sie sich von einer unerwarteten Alligator-Rolle erholt.

Die Schatzsuche

Wenn Sie das nächste Mal zu einer Party eingeladen sind, auf der der Gastgeber seine Gäste in der Nachbarschaft auf Schatzsuche schickt, sollten Sie eines Ihrer Frettchen mitnehmen. Frettchen sind ausgezeichnete Detektive.

Zum Job eines Frettchens gehört es, jeden Zentimeter, jeden Riss und jeden Geruch in seiner Umgebung zu untersuchen, dabei lässt es nichts an seinem Fleck. Die Nase eines Frettchens klebt quasi am Boden, während es hier und da nach Fährten sucht. Es hält nirgends an, um so viel Neues wie möglich zu finden.

Durch diese Entschlossenheit und das Durchhaltevermögen, während des Spiels Dinge zu untersuchen, ist es für seine Sicherheit wichtig, dass Sie seine Umgebung frettchensicher gestalten (siehe Kapitel 7). Ein Frettchen findet alles, was nicht gut genug versteckt ist. Dann sucht es dafür ein besseres Versteck. Ich hatte schon Frettchen, die mir Dinge wiederbrachten, von denen ich annahm, dass ich sie nie wiederfinden würde. Eigentlich wollte ich die Schatzsucher dafür belohnen und ihnen zeigen, wie sehr ich mich über den Fund freute, dann dämmerte es mir, dass sie wahrscheinlich alles selbst versteckt hatten.

Die Jagd ist eröffnet

Die meisten Tiere jagen sich gern gegenseitig und lassen sich auch gern mal jagen, aber Frettchen sind wohl die besten Hochgeschwindigkeitsjäger. Dabei mag wohl das Raubtier in ihnen zum Vorschein kommen, oder sie möchten einfach nur riesigen Spaß haben. Egal, Sie müssen kein Frettchen sein, um sich an diesem Spiel zu beteiligen. Ich habe meine Frettchen auch schon mit Katzen durchs Haus rennen sehen, und sogar ich habe auch schon mitgespielt.

Sehr erregte oder glückliche Frettchen können ziemlich durchgeknallt sein. Sie springen an Wände, auf Möbel und über Körperteile, dabei ist ihr Maul weit geöffnet und sie zeigen Zähne. Das ist völlig normal. Viele Leute halten das für Aggressivität, aber das ist es nicht. Es ist eine Einladung zum Spiel, und das gehört zum Spaß mit Frettchen dazu.

> Viele Hunde wollen nicht von Frettchen gejagt werden und schnappen nach ihnen. Kinder, die nicht wissen, wie Frettchen tollen, sollten sich nicht mit Frettchen jagen, denn sie könnten die Frettchen treten oder selbst im Übereifer verletzt werden. Kinder verstehen außerdem nur schwer, warum Sie mit den Tieren fangen spielen können, die Kinder aber besser nicht. Am sichersten ist, wenn Menschen mit Frettchen Fangen spielen wollen, dass sich die Zweibeiner auf allen Vieren vorwärts bewegen. Die Frettchen gewinnen so fast immer, außerdem minimieren Sie das Risiko, aus Versehen ein Frettchen zu treten.

Ringkämpfe

Sie kennen bereits die Alligator-Rolle, aber es gibt sehr viel mehr Varianten des Ringens, die immer dann beim Spielen auftauchen, wenn sich Ihre Frettchen außerhalb des Käfigs bewegen. Viele Säugetiere nehmen an solchen Kämpfen teil, um ihre Überlebensfähigkeiten zu entwickeln und ihre Rangfolge innerhalb einer Gruppe zu festigen. Wieder muss man kein Frettchen sein, um mitzuspielen.

> Frettchen können während dieses Spiels schon ziemlich grob sein. Ein Gegner kann auch mal aufschreien, um sich zu beschweren. Greifen Sie nicht ein, solange Sie nicht das Gefühl haben, aus der Sache ist mehr geworden als nur ein Spiel. Wenn Sie mit Ihren Frettchen in den Ringkampf gehen, benutzen Sie ein Spielzeug, um mit den Tieren zu kämpfen, besser nicht Ihre Hand. Sie wollen die Frettchen ja nicht ermuntern, Ihnen in die Hand zu beißen, und Beißen gehört zu diesem Spiel dazu.

Auflauern

Manchmal liegt ein Frettchen ganz still, bevor es auf ein anderes Frettchen oder ein Spielzeug springt. Dieses Verhalten heißt auch Hinterhalt. Dabei sind Frettchen Katzen sehr ähnlich, obwohl dies bei den wilden Kollegen eher nicht so beliebt ist. Ernster geht es zu, wenn sich das Frettchen auf ein anderes Tier stürzt. Dies werden Sie vielleicht bemerken, wenn ein Frettchen ein spezielles Spielzeug oder Versteck zu sehr für sich in Anspruch nimmt.

Schwanzwedeln

Manche Frettchen wedeln aus Erregung oder Freude mit dem Schwanz. Ich habe das sogar schon von Frettchen gehört, die sehr traurig waren. Das Schwanzwedeln ist bei Frettchen nicht so verbreitet wie bei Katzen, aber alarmierend ist es dennoch nicht. Junge Tiere tun es häufiger als ältere. Verstehen Sie es einfach als Zeichen, dass ein Frettchen etwas mehr Charakter hat als die anderen.

Andere Verhaltensweisen

Abgesehen davon, dass es wichtig ist, die Laute und die Körpersprache Ihrer Frettchen zu verstehen, sollten Sie auch wissen, welche anderen Verhaltensweisen Frettchen an den Tag legen können. Ich bekommen immer wieder Anfragen von Leuten, die aufgeregt behaupten, ihre Frettchen mögen die benutzte Einstreu nicht. Frettchen werfen die Einstreu ständig hin und her. Sie fragen mich, welches Geheimrezept ich benutze.

Manche sind erleichtert, wenn ich ihnen sage, dass es wahrscheinlich nicht um die Einstreu geht. Graben ist für Frettchen nur natürlich. Sie tun es manchmal auch aus Langeweile oder Stress (siehe dazu Kapitel 10). Manche Frettchenhalter wollen eher eine schnelle Lösung und scheinen mit meinen Antworten nicht zufrieden zu sein. Frettchen sind einfach verrückt. Deshalb haben wir sie ja so gern.

Frettchenfixierung

Manche Frettchen sind sehr auf bestimmte Objekte fixiert, die sie besonders sorgfältig behandeln. Wenn ein Frettchen seine Liebe für etwas entdeckt hat, verteidigt es es mit allen Mitteln – mit Krallen und Zähnen. Mein Elmo hat einmal ein Fast-Food-Spielzeug meiner Kinder entdeckt, bevor ich es überhaupt aus der Verpackung entfernen konnte. Das war eine Hartplast-Löwenfigur, mit der er sofort in seinem Versteck verschwand. Als er sich einmal damit vertraut gemacht hatte, zeigte er es stolz allen seinen Freunden. Aber Elmo gestattete nie jemandem, zu nah heranzukommen. Wie eine Mutter, die ihr Baby beschützt, fauchte dieses Frettchen seine Kollegen an, um sie auf Distanz zu halten. Elmo besitzt zwar viele Spielzeuge, dieses eine lässt er jedoch nicht aus den Augen. Er schleppt es mit an seine Fressschüssel, legt es beim Fressen ab und vergräbt es anschließend wieder in seiner Schlafstelle. Das Spielzeug begleitet ihn sogar auf die Toilette. Das ist eben wahre Liebe.

Ein Verbrecher in Ihrem Haus?

Frettchen würden ausgezeichnete Ganoven abgeben, wenn sie sich bei ihren Diebszügen nicht so furchtbar offensichtlich anstellen würden. Für Frettchen ist es absolut normal – wenn auch zuweilen ärgerlich –, kleine Objekte zu stehlen und sie in ihre Verstecke zu schleppen. Vergessen Sie nicht, Frettchen heißt in Wirklichkeit »Dieb«. (In mehreren Schauspielen, die vor 2500 Jahren geschrieben wurden, verspottete Aristophanes politische Gegner als Frettchen, womit er implizierte, sie stehlen das politische Vertrauen und auch Gelder auf dieselbe Weise, wie Frettchen kleine Fleischstücke und glänzende Objekte wegschleppen.)

Fast alles, was das Frettchen mit seinen Pfoten greifen oder in seinem Maul herumtragen kann, eignet sich als Jagdobjekt. Von Futter bis zu Handys, Sie finden die ungewöhnlichsten Sammlungen von Nettigkeiten an den ungewöhnlichsten Stellen. Geldbörsen, Taschen und Rucksäcke sind Lieblingsverstecke für Frettchen. Wenn Ihnen das, was Frettchen stehlen könnten, etwas wert ist, wie zum Beispiel Autoschlüssel, Schuhe, Schmuck, würde ich Ihnen empfehlen, diese Objekte hoch oben oder gänzlich außerhalb des Spielbereichs der Frettchen aufzubewahren.

Das Horten ist zwar eine der liebevollsten Eigenschaften, dennoch kann es zu Schwierigkeiten führen. Ein Frettchen bevorzugt bestimmte Dinge, während einem anderen vielleicht etwas ganz anderes gefällt. Manche gestohlene Dinge sind groß, andere gefährlich klein. Denken Sie daran, wenn Sie Ihre Wohnung frettchensicher machen. Kleine Teile können verschluckt werden und zu Verstopfung führen. (Mehr zur frettchensicheren Wohnung finden Sie in Kapitel 7.)

Graben bis nach Australien

Diese langen Krallen sind nicht zum Spaß an den Pfoten. Alle Frettchenbesitzer werden Ihnen bestätigen, dass Frettchen ebenso selbstverständlich graben wie sie aufs Klo müssen. Frettchen sind in erster Linie Höhlentiere. Sie graben ihre Nester in den harten Boden. Zweitens jagen sie nach Geruch. Wenn ein wilder Iltis den Geruch von Futter aufgenommen hat, tötet er es mit seinen Krallen. Drittens wissen Frettchen von Geburt an, dass das Graben uns Menschen auf die Palme bringt.

Ein weiterer Grund fürs Graben, der von vielen Leuten übersehen wird, sind Langeweile und Frustration. Sie werden einem Frettchen das Graben zwar nie ganz abgewöhnen, aber Frettchen brauchen Stimulation. Mit dem Graben kann sich ein Frettchen auch äußern, als wollte es sagen »He, kümmere dich um mich!« oder »Das gibt's dafür, weil du mir mein Spielzeug weggenommen hast!« Oder das Frettchen will uns einfach nur zeigen, dass es aus seinem Käfig heraus möchte. Normalerweise graben Frettchen gern in Käfigecken, in der Toilette, in Blumentöpfen und im Teppich.

Sie können zwar nicht vermeiden, dass Frettchen graben, aber Sie können den dabei entstehenden Schaden möglichst minimieren:

✔ Stellen Sie Ihre Topfpflanzen hoch oder decken Sie die Erde mit großen dekorativen Steinen ab.

✔ Manche Leute verwenden Plastikabdeckungen für den Teppich, um dessen Leben zu verlängern. Andere entfernen den Teppich einfach an den Stellen, wo Frettchen spielen. Fliesen lassen sich auch leichter reinigen.

Die Schieber sind da

Was passiert, wenn Ihr Frettchen von etwas begeistert ist, das es nicht mit seinen Zähnen fassen kann? Es stopft es sich einfach unter den Bauch und sichert es mit seinen Vorderpfoten. Dann belustigt es alle Umstehenden mit seiner Fähigkeit, mitsamt seiner Beute nach hinten zu rutschen. Bälle und kleine, harte Gegenstände werden häufig so durch die Gegend bewegt.

Was aber, wenn man das Objekt nicht unter den Bauch klemmen kann? Frettchennasen sind nicht nur zum Schnuppern da – und die Füße können auch schubsen. Frettchen können nicht nur schwere Gegenstände ziehen, sie können sie auch schubsen. Sie benutzen einfach ihre Nase und Füße, um das gewünschte Objekt an sein Ziel zu schieben. Sie können Stunden damit zubringen, ein großes Objekt an einen viel zu kleinen Platz zu bringen. Sie haben schon oft versucht, mich unters Sofa zu ziehen. Ich traue mich jedoch nie, ihnen die Schwachstelle in ihrem Plan zu zeigen. Ich freue mich eher darüber, sie bei ihren Plänen zu beobachten.

Grundausbildung – das Einmaleins

In diesem Kapitel

▷ Beißen abgewöhnen

▷ Toilettentraining

▷ Spazierengehen

Wie Hunde lernen müssen, zu sitzen, zu kommen und bei Fuß zu gehen, so müssen auch Frettchen bestimmte Dinge können. Dazu gehört zum Beispiel, auf bestimmte Manieren zu achten und die Toilette zu benutzen. Das sind die Grundlagen, die jedes Frettchen beherrschen sollte.

Frettchen werden aber nicht vorprogrammiert und auf einen bestimmten Verwendungszweck angepasst geliefert. Manche Frettchen lernen diese Grundlagen sehr schnell, andere müssen ständig daran erinnert werden, wer der Chef im Hause ist. Ihrem neuen Frettchen Manieren beizubringen heißt, Sie müssen ein wenig Lehrer spielen und dem Neuankömmling verschiedene Dinge zeigen. Außerdem ist es Ihre Aufgabe, diese Fähigkeiten immer wieder zu festigen.

Wie bei jedem Lebewesen, Menschen eingeschlossen, sind Geduld und Konsequenz die Schlüssel zum Erfolg. Sie werden ja bereits bemerkt haben, dass ich das Wort Geduld in diesem Buch recht häufig verwende. Sie werden wissen, was ich meine, wenn Sie das Frettchen erst einmal zu Hause haben. Aber es gibt keine Möglichkeit, sich auf die Freuden eines gut sozialisierten und geliebten Frettchens vorzubereiten. Geduld und Aufwand lohnen sich in jedem Fall.

NEIN zum Beißen

Frettchen unterscheiden sich nicht von Katzenkindern oder Hundewelpen, alle müssen lernen, dass sie nicht beißen dürfen. Zwar verringert sich dieser Drang mit zunehmendem Alter, aber ein untrainiertes erwachsenes Frettchen kann gefährlich frech und aggressiv sein. Es ist Ihre Aufgabe, es wissen zu lassen, welches Verhalten akzeptabel ist und welches nicht. (In diesem Abschnitt spreche ich über Frettchenbabys, nicht über ausgewachsene Tiere, die nicht korrekt sozialisiert wurden. Hilfe für ein verhaltensgestörtes Erwachsenentier bekommen Sie in Kapitel 21.)

Frettchen sind Kindern sehr ähnlich. Sie erfordern Geduld und Konsequenz. Wenn Sie dem kleinen Leon im Alltag gestatten, vor allen Leuten in der Nase zu bohren, wird er nicht verstehen, warum er es bei Familienfeiern lassen soll. Ähnlich ist es mit Frettchen: Wenn Sie Beißen beim Spielen zulassen und gleichzeitig erwarten, dass das Frettchen weiß, dass es Ihren Nachbarn beim Besuch nicht beißen darf, geht das ebenfalls schief. Bringen Sie ihm nur bei: Beißen geht nicht. Halten Sie daran fest.

Wenn Sie jemals ein Krabbelkind näher beobachtet haben, waren Sie vermutlich verwundert, was sich das Kerlchen im Laufe der Zeit alles in den Mund steckt. Auf diese Weise erkunden Babys, auch die von Frettchen und anderen Tieren, ihre Umgebung und lindern die Schmerzen, wenn die Zähne wachsen. Die Zahnschmerzen werden weniger, das Knabbern bleibt jedoch.

Wenn Sie ein Babyfrettchen haben, müssen Sie ihm unbedingt klar machen, was man beißen darf und was nicht. Wenn Sie damit so früh wie möglich beginnen, stehen die Chancen nicht schlecht, dass das Frettchen auch als ausgewachsenes Tier nur selten beißt. Nachfolgend einige Vorschläge, wie Sie Ihrem Frettchen beibringen, nicht zu beißen:

✔ Bieten Sie ihm viele harte und ungefährliche Spielzeuge zum Kauen.

✔ Geben Sie ihm ein Spielzeug anstelle Ihrer Hand, um damit Ringkämpfe zu vollführen.

✔ Sprühen Sie sich Bitter-Apple-Spray auf die Hand, wenn das Frettchen diesen Geschmack einmal gespürt hat, wird es eine Zeit lang von Ihrer Hand ablassen. (Aber Vorsicht, es könnte Angst vor der Hand bekommen.)

Bitter Apple schmeckt furchtbar, ist aber ansonsten harmlos. Diese Substanz wird verwendet, um allen möglichen Tieren das Beißen abzugewöhnen. Sie ist klar und hinterlässt keine Spuren auf Möbeln, Frettchen oder Händen und in den meisten Zoohandlungen erhältlich.

✔ Korrigieren Sie jedes Zwicken sofort, indem Sie das Frettchen im Genick packen und laut und vernehmlich »Nein« oder »Nicht beißen« sagen. Auch wenn Sie das Frettchen anfauchen (nicht schreien), kann das sehr effektiv sein. Mit Fauchen würde auch eine Frettchenmutter ihren Sprössling disziplinieren. Sie können auch Ihren Finger sanft auf seine Nase legen, wenn Sie es im Genick halten, und laut »Nicht beißen« sagen oder es anfauchen.

Schlagen Sie niemals Ihr Frettchen, um es zu disziplinieren oder ihm etwas beizubringen. Aggression führt wieder zu Aggression. Es könnte denken, Sie wollen es ermutigen, noch härter zur Sache zu gehen. Schlagen ist nicht effektiv und führt meist zu noch größeren Verhaltensproblemen.

✔ Wenn Sie ein Frettchen festhalten und gebissen werden, belohnen Sie es nicht, indem Sie es in die Freiheit entlassen (also loslassen). Stecken Sie es stattdessen ins Gefängnis (den Käfig).

Manchmal gehört viel Geduld und Zeit dazu, Jungtieren das Beißen abzugewöhnen. Der Schlüssel zum Erfolg heißt Konsequenz. Manchmal kann es ja recht niedlich sein, wenn man sich mit dem Frettchen zum Spiel streitet und ihm dabei erlaubt, in die Hand zu beißen. Es wird nicht verstehen, warum Beißen nur dann zulässig ist, wenn Sie Lust dazu haben, verwirren Sie es also nicht. Glauben Sie mir, die anderen Frettchen werden dem neuen Tier schon beibringen, wie weit es mit ihnen gehen kann. Ihre Aufgabe ist es zu zeigen, dass Menschen nicht gebissen werden dürfen.

Zur Toilette hier entlang

In diesem Buch geht es recht häufig um die Körperfunktionen von Frettchen. Der Grund dafür ist, dass Frettchen ca. alle 15 Minuten müssen, wenn sie wach sind. Und die meisten Frettchenbesitzer erzählen mehr Schauergeschichten über die Klogewohnheiten der Tiere, als dass sie hinter ihnen aufräumen.

Die Frettchenmutter wird, wenn sie die Chance bekommt, ihren Kindern beibringen, die Toilette zu benutzen. Die meisten Frettchen kommen jedoch zu neuen Besitzern oder in Zwischenunterkünfte, bevor sie von der Mutter alles lernen können, was sie wissen müssen. Deshalb ist es an Herrchen und Frauchen, diese Aufgabe zu übernehmen. Dabei ist es recht einfach, einem Frettchen zu erklären, wozu die Toilette da ist (siehe Abbildung 20.1).

Abbildung 20.1: Toilettentraining sollte bereits sehr früh beginnen, es ist für die meisten Frettchen ganz natürlich. Gute Toilettengewohnheiten zu entwickeln, ist hingegen nicht ganz einfach.

Statt sechs Wochen alte Frettchen ohne Mutter aus dem Zoohandel oder von einer Tierbörse zu nehmen, sollten Sie sich lieber für ein Frettchen entscheiden, dass bereits zehn bis zwölf Wochen alt ist und bis dahin bei seiner Mutter war.

Während es recht einfach ist, den Sinn einer Toilette zu erklären, ist es umso schwieriger, die Frettchen zu animieren, die Toilette auch regelmäßig zu benutzen. Hier einige Tipps, die Ihnen helfen könnten:

- ✔ Stellen Sie die Toilette in eine Ecke des Käfigs. Ecken wirken wie Magnete auf Frettchen. Sie parken gern rückwärts in die Toilette ein.

- ✔ Wenn das Frettchen noch sehr klein ist (oder krank), müssen Sie sicherstellen, dass die Toilette einen flachen Rand hat oder klein genug ist, dass es auch hineingelangt. Heben Sie das Tier ansonsten hinein.

- ✔ Wenn Sie Ihr Frettchen zum Spielen wecken, setzen Sie es zuerst sofort in die Toilette, damit es sein Geschäft dort erledigen kann. Lassen Sie es erst dann aus dem Käfig. Lassen Sie sich nicht täuschen, sondern achten Sie darauf, dass es auch wirklich auf dem Klo war. Sagen Sie ruhig etwas wie »Mach«, und wenn es funktioniert hat, dann loben Sie Ihr Frettchen ausgiebig.

- ✔ Bevor ein Jungtier ständig auf die Toilette geht, lassen Sie immer etwas Kot darin zurück, um es daran zu erinnern, wozu die Toilette eigentlich gedacht ist.

- ✔ Stellen Sie eine oder mehrere Toiletten im Spielbereich auf. Setzen Sie das Frettchen häufig hinein, bis es sein Geschäft gemacht hat. Wenn es sich weigert, warten Sie ein paar Minuten und versuchen Sie es wieder.

- ✔ Wenn Sie ein Frettchen dabei erwischen, sein Geschäft anderswohin zu machen (üblicherweise in einer Ecke), nehmen Sie es auf, sagen Sie »Nein« und setzen Sie es in die Toilette, bis es fertig ist.

- ✔ Schlagen Sie *nie, also niemals* ein Frettchen, wenn aus Versehen »ein Unfall« passiert. Freuen Sie sich einfach, dass es ein Frettchen und keine Deutsche Dogge ist.

- ✔ Stupsen Sie *niemals* das Frettchen mit der Nase in sein Geschäft, wenn es ein »Unfall« war. Das grenzt an Misshandlung und führt zu nichts. (Auch bei Hunden bringt das keine Punkte.) Egal welche Tierart, keine Mutter würde das mit ihren Babys machen.

- ✔ Loben Sie immer, wenn das Geschäft gut gelaufen ist. Liebkosen Sie das Tier am besten mit freundlichen Worten.

Babyfrettchen und alle anderen, die gerade lernen, wie man die Toilette benutzt, sollten in kleineren Käfigen und kleineren Spielbereichen gehalten werden, bis sie das Toilettenkonzept verstanden haben. Wenn sie toilettensicher sind, können sie in einen anderen Käfig umziehen, dann können Sie auch höhere Toiletten aufstellen. Vergrößern Sie dann auch den Spielbereich außerhalb des Käfigs, aber vergessen Sie nicht, auch gleichzeitig mehr Toiletten aufzustellen. Wenn eine Toilette in der Nähe ist, wird sie eher benutzt, als wenn das Frettchen durchs ganze Zimmer dorthin laufen muss. Wenn Sie darauf achten, zeigen Ihnen Ihre Frettchen, welche Ecken die besten sind, um eine Toilette aufzustellen. Das heißt zwar noch nicht, dass sie sie jedes Mal auch benutzen werden, aber so ist es eben wahrscheinlicher.

Einige meiner Frettchen setzen sich in die Toilette, halten ihren Po über den Rand und lassen das Geschäft auf die Fliesen fallen. Manchmal kann eben doch immer etwas schief gehen, auch wenn man eigentlich alles richtig macht.

Spazierengehen

Frettchen sind Entdecker und können sehr schnell überall sein. Oftmals ist es sowohl für Frettchen als auch für Halter nett, die wirklich große Welt zu erkunden. Leider entfernen sich Frettchen nur zu schnell aus Ihrer sicheren Reichweite und geraten in Schwierigkeiten. Ich würde jedem, der mit einem Frettchen draußen spielen will, empfehlen, es an die Leine zu legen (siehe Abbildung 20.2). Zur zusätzlichen Sicherheit sollten Sie überlegen, Ihrem Frettchen ein Schild zur Identifikation anzuhängen, am besten ans Geschirr, falls es doch die Flucht ergreift. (Wie man Frettchen ans Geschirr tragen gewöhnt, erkläre ich im nächsten Abschnitt.)

Abbildung 20.2: Die meisten Frettchen tolerieren Geschirr und Leine, wenn sie sich einmal daran gewöhnt haben.

Wählen Sie ein H-förmiges Geschirr mit Klick-Verschlüssen, das speziell für Frettchen angefertigt wurde (siehe Kapitel 6). Ein Geschirr lässt sich schnell anlegen und das Frettchen muss sich nicht lange daran gewöhnen. Halsbänder sind für Frettchen nicht empfehlenswert.

Die meisten Frettchen wehren sich erst einmal, wenn man ihnen zum ersten Mal ein Halsband oder ein Geschirr anlegt. Wenn sie es jedoch erst einmal tragen, siegt die Neugier und sie wollen die neue Umgebung erkunden. Hin und wieder treffe ich auf rebellische Frettchen, bei denen die Gewöhnung ans Ausgehgeschirr länger dauert; Hinweise dazu finden Sie im nächsten Abschnitt.

Ans Geschirr gewöhnen

Gewöhnen Sie das Frettchen an Geschirr und Leine, bevor Sie es mit nach draußen nehmen. Lassen Sie sich dabei Zeit. Gewöhnen Sie das Frettchen erst im Haus ans Geschirr – behalten Sie es dabei im Auge, legen Sie aber noch keine Leine an. Wenn es sein neues Kleidungsstück vergessen hat, leinen Sie es an und laufen Sie im Haus herum. Wenn es diese neue, eingeschränkte Freiheit akzeptiert, ist es bereit für draußen.

Das Geschirr sollte eng genug sein, so dass sich das Frettchen nicht im Kampf daraus befreien kann. Der Sicherheit halber lasse ich meine Frettchen lieber im Haus mit dem Geschirr kämpfen und gehe erst hinterher raus. Nichts ist schlimmer als die Panik, in die Sie geraten, wenn Sie versuchen, ein entwischtes Frettchen draußen wieder einzufangen. Manche Leute befestigen sogar Glöckchen am Geschirr, um zu wissen, wo die Tiere gerade sind.

Viele Leute lassen ihren Frettchen immer ein Geschirr oder ein Halsband um. Ich halte das für gefährlich. Frettchen klettern überall hinein und quetschen sich auch in enge Ritzen. Deshalb lasse ich ja auch bei meinem Pferd nicht das Halfter dran, wenn es im Stall steht. Ich würde nicht empfehlen, Frettchen mit Geschirr oder Halsband herumlaufen zu lassen, wenn Sie sie nicht beobachten können. Frettchen verfangen sich leicht in etwas, sie können festklemmen oder sich sogar strangulieren. Ein Frettchen von einem Freund hat es sogar geschafft, sich in seinem Käfig zu erhängen.

Lassen Sie ein Frettchen das Halsband oder das Geschirr nicht an, weil Sie keine Lust haben, es später wieder anlegen zu müssen. Wenn es dabei jedes Mal einen Kampf gibt, üben Sie eben öfter.

Grundregeln für draußen

Diese folgenden Regeln sollten Sie beachten, wenn Sie mit einem Frettchen draußen unterwegs sind:

✔ Binden Sie ein angeleintes Frettchen nie irgendwo an oder lassen es unbeaufsichtigt. Abgesehen davon, dass es so eine leichte Beute für Raubtiere wäre, wäre es gelangweilt und frustriert und würde alles unternehmen, um zu entkommen. Viele sind dabei erfolgreich.

✔ Lassen Sie Ihr angeleintes Frettchen nie durchs Gebüsch laufen. Es kann sich in Zweigen verfangen, und es wird schwer, es daraus zu befreien. Im schlimmsten Fall bleibt es stecken und entkommt irgendwie aus seinem Geschirr oder gerät in Panik und verletzt sich.

✔ Benutzen Sie keine dehnbaren Halsbänder, die halten nicht.

- ✔ Benutzern Sie keine Halsbänder oder Geschirre aus Plastik. Sie verleiten zum Kauen, und Teile davon könnten verschluckt werden. Vielleicht kaut auch nicht das Frettchen an dem Halsband, das es gerade trägt, sondern an dem von einem Kollegen.

- ✔ Lassen Sie ein Frettchen mit Geschirr nicht unbeaufsichtigt bzw. lassen Sie bei unbeaufsichtigten Tieren kein Geschirr an. Das Frettchen könnte sich in etwas verfangen und sich möglicherweise erhängen.

- ✔ Achten Sie auf Temperaturen. Genau wie Sie ein Frettchen nicht über glühende Kohlen führen würden, tun Sie es auch nicht auf dem heißen Asphalt. Genauso wissen alle, die schon einmal von einem Fuß auf den anderen über einen Sandstrand gehopst sind, wie brutal heiß Sand werden kann. Für Frettchen gibt es keine Badelatschen. Schnee ist so lange okay, wie sich das Frettchen nicht zu lange darin aufhält. Die Pfoten eines Frettchens sind sehr empfindlich, auch wenn die meisten Frettchen am »Schneetauchspiel« Spaß haben.

Nun müssen Sie mit Ihren Frettchen nur noch ein wenig üben, um sie an das Geschirr zu gewöhnen. Manche Frettchen müssen sich einige Zeit lang daran gewöhnen, von etwas festgehalten zu werden, aber so schlimm, wie sich Hundewelpen manchmal anstellen, sind Frettchen nicht. Frettchen werden nicht bei Fuß gehen oder neben Ihnen her schreiten. Ein Geschirr ist nur eine bequeme Möglichkeit, sich hinter ihnen her ziehen zu lassen, wenn sie draußen unterwegs sind.

Manche wollen auch einfach aus Panik nicht. Belassen Sie es dann einfach dabei und bieten Sie dem Tier dafür mehr Abwechslung. Manche werden auch durch die zum Teil sehr laute Geräuschkulisse an negative Erlebnisse aus früherer Zeit (Motorrad, Presslufthammer, Kindergeschrei etc.) erinnert und geraten in Panik.

Umgang mit verhaltensgestörten Frettchen

In diesem Kapitel

▸ Verhaltensstörungen

▸ Umgang und Zähmung beißender Frettchen

▸ »Unfälle« verstehen und das Frettchen wieder an die Toilette gewöhnen

Auch wenn Sie noch so viele Bücher und Artikel über Frettchen lesen, sind Sie doch nicht immer auf die unendlichen Möglichkeiten von Frettchen vorbereitet, bis Sie mehrere Kilometer mit einem Frettchen an Ihrem Bein zurückgelegt haben. Auch viele erfahrene Frettchenbesitzer entdecken nach Jahren noch unerwartete Probleme mit Frettchen, nachdem bis dahin alles perfekt war. Nicht nur Neuankömmlinge überraschen Sie dabei. Und wer weiß? Vielleicht sind ja auch Sie das Problem und nicht das Frettchen.

In diesem Kapitel geht es vor allem um die Lösung von Problemen. Es beschäftigt sich mit den Gründen, warum manche Leute ihre Frettchen wieder abgeben: Die Frettchen, deren Verhalten gestört ist, wissen, wovon ich rede. Es sind die Beißer, die missverstandenen Frettchen dieser Welt. Ausnahmen bestätigen die Regel. Ich rede auch von Toilettenverweigerern, die aber nun wirklich keine Ausnahmen sind.

Dracula im Frettchenfell

Einmal alle Jubeljahre finden Sie ein wirklich böses Frettchen, woran Sie nicht viel ändern können. Die meisten sind jedoch liebevolle und verspielte Familienmitglieder. Bei allen Frettchen, die ich kurzzeitig in meinem Heim aufgenommen hatte oder die permanent bei mir gelebt haben, kann ich mich an nur vier echte Beißer erinnern. Das Problem Beißen existiert, aber solche Tiere sind die Ausnahme, nicht die Regel. Nach meiner Erfahrung ist ein nettes kleines Hündchen noch immer gefährlicher als ein typisches Frettchen.

Gut ist, dass es selbst für beißende Frettchen Hoffnung gibt. Die meisten beißenden Frettchen können sich in sanfte Tiere verwandeln, wenn Sie willens sind, an Ihrer Beziehung zum Tier zu arbeiten. Wenn Sie wirklich ein guter Frettchenbesitzer sein wollen und es ernst mit diesen Tieren meinen, dann lassen Sie Problemfrettchen nicht beim nächstbesten Tierheim zurück. Dieser Abschnitt wendet sich an den Frettchenliebhaber, der daran arbeiten will, das Frettchen als Teil der Familie zu erhalten.

Frettchen beißen aus verschiedenen Gründen. Vielleicht besitzen Sie zwar nicht alle Informationen zur Geschichte Ihres Frettchens, aber durch genaues Beobachten sind Sie vielleicht in der Lage, eins und eins zusammenzuzählen. Das heißt, dass Sie lernen, die Bombe zu entschärfen, bevor sie losgeht. Oder Sie schaffen es in Ihrer wertvollen Zeit, das Frettchen davon zu überzeugen, dass nicht alle Menschen schlecht sind. Meist geht es um letzteres Problem. Wenn Sie einmal festgestellt haben, warum das Tier beißt (meist ist der Mensch der Grund allen Übels), können Sie der Situation entsprechend entgegentreten. Die folgenden Abschnitte betrachten die häufigsten Ursachen für beißende Frettchen. Im Abschnitt *Das Biest zähmen* erfahren Sie, was Sie tun können, um das Problem zu korrigieren.

Sie sollten den Unterschied zwischen verspieltem und aggressivem beißen erkennen, auch wenn beides korrigiert werden sollte. Ein aggressiver Beißer beißt Sie und tut das immer wieder. Das Tier beißt dann so hart zu, dass Blut fließt. Der Schmerz, den ein Biss eines aggressiven Frettchens verursacht, ist unvergleichlich. Verspielte, nicht aggressive Bisse sind unter anderem Küsschen, leichtes Zwicken und so in der Art. Verspielte Bisse erzeugen nur wenig Schmerz, sollten aber dennoch unterbunden werden, um in Zukunft größere Probleme zu vermeiden.

Der blinde Bernie

Ich bin einmal von einem meiner neueren Frettchen gebissen worden, von Bernie. Seine scheinbar unprovozierte Attacke überraschte mich sehr. Als ich den ersten Schock und Schmerz überwunden hatte, beobachtete ich genau, wie er mit den anderen Frettchen umging. Bernie war vollständig blind, und ich hatte das bis dahin nicht bemerkt. Ich hatte ihn erschreckt und daraufhin biss er mich, was ich an seiner Stelle wohl auch getan hätte. Jetzt rufe ich laut seinen Namen, bevor ich ihn aufnehme. Er hat mich nie wieder gebissen. Blinde und taube Frettchen sind wunderbare Haustiere. Wenn Sie sie jedoch erschrecken, können sie verständlicherweise zubeißen. Die meisten tun es jedoch nicht. Seien Sie besonders sorgsam, wenn Sie mit diesen kleinen Kreaturen umgehen. Erregen Sie die Aufmerksamkeit des blinden Frettchens, indem Sie sein Gehör oder seinen Geruch ansprechen. Das ist nur fair. Taubheit und Blindheit – bekannt oder nicht – sollte man bei Frettchen immer in Betracht ziehen, wenn es darum geht, den Grund für aggressives Verhalten zu finden.

Zunehmender Schmerz

Babyfrettchen sind natürliche Knabberer. Wenn Ihr beißendes Frettchen ein Jungtier ist, würde ich nicht denken, dass es bereits als Problemtier eingeschätzt werden sollte – noch nicht. Es ist eben noch jung. Wie alle Säugetiere untersuchen auch Frettchen ihre Umgebung mit dem Maul. Sie haben Schmerzen, wenn sie zahnen, und diese können zuweilen sehr heftig sein. Dabei knabbern sie an allem, was verfügbar ist – Ihrem Arm oder einem Spielzeug –, um die Schmerzen zu lindern.

Babytiere (auch Kleinkinder) wollen ihre Grenzen austesten. Sie müssen bereits früh gelehrt werden, welches Verhalten akzeptabel ist und welches nicht. Wenn Ihr »Problem«-Frettchen also noch ein Baby ist, lesen Sie in Kapitel 20 weiter, wenn es um das Beißtraining geht. Wenn Sie das Zwicken nicht stoppen, während das Frettchen noch jung ist, lesen Sie dieses Kapitel in einigen Monaten erneut – nur haben Sie dann wirklich ein Problem.

> Nicht alle Frettchenbisse sollten als Angriffe gewertet werden. Die meisten sind nämlich keine. Für die meisten Bisse gibt es einen guten Grund, und Beißen ist meist die einzige Möglichkeit, wie ein Frettchen seine Bedürfnisse oder Wünsche kommunizieren kann. Ein Frettchen kann Ihnen zum Beispiel nicht auf die Schulter schlagen und sagen »Du bist dran«, ein kleiner Kniff in den Knöchel ist da ebenso wirksam.

Mir hat keiner verboten zu beißen

Viele Halter versäumen es, ihren Frettchen das Schnappen abzugewöhnen, wenn sie noch klein sind. Vielleicht wurden Ihrem Frettchen einfach nie Grenzen gesetzt. Das kann Ihr Fehler sein, vielleicht auch der eines früheren Besitzers oder Pflegers, auch eine Zoohandlung kann beim Umgang mit den süßen Babys versagt haben.

Oft geben Leute ihre Frettchen in diesem Stadium ab, weil sie nicht wissen, wie man den Frettchen Grenzen setzt und sozusagen als Mensch der Chef ist. Meist sind sie einfach nur frustriert und wissen nicht weiter. Leider wandeln sich unschuldige Kniffe eines Jungtieres in freche Bisse, wenn man nicht einschreitet.

Das tut mir weh, Mensch!

Da Ihr Frettchen nicht sagen kann, »Hallo, mein Bauch tut weh!« oder »Ich hab wieder diese blöden Kratzviecher in meinen Ohren«, kann es stattdessen beißen. Ihr beißendes Frettchen leidet vielleicht unter einer heilbaren Krankheit, zum Beispiel schwerem Milbenbefall, oder einer chronischen Erkrankung.

Bringen Sie Ihren Beißer zum Tierarzt (warnen Sie diesen aber, dass das Tier zu Aggressionen neigt), und lassen Sie ihn komplett untersuchen. Seien Sie ein guter Mensch und achten Sie auf plötzliche Veränderungen im Verhalten. Oftmals fühlt sich ein Frettchen nur nicht wohl und braucht Ihre Hilfe.

> Gerade in Massenzuchten oder Zuchtfarmen werden die Frettchen kaum auf den Menschen sozialisiert. Da kann es dann schon mal vorkommen, dass selbst ein zehn Wochen altes Frettchen sich regelrecht in Ihre Hand verbeißt. Das Tier kennt einfach den Umgang mit dem Menschen nicht und hat Angst. Hier hilft nur Geduld und ganz viel Liebe.

Der Mann im Frettchen

Nicht kastrierte männliche Frettchen werden häufiger aggressiv als ihre kastrierten Kollegen. Wie bei einigen Jungs im Teenageralter sind ihre Hormone so ausgelegt, dass sie alle erreichbaren Lebewesen dominieren wollen. Normalerweise sucht sich das unkastrierte Frettchen andere männliche Frettchen zum Kampf aus. Auch weibliche Frettchen sind manchmal Ziel dieser männlichen Aggression. Manchmal werden auch Menschen angegriffen, die seine Frettchenhaftigkeit unbewusst in Frage gestellt haben. Lassen Sie den Kerl kastrieren.

Manche Frettchen leiden unter dem »Kleines-Frettchen-Syndrom«, und durch Beißen wollen sie sagen »Ich bin groß und gemein und kann mich auch durchsetzen, wenn nötig, pass also besser auf!«

Veränderungen

Veränderungen sind Angst einflößend, egal ob sie gut oder schlecht sind. Stellen Sie sich Folgendes vor: Ein Riese kommt, nimmt das Dach von Ihrem Haus, fasst Sie an und stellt Sie irgendwo wieder ab. Sie sehen nur fremde Menschen, alles riecht anders und sieht fremd aus. Vielleicht kommt sogar eine große feuchte Nase auf Sie zu und pustet Sie an. Die neuen Geräusche reichen aus, um Ihren Kopf zum Platzen zu bringen. Wenn Sie einen Schwanz hätten, würden Sie ihn aufstellen wie eine kleine Bürste. Sie wissen nicht, ob Sie erst in die Hosen machen und dann wegrennen sollen – oder eben beißen. Klingt doch nach einem Alptraum, oder?

Ein Frettchen in einer unbekannten Situation kann verängstigt und irritiert sein. Ob es bei dem Menschen ist, der sich jahrelang um das Tier gekümmert hat, oder ob ausschließlich neue Leute herumstehen – es weiß nicht, was es von der Situation halten soll. Unter derartigem Stress können Frettchen beißen. Aber nicht alle Frettchen in fremden oder neuen Situationen beißen, das müssen Sie wissen. Die meisten tun es nicht.

Das hat doch bisher immer funktioniert

Wenn Ihr Frettchen bereits einen Vorbesitzer hatte (oder auch wenn Sie Schuld haben), ist es möglich, dass das Frettchen versehentlich zum Beißen erzogen wurde. Ich meine damit nicht »Achtung, dieses Haus wird von einem Frettchen bewacht!«, ich spreche von dem weichem Menschen, der das Frettchen jedes Mal ungestraft ließ, wenn es geschnappt hat. Das Frettchen wurde hochgenommen, hat gezwickt, wurde laufen gelassen und hatte seine Freiheit. Oder das Frettchen biss, der Mensch dachte, es hätte Hunger, und belohnte den Biss mit Futter. Das Frettchen wurde von seinem Herrchen/Frauchen verzogen.

Bestärken Sie nie ein Frettchen im Beißen. Beißen sollte nicht als niedliche Variante gewertet werden, jemandem etwas mitteilen zu wollen.

Zurückschlagen

Die häufigste Ursache für beißende Frettchen ist das Misstrauen gegen Menschen. Menschen können ganz schön böse Tiere sein. Manche Menschen reagieren gewalttätig oder impulsiv auf Dinge, die sie nicht verstehen. Andere sind einfach Schurken, die gern grausam sind. Frettchen werden häufig Opfer von menschlicher Misshandlung. In diesen Fällen kann man von dem Tier wohl nichts anderes erwarten. Frettchen lernen aus ihrer Misshandlung verschiedene Dinge. 1. Greife an, sonst wirst du angegriffen. 2. Hände = Schlagen, Füße = Treten, Mensch = Schmerz. 3. Jeder kämpft für sich allein.

Um mit einem misshandelten Frettchen umzugehen, benötigen Sie viel Zeit und Geduld. Wenn Sie jemals tief verletzt worden sind, körperlich oder emotional, dann wissen Sie, wie lange es dauert, bis Sie wieder Vertrauen fassen können.

Andere Gründe für das Beißen

Manche Frettchen reagieren besonders auf bestimmte Geräusche, Gerüche oder Gegenstände. Mein Frettchen Sybil wurde mit zwei anderen ausgesetzt, mit Buster und Fidget. Sybil reagiert aggressiv, wenn die Hunde bellen, egal wo oder warum sie bellen. Sie kommt zu mir gerannt und beißt mich, wenn sie bellen. Ich habe von anderen Frettchen gehört, die ähnlich auf andere Dinge reagieren, wie zum Beispiel Gerüche (besonders an den Händen oder der Kleidung).

Einige Frettchen reagieren besonders heftig auf bestimmte Leute. Diese Tiere können sie auf dem Kieker haben, auch schon mal durch die Wohnung scheuchen und ihnen in die Knöchel beißen. Die meisten dieser verrückten Tiere sind sonst ebenso süß und niedlich wie alle anderen. Wenn Sie schlau genug sind, um den Auslöser zu finden, dann sollten Sie darauf achten, dass das Frettchen nicht auf ihn trifft, wenn es außerhalb des Käfigs ist. (Ach so – viele Frettchen lieben Fußfetische.)

Das Biest zähmen

Frettchen, die ungeachtet jeder äußeren Einwirkung einfach nur aggressiv sein wollen, sind sehr ungewöhnlich. Hoffnungslose Fälle sind eine Seltenheit. Wenn Sie der Meinung sind, einen hoffnungslosen exzentrischen Fall im Haus zu haben, würde ich glatt annehmen, Sie haben nur noch nicht die richtige Herangehensweise gefunden oder sind nicht konsequent bei der Erziehung. Ihr Frettchen leidet vielleicht sogar unter einer Kombination von Neurosen. Jedes Frettchen ist ein einmaliges Individuum und reagiert auf verschiedene Methoden der Resozialisierung anders. Ihre Aufgabe als Frettchenhalter ist, die beste Kombination von Liebe und sanfter Disziplin zu finden.

> ### Norm und sein Umgang mit Frettchen
>
> Norm Stilson von der Greater Chicago Ferret Association benutzt für alle beißenden Frettchen dieselbe Methode und hat großen Erfolg damit. Er räumt ein, dass dieser Wiederherstellungsprozess zwischen wenigen Wochen und mehreren Jahren dauern kann. Er hängt vor allem von der Schwere des Misstrauens ab, das ein Frettchen Menschen entgegenbringt (je nachdem, wie sehr es misshandelt wurde), außerdem davon, wie lange er mit dem Beißer arbeiten kann. Ich habe ihn in Aktion gesehen und beobachtet, wie er die scheinbar hoffnungslosesten Beißer in niedliche, glückliche Frettchen verwandelt hat. Norm benutzt den Oberkörpergriff, der im Abschnitt *Der richtige Griff* beschrieben wird, und spricht lange Zeit sanft mit dem Frettchen. Mit der anderen Hand streicht er ihm über das Fell, gleichzeitig auf dem Kopf und im Nacken. Er kuschelt das Frettchen an sich heran (achtet dabei auf dessen Kopf) und küsst sogar das Frettchen auf den Kopf. Norms Methode ist für mich die beste.

Der richtige Griff

Manche Leute sind der Meinung, dicke Lederhandschuhe sind gut geeignet, um ein aggressives Frettchen zu zähmen. Zwar können diese Ihre Hände vor tieferen Wunden schützen, die Ihnen ein Beißer zufügen kann. Mit den Handschuhen können Sie ein Frettchen auch anfassen und müssen sich nicht fürchten, wenn Sie es wirklich zähmen wollen. Wenn Sie Frettchen generell für unberechenbar halten, mag dies eine Option für Sie sein.

Während viele die Handschuhe vorziehen, werden sie von ebenso vielen Leuten strikt abgelehnt. Eine sanfte, aber fest zugreifende Hand vermittelt ein eher sicheres Gefühl im Vergleich zu einem steifen, groben Handschuh (siehe Abbildung 21.1). Der Griff mit einem Lederhandschuh ist von vornherein gröber, was der eigentliche Grund für den Ausraster gewesen sein könnte. Versuchen Sie es ohne, ich habe noch nie Handschuhe getragen. Sie sind zu unförmig auf meinen kleinen Händen, außerdem kann ich das Frettchen so nicht ordentlich halten. Außerdem wollte ich noch nie einem Frettchen den Eindruck vermitteln, dass meine Haut fest genug ist, um seine Attacken unbeschadet zu überstehen.

Ich denke, am besten sollten Sie ein aggressives Frettchen fest am Oberkörper und unter dem Po halten, dabei aber den Kopf stützen. Sie müssen es vielleicht etwas ablenken, um es so greifen zu können. Greifen Sie es einfach im Genick, nehmen Sie dann die andere Hand und halten Sie es von unten unter dem Brustkorb. Legen Sie Ihre Finger um den Hals des Frettchens. Auch eine Pfote kann zwischen Ihren Fingern gehalten werden. Wenn Sie sich einmal sicher sind, dass Sie das Frettchen sicher, aber fest in Ihrer Hand halten, lassen Sie das Genick los. Jetzt können Sie mit der freien Hand versuchen, das Frettchen zu beruhigen, indem Sie es sanft streicheln. In dieser sicheren Position kann der Beißer normalerweise seinen Kopf nicht drehen und Sie beißen. Dies ist eine geniale Griffmethode, die man Handschuhen unbedingt vorziehen sollte. Und sie funktioniert auch noch (siehe Abbildung 21.2).

21 ➤ Umgang mit verhaltensgestörten Frettchen

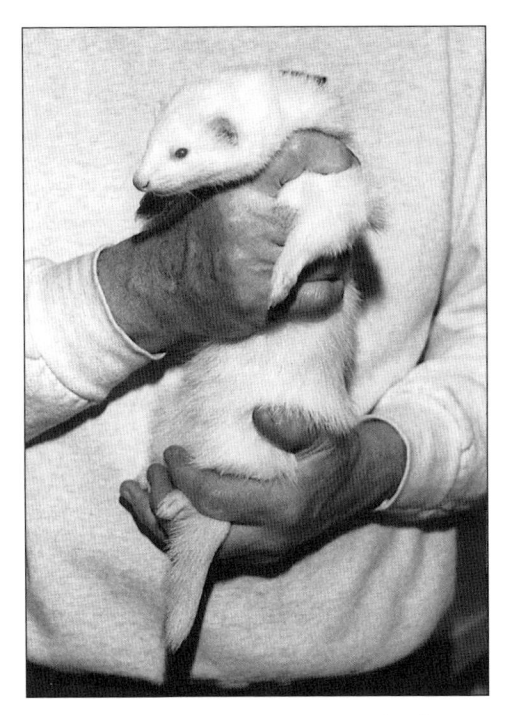

Abbildung 21.1: Norm zeigt eine sichere und richtige Methode, wie man ein Frettchen halten kann.

Mit dem »Handschuh-Training« würden Sie nur unnötig Zeit verschwenden, denn schließlich soll das Frettchen ja lernen, nicht in die Hände zu beißen. Was nützt es dann also, wenn es lernt, nicht in den Handschuh zu beißen? Außerdem sind Ihre Hände warm und haben einen ganz eigenen Duft, den sich das Frettchen einprägt. So lernt das Tier direkt, wie Sie riechen. Wenn Sie zu nervös oder unsicher werden, brechen Sie das »Anti-Beißtraining« ab. Denn Ihre Unruhe und Angst überträgt sich auch auf das Frettchen, das dadurch erst recht zubeißen könnte.

Versuchen Sie, ein zorniges Frettchen mit Ferretone oder Calo-Pet-Paste abzulenken. Neigen Sie die Flasche oder die Tube mit einer Hand, so dass es lecken kann; greifen Sie es mit der anderen Hand und nehmen Sie es hoch. Ich habe ein Frettchen, das normalerweise nur dann beißt, wenn ich es aus dem Nackengriff entlasse – dann lässt sie ihre Zähne blitzen. Wenn ich sie Linatone lecken lasse, während ich sie langsam absetze, vergisst sie, mich zu beißen.

Abbildung 21.2: Ob Sie es glauben oder nicht, dieses böse kleine Mädchen wurde in einen Engel verwandelt.

Biss lösen

Wenn ein Frettchen Sie beißen sollte und nicht wieder loslässt (ein ungewöhnliches Verhalten), sollten Sie an einige Dinge denken. Wenn Sie nicht über lange Erfahrungen im Umgang mit Frettchen verfügen, werden Sie aber wahrscheinlich zu viel mit Ihrer Panik und Überreaktion zu tun haben, als dass Sie logisch über diese Dinge nachdenken könnten, während Sie versuchen, das Frettchen von dem Körperteil zu trennen, in den es sich verbissen hat. Für den Fall, dass Sie cool genug sind, sind vielleicht die folgenden Tipps praktisch, um den Biss zu lösen:

✔ Geben Sie eine winzige Portion Bitter Apple in die Ecke des Frettchenmauls (mit einem Wattestäbchen). Während es versucht, den Geschmack auszuspucken, kommt auch Ihre Haut wieder frei.

Sprühen Sie Bitter Apple nie direkt auf das Gesicht eines Frettchens. *Nie*. Das ist so grausam und schmerzhaft, dass der nächste Biss gerechtfertigt wäre.

21 ➤ Umgang mit verhaltensgestörten Frettchen

✔ Suchen Sie sich jemanden, der vorsichtig die Kiefer des Frettchens öffnet und hilft, sein Gebiss aus Ihnen herauszulösen – einen Zahn nach dem anderen.

✔ Schieben Sie Ihren Finger, die Hand oder welcher Körperteil auch immer vom Frettchen gebissen wurde, in das Maul, um das Frettchen zu knebeln. (Ich habe mir bei meinen Schlangen schon oft auf diese Weise geholfen, die meine Hand für unwiderstehlich hielten. Wenigstens ringeln sich Frettchen nicht zusammen.)

✔ Versuchen Sie nicht, das Frettchen freizubekommen, indem Sie es ziehen oder wegschleudern. Lassen Sie es also nicht fliegen. Dadurch entsteht nur noch mehr Schaden. Und Sie fühlen sich richtig bescheuert.

✔ Tröpfeln Sie etwas Ferretone oder Olivenöl auf die Nasenspitze des Frettchens. Es beginnt automatisch zu lecken und lässt Sie dabei los. Zwar betone ich immer wieder, dass Beißen nicht belohnt werden darf, in einer extremen Situation können Sie sich jedoch so helfen. Hier ist es zuerst wichtig, das Frettchen von Ihnen zu trennen, ohne weitere Schäden bei Ihnen und dem Tier zu verursachen.

✔ Suchen Sie sich ein Gefäß mit kaltem Wasser, zum Beispiel eine Toilette, eine Badewanne, ein Waschbecken oder eine Schüssel und tauchen Sie das Frettchen ein, bis sein Wunsch zu atmen stärker ist als der, Sie zu beißen. Sie können auch kaltes Wasser aus dem Hahn laufen lassen. *Dies ist jedoch die allerletzte Lösung.*

Spülen Sie das Frettchen nicht in der Toilette hinunter oder ertränken Sie es nicht beim Versuch, es loszuwerden. Bisswunden heilen. Der Tod ist unumkehrbar. Die Schuld wird Sie lange verfolgen.

Das Wichtigste, das Sie sich merken sollten, wenn Sie von einem Tier gebissen werden, ist: Bewahren Sie Ruhe. Verfallen Sie nicht in Panik. Dadurch wird alles meistens nur noch schlimmer. Wenn Sie wissen, dass Sie es ganz sicher mit einem beißenden Frettchen zu tun haben, vermeiden Sie den Umgang mit ihm, bis jemand in der Nähe ist, der Ihnen notfalls helfen kann. Meistens brauchen Sie niemanden. Ihr Frettchen benimmt sich vollkommen okay, wenn Sie alles richtig machen.

Dinge, die Sie nicht tun sollten, oder »Wenn du das machst, beiße ich dich noch mehr ...«

✔ Mir Bitter Apple ins Gesicht sprühen.

✔ Mich in mein Ohr oder den Kopf zurückbeißen (das machen manche Leute wirklich).

✔ Mich auf Kopf oder Nase hauen, wenn ich beiße.

✔ Mich schlagen oder mich durchs Zimmer werfen.

✔ Mich von der Welt für lange Zeit isolieren.

Diese Dinge machen alles nur noch schlimmer und ich werde nie lernen, Menschen zu mögen.

Solange Sie zappeln und schimpfen, wird das Frettchen weiter beißen und noch fester zupacken, denn dann kommt der natürliche Beutetrieb durch: »Es bewegt und wehrt sich, also ist es noch nicht tot.« Auch wenn es weh tut, atmen Sie tief durch, sagen Sie nichts und versuchen Sie den Kiefer aufzudrücken. Sperren das Frettchen anschließend in den Käfig. Sie können dann Ihre Bisswunden verarzten und das Frettchen kann sich wieder beruhigen. Beißen hat meist mit Angst, Unsicherheit und schlechten Erfahrungen mit Menschen zu tun. Also nicht gleich schimpfen, denn das Tier soll lernen, dass Menschen auch nett sein können.

Zähmen

Nach meiner Meinung führt Aggression nur zu Aggression, ob Sie es mit einem Menschen oder einem Frettchen zu tun haben. Wahrscheinlich hat dies alles mit einem Menschen zu tun, der nicht nett zu dem Tier gewesen ist. Werfen Sie also diese ganze strenge Liebe über Bord und seien Sie einfach nur freundlich. Verstehen Sie mich nicht falsch: Es wird Zeiten geben, wenn Sie sich lieber einen Nahkampfhelm gewünscht hätten. Meistens kommen Sie jedoch mit Sanftheit und Geduld am weitesten.

Je nach Persönlichkeit Ihres Frettchens und seinen Erfahrungen aus seiner Vergangenheit kann es auf bestimmte Wiedereingliederungsversuche ansprechen oder auch nicht. Manche Frettchen lernen schnell, dass man Menschen trauen und ausgezeichnet mit ihnen spielen kann. Bei anderen dauert es etwas länger, bis sie zu diesem Schluss kommen. Hier einige Ideen, die vielleicht bei Ihrem beißenden Frettchen funktionieren.

Versuchen Sie dies zuerst – diese Lösungen liegen auf der Hand:

✔ Wenn es sich bei dem Beißer um ein nicht kastriertes Männchen handelt, lassen Sie es kastrieren.

✔ Suchen Sie bei Krankheiten oder Verletzungen den Tierarzt auf. Wenn Sie den Auslöser für das Beißen kennen, wie zum Beispiel bellende Hunde, setzen Sie Ihr Frettchen diesem nicht aus.

✔ Bei seh- und hörgeschädigten Frettchen sollten Sie besonders aufmerksam sein, um sie nicht zu erschrecken. Machen Sie sich vorher bemerkbar.

✔ Achten Sie darauf, dass Ihr Frettchen gut gefüttert und richtig ernährt wird.

✔ Verbringen Sie mehr Zeit mit Ihrem Frettchen, statt es den ganzen Tag im Käfig einzusperren.

Hier einige kreative Idee. Benutzen Sie diese nach Belieben und in Kombination:

✔ Reiben oder sprühen Sie Ihre Hand mit Bitter Apple ein, damit der Biss nicht gut schmeckt. Ich habe auch schon von Leuten gehört, dass sie noch ekelhaftere Dinge verwenden, wie Tabasco-Soße oder so. Bei manchen mag das vielleicht funktionieren, ich halte es für Misshandlung.

21 ➤ Umgang mit verhaltensgestörten Frettchen

- Kreischen, knurren, fauchen Sie, oder schreien Sie »Autsch!« oder »Nein!«, wenn Sie gebissen werden (einzelne Wörter, keine Sätze). Manche greifen ihr Frettchen im Nacken und schütteln es kurz, während sie mit dem Beißer schimpfen. Einige Frettchen begreifen so, dass Beißen nicht akzeptabel ist. Achtung: Manche Frettchen beißen noch härter zu, wenn der verbale Verweis von einem Nackengriff oder Schütteln begleitet wird. Das ist bei jedem Tier anders.

- Bestrafen Sie das Tier mit einem kurzen Einsperren im Käfig, wenn es gebissen hat. Nach dem Beißen sollte das Tier eine Auszeit bekommen, allerdings nicht sofort danach.

> Auszeiten sind wichtig, sie sollten Sie sorgfältig nutzen. Manche Leute glauben, dass eine Auszeit direkt nach dem Beißen als Belohnung verstanden werden könnte, weil das Frettchen vielleicht ohnehin in Ruhe gelassen werden wollte. Wenn Sie es in der Hand haben, sollten Sie das Frettchen mehrere Minuten lang festhalten, nachdem es gebissen hat, bevor Sie ihm eine Auszeit gewähren. Natürlich können Sie das Frettchen auch in den Käfig setzen, wenn Sie zu ärgerlich sind, um rational zu handeln oder sich erst um Ihre Wunden kümmern wollen. Wenn sofortige Auszeiten bei Ihrem Beißer nicht funktionieren, versuchen Sie die »Ich-halte-dich-trotzdem-fest-Methode«, vielleicht klappt es damit. Und lassen Sie Ihre Tetanus-Impfung erneuern.

- Wenn das Frettchen gerade keinen Spielgefährten hat, versuchen Sie, ihm einen Frettchenfreund zu besorgen, damit es sich mit jemandem raufen und herumtollen kann. Vielleicht langweilt es sich nur zu Tode.

- Ersetzen Sie das Körperteil durch ein Spielzeug und erlauben Sie ihm, nur da hinein zu beißen.

- Lassen Sie das Frettchen wissen, dass Sie der Chef sind, legen Sie es dazu auf seinen Rücken und halten Sie es fest. Halten Sie es kurz unter seinem Kopf, damit es Sie nicht beißen kann. Geben Sie ihm nach einigen Minuten eine Auszeit.

- Wickeln Sie das Frettchen sicher in ein Handtuch und tragen Sie es herum wie ein gewickeltes Baby. Sprechen Sie mit ihm und streicheln Sie ihm zart über den Kopf.

Nicht alle diese Methoden funktionieren bei jedem Frettchen. Leider wird es bei manchen Tieren dadurch nur noch schlimmer, das kann aber auch nur von kurzer Dauer sein. Wechseln Sie nicht sofort die Taktik, wenn sie nicht beim ersten Mal funktioniert. Wenn Sie den Beißer besiegen wollen, brauchen Sie Geduld und Konsistenz. Wenn das Beißen jedoch schlimmer wird und trotz Geduld und Konsistenz häufiger auftritt, sollten Sie etwas Neues ausprobieren.

> Aggression oder harte Bestrafungen sind keine Erziehungsmaßnahme. So muss sich das Frettchen nur verteidigen und greift möglicherweise wieder an. Das beißende Frettchen reagiert nur dann positiv, wenn Sie nie gewalttätig sind. Vergessen Sie nicht, das Frettchen immer für gutes Verhalten zu belohnen. Frettchen sind sehr intelligent und lernen, was Sie ihnen beibringen.

Cool bleiben

Selbstverständlich zehrt ein beißendes Frettchen ziemlich stark an Ihnen, sowohl körperlich als auch emotional. Sie brauchen wahrscheinlich auch hin und wieder Zeit, um während des Erziehungsprozesses einen kühlen Kopf zu bewahren. Machen Sie sich nicht fertig, wenn Sie hin und wieder nur reagieren und nicht agieren. Sie sind auch nur ein Mensch. Lernen Sie aus Fehlern und wiederholen Sie diese nicht. Sie müssen mit Ihrem Frettchen zwar konsequent arbeiten, aber vermeiden Sie es, wenn Sie ärgerlich oder gestresst sind. Andernfalls geraten Sie gleich wieder mit ihm aneinander und davon hat keiner etwas.

Wenn Sie das Gefühl haben, sich nicht um das beißende Frettchen kümmern zu können, suchen Sie sich jemanden, der damit Erfahrung hat. Suchen Sie Hilfe in einem Tierheim oder bei anderen Frettchenfreunden. Manchmal ist ein Tapetenwechsel *doch* für alle das Beste.

Probleme mit dem Klo

Sie wissen schon, es hat seinen Grund, warum das Thema Toilette in diesem Buch so oft auftaucht. Frettchen müssen oft. Sie sind recht saubere Tiere, aber nicht besonders wählerisch, wenn es um die Wahl des Örtchens geht. In diesem Abschnitt beschreibe ich zwar einige Möglichkeiten für Toilettentraining, aber hin und wieder geht doch etwas daneben. Manche tun es aus Boshaftigkeit, andere aus Faulheit, manche halten ihre Gründe versteckt. Sie müssen nur wissen, dass es fast jedem passiert.

In meinem Haus wurde schon jede Ecke auf jeder Etage in jedem Käfig irgendwann von einem Frettchen eingeweiht, also verunreinigt. Auch die anderen Ecken in meinem Haus haben allesamt schon gelitten. Das gehört zur Natur der Tiere. Wenn Frettchen müssen, dann müssen sie *jetzt*. *Sofort*. Sie haben eine kurze Verdauung, auch ihre Verdauungsorgane sind recht kurz. Sie können nicht an sich halten wie Katzen oder Hunde – oder auch Menschen. Wenn keine Toilette in Sicht ist oder die, die sich in der Nähe befindet, gerade besetzt oder für seinen Geschmack zu schmutzig ist, parkt es irgendwo rückwärts in eine Ecke ein und erleichtert sich. Hier einige hilfreiche Tipps für Sie und das unsaubere Frettchen.

Probieren Sie die folgenden Ideen bei Problemen im Käfig aus:

✔ Lesen Sie den Abschnitt über das Toilettentraining in Kapitel 20 (noch einmal).

✔ Stellen Sie die Toilette unbedingt in die Käfigecke.

✔ Stellen Sie mehrere Toiletten im Käfig auf.

✔ Wenn das Frettchen klein, krank oder alt ist, muss die Toilette einen flachen Rand haben oder klein genug sein, damit das Frettchen leicht ein- und aussteigen kann.

✔ Entleeren Sie die Toilette öfters.

✔ Probieren Sie eine andere Einstreu aus.

- ✔ Reinigen Sie verschmutzte Ecken oft und ordentlich mit einem sicheren Geruchskiller, damit das Frettchen nicht seiner Nase nach wieder an den Tatort zurückkehrt. Das funktioniert aber nur selten, meist kommt es ohnehin zurück.

Bei Problemen außerhalb des Käfigs probieren Sie das:

- ✔ Wenn Sie Ihr Frettchen zum Spielen wecken, setzen Sie es sofort in die Toilette, bis es sich erleichtert hat. Frettchen müssen sofort, wenn sie aufwachen, alte Frettchenregel.
- ✔ Reduzieren Sie die Größe des Spielbereichs, so dass die Toilette gut für das Frettchen zu erreichen ist. Sobald sich die Toilettengewohnheiten gebessert haben, können Sie den Spielplatz ja wieder vergrößern,
- ✔ Stellen Sie besonders in den Ecken des Auslaufs eine, zwei oder zehn Toiletten auf.
- ✔ Setzen Sie das Frettchen häufig in die Toilette, bis das Geschäft erledigt ist. Wenn es sich weigert, lassen Sie es einige Minuten in Ruhe und wiederholen Sie das Prozedere.
- ✔ Legen Sie Ecken mit Zeitung aus bzw. stellen Sie die Toiletten auf Zeitung. Die meisten Unfälle passieren kurz vor der Toilette.
- ✔ Wenn Sie ein Frettchen in flagranti beim In-die-Ecke-Machen erwischen, nehmen Sie es hoch, sagen laut »Nein« und setzen es in die Toilette, damit es dort sein Geschäft machen kann. Loben Sie das Tier überschwänglich, wenn es geklappt hat.
- ✔ Behandeln Sie die beschmutzten Ecken mit sicherem Geruchskiller, damit Ihr Frettchen sich von dem Geruch nicht angezogen fühlt.
- ✔ Legen Sie Nahrung und Bettzeug in Bereiche, die gern beschmutzt werden. Die meisten Frettchen würden nicht ins Futter oder das Bett nässen.

Die meisten Frettchen, die ich kenne, hatten Probleme mit dem Klogang. Wenn das nicht so wäre, hätten wir auch viel weniger zu reden und zu lachen. Ich habe ein blindes Frettchen, Bernie, das es immer auf die Toilette schafft, auch wenn diese noch so hoch oder groß ist. Manche andere Tiere gehen, wann und wo immer sie müssen. Gott sei Dank gibt es Küchenpapier, Febreze und Fleckentferner.

Teil VI
Wenn Sie über Zucht nachdenken

The 5th Wave — By Rich Tennant

»Wir versuchen herauszufinden, ob bei der Paarung der beiden ein neugieriges Faultier oder ein Frettchen, das leicht einzufangen ist, herauskommt.«

In diesem Teil ...

Wenn Sie erst ein Buch über das Züchten lesen müssen, muss ich Ihnen leider sagen, dass Sie wohl noch nicht qualifiziert genug sind, um zu diesem Zeitpunkt bereits mit Ihren Frettchen zu züchten. Man braucht viele Bücher, muss viele Jahre Frettchen besitzen und ausreichend Informationen sammeln, bis man überhaupt erst darüber nachdenken sollte, Frettchen zu züchten. Weil ich aber gegen unüberlegtes Züchten von Frettchen bin, habe ich diesen Teil mit grundlegenden Informationen zum Thema mit in das Buch aufgenommen. Ich tue mein Bestes, um Ihnen auszureden, noch mehr Frettchen in die Welt zu setzen. Als Leiterin eines Tierheims und Mutter von 23 zunächst ungewollten Frettchen macht es für mich keinen Sinn, wahllos zu züchten. Schauen Sie sich die Frettchenadressen im Anhang an. Dort gibt es bestimmt unzählige Frettchen, die nur auf ein gutes Zuhause warten.

Das Züchten von Frettchen sollte den wenigen Leuten überlassen werden, die genau wissen, was sie tun und warum sie es tun. Es sollte nur mit genetisch einwandfreien Frettchen gezüchtet werden – Frettchen, deren Nachkommen die Spezies an sich verbessern. Während die meisten von uns denken, dass unsere Frettchen die besten sind und gute Nachkommen zeugen würden, gibt es in Wahrheit nur einen kleinen Prozentsatz, der den hohen Zuchtstandards entspricht. Der Rest sollte kastriert werden und das tun, was sie am besten können: uns mit ihrem Frettchengesicht verrückt machen. Lesen Sie den Teil bitte sehr aufmerksam und bedenken Sie, welche Konsequenzen mehr und mehr Frettchen in unserer Welt mit sich ziehen. (Auch wenn Sie nicht züchten wollen, hilft Ihnen dieser Teil des Buches, Ihr Frettchen besser zu verstehen.)

Sollten Sie mit Ihrem Frettchen züchten?

In diesem Kapitel

▷ Die Kosten einer Zucht: emotional, finanziell und zeitlich gesehen

▷ Die Konsequenzen achtloser Züchtungen

▷ Warum Sie mit Ihrem Frettchen vielleicht nicht züchten sollten

Um in der Lage zu sein, Frettchen verantwortungsbewusst und erfolgreich zu züchten, sind jahrelange Erfahrungen mit Frettchen und viele Erkundungen notwendig. Ich bitte Sie dringend, Ihr Frettchen zu kastrieren oder zu sterilisieren und das Züchten wirklich denen zu überlassen, die wissen, was sie tun, warum sie es tun und welche Konsequenzen damit verbunden sind.

Dieses Kapitel beschäftigt sich mit Aspekten, die viele Anfänger nicht bedenken. Bevor Sie sich entschließen, Frettchen zu züchten, sollten Sie überprüfen, ob Sie auch die Voraussetzungen erfüllen. Und auch wenn Sie züchten können, sollten Sie sich immer auch fragen, ob es überhaupt sinnvoll ist.

Voraussetzungen für eine verantwortungsbewusste Zucht

Zum Züchten ist ein wenig mehr nötig, als einfach zwei verliebte Frettchen zusammen in einen Käfig zu setzen und ein »Bitte nicht stören«-Schild aufzuhängen. Verantwortungsbewusste Züchter wählen ihre Zuchttiere sorgfältig aus, um Nachkommen mit einem guten Temperament, gutem Aussehen und einer guten Gestalt zu züchten. Sie sind auf medizinische Notfälle vorbereitet und verbringen die meiste Zeit damit, sich um Mütter und Welpen zu kümmern.

Verantwortungsbewusste Züchter verkaufen ihre Welpen nicht einfach an irgendwen. Geld ist das Letzte, worüber sich diese Menschen Gedanken machen. Die Wahrheit ist, dass Sie wahrscheinlich nicht viel Geld mit der Zucht verdienen würden, es sei denn, Sie streben eine Massenzucht an und verkaufen Hunderte Welpen pro Jahr. Wenn Sie Glück haben, können Sie gerade so kostendeckend arbeiten.

Für einen verantwortungsvollen Züchter gibt es aber noch viel mehr zu tun. In den folgenden Abschnitten gehe ich etwas genauer auf diese Dinge ein.

Der Kostenfaktor

Sie brauchen ausreichend Geld, um die Kosten zu decken, die bei der Pflege trächtiger Weibchen und der Welpen aufkommen. Zucht ist immer auch mit hohen Kosten verbunden. Haben Sie schon mal an Notfälle oder ungeplante Situationen gedacht? Verantwortungsbewusste Züchter müssen Folgendes in Betracht ziehen:

- ✔ Angemessene Käfige und Käfigausstattung für die Weibchen und die Jungtiere
- ✔ Regelmäßige Tierarztuntersuchungen für Mutter und Kind, inklusive Ergänzungsfuttermittel und Medikamente
- ✔ Erstimpfungen für die Welpen, bevor sie in ihr neues Zuhause kommen
- ✔ Tierarztuntersuchungen für andere medizinische Notfälle, beispielsweise Gebärmuttererkrankungen oder Mastitis (infizierte und gehärtete Brustdrüsen)
- ✔ Notfallhilfe für die Fähe
- ✔ Die Kosten für das Einschläfern von Welpen mit Missbildungen oder eine lebenslange Pflege für diese Jungtiere
- ✔ Kosten für das Sterilisieren schlechter Weibchen (was ein schlechtes Weibchen ist, erfahren Sie im folgenden Abschnitt) oder deren Rente. Wenn Sie kein gutes Zuhause für diese Tier finden, müssen Sie sich bis an deren Lebensende um sie kümmern.
- ✔ Jungtiere, die nicht verkauft werden können, müssen bis an deren Lebensende versorgt werden.

Vorteile privater Züchter

Welpen sind sehr reizend und es ist ein sehr schönes Gefühl, ein gesundes und schönes Frettchen selbst großzuziehen (mit der Ausnahme, dass es natürlich ebenso ein schönes Gefühl ist, einem alten Tier aus dem Tierheim ein neues Zuhause zu geben). Verantwortungsbewusste private Züchter stellen eine echte Alternative für die Leute dar, die zwei Frettchenbabys möchten, sie aber nicht in einer Zoohandlung kaufen wollen. Solchen Züchtern ist es wichtiger, dass es ihren Tieren gut geht, das Geld steht nicht im Vordergrund. Private Züchter verbringen viel Zeit damit, ihre Fülle an Informationen an die Leute weiterzugeben, die nach Informationen suchen und danach fragen.

Die emotionale Seite

Das Züchten ist nicht immer ganz einfach und oft mit viel Herzschmerz verbunden. Sie werden auf viele Probleme stoßen, denen Sie vielleicht lieber nicht begegnet wären. Frettchenmütter sind nicht immer unbedingt auch gute Mütter. Viele Welpen werden von der Mutter aufgefressen oder vernachlässigt. Das kann Ihnen schier das Herz brechen. Einen neugeborenen Welpen mit der Hand aufzuziehen ist nahezu unmöglich und ein 24-Stunden-Job. Die meisten Züchter richten es so ein, dass immer mindestens zwei Fähen ungefähr gleichzeitig werfen, damit sie im Notfall auch als Ersatzmama einspringen können. Das funktioniert aber leider nicht immer, besonders, wenn der Wurf sehr groß ist.

Fragen Sie sich selbst, wie Sie sich in den folgenden Situationen fühlen würden. Denn wenn Sie züchten wollen, werden Sie von Zeit zu Zeit mit diesen Situationen konfrontiert:

- Plötzliches Sterben der Welpen
- Können Sie im Notfall helfen, z.B. als Geburtshelfer?
- Wehenschwäche des Muttertiers
- Starke Blutungen
- Mütter, die ihre Welpen auffressen
- Vernachlässigte Welpen, weil sich die Mutter nicht kümmern will oder kann
- Frettchen, die bei einer schwierigen Geburt sterben (und Sie es mit ansehen müssen)
- Wenn Ihre Hoffnungen zerstört werden, weil Sie herausfinden, dass es sich um eine Scheinschwangerschaft handelt (was bei Frettchen relativ häufig vorkommt)
- Die Sorgen, die Sie sich machen, wenn Sie den Welpen auf die Welt helfen, und die Gedanken daran, wie diese dann in einer fremden Obhut zurechtkommen
- Wenn Sie Jungtiere mit Geburtsfehlern einschläfern lassen müssen
- Wenn Frettchen aus irgendwelchen Gründen zu Ihnen zurückkommen

Der Zeitaspekt

Das Züchten von Frettchen, die Unterstützung, die Sie Mutter und Welpen während und nach der Geburt bieten müssen und die Suche nach einem perfekten Zuhause für die Kleinen können extrem zeitaufwändig sein. Denken Sie auch daran, dass Sie etwas anderes vernachlässigen müssen, weil Sie mit einem der folgenden Dinge beschäftigt sind:

- Alles gewissenhaft notieren, Bücher führen (Finanzen, Stammbaum etc.)
- Mit anderen Züchtern sprechen und von denen lernen (Verantwortungsvolle Zucht ist kein Wettkampf.)
- Das Gewicht der Welpen regelmäßig zu kontrollieren, um sicherzugehen, dass sie an Gewicht zunehmen und das Einleiten korrigierender Maßnahmen, wenn irgendwelche Probleme auftreten
- Ihr Frettchen zum Tierarzt bringen

✔ Viel Zeit damit zu verbringen, die Jungtiere zu sozialisieren, bevor sie in ihr neues Zuhause kommen. Gute Züchter hängen an ihren Jungtieren, bis diese mindestens zehn bis zwölf Wochen alt sind.

✔ Viel Zeit am Telefon verbringen, um potenzielle Käufer und Frettcheneltern zu finden. Gute Züchter suchen sich die Käufer ganz genau aus. Sie bieten auch Hilfe und Unterstützung sowohl vor als auch nach dem Kauf.

Einen Mythos begraben

Das Züchten von Tieren ist nicht geeignet, um Kindern das Geheimnis des Lebens beizubringen (in vielen Fällen auch das Geheimnis des Todes). Wenn Sie das Gefühl haben, dass Ihr Kind in diesem Bereich Nachholbedarf hat, leihen Sie ihm ein Video aus oder kaufen Sie ein paar Bücher. Das sind großartige Alternativen, um wertvolle Zeit mit Ihrem Kind zu verbringen und ihm die Schönheit des Lebens beizubringen. Erklären Sie Ihren Kindern auch den verheerenden Effekt der Überbevölkerung, damit sie verstehen, warum ein Video oder ein Buch besser geeignet ist als der reale Akt.

Was Sie noch nicht wissen

Verantwortungsvolle Zucht bedeutet, dass Sie viel über die Biologie und die Genetik von Frettchen wissen müssen. Wussten Sie beispielsweise, dass Frettchen mit Chinchillas dahingehend verwandt sind, dass bei beiden das Züchten bestimmter Farbvariationen tödliche Gene verursachen kann? Das führt dazu, dass die meisten Welpen aus diesem Wurf, wenn nicht sogar alle, sterben. Außerdem führen die exotischen Farben, die heutzutage bei Frettchen gezüchtet werden, zu mutierten oder rezessiven Genen. Bisher weiß noch niemand, ob diese bunten Frettchen mehr gesundheitliche Probleme haben als andere oder nicht. Woher wissen Sie, ob Sie nicht gerade eine dieser tragischen Situationen erschaffen?

Wenn Sie jetzt immer noch denken, dass Sie alle Kriterien für einen verantwortungsbewussten Frettchenzüchter erfüllen, legen Sie den Gedanken an die Zucht noch einen Moment länger auf Eis.

✔ Recherchieren Sie noch ein wenig. Erkundigen Sie sich bei Ihrem Tierheim vor Ort und übernehmen Sie dort wöchentlich ein paar Stunden freiwillige Arbeit. Wenn Sie dazu keine Zeit haben, haben Sie wahrscheinlich auch nicht die Zeit, um Frettchen zu züchten.

✔ Sprechen Sie mit einigen seriösen Züchtern, um noch tiefer in die Materie einzusteigen. Sie können Ihnen wahrscheinlich noch mehr Vor- und Nachteile aufzählen als ich. Achten Sie nur darauf, wirklich über alles Bescheid zu wissen, bevor Sie sich in die Bemühungen stürzen.

✔ Lesen Sie noch den letzten Abschnitt dieses Kapitels. Wenn Sie Frettchen lieben (wenn Sie diese Tiere züchten wollen, ist das wahrscheinlich der Fall), wollen Sie wahrscheinlich nicht, dass die Tierheime mit ihnen überflutet werden.

Züchten Sie Frettchen für das Tierheim?

Viele von Ihnen haben sicherlich schon einmal Statistiken darüber gehört, wie viele Katzen und Hunde in Tierheimen leben. Die Zahlen gehen in die Millionen. Frettchen werden als Haustiere immer beliebter, deshalb steigt auch die Zahl dieser Tiere in den Tierheimen. So erhöht sich natürlich auch die Zahl der Todesfälle heimatloser Frettchen (siehe Abbildung 22.1).

Abbildung 22.1: Jeder dieser Tierheiminsassen war mal ein Baby.

Es ist keine große Überraschung, dass das verantwortungslose Züchten zu einer Überpopulation führt. Die Anzahl der Frettchen in Deutschland, die ein neues Zuhause suchen, liegt monatlich bei ca. 200 Tieren. Viele dieser Tiere sind bereits Rentner, die nicht mehr in das Bild des perfekten Haustiers passen, das sich deren Besitzer einst zurechtgelegt haben. Sie werden einfach durch jüngere oder andere Tiere ersetzt.

Kein Frettchenzüchter kann garantieren, dass alle seine Welpen bis an ihr Lebensende in ein und demselben liebevollen Zuhause bleiben. Zu viele Menschen behandeln Tiere als Besitz. Diese Menschen machen sich dann wenig Gedanken über die Tiere und misshandeln, vernachlässigen oder verkaufen diese dann an den Höchstbietenden. Vielleicht geben sie die Tiere auch an die erstbeste Person weiter, die ihnen über den Weg läuft. Oftmals werden Frettchen auch in der Wildnis ausgesetzt oder in einem Tierheim abgegeben, wo ihre Zukunft sehr ungewiss ist. Dieses Syndrom der Vernachlässigung gibt es übrigens auch bei Kindern. Es ist jedoch moralisch und ethisch falsch, jegliches Leben mit solcher Missachtung zu behandeln. Dieser Kreislauf muss unbedingt gestoppt werden.

Jedes Frettchen, das gezüchtet wird, nimmt einem »Second-Hand-Frettchen« die Chance auf ein neues Zuhause. Denken Sie also immer auch daran.

Wahre Liebe

In diesem Kapitel

▶ Liebesbotschaften erkennen

▶ Werben und Paaren

▶ Was Sie über die Schwangerschaft Ihres Frettchens wissen müssen

23

Wenn Sie das perfekte Frettchenpaar zur Zucht gefunden haben, heißt das nicht, dass beide auch problemlos zusammengebracht werden können. Während wir natürlich denken, dass die Männchen sicherlich nur das Eine im Kopf haben und immer in der richtigen Stimmung sind, gibt es bei einem Rüden ebenso lange Perioden, in denen er »Kopfweh hat«.

Von der Paarungsunlust mal abgesehen kann das Werben und Paaren oft auch ziemlich unromantisch sein. Nachdem die Arbeit getan ist und sich das Männchen davonmacht, um sich wieder seinem Spielzeug zu widmen, braucht die Fähe noch eine Extraportion Aufmerksamkeit. Und da wir gute Menschen sind, achten wir natürlich darauf, dass ihre Bedürfnisse angemessen befriedigt werden. Damit meine ich nicht nur, nachts noch einmal aufzustehen und eine saure Gurke aus dem Kühlschrank zu holen. Sie müssen ihr viel mehr bieten: Liebe, einen guten Platz, an dem sie sich verstecken kann, und etwas Leckeres, womit sie sich ihren Magen füllen kann.

Dieses Kapitel gibt Ihnen einen Überblick über die Fortpflanzung und die Paarung von Frettchen. Ich lege dabei besonderen Wert auf Dinge, die erlaubt bzw. strengstens verboten sind, wenn Sie mit Ihren Frettchen züchten. Das ist ein sehr wichtiges Kapitel, das Sie sich aufmerksam durchlesen sollten, wenn Sie darüber nachdenken, kleine Frettchen in die Welt zu setzen.

Die Feinabstimmung der Organe

Hormone und Geschlechtsreife können erstaunliche Veränderungen im Aussehen, im Verhalten und in den Gewohnheiten von Tieren hervorrufen, unsere geliebten Frettchen sind da keine Ausnahme. Diese Veränderungen treten mit der Zeit ein, wenn sich der Körper verändert, entweder während der Paarungszeit oder wenn die Geschlechtsreife erreicht ist.

> www.frettchenhilfe.de
>
> Es sollte nur mit ausgewachsenen und gesunden Frettchen gezüchtet werden. Achten Sie auch auf den Charakter der Tiere. Denken Sie daran, dass es in Frettchenorganisationen, Frettchenhilfen und Tierheimen genug Abgabetiere gibt. Unüberlegtes Züchten führt nur zu noch mehr Tierelend.

Es ist wichtig zu wissen, wie sich ein Frettchen entwickelt und mit welchen Veränderungen Sie rechnen müssen. Wenn Sie züchten wollen, müssen Sie ein paarungsbereites Männchen schließlich auch erkennen.

Das Männchen

Wenn Sie es bisher noch nicht gemerkt haben, die nicht kastrierten Männchen sind die, die etwas strenger riechen. Gegenüber anderen männlichen Frettchen und Menschen können sie sehr aggressiv werden – besonders dann, wenn sie das Herz einer Frau erobern wollen. Nicht kastrierte Männchen, die sich in der Ranz befinden, eignen sich nicht gerade als Haustier, da sie nur andere Dinge im Kopf haben.

Die Hoden des Männchens sind mit ungefähr sechs Monaten geschlechtsreif. Bis sie die volle Geschlechtsreife haben, dauert es etwa noch einmal drei Monate. Die Pubertät bei den Männchen beginnt ungefähr dann, wenn die Hoden aufgrund der vermehrten Produktion des Geschlechtshormons Testosteron anfangen zu wachsen. Das Testosteron sorgt auch dafür, dass die Rüden das weibliche Geschlecht stärker wahrnehmen.

Sie necken die Weibchen (nur weil sie sie mögen) und packen sie am Nacken, um ihnen zu zeigen, wie sehr sie sich um sie kümmern. Wie bei überaktiven männlichen Hunden führen auch Frettchen regelmäßig Trockenübungen an den unterschiedlichsten Objekten durch. Das Interesse an den Weibchen und die gesteigerte Aggression treten normalerweise nur zwischen Dezember und Juli auf. Den Rest der Zeit sind Rüden ganz normale Frettchen.

Manche Menschen mögen nicht kastrierte Männchen nicht, weil sie strenger riechen, ihr Revier verteidigen und dadurch aggressiver als kastrierte Rüden sind. Wenn Sie sich mit einem anderen Frettchenzüchter zusammenschließen, können Sie vielleicht dessen Deckfrettchen auch für Ihre Zucht einsetzen. Über die Bezahlung werden Sie sich sicherlich schnell einig.

Das Weibchen

Nicht sterilisierte Weibchen werden unter normalen Umständen mit sechs Monaten geschlechtsreif. Der Beginn der Ranz (der Hitzeperiode) ist eng mit den länger werdenden Tagen im Frühjahr verbunden. Weibchen, die nicht so lange dem Tageslicht ausgesetzt sind, sind Spätzünder und erreichen die Geschlechtsreife in der Regel erst mit zwölf Monaten.

Ein Weibchen in der Ranz ist deutlich erkennbar. Ihre rosa Vulva (die Genitalien) schwillt durch das weibliche Sexualhormon Östrogen deutlich an. Es kann zu einem klaren oder leicht verfärbten Ausfluss kommen. Das Weibchen wird nervöser und schläft weniger (ich nenne es PMS oder Prä-Mustela-Syndrom). Im Unterschied zu Frauen verringern weibliche Frettchen ihre Nahrungsaufnahme während der Ranz.

Romantische Beleuchtung?

Sie können die Fortpflanzung der Frettchen beeinflussen, wenn Sie die Lichtmenge regulieren, der die Frettchen täglich ausgesetzt sind. Aus diesem Grund findet die Zucht von Frettchen auf der Südhalbkugel auch zu einer anderen Jahreszeit statt. Unter normalen Bedingungen sind die Weibchen zwischen März und August aufnahmebereit. Männchen sind von Dezember bis Juli in der richtigen Stimmung. Dass die Paarung während der längeren Sommertage im Jahr stattfindet, ist auf die exzellente Überlebenstaktik der wilden Verwandtschaft unserer Frettchen zurückzuführen. Längere Tage bedeuten gleichzeitig auch wärmere Tage mit ausreichend Wasser und Futter. In der Wildnis ist das notwendig, damit die Welpen auch ausreichend ernährt werden können. Somit steigt natürlich auch die Überlebensrate, und die Erhaltung der Art wird gesichert.

In ihrem Körper gehen noch einige andere Sachen vor sich. Die Gebärmutterwand schwillt an, in den Eierstöcken entwickeln sich Follikel mit vielen kleinen Eizellen. Sie lehnt sich dann einfach zurück und wartet auf ihr Traumfrettchen.

Die Zusammenführung

Etwa zwei Wochen, nachdem die Vulva des Weibchens sichtbar angeschwollen ist, sollte es gedeckt werden. Normalerweise wird es für ein Rendezvous zum Männchen gebracht. Es ist ratsam, beim ersten Zusammentreffen der beiden Frettchen in der Nähe zu bleiben, um sicherzugehen, dass die Chemie zwischen beiden auch stimmt. Sie können davon ausgehen, dass es viel Geschrei und Tumult geben wird. Das Weibchen wird die Annäherungsversuche des Rüden zunächst massiv abwehren. Wenn er nicht locker lässt, ergibt sich das Weibchen nach einem erbitterten Kampf.

Romantik und Zärtlichkeit sind das Letzte, woran ein Rüde denkt, wenn er seiner Traumfrau begegnet. Das Umwerben des Weibchens spielt keine Rolle. Der typische Geschlechtsakt dauert ungefähr eine Stunde, es gibt aber auch Tiere, die es in zehn Minuten schaffen bzw. sich drei Stunden Zeit lassen. Okay, okay, manche Rüden sind sehr freundlich, die Weibchen scheinen dabei wirklich Spaß zu haben. In der Regel verhalten sich nicht kastrierte Männchen jedoch eher nicht wie Don Juan.

Das männliche Frettchen packt das Weibchen praktischerweise im Genick, um es zu bändigen. Er schleift sie durch jede Ecke seines Käfigs, auch wenn sie schreiend und beißend dagegen protestiert. Wenn sie sich erst einmal unterworfen hat, bestimmt das Männchen die weitere Vorgehensweise. Es ist nicht ungewöhnlich, dass das Männchen noch ein zweites oder drittes Mal zum Weibchen zurückkehrt, wenn beide noch zusammengelassen werden.

Es folgen ein paar Hinweise, die Sie unbedingt kennen sollten:

✔ Das Paarungsritual bei Frettchen, besonders das Beißen in den Nacken und der anhaltende Verkehr, führt zu einer Freisetzung von Hormonen, die den

> Eisprung anregen. Ohne diese Hormone gibt die Fähe keine Eizellen frei und bleibt in der Ranz.
>
> ✔ Während des Geschlechtsaktes kommt es beim Weibchen zu Wunden im Nackenbereich. Es ist auch nichts Ungewöhnliches, wenn dabei Blut fließt. Wenn sich das Weibchen jedoch vor Schmerz schüttelt und die Wunden übermäßig stark bluten, ist das nicht normal. Trennen Sie die beiden Tiere sofort.
>
> ✔ Der Penis des Männchens hat an der Spitze einen knöchernen Haken, der dazu führt, dass der Penis nach dem Eindringen in der Vulva des Weibchens bleibt. Das Männchen bleibt so lange »eingehakt«, bis es entscheidet, dass es genug hat. Versuchen Sie nicht, die Tiere mitten im Geschlechtsakt zu trennen, Sie können eins der Tiere oder sogar beide dabei verletzen.

Viele Züchter empfehlen, das Pärchen für zwei oder drei Tage zusammenzulassen. Nach drei Tagen geht das Männchen dem Weibchen mächtig auf die Nerven. Wenn das Weibchen so reagiert und wenig tolerant ist, ist das meistens ein Anzeichen dafür, dass die Befruchtung geklappt hat.

Wenn das Weibchen an zwei Tagen hintereinander befruchtet wird, bringt sie einen größeren Wurf zur Welt. Wenn das Frettchen weniger als fünf Welpen hat, setzt bei ihr zwei oder drei Wochen nach der Geburt erneut die Ranz ein. Dieses Ereignis wird dann als *Laktationsranz* bezeichnet.

Die Schwangerschaft

Weibliche Frettchen werden als *induzierte Ovulatoren* bezeichnet, was bedeutet, dass sie ihre Eizellen so lange bei sich behalten, bis der Geschlechtsakt stattfindet. Der Druck am Gebärmutterhals, der durch den Geschlechtsakt ausgeübt wird, und das Ins-Genick-Beißen wirken stimulierend, so dass die Eizellen 30 bis 40 Stunden nach dem Akt freigegeben werden. Die Spermien können im Weibchen für 36 bis 48 Stunden überleben. Bis zu 18 Eizellen (in der Regel sind es fünf bis 13) werden befruchtet. Nach ungefähr einer Woche wird die Vulva wieder trocken und geht wieder auf ihre ursprüngliche Größe zurück – nach drei bis vier Wochen hat sie wieder Normalgröße. Wenn die Befruchtung lange nach der Ranz stattgefunden hat, dauert es jedoch etwas länger. Wenn die Vulva nach etwa einer Woche nicht wieder kleiner wird, ist das Weibchen nicht schwanger geworden. Sie können ein neues Rendezvous mit dem Rüden vereinbaren.

Schon in der zweiten Schwangerschaftswoche können Sie den Bauch des Weibchens vorsichtig abtasten und die kleinen Babys fühlen (sie sind etwa so groß wie eine Walnuss). Es kann aber auch sein, dass das Tier bis zur vierten Schwangerschaftswoche kaum typische Anzeichen einer Schwangerschaft zeigt. Nach 41 bis 43 Tagen (in der Regel sind es 42) kommen, wenn alles glatt verläuft, die kleinen Babys auf die Welt. Das Muttertier kommt, abhängig von der Jahreszeit, nach zwei bis drei Wochen oder in der nächsten fruchtbaren Periode wieder in die

Ranz. Ein gesundes Frettchen kann bis zu drei gesunde Würfe im Jahr auf die Welt bringen. Seriöse Züchter geben sich allerdings mit ein bis zwei Würfen pro Frettchenweibchen zufrieden.

Wenn Sie mit Ihrem Weibchen wirklich züchten wollen, sollten Sie einen anderen Züchter ausfindig machen (wenn Sie selbst kein zweites Weibchen besitzen), dessen Tiere zur gleichen Zeit werfen wie Ihr Weibchen. Treffen Sie Abmachungen, dass der andere Züchter die kleinen Welpen großzieht, nur für den Fall, dass Ihr Weibchen die Welpen nicht annimmt. (Frettchenmütter sind nicht immer gute Mütter. Manchmal vernachlässigen sie ihre Welpen oder sind nicht in der Lage, sie zu stillen.) Das Aufziehen von Frettchenwelpen per Hand ist nahezu unmöglich.

Was ist, wenn die Fähe nicht befruchtet wird?

Ein weibliches Frettchen sollte zwei Wochen nach Beginn der Ranz befruchtet werden. Was ist, wenn Sie sich plötzlich entscheiden, das sich in der Ranz befindende Weibchen doch nicht befruchten zu lassen? Weil es sich bei Frettchen um induzierte Ovulatoren handelt, bleiben die Fähen so lange in der Ranz, bis sie befruchtet werden. Solch eine Dauerranz kann tödlich enden.

Wenn sich ein Frettchen in der Ranz befindet, erhöht sich sein Östrogengehalt dramatisch. Durch die erhöhte Ausschüttung an Hormonen wird die Produktion von Blutzellen im Knochenmark unterdrückt, das Tier erleidet eine aplastische Anämie. Wenn dieser Zustand nicht behandelt wird, endet er tödlich, denn die Blutzellen des Tieres werden nicht ersetzt, wie es zwingend notwendig ist. Weil deshalb weiße Blutkörperchen fehlen, treten vermehrt Bakterieninfektionen auf. Andere Anzeichen für diese Anämie sind weißes Zahnfleisch, eine Schwächung des hinteren Körperbereichs, ausfallendes Fell, kleine Blutgerinnsel unter der Haut.

Es gibt verschiedene Möglichkeiten, um die Ranz eines Weibchens zu beenden:

✔ Paaren Sie es mit einem nicht kastrierten Männchen.

✔ Paaren Sie es mit einem Rüden, bei dem die Samenleiter durchtrennt wurden. (Die Hormone funktionieren noch, nur der Zufahrtsweg ist blockiert.)

✔ Lassen Sie es sterilisieren oder kastrieren, schnellstens!

Die Verabreichung einer Hormonspritze oder die Paarung mit einem vasektomierten Männchen sind nur vorübergehende Lösungen, die bei der Fähe eine Scheinschwangerschaft auslösen. Möglicherweise beginnt die Ranz anschließend von vorn, und Sie stehen erneut vor dem Problem. Wenn Sie beschlossen haben, mit Ihrem Weibchen doch nicht zu züchten, sollten Sie es unbedingt sterilisieren lassen. Auf eine Verabreichung einer Hormonspritze sollte verzichtet werden, da das Tier bereits geschwächt ist. Eine Kastration ist immer die beste Lösung. Ein erfahrener Tierarzt führt die Operation auch bei starker Durchblutung des Gewebes durch.

Die Ankunft der Welpen vorbereiten

In diesem Kapitel

▸ Die werdende Mutter verwöhnen und die Geburt der Welpen vorbereiten

▸ Hebamme spielen

▸ Probleme erkennen und sich derer annehmen

▸ Harte Fakten über das Aufziehen der Welpen von Hand

Wenn Sie immer noch der Meinung sind, mit Ihrem Frettchen züchten zu müssen, steht Ihnen noch einiges bevor. Sie werden vor Erwartung und Spannung förmlich zergehen. Es gibt aber noch viele Hürden, die Sie überwinden müssen, bevor Ihr Weibchen so weit ist. Sie müssen Ihrem Frettchen besondere Pflege und Aufmerksamkeit zukommen lassen, sowohl während als auch nach der Schwangerschaft, das ist lebensnotwendig.

Dieses Kapitel zeigt Ihnen nicht nur die Bedürfnisse Ihres schwangeren Frettchens, sondern beschreibt auch die Geburt der Welpen. Die Sterberate neugeborener Welpen ist ziemlich hoch. Ich werde Ihnen die wesentlichen Dinge auflisten, die schief gehen können, und Ihnen sagen, wie Sie den Tieren helfen können. Dieser Teil des Buches ist auch für Leute geeignet, beispielsweise Angestellte aus einem Tierheim oder Mitarbeiter einer Frettchenhilfe oder Frettchenorganisation, die sich unerwartet um ein schwangeres Frettchen kümmern müssen.

Dieses Kapitel ist nicht als Schritt-für-Schritt-Anleitung für das Züchten von Frettchen gedacht. Sie brauchen Jahre, um die dazu nötigen Erfahrungen zu sammeln. Nehmen Sie dieses Kapitel eher als einen Überblick, der Ihnen typische Situationen aufzeigt, die bei der Zucht von Frettchen eintreten können. Wenn überhaupt, will ich Ihnen damit nur noch deutlicher einreden, dass Sie das Züchten lieber erfahrenen und verantwortungsbewussten Züchtern überlassen sollen.

Wenn die Frettchenmama kurz vor der Entbindung steht, sollten Sie sich vielleicht Urlaub nehmen, um die ersten Tage bei den Tieren zu sein und bei Problemen sofort zum Tierarzt fahren zu können.

Kümmern Sie sich um die werdende Mutter

Bereiten Sie sich darauf vor, das Weibchen ab sofort noch mehr zu umsorgen und zu verwöhnen, als Sie das in den letzten Monaten ohnehin schon getan haben. Wenn Sie ein wahrer Frettchenliebhaber sind (und das sollten Sie sein), sollte dieser Teil des Jobs nicht allzu schwierig werden. Verdreifachen Sie einfach den aktuellen Aufwand. Ihr Frettchen wird sich mit einem gesunden Wurf kleiner Frettchen bei Ihnen bedanken. Es kommt aber auch immer wieder zu Komplikationen, egal wie gut Sie sich um die werdende Mutter kümmern.

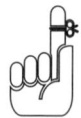

Sie müssen mit Ihrem schwangeren Frettchen ab sofort, wenn das nicht ohnehin schon der Fall ist, sehr vorsichtig umgehen, um es ihr so bequem wie möglich zu machen. Diese positive Beziehung zwischen Ihnen und Ihrem Frettchen ist besonders wichtig, vor allem, wenn Sie während oder kurz nach der Geburt eingreifen müssen. Wenn eine unbekannte Hand in das Nest fasst, könnte es sein, dass das Muttertier damit reagiert, dass es die Jungtiere auffrisst.

Seltsames Verlangen?

Auch wenn Ihr schwangeres Frettchen keine sauren Gurken oder Eis verlangt, braucht es trotzdem einige zusätzliche Nährstoffe, um vor der Geburt der Welpen seine Gesundheit und Kondition beizubehalten. Die zusätzlichen Nährstoffe sind auch während der Stillzeit wichtig.

Experten raten, dass die Nahrung eines schwangeren Frettchens 30 bis 40 Prozent Eiweiß und zehn bis 20 Prozent Fett enthalten soll. Wenn das Tier anfängt, Milch zu produzieren, sollte die Fettmenge auf 30 Prozent erhöht werden. Die meisten stillenden Frettchen sind besonders dünn, achten Sie deshalb darauf, dass das Tier zusätzliche Nährstoffe bekommt.

✔ Halten Sie ein paar zusätzliche Tuben Nutri-Cal oder Calo-Pet bereit, um Ihre Frettchendame während des Spielens immer mal wieder zu verwöhnen. Außerdem sollten Sie immer ausreichend Futter und natürlich frisches Wasser zur Verfügung stellen.

✔ Viele Züchter ergänzen die Standardnahrung ihrer schwangeren Frettchen mit selbst gekochtem Fleisch und Eigelb. Sie können auch dickere Hühnerbrühe (siehe Kapitel 14) anbieten.

Schwangere und stillende Frettchen neigen zu einigen Krankheiten, die für die Mutter und die Welpen lebensgefährlich sein können. Zu diesen Krankheiten zählen Mastitis, Eklampsie oder Stillkrankheit. Es ist sehr wichtig, dass Sie das Verhalten und den Gesundheitszustand Ihres Frettchens aufmerksam beobachten. Weitere Informationen über Stillerkrankungen und Mastitis finden Sie im Kasten *Was Ihrem Frettchenweibchen alles zustoßen kann* und den Abschnitt *Frettchenmutter im Krankenstand* weiter hinten in diesem Kapitel.

Die Entbindungsstation

Schwangere Frettchen können mit anderen schwangeren Frettchen zusammengehalten werden, müssen dann jedoch spätestens zwei Wochen vor der Geburt getrennt werden. Die Einzelwohnungen sollten mit viel zusätzlichem Bettzeug und ausreichend weichem Nistmaterial ausgestattet werden. Als Nestbox können Sie ein Kaninchenhaus, ein Katzenklo oder etwas Ähnliches verwenden. Das Nest selbst sollte absolut sauber und frei von scharfen Kanten sein, um Verletzungen bei Mutter und Kind zu vermeiden.

> Es ist zwingend erforderlich, dass Sie eine Nestbox bereitstellen. Dadurch bleiben die kleinen Welpen dichter zusammen und somit auch wärmer. Ein Welpe, der vom restlichen Wurf getrennt wird, kühlt sehr schnell aus und stirbt. Außerdem bietet so eine Box ausreichend Privatsphäre für die neue Familie.

✔ Der Käfig selbst sollte keine Öffnungen haben, die größer als 2 x 2 Zentimeter sind, denn neugeborene Frettchen sind nicht viel größer als ein kleiner Finger. Sie können den Käfig auch absichern, indem Sie die Seitenwände bis in eine Höhe von zwölf bis 15 Zentimetern mit Pappe oder ähnlichem Material verkleiden.

✔ Achten Sie darauf, welche Art von Bettzeug Sie verwenden. Vermeiden Sie Frottee und andere Materialien, die Schlingen bilden und kleine Köpfe oder Gliedmaßen strangulieren können. Sie können auch weiche, feste Stoffe verwenden.

Wenn der Geburtstermin immer näher rückt, richtet das Frettchenweibchen das Nest für die Welpen perfekt her. Damit das Nest schön weich ist, nutzt das Muttertier auch weiche Büschel von seinem eigenen Fell. Entfernen Sie dieses Fell auf keinen Fall, es bietet extra sicheren Schutz für kleine hilflose Welpen.

Viele Züchter geben auch ein Heizelement mit in das Nest, weil die Welpen ohne die Hilfe der Mutter oder anderweitige Hilfe ihre Körpertemperatur nicht aufrechthalten können:

✔ Sie können eine Wärmelampe in entsprechender Höhe über einer der Käfigecken anbringen. Hierbei besteht jedoch die Gefahr, dass das Nest zu warm wird.

✔ Sie können ein Heizkissen unter den Käfig legen (natürlich außerhalb der Reichweite der Welpen). Stellen Sie niemals die ganze Nestbox auf eine Heizmatte. Wenn Sie die Matte nur zur Hälfte darunter legen, können die Tiere selbst entscheiden, wann sie Wärme wollen und wann nicht. Vergewissern Sie sich, dass die Heizmatte nicht zu heiß eingestellt ist. Auf der anderen Seite sollten Sie das Heizkissen aber auch regelmäßig kontrollieren, um sicherzugehen, dass es noch funktioniert.

Seien Sie kurz vor der Geburt ruhiger und verringern Sie die Aktivitäten rund um die Entbindungsstation. Üben Sie in der Zeit also nicht mit Ihren Trommeln und lassen Sie den Hund nicht den ganzen Käfig durchschütteln. Solche Störungen können dazu führen, dass das Muttertier in Panik gerät und seine Welpen kurz nach der Geburt auffrisst. Die Person, die das Frettchenweibchen während der Schwangerschaft versorgt hat, sollte auch die einzige Person sein, die im Notfall in das Nest mit den Welpen greifen darf. Warum? Ebenfalls wegen des Kannibalismus.

Was Ihrem Frettchenweibchen alles zustoßen kann

Ihr Frettchen könnte in einen dieser Zustände geraten. Sie finden hier einen kleinen Überblick, worauf Sie achten müssen. Bei all diesen Umständen ist es wichtig, dass Sie so schnell wie möglich einen Tierarzt aufsuchen.

- ✔ **Eklampsie:** Tritt erst sehr spät in der Schwangerschaft auf, jedoch noch bevor die Welpen auf die Welt kommen. Sowohl die Mutter als auch die Welpen können daran sterben. **Anzeichen:** verminderter Appetit, Lethargie, Dehydration, schwarzer Kot, ernsthafter Ausfall des Fellkleides. Bei den Ursachen für diese Krankheit besteht Ungewissheit, sie ist aber möglicherweise auf die Ernährung und auf Stress zurückzuführen.

- ✔ **Mastitis:** Dabei handelt es sich um eine Bakterieninfektion, die in der ersten Phase der Stillzeit auftritt. **Anzeichen:** Geschwollene, verhärtete, verfärbte und schmerzhafte Zitzen, Appetitlosigkeit und Lethargie. Außerdem ist das Tier nicht in der Lage, die Welpen zu säugen, und hat eventuell Fieber.

- ✔ **Stillkrankheit:** Tritt kurz vor und kurz nach dem Abstillen der Welpen auf. **Anzeichen:** Appetitlosigkeit, Schwäche, Gewichtsverlust, Koordinationsstörungen, Dehydration und möglicherweise auch der Tod. Die Ursachen sind noch nicht genau erforscht, es könnte aber sein, dass die Ernährung und Stress der Auslöser dafür sind.

- ✔ **Vaginitis:** Diese Krankheit tritt in Form einer allgemeinen Reizung der Vulva bis hin zu einer Bakterieninfektion auf, die oftmals durch Nistmaterial wie Heu, Stroh oder Holzspäne hervorgerufen wird. **Anzeichen:** Gelber Ausfluss im Vaginalbereich.

- ✔ **Pyomtra:** Hierbei handelt es sich um eine Bakterieninfektion des Gebärmutterhalses, die bei nicht sterilisierten, nicht schwangeren Weibchen auftritt. **Anzeichen:** Eitriger Ausfluss im Vaginalbereich, ein gespannter Unterbauch aufgrund des mit Eiter gefüllten Gebärmutterhalses, Lethargie, verringerter Appetit, erhöhte Wasseraufnahme, Fieber.

Der Kreißsaal

Es ist eine hervorragende Idee, sich die Tage der Entbindung im Kalender einzutragen. Frettchen, die in den Wehen liegen, zeigen nur ganz geringe Anzeichen für den bevorstehenden Moment. Die werdende Mama schreit und tobt nicht und beschimpft auch den Papa nicht mit den unmöglichsten Sachen. Sie wird ihnen auch nicht drohen, wenn Sie nichts gegen den Schmerz machen können.

Die herkömmliche Geburt

Eine normale Geburt kann ganz schnell ablaufen. Für ein Frettchen mit einem Wurf durchschnittlicher Größe sind zwei bis drei Stunden ganz normal. Ist der Wurf etwas größer, kann es auch ein bisschen länger dauern, jede Stunde kommen ein paar neue Welpen auf die Welt. Das Muttertier sollte sorgfältig beobachtet werden, falls irgendwelche Komplikationen auftauchen, Störungen sollten Sie jedoch vermeiden.

✔ Achten Sie auf Welpen, die noch in der Fruchtblase stecken. Wenn die Mutter sich nicht darum kümmert, müssen Sie ihnen da heraushelfen. Das Muttertier wird die Welpen sauber lecken und sich um ihre Atmung kümmern, sobald die Kleinen auf der Welt sind. Ein Welpe, der zu lange in der Fruchtblase bleibt, erstickt.

> Die meisten Welpen, die nicht spätestens am 44. Tag geboren werden, sterben noch im Mutterleib. Welpen, die überfällig sind, wachsen trotzdem weiter und bereiten der Mutter dann Probleme, weil sie den Geburtskanal verstopfen (lesen Sie dazu auch den nächsten Abschnitt). Die Fähe kann durch im Körper verbleibende Welpen sterben.

Anstatt die Nabelschnur durchzuschneiden, sollten Sie der Mutter lieber erlauben, diese durchzubeißen. Durch das Draufbeißen wird die Blutung am losen Ende gestoppt. Achten Sie auch darauf, dass das Muttertier die Nachgeburt vollständig auffrisst. So eklig das auch klingen mag, aber die Nachgeburt enthält viele wichtige Nährstoffe für die geschwächte Mutter. Sie enthält Hormone, die dazu führen, dass die Gebärmutter wieder kleiner wird, und ist außerdem reich an Eisen, was für die Milchproduktion sehr förderlich ist.

Über einen Zeitraum von mehreren Tagen, jedoch frühestens 24 Stunden nach der Geburt, sollten Sie die Reste vollständig beseitigen und alles reinigen. Wenn Sie den Abfall noch ein bisschen drin lassen, hilft das den Welpen, durch Geruchseinprägung eine stärkere Bindung zu ihrer Mutter aufzubauen.

Normalerweise legt sich die frisch gebackene Frettchenmutter dann zu ihren Welpen, damit die sofort anfangen können zu saugen (siehe Abbildung 24.1). Die meisten Züchter sind sich einig, dass die ersten Tage im Leben der kleinen Welpen die entscheidenden sind. Wenn sie diese schwierigen Tage überleben, ist die Chance, dass sie es schaffen, groß zu werden, ziemlich hoch.

Eine schwierige Geburt

Viele Geburten laufen allerdings weitaus weniger typisch ab. Bei der Geburt kann vieles schief gehen und die Welpen oder die Mutter können sterben, es kann aber auch sein, dass ein Kaiserschnitt notwendig wird. Die folgenden Situationen treten relativ häufig ein:

✔ Die Welpen werden zu schnell hintereinander geboren und die Nabelschnüre der einzelnen Babys verheddern sich. Verwickelte Welpen können nicht gesäugt werden, sie kühlen aus und sterben. Es könnte auch sein, dass Körperteile absterben oder der ganze Welpe stirbt, weil die Nabelschnur austrocknet und die Fruchtblase noch um Körperteile gewickelt ist. Geben Sie sorgfältig Acht, wenn nötig, müssen Sie die Nabelschnüre etwas kürzen.

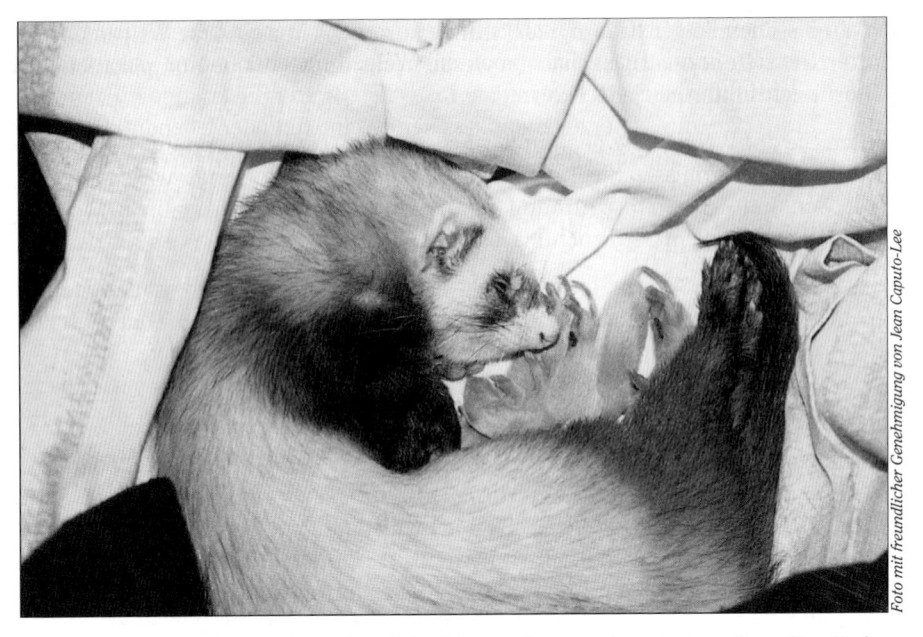

Abbildung 24.1: Diese junge Mutter kuschelt sich um ihre gerade mal einen Tag alten Welpen.

✔ Ein Welpe in einer ungewöhnlichen Geburtssituation blockiert eigentlich immer den Geburtskanal, wo er dann stirbt und den anderen Welpen den Weg in die große weite Welt versperrt. Die anderen armen Welpen sterben dann auch. Das Muttertier fängt an zu schreien, vernachlässigt die bereits geborenen Welpen und wird ruhelos.

✔ Welpen mit angeborenen Defekten bleiben in der Regel im Geburtskanal stecken und sterben.

✔ Bei einem kleinen oder überfälligen Wurf werden die Welpen gefährlich groß. Bei großen Welpen besteht auch die Gefahr, dass sie im Geburtskanal stecken bleiben und dann sterben.

> Vergewissern Sie sich, dass Sie einen erfahrenen Tierarzt in der Nähe haben, den Sie im Notfall anrufen können. Falls einer der Welpen im Geburtskanal stecken bleibt, sollten Sie Ihren Tierarzt vielleicht daran erinnern, kein Ocytocin zu verabreichen. Denn dabei handelt es sich um ein wehenverstärkendes Mittel, das zu einer Uterusruptur oder einer Plazentaablösung führt, was beides den Tod des Babys zur Folge hat.

Je nach Grund der Schwierigkeiten bei der Geburt verabreicht der Tierarzt Ihrem Frettchen ein Medikament zur Geburtseinleitung. Ein Kaiserschnitt ist bei Frettchen nichts Ungewöhnliches. Wenn die gesunde Mutter nach der Operation gut versorgt wird, ist sie fast immer in der Lage, die Welpen zu säugen und sich ausreichend um sie zu kümmern.

Nehmen Sie niemals einfach nur an, dass eine Geburt beendet ist. Vergewissern Sie sich immer, dass nicht noch ein Welpe hinterherkommt, das ist überlebenswichtig für die Frettchenmutter. Tasten Sie (wenn Sie es können) den Bauch der Mutter ab, um sicherzugehen, dass kein Welpe (tot oder lebendig) mehr darin ist. Wenn Sie nicht so geübt sind, können Sie das auch Ihrem Tierarzt überlassen. Wenn Sie diese Untersuchung vergessen, könnte das den Tod der Mutter und der ungeborenen Welpen zur Folge haben. Die bereits geborenen Welpen hätten dann keine Mutter mehr.

Probleme

Vielleicht können Sie sich freuen und alle Welpen kommen sicher und gesund auf die Welt. Sie werden überglücklich sein und es kaum erwarten können, der Frettchenfamilie beim Aufwachsen beizustehen. Was sollte jetzt noch schief gehen? Jede Menge. Sie haben noch einen langen Weg vor sich, bevor die Welpen aus dem Gröbsten heraus sind.

Manche Frettchen eignen sich einfach nicht als Muttertiere. Auch wenn Sie die perfekte Mutter haben, es gibt immer wieder Situationen, die dazu führen, dass sie ihre Welpen nicht ordnungsgemäß säugt. In solchen Situationen, die in den nächsten Abschnitten noch genauer beschrieben werden, ist es hilfreich, eine Pflegemutter zu haben, die sich der Welpen annimmt – vorausgesetzt, sie wurden noch nicht aufgefressen. Bedenken Sie auch die Rolle einer Leihmutter für den Fall, dass Ihr Frettchen während der Geburt stirbt. So traurig es vielleicht klingt, die Idee ist gar nicht so weit hergeholt.

Die Rabenmutter

Nervöse Mütter oder Mütter, die zum ersten Mal Junge kriegen, machen oft einen sehr erbärmlichen Eindruck. Manche Frettchen eignen sich auch gar nicht als Muttertiere und stoßen die Welpen ab oder fressen ihren Wurf ohne ersichtlichen Grund gleich nach der Geburt auf.

- ✔ Frettchenmütter mögen warme Babys. Kalte Welpen werden fast immer verstoßen. Wenn die Mutter für eine längere Zeit abwesend ist (beispielsweise aufgrund einer Operation), ist es unbedingt wichtig, dass Sie die Welpen während ihrer Abwesenheit schön warm halten. Heizmatten, Lampen und Wärmflaschen eignen sich hierfür am besten. Achten Sie aber darauf, dass es für die Kleinen nicht zu warm wird.

- ✔ Manche Mütter brauchen erst einmal eine ordentliche Mahlzeit, bevor sie sich um ihre Welpen kümmern können. Wenn Ihr Frettchen nach der Geburt der Welpen kein Interesse an ihnen zu zeigen scheint, bieten Sie ihr etwas warmes Dosenfutter oder Trockenfutter mit ein paar Spritzern warmes Wasser oder ihr Lieblingsleckerli an.

- ✔ Deutliche Veränderungen der Käfigtemperatur, Lärm und/oder Aktivitäten rund um das Nest können dazu führen, dass die Mutter ihre Welpen verstößt oder auffrisst. Achten Sie deshalb unbedingt auf ausreichend Ruhe (jetzt ist noch nicht die Zeit, die kleinen Welpen Ihren Kindern zu zeigen). Nur die Pflegeperson sollte Zutritt zu den Tieren haben. Erklären Sie die Mutter-Kind-Station zur Sperrzone.

Frettchenmutter im Krankenstand

Manche Frettchenmütter erzeugen einfach nicht genug oder gar keine Milch, um alle Welpen ausreichend zu säugen. Sie sollten die Aktivitäten und die Größe der Babys immer kontrollieren, wenn sie gesäugt werden. Die Welpen sollten täglich an Gewicht zunehmen und am zehnten Tag nach der Geburt ihr Geburtsgewicht verdreifacht haben. Ein Baby, das nicht mit ausreichend Milch versorgt wird, verhungert langsam. Es verliert den Drang zu saugen, ermüdet und stirbt dann irgendwann. Wiegen Sie die Babys täglich. Ein neugeborenes Frettchen kann drei Tage lang ohne Nahrung überleben, bevor es stirbt.

Wenn etwas Milch produziert wird, können Sie die Welpen ruhig bei der Mutter lassen, solange Sie den Kleinen Milchersatznahrung für Katzenwelpen zufüttern. Die beste Lösung ist jedoch eine Leihmutter.

Mastitis, eine bakterielle Infektion der Zitzen, ist bei Fähen ebenfalls weit verbreitet. Symptome sind verhärtete, geschwollene, schmerzende und verfärbte Brustwarzen. Weibchen, die an Mastitis leiden, säugen ihre Welpen nicht mehr. Bis die Mutter erfolgreich mit Antibiotika behandelt wurde, müssen Sie sie von den Welpen trennen. Wenn Sie das Muttertier nicht behandeln, wird es sterben.

Leihmütter

Verantwortungsbewusste Züchter haben für den Notfall immer noch eine Leihmutter zur Hand. Die meisten Leihmütter nehmen neue Welpen meistens sofort bei sich auf. Vielleicht säugen sie selbst auch gerade Welpen, die im gleichen Alter sind wie die Adoptivwelpen. Wenn sie ein guter Milchproduzent ist, kann sie sich durchaus auch um Adoptivwelpen kümmern, denn Frettchen können mehr Babys versorgen, als sie Zitzen haben.

Die beste Methode, der Leihmutter ihre neuen Babys vorzustellen, ist, die Leihmutter zunächst aus dem Nest zu entfernen und nur die Welpen hineinzusetzen. Lassen Sie alte und neue Babys einander beschnuppern, damit die Adoptivwelpen einen ähnlichen Geruch annehmen wie die eigenen Welpen der Leihmutter. Wenn alle gleich riechen, kann sich niemand beschweren.

Für den seltenen Fall, dass die Leihmutter die Welpen verstößt (geben Sie gut Acht), brauchen Sie so schnell wie möglich eine Ersatzleihmutter. Wenn Ihnen keine zur Verfügung steht, können Sie versuchen, die Welpen von Hand aufzuziehen, aber das ist sehr schwer. Wenn die Welpen weniger als zehn Tage alt sind, sterben sie fast immer. Je älter die Welpen, desto erfolgreicher kann eine Handaufzucht sein.

24 ➤ Die Ankunft der Welpen vorbereiten

Die meisten von uns haben sicherlich schon einmal von Tieren gehört, die Welpen von der eigenen Art als Adoptivwelpen annehmen. Aber wussten Sie auch, dass es Tiere gibt, die Waisen einer völlig fremden Art annehmen? In unserem Tierasyl gibt es Katzen, die Waschbären und Eichhörnchen säugen. Wie hatten auch schon Ratten, die Igelbabys gesäugt haben (auch wenn die Ratten die Stacheln angeknabbert haben). Wir haben auch schon von Hunden gehört, die Katzen und Waschbären aufgezogen haben. Aber nicht alle säugenden Mütter nehmen Waisenkinder an, vor allem, wenn es sich um Tiere einer anderen Art handelt. Ich persönlich kenne kein Frettchen, das von einer anderen Tierart aufgezogen wurde, denn dieses Vorhaben ist sehr riskant. Ich würde diese Möglichkeit aber in Betracht ziehen, wenn die Chancen für eine Handaufzucht sehr schlecht stehen.

Abbildubg 24.2: Vis-à-vis mit dem Nachwuchs

Handaufzucht

Die Handaufzucht von Frettchen ist emotional und physisch ein sehr schwieriges Vorhaben, das nur selten gelingt. Die Sterberate ist, auch wenn sich erfahrene Frettchenbesitzer um die Kleinen kümmern, sehr hoch. Für mindestens zehn Tage brauchen die Kleinen Muttermilch. Eine Handaufzucht kann erfolgreich sein, wenn es sich bei den Kleinen um gesunde Welpen handelt, die mindestens schon zwei Wochen alt sind. Wenn es die einzige Möglichkeit ist, sollte Sie einfach Ihr Bestes geben.

Verabreichen Sie den Kleinen mit einer kleinen Plastikspritze alle zwei bis vier Stunden Milchersatz für Katzenkinder. Das Füttern mit der Flasche ist auch für Erfahrene sehr schwierig und kann zu einer Saugpneumonie führen. Vergessen Sie die anschließende Bauchmassage nicht.

Wenn Sie es bis in die dritte Woche geschafft haben, können Sie mit einer leichten Ernährung beginnen, beispielsweise mit fein püriertem Dosenfutter für Katzen oder für Frettchen. Bis die Kleinen vier oder fünf Wochen alt sind, benötigen sie jedoch noch Nahrungsergänzungen und Katzenbabymilch.

Die ersten Lebensjahre

In diesem Kapitel

▷ So winzig klein: Die neugeborenen Frettchen

▷ Die Welt entdecken: Das Kleinkindalter

▷ Den schrecklichen zweiten Monat überstehen

▷ Die Reifezeit

*W*enn Sie die Nervenprobe der Schwangerschaft und Geburt überstanden haben, sind Sie wahrscheinlich übermäßig glücklich, die Kleinen jetzt aufwachsen zu sehen. Gesunde Welpen wachsen sehr schnell heran, sowohl physisch als auch emotional. Es wird nicht lange dauern, bis Sie sich die Tränen aus den Augen wischen und sagen: »Es scheint mir, als hätte mein Liebling erst gestern die süßen kleinen Frettchen geboren.«

Dieses Kapitel zeigt Ihnen Schritt für Schritt die Entwicklungsstadien der kleinen Frettchen. Manche sind vielleicht nicht ganz so glücklich, aber auch die gehen vorbei, wenn Sie sich verantwortungsbewusst und korrekt um die Kleinen kümmern. Ich werde Ihnen erläutern, welche Veränderungen Sie erwarten können, sowohl körperlich als auch im Verhalten. Wenn es um Frettchen geht, kann es aber auch immer wieder zu Überraschungen kommen.

Frettchenkindheit: Geburt bis drei Wochen

Neugeborene Frettchen sind absolut hilflos, ihr Überleben hängt von der Mutter ab (siehe Abbildung 25.1). Ihre kleinen Augen und Ohren sind noch verschlossen, so dass sie blind und gehörlos sind. Nur eine dünne Schicht Fell bedeckt ihre winzigen Körper, die kleiner sind als ein Lippenstift. Neugeborene Frettchen wiegen bei der Geburt zwischen sechs und zwölf Gramm. Die meisten Welpen werden ohne Zähne geboren, die Milchzähne sollten sich bis zum zehnten Tag gebildet haben.

Neugeborene, gesunde Welpen haben zwei wesentliche Ziele: Futter und Wärme. Wenn es möglich ist, saugen sie sich direkt nach der Geburt an einer der Brustwarzen der Mutter fest und bleiben da auch erst einmal eine ganze Weile, um ausreichend Milch zu trinken. Ausreichend gut ernährte Neugeborene sollten während der ersten Lebenswoche täglich zwischen 2,5 und 3 Gramm zunehmen, am fünften Tag sollten sie ihr Geburtsgewicht verdoppelt haben. Obwohl sie durch den Geburtskanal gedrückt und in die kalte Welt geworfen wurden, sind Neugeborene sehr aktiv und mobil, auch wenn sie jetzt noch nirgendwo hin müssen. Man hört das typische Nestgefiepe.

Abbildung 25.1: Die Sterberate junger Frettchen ist sehr hoch. Diese zwei Tage alten Frettchen haben noch einiges vor sich.

In den ersten Lebenswochen machen die Kleinen außer Fressen und Schlafen nicht wirklich viel. Sie erkunden ein wenig ihr Nest und versuchen, die ersten Muskeln in den Beinen aufzubauen. Sie erkennen ihre Mutter und die Geschwister am Geruch. In den ersten Wochen müssen die Kleinen von der Mutter gereinigt werden (Abbildung 25.2).

Während der zweiten Lebenswoche nehmen gut ernährte Welpen vier Gramm pro Tag an Gewicht zu. Wenn sie zehn Tage alt sind, sollten sie ihr Geburtsgewicht verdreifacht haben und ungefähr 30 Gramm wiegen. In der dritten Woche sollten sie dann täglich rund sechs Gramm zunehmen. Wenn die Kleinen dann drei Wochen alt sind, sollten sie zehn Mal so schwer sein wie bei der Geburt. In diesem Alter können Sie durch bloßes Hinsehen bereits die Jungen von den Mädchen unterscheiden, denn die Mädchen sind zierlicher und haben schmalere Köpfe. Die Jungs hingegen haben einen breiteren Kopf und untersetzten Körper.

Auch wenn Frettchen mit geschlossenen Augen geboren werden, können Sie bereits sagen, ob es sich um Albinos handelt oder nicht, denn die Farbe der Augen scheint durch die Haut durch. Wenn Sie durch die halbtransparenten Augenlider keine dunkle Farbe erkennen können, können Sie davon ausgehen, dass es sich um ein kleines Albino-Baby handelt.

Abbildung 25.2: Mit eineinhalb Wochen sind die Kleinen immer noch voll und ganz von der Mutter abhängig.

Kleinkindalter: drei bis sechs Wochen

Die Beine der drei Wochen alten Babys entwickeln sich schnell, denn sie untersuchen jetzt ganz verwegen und mit großer Hartnäckigkeit die Umgebung in ihrem Nest (Abbildung 25.3). Die Mutter hat aber immer noch ein sehr wachsames Auge auf die Kleinen, damit sie sich nicht zu weit entfernen. Auch wenn die Kleinen ihre Nährstoffe noch hauptsächlich von der Mutter beziehen, beginnt doch jetzt so langsam die Phase des Abstillens. Den Welpen sollte mehrmals am Tag weiches Dosenfutter (gegebenenfalls püriert) angeboten werden. Die kleinen Reißzähne und einige der Milchzähne fallen jetzt aus. Ebenfalls in dieser Zeit brechen die bleibenden Schneidezähne der Welpen langsam durch.

> Entwöhnen oder Abstillen heißt nicht, dass Sie den Kleinen die Mutter wegnehmen und ihnen einen Napf schlecht riechenden Brei vor die Nase stellen. Es handelt sich vielmehr um einen schrittweisen Prozess, der mit drei Wochen beginnt und mit sechs Wochen abgeschlossen sein sollte. Die Welpen brauchen eine gewisse Zeit, sich an die Nährstoffveränderungen zu gewöhnen. Während dieser drei Wochen gehen die Welpen immer seltener zur Mutter und beginnen, die Ersatznahrung vorzuziehen.

Abbildung 25.3: Wenn die kleinen Frettchen drei Wochen alt sind, sind sie nicht viel größer als ein Lippenstift.

Die vierte Woche ist eine Art Wendepunkt im Leben der kleinen Frettchen. Die Augen und Ohren beginnen, sich langsam zu öffnen. Das weiche, weiße Fell nimmt nun langsam eine Farbe oder ein Muster an. Sie bekommen jetzt einen flüchtigen Einblick, wie die Frettchen mal aussehen werden. Immer mehr Milchzähne fallen jetzt aus. Gesunde Welpen sollten nun in der Lage sein, weichen Brei selbstständig zu fressen, während sie nebenbei aber immer noch hin und wieder von der Muttermilch naschen. Während die Mutter den Kleinen immer wieder zeigen will, wie sie sich selbst sauber halten, werden sie bei ihren kleinen Geschäften schon so geübt wie die Eltern.

In der fünften Woche sind die Augen und Ohren dann vollständig geöffnet, das Abenteuer kann beginnen. Die kleinen Frettchen sind sehr aktiv und balgen sich mit ihren Geschwistern. Ab der sechsten Woche sollten die Welpen immer mehr weiches Futter fressen und kaum noch Milch bei der Mutter trinken. Manche Züchter verpassen den Kleinen jetzt bereits die erste Impfung. In Kapitel 13 erfahren Sie genauer, welche Impfungen für Ihre Frettchen nötig sind.

Der schreckliche zweite Monat: sechs bis zehn Wochen

Mit sechs bis sieben Wochen sollten die kleinen Frettchen die meiste Zeit wach und spielend mit ihren Geschwistern verbringen. Dieses Spielen ist wichtig, um Hierarchien zu entwickeln, an die sie sich auch in ihrem späteren Leben gewöhnen müssen, wenn sie mit anderen Frettchen zusammenwohnen. Mit ungefähr sieben Wochen sollten die Welpen jetzt hauptsächlich weiches Dosenfutter fressen. Die bleibenden Reißzähne stoßen jetzt langsam durch das empfindliche Zahnfleisch durch, manchmal tauchen sie direkt neben den Milchreißzähnen auf. Für die kleinen Frettchen ist das sehr schmerzhaft. Es ist nicht ungewöhnlich, dass manche Welpen tagelang mit zwei Paar Reißzähnen direkt nebeneinander leben müssen, bis die Milchreißzähne endlich ausfallen.

> Welpen im Alter von sechs bis zehn Wochen sind ausgesprochen aktiv und testen die Grenzen ihres Besitzers aus. Das ist eine sehr kritische Zeit, in der Sie den Kleinen einiges beibringen müssen. Manche Besitzer übersehen diese Zeit allerdings. Die Welpen müssen regelmäßig und vorsichtig gestreichelt werden. Sie brauchen jemanden, der ihnen konsequent das richtige Verhalten beibringt. Weil viele Welpen in diesem Alter in den Zoohandel kommen, fehlt ihnen diese Erziehung. Viele dieser Frettchen werden für den nicht darauf vorbereiteten Besitzer dann zu einem Problemfall, wenn sie älter werden. Deshalb ist es wichtig, dass das Training so früh wie möglich beginnt. Informationen dazu finden Sie übrigens in Teil V dieses Buches.

Mit acht Wochen sollten die Frettchen jetzt vier bleibende Reißzähne haben und in der Lage sein, wie andere Frettchen auch hartes Trockenfutter zu fressen. Wenn Sie Ihre Welpen möglichst natürlich ernähren wollen (siehe Kapitel 9), ist es jetzt an der Zeit, ihnen neue Geschmacksrichtungen und Gerüche zu präsentieren. Babyfrettchen sind leicht zu beeindrucken.

Viele private Züchter geben die Welpen in diesem Alter an ihre neue Besitzer ab (Abbildung 25.4). Manche Züchter warten aber auch noch, bis die Kleinen zwölf Wochen alt sind, was besser für ihr Sozialverhalten ist. Kaufen Sie Frettchenwelpen frühestens mit der zehnten bis zwölften Lebenswoche.

Die Frettchenbabys, die mit sechs Wochen ihre erste Impfung bekommen haben, sollten mit neun Wochen die zweite Impfung verpasst bekommen. Genauere Informationen zum Impfplan finden Sie in Kapitel 13.

Reifephase: zehn bis 15 Wochen

Mit zehn Wochen haben die kleinen Frettchen alle bleibenden Zähne, die sie brauchen. Die kleinen Bisswunden auf Ihren Armen sind sicherlich Anzeichen genug. Wenn Ihre Welpen mit zwei Monaten die richtige Erziehung erfahren haben, sollte die Pubertät nicht allzu schwierig werden.

Abbildung 25.4: Diese acht Wochen alten Iltisfrettchen sind jetzt alt genug, um ihr neues Zuhause kennen zu lernen.

Mit drei Monaten (zwölf Wochen) lernen Welpen, dass der Mensch ihr Freund sein kann. Während die Welpen in diesem Alter wesentlich aktiver sind als der Durchschnittsmensch (auch wenn der einen doppelten Espresso getrunken hat), werden sie gleichzeitig aber auch ein bisschen reifer. Die Betonung liegt hierbei jedoch auf »ein bisschen«! Während der Pubertät entwickelt sich die Persönlichkeit der Tiere. Auch wenn die Welpen in diesem Alter noch sehr stark vom Menschen beeinflusst werden, ist es recht einfach, dominante Männchen und Weibchen herauszufinden. Sie müssen nur beobachten, wie die Tiere mit Ihnen und mit ihren Geschwistern umgehen.

Die Pubertät

Wenn Sie sich mit dem gesamten Teil VI dieses Buches beschäftigt haben, ist es möglich, dass Sie bereits etwas über die Pubertät von Frettchen wissen. Die Mädchen und Jungen machen jetzt deutliche Veränderungen durch, sowohl im Verhalten als auch hormonell, entweder gleichzeitig oder irgendwann zwischen sechs und zwölf Monaten, das hängt von der Situation ab.

Die meisten privaten Züchter empfehlen, die Welpen frühestens mit fünf bis sechs Monaten zu kastrieren. Denn zu diesem Zeitpunkt zeigen die Frettchen Auswirkungen der Hormonproduktion. Die Jungs riechen strenger und werden an Stellen dicker, an denen sie vorher nicht dick waren. Die Mädchen werden hyperaktiver, und ihre Vulva schwillt an. Wenn Sie mit dem Geruch und den möglichen Aggressionen zurechtkommen, sollten Sie mit der Kastration noch warten, bis die Jungs sieben oder acht Monate alt sind, denn dann werden die Tiere insgesamt etwas größer. Ab diesem Alter sind sowohl Weibchen als auch Männchen ausgewachsen und werden als erwachsene Frettchen bezeichnet, auch wenn sie sich noch nicht so benehmen.

Frettchenweibchen sollten besser während der ersten Ranz kastriert werden, damit nicht die Gefahr besteht, dass sie in die Dauerranz kommen. Dauerranz kann zu gesundheitlichen Problemen oder im schlimmsten Fall sogar zum Tod führen.

Teil VII

Frettchen: Vergangenheit und Zukunft

The 5th Wave — By Rich Tennant

»Gib es auf! Du bringst das Tier niemals dazu, sich wie ein Kragen um deinen Hals zu legen.«

In diesem Teil ...

Dieser Teil des Buches führt Sie durch die Geschichte der Beziehung zwischen Menschen und Frettchen. Frettchen sind nicht schon immer Haustiere. In der Geschichte haben sie schon viele wichtige Rollen gespielt. Dieser Teil könnte interessant für Sie sein, wenn Sie wissen wollen, wer das Bild des Frettchens gefärbt hat. Sie finden in diesem Teil außerdem Informationen über das Schwarzfußfrettchen. Während der Menschen positiven Einfluss ausgeübt und das domestizierte Frettchen in unsere Haushalte gebracht hat, hatten die bedrohten Verwandten unseres Frettchens nicht so viel Glück. Erfahren Sie, wie nah Ihr Frettchen mit dieser seltenen Kreatur wirklich verwandt ist. Wenn Sie sich für Iltisse und deren natürliche Umgebung interessieren, gibt Ihnen dieser Teil des Buches nicht nur Anhaltspunkte, wie Sie dem Schwarzfußfrettchen helfen können, sondern auch der Landschaft und den anderen Tieren, die vom Aussterben bedroht sind.

Frettchen – Historie und Jagd

In diesem Kapitel

▶ Die Geschichte der Frettchen

▶ Wie Frettchen in der Vergangenheit genutzt wurden

▶ Frettchenjagd

▶ Berühmte Frettchenschützer und Referenzen

Das Wichtigste zuerst: Wir wissen nicht, wer das Frettchen domestiziert hat. Obwohl aus historischen Dokumenten eindeutig hervorgeht, dass es als erstklassiges Jagdtier eingesetzt wurde, weiß niemand genau, wann die Menschen damit begannen, seine Fähigkeiten tatsächlich zu nutzen. Natürlich gibt es wissenschaftliche Theorien und alte Schriftstücke; die Geschichte, wie unsere Frettchen domestiziert wurden, bleibt jedoch ein Rätsel. Physische Beweise fehlen oder sind nicht aussagekräftig.

Dieses Kapitel beschäftigt sich mit der Geschichte und geht auf historische Sichten von Frettchen ein – von denen manche mehr als gespenstisch wirken. Sie werden herausfinden, warum das Frettchen so beliebt war und dass nicht nur das normale Volk Freude ihm hatte. Ich werde Ihnen auch einen kleinen Eindruck davon vermitteln, wie die Frettchenjagd ausgesehen hat und warum Ihr Frettchen nur in Ihrem sicheren Zuhause gejagt werden soll.

Frettchen – ihr Platz in der Geschichte

Die Geschichte des Frettchens zurückzuverfolgen ist sachlich schwierig und bereitet einige Kopfschmerzen. Viele Quellen führen Ägypten als das Land an, in dem die Frettchen domestiziert wurden. Es gibt aber keinen Beweis dafür, dass diese Theorie auch stimmt. Aktuell gibt es immer mehr Beweise, die von dieser Theorie wegführen, als sie zu bestätigen. In ägyptischen Hieroglyphen sind immer wieder Bilder von wieselähnlichen Kreaturen zu finden, es gibt allerdings mehrere Tiere, auf die diese Beschreibung passt – Mungos sind nur ein Beispiel. Bevor die Katze domestiziert wurde, hielt man in Ägypten Mungos, um das Haus frei von Schlangen zu halten – auch heute kann man in ägyptischen Haushalten noch Mungos finden. Die logische Schlussfolgerung für uns ist also, dass diese Hieroglyphen keine Frettchen darstellen, sondern Tiere, die in diesem Land eher verbreitet sind. Es gibt keine Berichte darüber, dass in Ägypten jemals Frettchenmumien gefunden wurden, dabei mumifizierten die Ägypter nahezu alles.

Außerdem wurden die Hieroglyphen schon 500 Jahre vor der Domestizierung der Katze vor rund 4000 Jahren aufgezeichnet. Domestizierte Frettchen traten vor rund 2500 Jahren in das Leben der Menschen.

Die erste schriftliche Erwähnung von Tieren, die unserem domestizierten Frettchen sehr ähnlich sind, stammt aus dem Jahre 400 vor Christus vom Schriftsteller Aristophanes (448–385 v. Chr.). Im Jahre 350 vor Christus entstand vom griechischen Naturalisten und Philosophen Aristoteles (384–322 v. Chr.) ein weiteres Schriftstück. Es schien sogar, als gäbe es in der Bibel ein Beweisstück, aber das stellte sich später als Übersetzungsfehler heraus. Richtig übersetzt hätte das Wort etwas wie »kleine krallenartige Wesen« oder neudeutsch »Gecko« heißen müssen.

Experten schätzen, dass das Frettchen vor etwas mehr als 300 Jahren nach Nordamerika eingeführt wurde. Im Römischen Reich wurden Frettchen in unseren Breitengraden bereits als Jagdhelfer zur Kaninchenjagd eingesetzt. Wir haben die Frettchen aber erst in den letzten 30 Jahren so richtig schätzen gelernt.

Niemand weiß hundertprozentig, wer die Frettchen domestiziert hat, wer auch immer es gewesen ist, er hat sich unseren Dank verdient.

Frettchen als Gabe für die Bedürfnisse des Mannes

Frühere Zivilisationen müssen herausgefunden haben, dass sich Frettchen prima als eine Art Kammerjäger eignen. Denn Kaiser Augustus hat ungefähr 60 vor Christus die Bitte erhalten, mehrere Frettchen in der ersten Klasse auf die Balearischen Inseln segeln zu lassen, um dort das rasante Anwachsen der Kaninchenpopulation zu bekämpfen. Frettchen sind keine Unbekannten auf den großen Weltmeeren: Während amerikanischer Kriege segelten Frettchen regelmäßig auf den Schiffen mit, um dort die Nagetiere zu vertreiben. Es wurde sogar einmal ein Schiff nach einem Frettchen benannt. In einem Zeitungsartikel von 1823 wurde berichtet, dass der U.S.-Schoner »Das Frettchen« Piraten gefangen hat, was ein Beweis dafür war, dass dieses kleine Tier durchaus bekannt war und Respekt einflößte. Als kleine, flexible Raubtiere wurden Frettchen auch verwendet, um Draht, Kabel oder kleine Werkzeuge durch Öffnungen zu transportieren. Die Menschen haben die Sachen einfach mit Draht oder einem Seil an dem Tier festgebunden und es dann durch die Öffnung geschickt.

Es gibt noch wesentlich mehr dokumentierte Berichte, bei denen Frettchen eingesetzt wurden, um Schädlinge zu bekämpfen. Zwei der bekanntesten Frettchenbesitzer waren angeblich der deutsche Kaiser Friedrich II. (1194–1250) und Dschingis Khan (1167–1227), Herrscher des mongolischen Königreiches, die Frettchen zur Jagd einsetzten.

Großbritannien wurde im 11. oder 12. Jahrhundert das erste Mal mit Frettchen beehrt. Kurioserweise setzte man die Tiere zur Hasenjagd ein (im Mittelalter eine Fleischsorte, die in großen Mengen verzehrt wurde). Frettchen durften nur die Menschen halten, die mehr als 40 Schillinge (ca. 300,– €) im Jahr verdienten. Dadurch war es nur der Mittel- und der Oberschicht möglich, Frettchen zu halten. Es gibt aber Gerüchte, dass es unter dem Fußvolk mehr geschmuggelte Frettchen gab als in der Mittel- und Oberschicht zusammen.

Frettchenjagd

Die Frettchenjagd entwickelte sich zu dem Zeitpunkt, als das Frettchen domestiziert wurde. Die Besitzer ließen eine Reihe von Frettchen in der Nähe von Hasenbauen los, damit sie die Hasen jagen konnten. Arbeitsfrettchen bekamen ein kleines Glöckchen an ihr Halsband geheftet. Manchmal wurden die Frettchen auch mit einer Leine versehen. Ziel des Frettchens war es nicht, das Tier wirklich zu jagen, sonders es einfach nur aus seinem Bau zu verscheuchen. Oftmals wurden die flüchtenden Tiere dann in Netzen gefangen, die die Flucht verhindern sollten. Der Jäger tötete das Tier dann mit einem Knüppel oder einem Gewehr. Anstelle von Netzen wurden manchmal auch Hunde oder Falken verwendet, um das Tier zu fangen.

Manchmal blieb ein Frettchen auch lieber in der Höhle, fraß seinen Teil des Fanges auf und legte sich dann zu einem kleinen Nickerchen hin. Der verärgerte Jäger hatte dann ein weiteres – diesmal angeleintes – Frettchen in den Bau schicken müssen, um das voll gefressene andere Tier wieder aufzuwecken. So konnte der Jäger dann der Leine folgen und die Frettchen und das, was von der Beute übrig geblieben ist, herausziehen. Eine andere Möglichkeit war es, die Ausgänge zu versperren und eine Nerzfalle aufzustellen, in der Hoffnung, dass das Frettchen am nächsten Morgen gefangen wird. Weil die Frettchen ihre Arbeit manchmal nicht ganz so gut machten, wurden Arbeitsfrettchen oftmals die Schnauze zugebunden, damit sie die Beute nicht fangen und auffressen konnten. Auch wenn vom Zubinden der Schnauze stark abgeraten wurde, wurden sehr häufig Maulkörbe eingesetzt und manchmal sogar die Reißzähne entfernt.

Frettchenbesitzer waren manchmal Wilderer. Die Frettchen wurden versteckt und erst in der Nacht herausgeholt, damit sie jagen konnten. Wilderer waren wohl die Ersten, die viele Frettchen hielten. Das ergibt auch Sinn, wenn man bedenkt, dass Wilderer mehr Zeit damit verbringen, ein Frettchen an sich zu gewöhnen und es zu sozialisieren, um das Risiko zu verringern, gefangen zu werden. Das Wildern mit Frettchen, die nur ganz selten und dann mit Samthandschuhen angefasst werden, ist sehr riskant, weil die Tiere durch die fehlende Zuneigung sehr launisch werden können.

Als die Frettchenjagd immer beliebter wurde und die Frettchen zunehmend respektiert wurden, wurde die Frettchenjagd zu einem Sport für sehr gebildete Menschen. Sie hielten ihre Frettchen dann auch zu Bedingungen, die sich andere Menschen zu diesem Zeitpunkt nicht einmal hatten vorstellen können.

In Teilen Australiens und Europas wird die Frettchenjagd heute noch mit viel Freude betrieben (Abbildung 26.1). In Amerika und Kanada ist die Frettchenjagd illegal. In Deutschland wird das Frettchen auch heute noch zur Jagd eingesetzt, vor allem in Gebieten, in denen nicht mit Giftködern, Fallen oder Schusswaffen gejagt werden darf. Auch wenn die traditionelle Frettchenjagd illegal ist, bleiben Frettchen doch echte Schmeichler, die wissen, wie sie sich in unsere Herzen stehlen.

Aus diversen Gründen sollten Sie allerdings die Finger von der Frettchenjagd lassen:

✔ Ihr Frettchen könnte verloren gehen, vielleicht sogar für immer.

✔ Es ist kaum möglich, Ihr Frettchen vor Krankheiten zu schützen.

Abbildung 26.1: Auch heute gibt es noch die Frettchenjagd.

- ✔ Kaninchenbaue sind kalt, dunkel und Furcht einflößend (zumindest für mich).
- ✔ Ihr Frettchen würde es vorziehen, sich mit Ihnen in einem warmen, sicheren Haus zusammenzukuscheln.
- ✔ Ihr Frettchen könnte in einen mit Wasser gefüllten Bau fallen.
- ✔ Es könnte auch mal ein Dachs oder Fuchs im Bau sitzen, und wer weiß schon, wer der Stärkere ist?
- ✔ Was hat Ihnen das Kaninchen eigentlich getan?

Frettchen werden immer beliebter

Frettchen haben sich durch ihre Vielseitigkeit einen Weg zu historischen Figuren gegraben – von Kaiser Augustus, der damit Kaninchen bekämpfte, bis hin zu Queen Elizabeth I, die sich mit einem ihrer königlichen Frettchen porträtieren ließ. Frettchen waren schon immer beliebte Objekte von Künstlern wie Leonardo da Vinci. Andere berühmte Frettchenbesitzer sind beispielsweise der Comedian Dick Smothers und der Schauspieler Dave Foley. Auch in einige Kinofilme haben es Frettchen schon geschafft: Kindergarten Cop, Starship Troopers, Star Trek usw.

Auch in einigen Fernsehshows hatten Frettchen bereits ihren Auftritt. Frettchen sind auch immer wieder Gegenstand von Witzen. In der Fernsehserie M*A*S*H beispielsweise wird der Major des Öfteren als Frettchengesicht bezeichnet.

Das Schwarzfußfrettchen

In diesem Kapitel

▶ Das am stärksten bedrohte Tier der Welt kennen lernen

▶ Domestiziertes Frettchen und Schwarzfußfrettchen im Vergleich

▶ Wer ist für diese Misere verantwortlich?

▶ Rettungsbemühungen aus Vergangenheit und Gegenwart

*E*in klassisches Beispiel für die Arroganz der Menschheit ist das Schwarzfußfrettchen, denn es ist eins der seltensten Tiere in den Vereinigten Staaten und wahrscheinlich auch auf der ganzen Welt. Wie kommt so ein guter Jäger und naher Verwandter unseres domestizierten Frettchens zu so einem Titel? Es gibt keinen Zweifel daran, dass die Misere des Schwarzfußfrettchens direkt und indirekt durch den Menschen verursacht wurde. Solange sich die Menschen nicht ändern, ist die Zukunft dieser Spezies traurigerweise absolut ungewiss.

Dieses Kapitel beschäftigt sich mit dem Schwarzfußfrettchen und damit, in welcher Beziehung unser domestiziertes Frettchen zu ihm steht. Sie finden in diesem Kapitel auch einen Vergleich zwischen diesen beiden Arten und Informationen darüber, wo das Schwarzfußfrettchen herkommt, wo es heute lebt und was aus ihm werden wird. Diejenigen von Ihnen, die selbst ein Frettchen zu Hause haben, werden nach der Lektüre dieses Kapitels noch ein bisschen dankbarer sein, dass sie so ein Tier in ihrem sicheren Zuhause haben.

Hintergrundinformationen

Das Schwarzfußfrettchen, auch als *Mustela nigripes* bekannt, ist klein, ein Fleisch fressender Räuber und wiegt zwischen 0,7 und 1,1 Kilogramm – es ist in etwa genauso groß wie unser domestiziertes Frettchen, vielleicht ein bisschen kleiner als ein Iltis. In Gefangenschaft wird ein Schwarzfußfrettchen ungefähr neun Jahre alt und somit zwei bis drei Mal so alt wie in der Wildnis.

Es ist ganz leicht, das Schwarzfußfrettchen fälschlicherweise als Urgroßvater unseres geliebten Frettchens anzusehen, denn sie sind sich beide sehr ähnlich und haben auch ähnliche Vorfahren: den Steppen- und den Europäischen Iltis. Sowohl das domestizierte Frettchen als auch das Schwarzfußfrettchen stammen aus Europa. Das Schwarzfußfrettchen war allerdings schon lange in Amerika zu Hause, bevor das Frettchen domestiziert wurde.

Das Ur-Schwarzfußfrettchen, ein naher Verwandter des sibirischen Iltis, kam wohl ursprünglich aus Nordostasien über das Gebiet, das heute als Beringstraße bekannt ist, nach Nordamerika. Wann genau, weiß man nicht, wahrscheinlich irgendwann zwischen vor einer Million und 100.000 Jahren.

Das Schwarzfußfrettchen kam bereits als ausgezeichneter Räuber nach Nordamerika, doch dort musste es sich dann auf die Jagd von Präriehunden spezialisieren. Das Schwarzfußfrettchen ist als einziges original nordamerikanisches Frettchen bekannt und ist der kleinste aller Iltisse.

Sind Schwarzfußfrettchen so anders?

Das Schwarzfußfrettchen und unser domestiziertes Frettchen haben einige Gemeinsamkeiten, beispielsweise in der Größe und im Verhalten. Der Knochenbau der beiden Arten ist nahezu identisch, nur der Schädel weist leichte Unterschiede auf. Das domestizierte Frettchen hat einen kürzeren und runderen Kopf und eine etwas schmalere Nase. Durch seine kleineren Ohren sieht seine Schnauze spitzer aus als die eines Schwarzfußfrettchens. Beide haben kräftige Vorderbeine zum Graben. Das Schwarzfußfrettchen hat einen röhrenförmigen Körper und einen sich zuspitzenden Schwanz. Außerdem sind seine Augen deutlich nachtaktiver und seine Ohren empfindlicher. Das Schwarzfußfrettchen hat also feinere Sinne als unser domestiziertes Frettchen und zudem noch einen längeren Hals.

Die Nase des Schwarzfußfrettchen ist schwarz. Außerdem sind seine Füße, die Beine und seine Schwanzspitze unverwechselbar dunkelbraun. Während unsere domestizierten Frettchen sehr unterschiedliche Färbungen, Schattierungen und Muster haben können, gibt es beim Schwarzfußfrettchen nur geringe Farbvariationen. Schwarzfußfrettchen haben immer einen weißen oder cremefarbenen Latz und einen braunen Sattel auf dem Rücken. Dieser Bereich ist mit Schutzhaaren gespickt, die eine schwarze Spitze haben und nach unten hin immer heller werden. In Richtung des Bauches wird das Fell dann in der Regel etwas heller. Die Brauntöne können von hell- über mittel- bis hin zu dunkelbraun reichen und variieren je nach Tier und Jahreszeit. Weit verbreitet bei Schwarzfußfrettchen und den meisten Iltissen ist ein kleiner weißer Punkt in der oberen inneren Ecke jedes Auges.

Das Revier eines Schwarzfußfrettchens

Ursprünglich dachte man, dass das Revier des Schwarzfußfrettchens so groß ist wie das des Präriehundes. Denn das Schwarzfußfrettchen gab es nur da, wo es auch Präriehunde gab, in einem Gebiet von rund 200.000 Quadratkilometern. Die Präriehunde waren vom Süden Kanadas bis Nordmexiko die Lebensgrundlage für Schwarzfußfrettchen. Schwarzfußfrettchen ernährten sich zu 90 Prozent von Präriehunden. Außerdem nutzen sie deren Baue als Unterschlupf. Dort waren die Schwarzfußfrettchen vor dem extremen Wetter und vor Räubern sicher. Auch der Nachwuchs der Schwarzfußfrettchen konnte dort sicher zur Welt gebracht werden.

Wenn es innerhalb des Lebensraumes der Schwarzfußfrettchen so viele Präriehunde gab, warum sind die Schwarzfußfrettchen dann nahezu ausgestorben?

> ### Wie viele gab es?
> Einige Biologen glauben, dass es niemals große Populationen des Schwarzfußfrettchens gegeben hat. Andere glauben, dass es noch vor rund 100 Jahren mehrere Millionen von ihnen gab, bis der Mensch eingriff. Das letzte Argument kann damit unterstützt werden, dass Schwarzfußfrettchen heimliche Jäger sind, die sich ihre Beute im Schutze der Nacht fangen, so dass sie von Menschen kaum gesehen werden können.

Intoleranz

Die schlimmsten Aktionen, die zum Untergang des Schwarzfußfrettchen führten, richteten sich überhaupt nicht gegen das Frettchen, sondern eher gegen seine Nahrungsgrundlage – den Präriehund. Präriehunde wurden von vielen Bewohnern aus unterschiedlichen Gründen mit Abscheu betrachtet. Viehzüchter beschweren sich, dass die Präriehunde den regionalen Tierbeständen das Futter streitig machten. Bauern argumentierten damit, dass die Tiere das Land zerstören. Als häufige Überträger der Pest, die im Übrigen von Menschen eingeschleppt wurde, galten Präriehunde als extremes Gesundheitsrisiko für Menschen in ihrer Nähe.

Präriehunde wussten immer genauso gut wie die Menschen Bescheid, wo es die besten Lebensbedingungen gab. Unglücklicherweise mochten sich die beiden Parteien aber nicht. Mit Hilfe der Regierung wurde beschlossen, die Population der Präriehunde in Amerika zu dezimieren.

Die größte Attacke gegen Präriehunde war das Verstreuen von Gift. Ganze Dosen mit Zyanid wurden in die Baue der Präriehunde gesteckt und es wurden Strichninpellets als Leckerlis ausgelegt. Die verseuchten Kadaver wurden gefressen, wodurch die Tiere, auch das Schwarzfußfrettchen, ums Leben kamen. Auch andere Tiere, die in diesen Unterschlupfen zu Hause waren, fielen diesen grausamen Anschlägen zum Opfer. Die Präriehunde, die dabei überlebten, starben später durch schwere Maschinen, beispielsweise Bulldozer.

Experten sind der Meinung, dass auf 99 Prozent der Fläche, die früher von Präriehunden besiedelt war, heute diese Tiere nicht mehr anzutreffen sind, was nur noch 4500 Quadratkilometer für die überlebenden Kolonien übrig lässt. Auch heute noch werden Präriehunde vergiftet und abgeschossen.

Ums Überleben kämpfen

Mit der drastischen Dezimierung der Nahrungsgrundlage des Schwarzfußfrettchens rückte seine Misere immer näher. 1960 hatten die Menschen erkannt, dass die Population des Schwarzfußfrettchens gefährdet ist, zu diesem Zeitpunkt war es jedoch schon zu spät. Mitte der 60er Jahre gab es die ersten tiefer gehenden Studien, die sich mit der traurigen Zukunft der Schwarzfußfrettchen beschäftigten. 1967 wurde das Schwarzfußfrettchen zu einer geschützten Art erklärt – nur 116 Jahre, nachdem es seinen offiziellen wissenschaftlichen Namen bekommen hatte. 1973 war das Schwarzfußfrettchen eins der ersten Tiere, die auf die Liste der bedrohten Tierarten gesetzt wurden.

Das letzte wild lebende Schwarzfußfrettchen wurde angeblich 1974 gesichtet. Eine kleine Gruppe Schwarzfußfrettchen wurde allerdings noch einmal 1981 in Wyoming gesehen, als ein Hund seinem Herrchen ein ungewöhnliches, aber leider schon totes Tier präsentierte. Die entdeckte Kolonie umfasste 130 Tiere. Bis 1985 wurde sie jedoch wieder vernichtet. Man hat herausgefunden, dass 50 Prozent der Präriehundpopulation, die von den Frettchen aus Wyoming gefressen wurden, positiv auf eine Bakterienart getestet wurden, die den Menschen als Beulenpest bekannt ist. Die Frettchen selbst sind gegen die Pest normalerweise immun, Präriehunde sind es jedoch nicht. Die Präriehunde aus Wyoming starben und mit ihnen verschwand auch die Nahrungsgrundlage für die Schwarzfußfrettchen.

Noch tragischer war es, dass die Hundestaupe, die für Schwarzfußfrettchen zu 100 Prozent tödlich ist, mit der Besiedelung nach Nordamerika kam. Dies war eine wichtige Ursache bei der Ausrottung des Schwarzfußfrettchens, ebenso die Beseitigung seiner Nahrungsgrundlage. Es ging dann darum, die letzten wild lebenden Schwarzfußfrettchen einzufangen. Zwischen 1985 und 1987 wurden die letzten 18 Schwarzfußfrettchen gerettet. Das letzte bekannte Frettchen wurde 1987 lebend in Wyoming gefangen – das war, bevor die Wiederansiedelung dieser Raubtiere begann.

Immunität

Alle Iltisse, das domestizierte Frettchen eingeschlossen, sind gegen die Pest normalerweise immun, auch wenn es Tier gibt, die nicht so resistent gegen diese Krankheit sind. Der Grund liegt wahrscheinlich darin, dass sowohl die Iltisse als auch die Pest ursprünglich aus Europa kommen. Iltisse fressen viele kleine, mit Pest infizierte Tiere, unter anderem auch Nagetiere. Mit der Zeit haben die Iltisse deshalb wahrscheinlich eine Art Immunität gegen diese Krankheit entwickelt.

Ein Rettungsplan für das Schwarzfußfrettchen

Das Hauptziel des Schwarzfußfrettchen-Rettungsplans, der 1998 vom U.S Fish and Wildlife Service entwickelt wurde, sieht vor, dass bis zum Jahr 2010 nicht weniger als zehn geografisch getrennte Wildpopulationen des Schwarzfußfrettchens gegründet werden sollen. Ursprünglich war es angedacht, 1500 geschlechtsreife Tiere hervorzubringen. Um genetische Vielfalt zu garantieren, werden 500 oder mehr Schwarzfußfrettchen benötigt. Auch wenn dieses Vorhaben wie ein positiver Schritt in die richtige Richtung aussieht, halten die Experten doch dagegen, dass es in den Vereinigten Staaten keine Präriehundpopulationen mehr gibt, die groß genug ist, die Anzahl an Schwarzfußfrettchen zu ernähren. Das Ziel wurde deshalb ein wenig heruntergeschraubt. Für die genetische Vielfalt soll die Population jetzt aus einem kleineren Genpool entstehen.

Erst seit 1991 wurden Versuche unternommen, die Tiere durch Züchtungen in der Gefangenschaft wieder auszuwildern. Diese Erfolge wurden aber auch immer mal wieder ausgebremst, beispielsweise weil der Genpool zu klein war oder weil es durch mangelnde Kooperation oder Pflege nicht möglich war, die Tiere wieder auszuwildern. Außerdem ist die Finanzierung ein großes Problem, wenn verzweifelt versucht wird, das Schwarzfußfrettchen zu schützen.

Von den 49 Schwarzfußfrettchen, die als Erstes ausgewildert wurden, gab es sechs bis neun Monate später nur noch vier Überlebende, zumindest soweit bekannt war. Ein zweiter Versuch 1992 mit 90 Jungtieren endete genauso enttäuschend. Innerhalb von 30 Tagen gab es nur 14 Tiere, die es überlebten. Das größte Problem waren die Kojoten, deshalb wurde ihre Anzahl vor dem Freisetzen der Frettchen deutlich reduziert. Bis heute hat man in Wyoming, South Dakota und Montana weitere Versuche unternommen, die Tiere wieder auszuwildern – allerdings mit enttäuschenden Ergebnissen. Die Überlebensrate liegt bei unter zehn Prozent. Eine kleine Anzahl überlebender Schwarzfußfrettchen wurde nur in diesen drei Staaten gesichtet. Angeblich sollen wohl auch in Nebraska welche gesehen worden sein, aber dafür gibt es leider keine Beweise.

Auch wenn das erfolgreiche Töten von Präriehunden bei Schwarzfußfrettchen angeboren ist, ist die Fähigkeit, Räuber zu erkennen und zu meiden, bei in Gefangenschaft geborenen Frettchen nicht besonders ausgeprägt. Diese Tatsache ist die zweite große Hürde für die Schwarzfußfrettchen. Obwohl die Prägung der Tiere ständig weiterentwickelt und verändert wird, ist nicht ganz klar, was getan werden muss, um den Lebensraum des Schwarzfußfrettchens sicher zu machen. Traurigerweise haben die Richtlinien der US-Regierung, die zu dieser Tragödie geführt haben, immer noch Bestand, so dass die Welt wohl bald eine der faszinierendsten Tierarten verlieren wird.

Was Sie tun können

Auch wenn die US-Regierung erkannt hat, dass das Überleben der Schwarzfußfrettchen direkt vom Überleben der Präriehundpopulationen abhängt, unterstützt sie die Massentötungen der Präriehunde immer noch. Es ist möglich, dass wir die Schwarzfußfrettchen bald für immer verlieren werden, weil sie eben sehr spezielle Jäger sind und sich keine andere Nahrungsgrundlage gesucht haben.

✔ Wenn wir die Präriehunde schützen, schützen wir auch die Schwarzfußfrettchen. Machen Sie sich einfach mal schlau, vielleicht können auch Sie helfen. Es lohnt sich beispielsweise mal einen Blick auf folgende Website zu werfen: www.blackfootedferret.org.

Teil VIII

Der Top-Ten-Teil

»Was ich wirklich nicht verstehe - wie konntest du nur das Kostüm anziehen, ohne zu merken, dass das Frettchen noch drin war?«

In diesem Teil ...

Wenn ich könnte, würde ich ewig weiter über Frettchen schreiben. Aber es gibt einfach zu viel, um alles in einem Buch unterzubringen. Dieser Teil geht verbreiteten Frettchen-Mythen auf die Spur und gibt Ihnen einen kurzen Einblick in Kochrezepte, damit Sie Ihre Frettchen nicht mit Ihrer Kochkunst langweilen.

(Fast) Zehn verbreitete Mythen und Missverständnisse

Was wäre das schon für ein Frettchenbuch, wenn ich nicht ein Kapitel den verbreiteten Mythen und falschen Vorstellungen widmen würde, die durch die Bevölkerung geistern? Manche Tiere haben einfach eine schlechte Reputation, obwohl sie das nicht verdient haben. Alle Haustiere haben ihre Vor- und Nachteile, ihre guten und schlechten Seiten – wie wir Menschen auch. Aber es ist einfach unverantwortlich, eine ganze Gruppe von Tieren aufgrund von Fehlannahmen vorzuverurteilen. Während manche Vorurteile völlig aus der Luft gegriffen sind, ist an anderen ein *bisschen* Wahrheit dran (ich betone ein *bisschen*).

Nachfolgend finden Sie einige Vorurteile, die mit Frettchen zu tun haben, und die Gründe, warum sie nicht stimmen.

Frettchen sind Nagetiere

Falsch, Frettchen sind viel niedlicher. Auch wenn viele das denken, nicht alle kleinen pelzigen Tiere sind Nagetiere. Frettchen sind mit Iltissen verwandt, Frettchen sind Raubtiere. Sie haben Reiß- und keine Nagezähne. Die meisten Raubtiere fressen gern Nagetiere. Aber die meisten Frettchen wiederum sind zu faul und zu verspielt, um sich damit zu befassen.

Frettchen sind wilde, gefährliche Tiere

Sicher. Und Schweine können fliegen. Hin und wieder werden Frettchen vor Erregung wild, wenn sie spielen. Und das Gefährlichste an einem Frettchen ist, dass man sich totlacht, wenn man es beobachtet. Frettchen sind weitestgehend als Haustiere anerkannt. Sie sind zahm und passen sich an das Leben im Haushalt an. Ihr natürlicher Lebensraum ist das Haus und die Nähe von Menschen.

Frettchen sind bereits seit Tausenden von Jahren domestiziert. Sie können allein nicht überleben und brauchen menschliche Hilfe. Wie Katzen und Hunde (bei denen Beißereien öfter auftreten als bei Frettchen) haben alle Haustiere ihre schlechten Tage. In den meisten Fällen ist ein gut behandeltes Frettchen jedoch ein liebenswertes und treues Tier.

Verwilderte Frettchen kommen an die Macht

Die Angst, dass sich ausgerissene Tiere zu wilden Kolonien zusammenschließen und das natürliche Leben stören, ist völlig unbegründet und aus verschiedenen Gründen unmöglich. Erstens sind die meisten möglichen Flüchtlinge bereits kastriert oder sterilisiert. Zweitens, wenn keine alte Dame irgendwo riesige Mengen von Frettchenfutter hinterlässt und die Frettchen sich das besorgen können, bevor ein anderes Tier sich alles holt, verhungern die meisten Ausreißer. Drittens gibt es in der Natur keine Nische, die sie ausfüllen oder für sich in Anspruch nehmen könnten. Eigentlich gibt es in jeder Gegend ausreichend Raubtiere. Das domestizierte Frettchen würde zum Beispiel in Nordamerika und seiner Wildnis am Ende der Nahrungskette stehen und bald gefressen werden. (In Kapitel 27 lesen Sie, wie schwer es ist, sogar wilde Frettchenarten wieder in der freien Wildbahn anzusiedeln.)

Die einzige wilde Frettchenkolonie gibt es in Neuseeland, und diese Frettchen wurden absichtlich gezüchtet und ausgesetzt, um die Kaninchen zu kontrollieren (auch eine eingeschleppte Tierart). In Neuseeland gab es keine anderen Raubtiere, als die Frettchen eingeführt wurden, und die Kolonie versorgt sich selbst mit anderen Beutetieren (auf die sie abgerichtet worden sind). Zusammen mit den Frettchen setzte Neuseeland viele andere Raubtierarten aus, um neu entwickelte Nischen zu besetzen. Diese sind entstanden, als fremde Landsäugetiere in das Ökosystem Neuseelands eingeschleppt wurden.

Vorsicht: Nicht kastrierte Frettchen können sich durchaus mit ihren Vorfahren, den Iltissen, paaren.

Frettchen sind böse Beißer

Ich will ja nicht behaupten, dass Frettchen nie beißen. Sie beißen aus verschiedenen Gründen (siehe Kapitel 21). Bei Jungtieren ist Schnappen und Beißen ein normaler Bestandteil des Spielens. Man kann ihnen jedoch recht einfach beibringen, dass Menschen nicht gebissen werden dürfen. Manche Frettchen sind temperamentvoller als andere, bei ihnen braucht man etwas mehr Geduld. Wie bei den meisten anderen Haustieren gilt auch bei Frettchen, je mehr Liebe sie bekommen, desto mehr erhalten Sie zurück. Frettchen brauchen ständigen Umgang mit Menschen und liebevolle Pflege. Diese tägliche Aufmerksamkeit reduziert die Wahrscheinlichkeit, dass das Tier beißt, wenn man sich schließlich mit ihm beschäftigt. Sogar dem schwierigsten Frettchen kann man helfen, und zwar mit Geduld, richtigem Umgang und viel Zeit.

Frettchen bergen ein großes Tollwut-Risiko

Ob Sie es glauben oder nicht, Frettchen sind gegenüber dem Tollwut-Virus außerordentlich resistent. Es wurde noch nie ein Fall dokumentiert, in dem ein Mensch von einem Frettchen mit Tollwut infiziert wurde. Im 20. Jahrhundert gab es weniger als eine Hand voll Tollwut-

Fälle bei Frettchen. Dennoch sollten Sie Ihre Frettchen mit dem anerkannten und extra für Frettchen entwickelten Tollwut-Impfstoff impfen lassen.

Wenn sie sich infizieren, entwickeln Frettchen stille Tollwut (siehe Kapitel 16 zu diesem Thema). Neueste wissenschaftliche Studien haben ergeben, dass die Anzahl von Tollwut-Viren im Speichel von Frettchen vernachlässigbar gering war. Das impliziert, dass Frettchen das Virus wahrscheinlich gar nicht durch einen Biss weitergeben können.

Der Gestank geht nie vorbei

Alle Frettchen besitzen Duftdrüsen an ihrem Hinterteil, von wo aus sie einen starken Gestank absondern können. Unkastrierte, männliche Frettchen stinken am stärksten. Viele Frettchen werden bereits früh kastriert. Aus Gründen des Tierschutzes ist das Entfernen der Analdrüsen hier nicht erlaubt und sogar strafbar.

Sie sollten Ihre Frettchen hin und wieder baden, wenn sie dauerhaft stark zu riechen beginnen (jedoch nicht öfter als einmal im Monat!). Auch eine schlechte Ernährung kann dazu führen, dass Frettchen schlechter riechen, also achten Sie auf qualitativ hochwertige Nahrung. Ein weiterer Grund für üblen Geruch können schlechte Zähne und schmutzige Ohren sein, pflegen Sie die Tiere also gut und stellen Sie sie regelmäßig beim Tierarzt vor. Der Gestank der Frettchen hängt im Wesentlichen von Ihrer Aufmerksamkeit als Herrchen oder Frauchen ab.

Der Gestank aus den Analdrüsen wird meist dann abgesondert, wenn das Tier verängstigt, überstimuliert oder aggressiv ist. Im Unterschied zum Stinktier verflüchtigt sich der Geruch jedoch schnell wieder. Ob Sie es glauben oder nicht, manchen Leuten gefällt dieser Geruch sogar. Na ja.

Denken Sie auch an die Umgebung Ihrer Frettchen. Frettchen riechen auch, wenn ihre Kuscheldecken und Hängematten nicht regelmäßig gereinigt werden. Sie sollten die Sachen ruhig öfter mal waschen, aber bitte ohne Weichspüler.

(Fast) Zehn Rezepte, die Ihr Frettchen lieben wird

29

Okay, geben Sie sich auch mit sieben Rezepten zufrieden? Ob Sie nun etwas Abwechslung in die Ernährung Ihrer Frettchen bringen wollen oder die perfekte selbst gekochte »Suppe« suchen, um ein krankes oder sich erholendes Frettchen aufzupäppeln, wir haben hier das richtige Rezept für Sie. In diesem Abschnitt finden Sie gute Rezepte, Empfehlungen von meinem Freund Bob Church, die Sie bei Ihren Frettchen ausprobieren sollten.

Mit einigen Ausnahmen sind die meisten Rezepte einfach herzustellen. Vielleicht haben Sie selbst ja auch einige eigene Ideen. Vergessen Sie nicht: Eine gute und ausgewogene Ernährung ist der Schlüssel zu guter Gesundheit bei Ihren Tieren.

Alle diese Rezepte wurden von Frettchen auf der ganzen Welt gekostet und erprobt. Sie werden jedoch feststellen, dass die exakten Mengenangaben meist fehlen. Bob überlässt Ihnen diese Aufgabe. Probieren Sie es einfach aus. So werden wahrscheinlich nicht zwei Mahlzeiten gleich schmecken, wenn Sie sich nicht aufschreiben, wie viel Sie wovon nehmen.

Bobs Hühnersuppe

Dieses leicht verdauliche und magenfreundliche Rezept ist gut für Frettchen geeignet, die sich nicht besonders fühlen oder sich von einer Flüssigdiät wieder an feste Nahrung gewöhnen müssen. Dieses Rezept besteht zu 70 Prozent aus Hühnchen und ca. 30 Prozent tierischem Fett, Sie brauchen aber einen stabilen Mixer und wahrscheinlich eine Taucherbrille. Wenn nötig können Sie das Rezept halbieren.

Zutaten

1 ganzes Brathähnchen, in kleine Stücke geschnitten (Haut, Fett und Innereien nicht entfernen)

1 Esslöffel Olivenöl

1 Esslöffel Vitaminzusatz

1 Tasse Trockenfutter

2 Esslöffel feine Haferflocken

1/4 bis 1/2 Tube Nutri-Cal (für Insulinom-Frettchen eine viertel Tube)

3 oder 4 Eierschalen

4 Esslöffel Honig

1 Tasse tierisches Fett (ungekocht)

Zubereitung

Setzen Sie Ihre Taucherbrille auf. Pürieren Sie das Hühnchen mit Fett, Trockenfutter und Eierschalen. Fügen Sie Wasser hinzu, bis eine dünne Brühe entsteht. Setzen Sie die Taucherbrille wieder ab. Gießen Sie den Mix in einen Topf und kochen Sie alles für ca. 30 Minuten, bis es die Konsistenz von Sahne oder dicker Soße hat. Fügen Sie die restlichen Zutaten hinzu und rühren Sie es gut durch. Lassen Sie die Mixtur vor dem Servieren abkühlen.

Tauchen Sie kleine Brotstücke in diese Mixtur, wenn Ihre Frettchen dieses Mahl nicht von vornherein akzeptieren. So sollten sie sich daran gewöhnen. Sie können auch eine Fütterspritze verwenden, um dem Frettchen die Suppe einzuflößen. Füllen Sie Reste in Gefrierbeutel oder Eiswürfelbehälter. Frieren Sie diese dann ein.

Wenn Sie das aufgetaute Futter servieren, fügen Sie Wasser oder Elektrolytlösung hinzu, bis es die gewünschte Konsistenz erreicht hat. Erwärmen Sie es in der Mikrowelle, bis es warm ist. (Hinweis: Sie können auch mit dem Mixer verschiedene Konsistenzen herstellen.)

Bobs Hühner-Frettasee

Zutaten

Hühnchen (klein geschnitten)

Schweineschmalz oder Olivenöl

Vitaminzusatz

Eine halbe Tasse Trockenfutter, gemahlen (eine Kaffeemühle funktioniert gut)

Zubereitung

Schneiden Sie das Hühnchen in Würfel zu je ca. 2 cm. Schmelzen Sie etwas Schmalz (oder Olivenöl) in einem Wok, bis es ca. einen halben Zentimeter hoch steht. Frittieren Sie die Hühnchenwürfel im Fett, bis sie goldbraun sind. (Das Ziel ist, alle möglichen Bakterien abzutöten, das Innere jedoch so roh wie möglich zu lassen.) Lassen Sie die Hühnchenwürfel abtrocknen und abkühlen. Geben Sie sie in eine Schüssel und besprühen Sie sie mit Vitaminzusatz. Fügen Sie das gemahlene Futter hinzu. Schütteln Sie alles wie einen Salat.

Frieren Sie die Reste ein und tauen Sie diese nach Bedarf auf.

Fosters Thunfisch-Shake

Zutaten

1 Dose Thunfisch in Wasser

1/8 Tasse Katzenmilch

1 Teelöffel feine Erdnussbutter

4 Hühnerknochen

Pedialyte (optional)

Zubereitung

Geben Sie den Thunfisch in einen Mixer (inklusive Wasser). Fügen Sie die anderen Zutaten hinzu und mixen Sie, bis alles die Konsistenz eines Milchshakes hat.

> Bei allen Rezepten mit Milchprodukten können Sie eine Lactaid-Tablette verwenden, wenn Sie vorher wissen, dass ein Frettchen eine Laktoseunverträglichkeit aufweist. Die meisten Frettchen haben jedoch kein Problem damit.

Bears Jerky

Zutaten

Bruststück

Vitaminzusatz

Qualitativ hochwertiges Knochenmehl

Zubereitung

Schneiden Sie das Fett von der Brust ab. Schneiden Sie die Brust in Scheiben von ca. einem halben Zentimeter Dicke. Legen Sie das Fleisch in einen Trockenautomaten, sprühen Sie die Oberfläche mit Ferretone oder Linatone ein. Streuen Sie das Knochenmehl darüber. Lassen Sie es trocknen, bevor Sie es dem Tier anbieten.

Stellas Supersuppe

Zutaten

Wasser

Reste von Ihrem letzten Puten- oder Hühnchen-Essen

1 Teelöffel Hühnersuppenextrakt

Trockenfutter gemahlen oder Katzenmilch

Zubereitung

Bringen Sie ca. 2 Liter Wasser zum Kochen. Fügen Sie alle Reste von Ihrer Pute oder Ihrem Huhn hinzu. Schneiden Sie die als unbrauchbar beiseite gelegten Teile wie Haut, Innereien, Fett und Fleisch in kleine Stücke, die sie auch ins Wasser geben. Kochen Sie alles ca. 20 Minuten. Fügen Sie jetzt den Hühnersuppenextrakt hinzu. Dicken Sie die Suppe mit gemahlenem Trockenfutter oder Katzenmilch an. Lassen Sie das Futter abkühlen, bevor Sie es servieren.

Tuis Chewie

Zutaten

Wasser

Geschmacklose Gelatine

Huhn oder Rind, fein geschnitten

Rind- oder Hühnerbrühe (Extrakt)

Zubereitung

Lösen Sie die Gelatine in kochendem Wasser auf. (Stellen Sie eine übersättigte Lösung her, indem Sie nur so viel Wasser zugeben, wie unbedingt nötig ist, um die Gelatine zu lösen. Einige Stücke können noch darin herumschwimmen.) Werfen Sie das fein geschnittene Fleisch hinein. Würzen Sie mit dem Brühe-Extrakt. Gießen Sie die Mixtur auf ein Backblech. Schneiden Sie rechteckige Stücke, wenn sie getrocknet ist. Trocknen Sie sie im Dehydrator, bis sie gummiartig und hart ist. Sie können die kleinen rechteckigen Leckereien auch unabgedeckt im Gefrierschrank kurz anfrieren, um sie etwas zu trocknen.

Raubtiereintopf

Zutaten

Abschnitte von einem Fleischgericht (Haut, Innereien, Fett und Fleischabfälle)

Trockenfutter

Schmalz oder Fischöl (optional)

Zubereitung

Kochen Sie die Fleischreste, bis sie vollständig durch sind. Fügen Sie das Trockenfutter hinzu, so dass es ca. ein Drittel des Suppenanteils ausmacht. Wenn die Mixtur sehr fettarm ist, fügen Sie etwas Schmalz oder Fischöl hinzu.

Weitere Informationsquellen

In diesem Anhang finden Sie zusätzliche Hinweise auf nützliche Bücher, Zeitschriften oder Internetseiten, so dass Sie immer auf dem Laufenden sind und Ihr Wissen vertiefen können.

Bücher und Zeitschriften

Bücher

Allgemeines

- *Unsere Frettchen – liebenswerte Hausgenossen*, herausgegeben vom Frettchen-Club Berlin e.V, zu bestellen unter: www.frettchen.com

Für den Tierarzt, Tierpfleger oder interessierte Frettchenhalter

- *Das Frettchen als Haustier in der Kleintiersprechstunde*, von Gisela Henke, ISBN: 3-89906-392-9
- *Frettchen in der Kleintierpraxis*, von Ulf D. Wenzel, ISBN: 3-334-60998-7
- *Kleinsäuger*, von Susan A. Brown, Karen L. Rosenthal, ISBN: 3-8252-2264-0
- *Kompendium der Heimtiere*, von Peter H. Beynon, John E. Cooper, ISBN: 3-87706-468-X
- *Ferrets, Rabbits and Rodents* (engl.), von Elizabeth V. Hillyer, Katherine Quesenberry, erschienen bei W.B. Saunders Company, ISBN: 0-7216-4023-0

Für alle, die sich auch für die Verwandten interessieren

- *Das Pelztierbuch*, von Ulf D. Wenzel, ISBN: 3-80014366-6
- *Itisse und Frettchen*, von Konrad Herter, ISBN: 3-89432166-0
- *Von Mardern und Menschen. Das Buch der Steinmarder*, von Beate Ludwig, ISBN: 3-89136-663-9

- ✔ *Stinktiere zu Hause. Alles über Anschaffung, Pflege, Ernährung und Gesunderhaltung,* von Iris Sterl, Helmut Mader, ISBN: 3-93344834-4

Für Kinder und Junggebliebene

- ✔ *Freddy und die Frettchen des Schreckens,* von Dietlof Reiche, ISBN: 3-89106418-7
- ✔ *Betty und Barny,* von Silke Thate, ISBN: 3-89906127-6
- ✔ *Kaspar, der Marder oder die Liebe zur Freiheit* (Roman/Geschenkbuch), von Hartmut von Hentig, ISBN: 3-7254-1152-2

Weitere Buchtipps

- ✔ *Wenn das Haustier stirbt: Vom Umgang mit der Trauer,* von Claudia Ludwig, ISBN 3-8025-1436-X

Zeitschriften

Rodentia – Kleinsäuger-Fachmagazin

Dies ist das einzige Fachmagazin seiner Art, denn es berichtet über die alltäglichen sowie auch über exotische Heimtiere. Die Berichte sind für erwachsene Tierhalter gemacht und zeichnen sich durch Fachtexte und sehr gutes Fotomaterial aus. Außerdem finden Sie hier sehr interessante Berichte von Expeditionen sowie News, Veranstaltungstipps und vieles mehr.

Zweimonatl. Erscheinungsweise, Heftpreis zurzeit 5,- Euro (erhältlich im Zeitschriftenhandel oder direkt anfordern bei: `verlag@ms-verlag.de`)

Frettchen im Internet

Mittlerweile gibt es eine ganze Reihe von Frettchenseiten im Internet. Hier eine Auswahl interessanter Webseiten, die Sie als erste Anlaufstelle nutzen sollten:

`www.frettchenhilfe.de`

Dieser Name sollte Ihnen mittlerweile bekannt vorkommen. Heike und Markus Fischer haben nicht nur die deutsche Ausgabe, die Sie hier in Händen halten, mit zahlreichen zusätzlichen Infos gespickt, sondern bieten auf ihrer Webseite stets aktuelle Infos und Hilfe, Beratung zur Haltung sowie Vermittlung von (Notfall-)Frettchen. Außerdem gibt es hilfreiche Links rund ums Frettchen und andere Tierarten, Tierarztempfehlungen für kranke Frettchen und vieles mehr.

A ➤ Weitere Informationsquellen

www.frettchen.com

Dies ist die Webseite vom Frettchen-Club Berlin e.V. Hier finden Sie viele und gute Infos, zahlreiche Links, Tipps, einen Shop, Grußkarten und vieles mehr.

www.frettchendoc.de

Wie der Name dieser Webseite schon vermuten lässt, geht es hier vor allem um Medizinisches. Sie finden Informationen zu Krankheiten und können sich mit Ihren Fragen auch direkt per E-Mail an einen Tierarzt wenden. Außerdem können Sie die Diskussionen im medizinschen Forum verfolgen.

www.Chaotische-frettchen.de

Auch diese Seite bietet eine große Vielfalt an Informationen rund um das Frettchen. Darüber hinaus finden Sie hier auch eine Frettchenvermittlung und Termine von Ausstellungen und Messen.

www.frettchen.net

Wem die Rezepte aus Kapitel 29 noch nicht reichen, der findet hier noch weitere Kochideen. Doch bietet diese Seite vor allem sehr umfangreiche Listen mit Tierarztempfehlungen sowie Adressen von Vereinen. Außerdem werden hier auch Frettchen vermittelt.

Frettchenzubehör und Futter

Auch diese Liste erhebt keineswegs einen Anspruch auf Vollständigkeit, sondern ist lediglich als Einstieg gedacht. Lassen Sie sich überraschen, womit Sie Ihren Frettchen eine Freude machen können!

Evas Frettchenparadies: www.frettchenparadies.com

Ferrets Wonderland: www.ferrets-wonderland.de

Frettchen4you: www.frettchen4you.de/html/frettie-shop.html

Frettchenladen: www.frettchenladen.de

Frettchenshop: www.frettchenshop.de

Frettchenzubehör Holland: www.frettotaal.nl

Frettchenzubehör Österreich: http://shop.ferrets.ch/

Funstuff: www.ferretnews.org/gsfs/funstuff.html

Marshall: www.marshallpet.com

Petshop: www.petshop.de/

The Ferret Company: www.ferretcompany.com

The Ferretstore: www.theferretstore.com

Uniblech GmbH: http://www.uni-dom.de – Wer keine Lust hat, selbst einen Käfig zu bauen, kann hier tolle, artgerechte Frettchenvolieren aus Aluminium in Auftrag geben.

ZOOPLUS: www.zooplus.de

Tierarztempfehlungen

Die Wahl eines Tierarztes ist nicht leicht, denn nicht jeder Tierarzt kennt sich mit diesen kleinen Gesellen wirklich aus – obwohl sich immer mehr Leute für Frettchen begeistern. Als Hilfe finden Sie daher auf der Webseite der Frettchenhilfe eine – nach Postleitzahlen geordnete – Liste mit Tierarztempfehlungen für ganz Deutschland. Diese Liste erhebt natürlich keinen Anspruch auf Vollständigkeit und wird regelmäßig erweitert.

Stichwortverzeichnis

A

Abschied nehmen 263
Abwasch 157
ADV 248
Aggressivität 282, 292, 333
Albino 39
Aleutian Mink Disease (ADV) 248
Allergische Reaktionen 158, 194
Alligator-Rolle 275
Analdrüse 41
Anaphylaxie 194
Anzeigen 72
Aplastische Anemie 63
Auflauern 277
Augen 57
    winzige Augäpfel 240
Augenprobleme 238
Augenverletzungen 209
Austrocknung 207
Auswählen
    Tier auswählen 57

B

Baby 119
Babyfrettchen 59, 282
Baden 162
    Alternativen zum 167
    der richtige Ort 164
    wie oft? 162
Badezimmer 87
Basalzellentumore 261
Bears Jerky 355
Beißen 289
    abgewöhnen 281
    Gründe 289
    Veränderungen 292
    verbieten 291
Belastung 43
Bellen 272
Bett 81, 180
    reinigen 159
Betteln 145
Biss lösen 296
Blasen- oder Harnwegsentzündungen 247
Blind 290
Blutgruppen 226
Blutungen 203

C

Chemikalien 98
Chocolate 40
Chordom 255
    Zervikalchordom 255
Cushing-Krankheit 250

D

Dark-eyed-white (DEW) 39
Darm 245
Darm- und Magenverschlüsse 242
Darmwürmer 221
Daten, physische 34
Dauerranz 62, 333
Deckfrettchen 312
Dehydrieren 207
Dieb 279
Drüsen 253
Duft 41, 45
Durchfall 206

E

ECE 234
Einleben 112
Einstreu 88
Eklampsie 320
Elektrischer Schlag 208
Entbindungsstation 319
Entwicklungsstadien 327
Epizootic catarrhal Enteritis (ECE) 234
Erbrechen 206
Ergänzungsfutter 127
Ergänzungsfuttermittel 138
Erkältung 230
Ernährung 152
    herkömmliche 128
    natürliche 132
    umstellen 127, 131, 136
    was gut ist 140
    was nicht so gut ist 141

Ernährungsrichtlinien 127
Erste Hilfe 199
Erste-Hilfe-Koffer 180, 188, 189, 195
    Inhalt 195
        Nahrungsmittel 196
        Verbandmaterial 196
Etikettenschwindel 133
EU-Heimtierpass 52
EU-Impfpass 180

F

Fähe nicht befruchtet 315
Farben 38
Fauchen 272
Fell 57, 252
Fellwechsel 177
Fenster und Türen frettchensicher 100
Ferretvite 139
Festhalten, korrekt 110, 294
Fettsäuren 139
Finanzielle Aspekte 45
Fleisch 135
Flohdermatitis 214
Flöhe 213, 214
    beseitigen 215
Fortpflanzung 313
Frauchen 43
Freizeit 143
Fressnapf 82
Frettchen
    alleine lassen 183
    ältere 60
    Anzahl 63
    auf Reise 179
    der Familie vorstellen 109
    domestizierte 337
    Grundlagen 31
    Haltung in Gruppen 113
    Herkunft 31
    ideales 57
    in Pflege geben 185
    Katzen 115
    Raubtier 31
    schwangere 319
    soziale Tiere 109
    streunende 72
    trifft Frettchen 112
    und andere Kleintiere 119
    und Hunde 117
    und Kinder 48

    verstehen 271
Frettchen-Griff 294
Frettchenbisse 291
Frettchenfixierung 278
Frettchenhilfe 27, 70
Frettchenjagd 337, 339
Frettchenkäfige 75
Frettchenkindheit 327
Frettchenlatein 33
Frettchenmutter, krank 324
Frettchenorganisationen 70
Frettchenschauen 155
Frettchenschützer 337
Frettchensicher 97
    Fenster und Türen 100
    Fußböden 99
    Fußböden, Lüftungsschächte 103
    Höhen 103
    Kaminöfen 104
    Küche 99
    Liege-, Schaukelstühle, Klappsofas 104
    Matrazen, Sofas und Stühle 104
    Mülleimer 106
    Pflanzen 103
    Schränke 106
    Stromkabel 104
    Toiletten, Badewannen und Wassereimer 105
    Waschküche 98
    Zuhause 47
Frettchensitter 184
Frettchensprache 271
Frettchensuppe 211
Frettchenvermittlung 58
Freudentanz 273
Fußboden- und Sockelleisten 99
Futter 127, 129, 152
    nass oder trocken 130
Füttern, kranke Frettchen 211
Futterplan 130
Futtersorten 128

G

Gähnen 200
Gebisspflege 174
Geburt 327
    herkömmliche 320
    schwierige 321
Gefahrenstellen im Haushalt 97
Gefährliche Fremde 121
Gendefekt 39

Stichwortverzeichnis

Geruch 45, 333
Geruchssinn 152
Geschichte der Frettchen 337
Geschirr 92, 180, 285
    gewöhnen an 286
Geschlechtsreife 311
Geschwüre 245
    und Magensäure 247
Gesetz 51
Gestank 351
Gesundheitszeugnisse 180
Gewicht 35
Gewohnheiten ändern 107
Giardia 222
Gockern 271
Graben 279
Grauer Star 239
Greater Chicago Ferret Association (GCFA) 70
Griff 294
Grundausbildung 281
Gründe für das Beißen 289, 293
Grundregeln für draußen 286

H

Haarbälle 241
Halsband 95
Haltung 125
Handaufzucht 325
Handschuhe 294
Haustier 23, 52
    geeignetes 29
Hauttumore 260
Heimtierpass 51, 52
Helikobakter mustelae 223
Herrchen 43
Herzmuskelschwäche 228
Herzwurm 224
Historie und Jagd 337
Hitzschlag 204
Höhen 103
Hormone 311
Hühner-Frettasee 354
Hühnersuppe 353
Hunde und Frettchen 117
Husten 201

I

Iatrogene Addison-Syndrom 253
Iltisfrettchen 38

Immunität 344
Impfstatus 52
Impfung 192
    Staupe 192
    Tollwut 193
Induzierter Ovulator 314
Insulinom 256
Intoleranz 343

J

Jagd 277
Juckreiz 200

K

Käfig 152
    aufstellen 79
    einrichten 75
    Gestaltung 77
    Größe 76
    Material 78
    reinigen 157
Käfigstress 79
Kaminöfen 104
Kardiomyopathie 228
Kastration 333
Kastrierte vs. nicht kastrierte Frettchen 62
Katzen und Frettchen 116
Kinder 48, 119
    vorbereiten auf Frettchen 120
Kinder und Tiere, Richtlinien 122
Kleinanzeigen 67
Kleinkindalter 329
Kleintiere 119
Kleinwuchs 70
Klo putzen 160
Klogang, Hilfe beim 212
Knochen 134
Kokzidien 223
Kostenfaktor 306
Krallen 36
    schneiden 171
Krämpfe 209
Krankheiten 227
    Blasen- oder Harnwegsentzündungen 247
    Chordome 255
    Erkältung 230
    Geschwüre 245
    Grauer Star 239
    Haarbälle 241

Hauttumore 260
Insulinom 256
Krebs 249
Magen- und Darmverschlüsse 242
Mikrophtalmie 240
Milzvergrößerung 237
Nebennierenerkrankung 249
Prostataprobleme 248
Steine und Blockierungen 248
Tollwut 243
Zahnschäden 232
Krätze 220
Kratzen 200
Krebs 249
Kreischen 272
Kreißsaal 320
Kriegstanz 273
Küche, frettchensicher 99

L

Laktationsranz 314
Läuse 227
Laute 272
Lebenserwartung 34, 60
Leckerli 140
Leihmütter 324
Leine 92, 285
Liebesbotschaften 311
Liege-, Schaukelstühle und Klappsofas 104
Loben 284
Lymphom 259
Lymphosarkom 258

M

Mädchen oder Junge? 61
Magen 245
Magensäure und Geschwüre 247
Maniküre 171
Männchen 312
Männchen machen 145
Mastitis 320, 324
Mastzellentumore 260
Matratzen, Sofas und Stühle 104
Medaillen 153
Medikamente 98
    und Zähne 234
Mikrochip 52
Mikrophtalmie 240
Milchzähne 327

Milzvergrößerung 237
Mülleimer 106
Mungos 337
Mustela nigripe 341
Muster 41
Mutter, werdende 318
Muttertiere 323
Mythen und Missverständnisse 349

N

Nägel, verletzte 203
Nagetiere 349
Nahrungsmittel 196
Näpfe
    Kunststoff 84
    schwere 84
Nebennierenerkrankung 249
    Ursachen 254
Neugeborene 327
Niesen 201
Notfall 195, 199, 203
    Augenverletzungen 209
    Austrocknung 207
    Blutungen 203
    Durchfall 206
    Elektrischer Schlag 208
    Erbrechen 206
    Hitzschlag 204
    Krämpfe 209
    Schnittwunden 204
    Schock 210
    Tierbisse 208
    Verbrennungen 208
    Vergiftungen 207
    Verhalten bei 203
    Verletzte Nägel 203
    Wirbelsäulenverletzungen 205
Nuckelfrettchen 202
Nutrical 139

O

Ohren reinigen 168
Ohrmilben 171, 219

P

Parasiten 213
    äußere 213
    Darmwürmer 221

Stichwortverzeichnis

Giardia 222
Herzwurm 224
interne 221
Kokzidien 223
Ohrmilben 219
Zecken 219
Pflanzen 103
Platz 46
Prä-Mustela-Syndrom 312
Private Züchter 69
Probleme 323
Prostataprobleme 248
Pubertät 332
Puls, normaler 229
Pyomtra 320

R

Rabenmutter 323
Ranz 62, 312
Rasende Wut 244
Raubtiere 76
Raubtiereintopf 357
Reaktionen, allergische 194
Rechtliche Aspekte 49
Regeln 24
Reifen-Springen 147
Reifephase 331
Reisen 179
Rezepte 353
Rinder 220
Ringkämpfe 277
Ringwurm 220, 221

S

Sandflöhe 217
Saubermachen 157
Saugpneumonie 326
Schatzsuche 276
Schlafen, exzessives 200
Schlag, elektrischer 208
Schlagen 284
Schluckauf 201
Schmerz 290
Schnittwunden 204
Schock 210
Schränke 106
Schwangere und stillende Frettchen 318
Schwangerschaft 314
Schwanz sträuben 275

Schwanzwedeln 278
Schwarze Frettchen 39
Schwarzfußfrettchen 341
Hintergrund 341
Rettungsplan 344
Revier 342
Überleben 343
Shampoo 163
Sicherheit 48
Sicherheitszäune 98
Silver/Silber 39
Sinne 37
Skabies 220
SNT-Schlaf 201
Spazierengehen 285
Spiele 152
Spielen 35, 143
Spielzeug 91, 152
reinigen 161
untaugliches 92
Staupe 227
Staupe-Impfung 192
Steine und Blockierungen 248
Stellas Supersuppe 356
Stille Wut 244
Stillkrankheit 320
Stoffwechsel, schneller 130
Streunende Frettchen 72
Stromkabel 104

T

Talgzellentumore 261
Tanzen 273
Tätowierung 52
Tauchen 150
Taurin 128
Thunfisch-Shake 355
Tierarzt 45, 97, 189, 197, 203, 266
finden 108, 189
Fragen stellen 190
überprüfen 191
Tierbisse 208
Tierfriedhof 266
Tierheim 67, 70
züchten für 309
Tierklinik 203
Tierliebe 23
Tod 264
Toilette 87, 283
helfen bei 212

Kunststoff 88
Probleme 300
reinigen 160
Tollwut 51, 53, 243
   rasende Wut 244
   stille 53
   stille Wut 244
Tollwut-Impfung 193
Tollwut-Risiko 350
Totstellen 149
Toxoplasmose 225
Transportbox 94, 180
Trauer 265
Tricks beibringen 145
Trockenfutter 128
Trocknen 166

U

Umgang mit Frettchen 294
Umgebung, gewöhnen an 112
Untersuchungen 192
Unterwegs 181
Urin trinken 202

V

Vaginitis 320
Verantwortung 51, 53, 305
Verbandmaterial 196
Verbrennungen 208
Vergangenheit 337
Vergiftungen 207
Verhaltensstörungen 289
Verhaltensweisen 278
Verstoßen 323
Verwilderte Frettchen 350
Veterinär 190
Viren 227
Vorurteile 349
Vulva 333

W

Waardensburg Syndrom 39
Was gut ist 140

Was nicht so gut ist 141
Waschküche, frettchensicher 98
Wasser 127
Wasserflasche 85
Wassernapf 85
Weibchen 312
Welpen 59
   Ankunft der 317
   verstoßen 323
Wettkämpfe 154
Wild 349
Wild- oder Haustier 51
Winzige Augäpfel 240
Wirbelsäule
   Frakturen, Verletzungen 205

Z

Zähmen 293, 298
Zähne 36, 174
   fehlerhafte 232
   und Medikamente 234
Zähneputzen 176
Zahnerkrankung 233
Zahnkontrolle 174
Zahnschäden 232
Zecken 219
Zeckenborreliose 219
Zeitaufwand 43
Zervikalchordom 255
Zimt 40
Zittern 199
Zooladen 67
Zubehör 90
Zucht 305
   Emotionen 306
   Kosten 306
   Zeit 307
Züchter 67, 69, 319
Zuhause
   absichern 97
   einrichten 75
   frettchensicher 47
Zurückschlagen 293
Zusammenführung 114, 313
Zusammenleben 56